CUADROS DE MANDO

Gestione su información para optimizar la toma de decisiones con **Excel**

(versiones Microsoft 365, 2019, 2021)

ISBN: 978-2-409-04419-9
Edición original: 978-2-409-03504-3

Ediciones ENI es una marca comercial registrada de Ediciones Software.

Ediciones ENI

P° Ferrocarriles Catalanes, 97-117, 2a pl. of. 18
08940 - Cornellà de Llobregat (Barcelona)

Tel: 934 246 401
Fax: 934 231 576

e-mail: info@ediciones-eni.com
http://www.ediciones-eni.com

Autores: Jean-François RIEU - Pierre RIGOLLET
Edición española: Angel Maria SÁNCHEZ CONEJO
Colección **Objetivo: Soluciones** dirigida por Corinne HERVO

Para poder acceder durante un año
a la versión online de este libro,
envíenos su justificante de compra a

librodigital@ediciones-eni.com

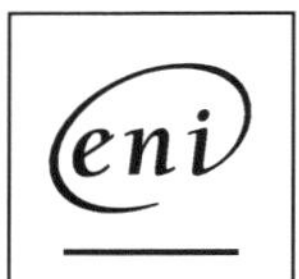

Durante nuestras intervenciones en las empresas, a menudo nos encontramos con los mismos problemas, por lo que hemos querido trazar unas líneas generales, poner blanco sobre negro los conceptos que utilizamos para nuestros clientes. Este libro, fruto de nuestra experiencia en consultoría y auditoría en múltiples y variadas estructuras, representa una síntesis de las soluciones puestas en práctica con las personas encargadas de tomar las decisiones.

En la actividad empresarial actual, el problema no es la escasez de información, sino la profusión de información. ¿Cómo podemos hacer el mejor uso de estos volúmenes de datos que están en la base de la toma de decisiones? ¿Cómo se recuperan los datos del software empresarial? ¿Cómo construir documentos de gestión pragmáticos e interactivos?

Para resolver estos problemas, hay varias herramientas y soluciones, pero una de las más racionales es utilizar la "navaja suiza del ordenador": Excel.

Hoy, más que nunca, la cadena de procesamiento de la información es una cadena de alto valor añadido. Debe ser pensada y organizada de manera funcional y racional. Pero, en el día a día de las empresas, muchas personas trabajan para compensar lo que ha sido mal diseñado (a menudo debido a la falta de perspectiva metodológica) o mal automatizado. Algunas veces, esto provoca una mirada desconfiada del director que no acepta (justamente) el error. Como hemos visto con muchos de nuestros clientes, esto suele provocar un mayor estrés en la persona encargada de elaborar este tipo de documentos, sobre todo si se trata de asientos contables. Y cuando este error se produce mensualmente, la presión se hace más fuerte, lo que provoca ansiedad frente a la fase de cierre tan cercana a la administración anglosajona: el closing.

En esta etapa, nos gustaría expresar nuestro agradecimiento a estas personas encargadas de tomar las decisiones que hemos conocido en muchas pymes, gerentes o directores financieros, de producción, de ventas, etc. La necesidad de formalizar la experiencia de estos encuentros fue una de nuestras motivaciones para diseñar este libro. También les animamos, porque la construcción de una herramienta de gestión es un proceso a largo plazo y a veces la resistencia al cambio por parte de las organizaciones es un obstáculo.

Esperamos que este libro, más allá del aspecto funcional, también le proporcione metodologías y una perspectiva diferente sobre la construcción sostenible de documentos de gestión.

Queremos agradecer a todos los que se reconocerán en el prólogo de este libro, con una mención especial para el que no fue un cliente, sino un socio que participó en este trabajo: Hugues.

Jean-François Rieu

Pierre Rigollet

Capítulo 1
Definir el cuadro de mando

Capítulo 2
Definir indicadores de éxito

Capítulo 3
Los datos

Capítulo 4
Construir el cuadro de mando

Capítulo 5
El cuadro de mando contable y financiero

Capítulo 6

El cuadro de mando de seguimiento comercial

Capítulo 7
El cuadro de mando de la actividad Logística

Capítulo 8
Tablas dinámicas

Capítulo 9
El cuadro de mando avanzado seguimiento de horas

Capítulo 10
Optimizar la gestión y la impresión

Capítulo 11
Power Query

Capítulo 12
Técnicas avanzadas de automatización

Capítulo 1

Definir el cuadro de mando

A. Función del cuadro de mando

1. ¿Cuál es el papel del cuadro de mando en la estrategia?

Comencemos con una observación preliminar sobre la posición de la información: la información aislada no es nada, la toma de decisiones debe ser el resultado de la conciliación de información de naturaleza algunas veces variada (y de fuentes distribuidas). Algunas veces, esta conexión se hace con el espíritu de los dirigentes de una manera empírica. En este libro, nos proponemos canalizar fuentes, procesos y visualizaciones. Estamos al mismo nivel que una parte del universo matemático: la estadística y Excel nos ayudan en su implementación.

En este enfoque, se debe prestar especial atención a la causalidad de los acontecimientos, es decir, a los vínculos entre ellos (la verificación se puede basar en la auditoría de las fórmulas mediante la identificación de antecedentes y dependientes). También es necesario cuestionar la fuerza de la relación entre estos eventos (y su significado); hablamos de correlación (o incluso covarianza). Para actuar sobre un indicador (por ejemplo, la calidad de una producción), es posible tomar la decisión de inversión basada en un evento previo y altamente correlacionado; por ejemplo, la formación de los operadores de producción.

La gestión de una actividad, una empresa, etc., implica grandes tendencias que trataremos en este libro. A grandes rasgos, se puede considerar que es necesario "vigilar" varios tipos de elementos medibles. Algunos están ahí para arrojar luz sobre elementos lejanos en el tiempo: los objetivos anuales o trimestrales de la empresa, el rumbo de un barco o un avión; otros están destinados a indicar cómo se desarrolla la actividad de forma instantánea: producción diaria, facturación semanal en la empresa y otros se encargan de verificar la velocidad relativa (la derivada de la velocidad: aceleración), el aumento de nuestra facturación en relación con la de nuestro sector de actividad, etc.

La necesidad de un cuadro de mando radica en el flujo de trabajo de Acción/Reacción. En la medida de lo posible, la toma de decisiones (un acto aislado pero que resulta de un trabajo colectivo de agregación de información, que algunas veces es escasa) debe tener lugar antes de la acción. Cuanto más se utilice la toma de decisiones en elementos resumidos y visuales, más rápido podremos actuar. Este mecanismo de toma rápida de decisiones, estando lo "mejor informado posible", marca la diferencia entre "actuar" y "sufrir".

2. El papel del cuadro de mando: definición y seguimiento de objetivos

Vamos a empezar basando nuestro cuadro de mando en elementos estratégicos: **objetivos** descritos en términos medibles que queremos alcanzar. Estamos hablando de un objetivo (un "hito"), que se debe expresar en términos comprensibles por todos y debe ser medible. Hoy en día, en muchas empresas, existen documentos de mejora continua que sirven como medio para transmitir información relacionada con los objetivos. Supongamos el siguiente ejemplo: en un departamento de recursos humanos de una empresa que utiliza trabajadores temporales para cubrir las variaciones estacionales de la actividad, el objetivo se puede expresar en términos de la tasa de contratos de duración determinada/contratos indefinidos (por ejemplo, 15%). A esto se puede añadir el porcentaje máximo de llegadas recibidas por semana (para un pico repartido en ocho semanas, acordaremos sustituir una evolución lineal del 12,5% por un máximo del 20%). Esto se completará con el número de personas movilizadas para la integración de nuevos empleados por semana (expresado de nuevo como porcentaje del personal permanente, total o de la producción, por ejemplo, el 18% del total), etc.

Dejando a un lado la dificultad de obtener el estado de la contratación semana tras semana en tiempo real (y no al final de la temporada, cuando todo ha terminado), será muy útil medir la brecha entre lo planificado y lo realizado (entre el objetivo y el estado real de la empresa o servicio). Esta necesidad está dictada por el deseo de no esperar para reaccionar. Hay que observar el momento presente en relación con el pasado (no necesariamente el más reciente). Pero esto no es suficiente, sino que hay que compararlo con el objetivo que se persigue.

La estrategia consiste en visualizar cómo será la empresa en el futuro, teniendo en cuenta su estado actual.

Es necesario proyectar a partir del momento presente, aquello en lo que se convertirá la empresa al final del ejercicio fiscal, en función de la noción de **tendencia**. Será necesario implementar una corrección de "geometría variable", que rectificará la previsión teniendo en cuenta el tiempo que queda entre el momento de la consulta y la fecha de fin del ejercicio.

Pongamos el ejemplo de una empresa que cierra su actividad el 30 de junio y que, durante el ejercicio anterior, alcanzó una facturación de 800 k€. Si miramos la tabla de facturación de septiembre, que asciende a 250 k€, estamos en un ¼ del ejercicio, por lo que la proyección 4 x 250 k€ nos lleva a una consecución de 1 000 k€, es decir, un incremento del 25% (considerando, de nuevo, una actividad no estacional).

La desventaja es que cuanto más nos acercamos al final, menos importante es la proyección. En la siguiente tabla, estamos a cuatro meses de la fecha límite: el próximo mes, la proyección será solo sobre tres meses.

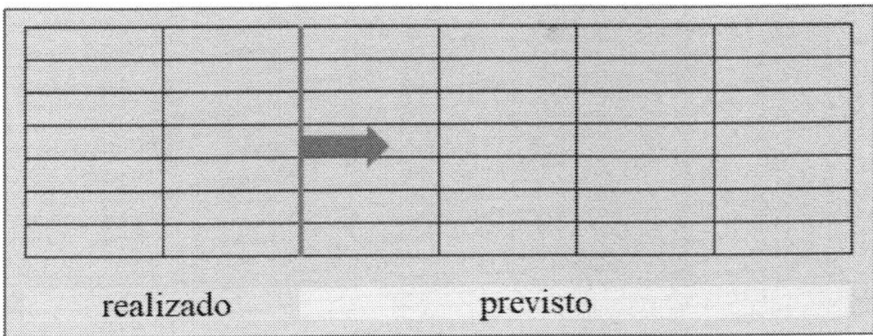

Por ejemplo, para un análisis de facturación, esto se podría ver de la siguiente manera:

A finales del mes de abril, obtenemos este tipo de tabla:

	enero	febrero	marzo	abril	mayo	junio
entradas a + de 15 días	1.119,30 €	1.646,25 €	2.128,65 €	2.150,55 €	3.641,70 €	3.306,45 €
entradas a + de 45 días	5.308,80 €	2.130,80 €	4.390,00 €	5.676,40 €	5.734,80 €	9.711,20 €
entradas a + de 60 días	7.355,25 €	4.816,35 €	2.940,30 €	4.573,80 €	5.953,05 €	6.475,95 €
Σ	13.783,35 €	8.593,40 €	9.458,95 €	12.400,75 €	15.329,55 €	19.493,60 €

1er semestre 2022

	julio	agosto	septiembre	octubre	noviembre	diciembre
entradas a + de 15 días	2.145,75 €	4.139,10 €	4.107,45 €	4.892,70 €	6.682,50 €	3.269,70 €
entradas a + de 45 días	9.915,20 €	4.624,00 €	11.037,60 €	11.834,40 €	12.166,00 €	17.820,00 €
entradas a + de 60 días	13.516,65 €	8.803,35 €	6.599,70 €	16.608,60 €	12.934,80 €	18.867,60 €
Σ	25.577,60 €	17.566,45 €	21.744,75 €	33.335,70 €	31.783,30 €	39.957,30 €

2º semestre 2022

	janvier	février
entradas a + de 15 días	3.370,65 €	4.845,75 €
entradas a + de 45 días	8.719,20 €	7.004,00 €
entradas a + de 60 días	13.428,90 €	7.881,30 €
Σ	25.518,75 €	19.731,05 €

A finales de junio:

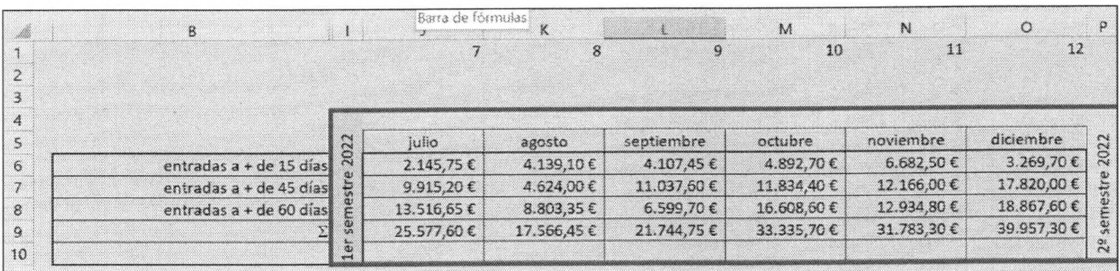

	julio	agosto	septiembre	octubre	noviembre	diciembre
entradas a + de 15 días	2.145,75 €	4.139,10 €	4.107,45 €	4.892,70 €	6.682,50 €	3.269,70 €
entradas a + de 45 días	9.915,20 €	4.624,00 €	11.037,60 €	11.834,40 €	12.166,00 €	17.820,00 €
entradas a + de 60 días	13.516,65 €	8.803,35 €	6.599,70 €	16.608,60 €	12.934,80 €	18.867,60 €
Σ	25.577,60 €	17.566,45 €	21.744,75 €	33.335,70 €	31.783,30 €	39.957,30 €

1er semestre 2022 · 2º semestre 2022

Por lo tanto, puede ser más interesante hacer una proyección continua durante 12 meses:

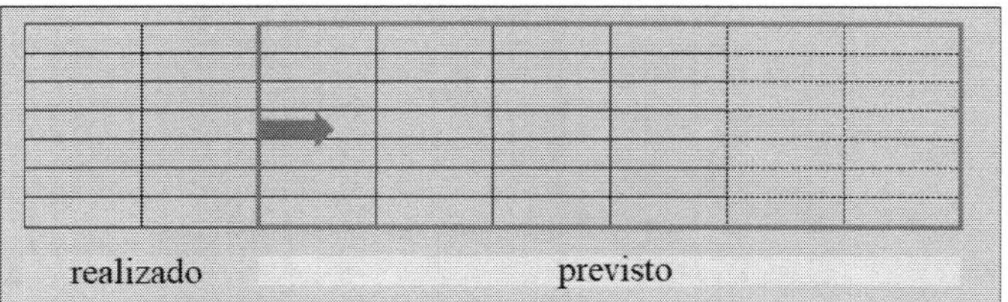

En este tipo de enfoque, mantenemos una amplitud de proyección constante, de seis meses, en la tabla anterior.

En el método deslizante o *rolling*, a finales de junio, obtenemos este tipo de visualización:

	A	B	I	J	K	L	M	N	O	P	Q	R
1				7	8	9	10	11	12		1	2
2												
3												
4												
5			1er semestre 2022	julio	agosto	septiembre	octubre	noviembre	diciembre	2º semestre 2022	enero	febrero
6		entradas a + de 15 días		2.145,75 €	4.139,10 €	4.107,45 €	4.892,70 €	6.682,50 €	3.269,70 €		3.370,65 €	4.845,75 €
7		entradas a + de 45 días		9.915,20 €	4.624,00 €	11.037,60 €	11.834,40 €	12.166,00 €	17.820,00 €		8.719,20 €	7.004,00 €
8		entradas a + de 60 días		13.516,65 €	8.803,35 €	6.599,70 €	16.608,60 €	12.934,80 €	18.867,60 €		13.428,90 €	7.881,30 €
9		Σ		25.577,60 €	17.566,45 €	21.744,75 €	33.335,70 €	31.783,30 €	39.957,30 €		25.518,75 €	19.731,05 €
10												

Si la actividad de la empresa está relacionada con la estacionalidad, puede ser útil establecer objetivos en función de dicho criterio. Considere el siguiente ejemplo:

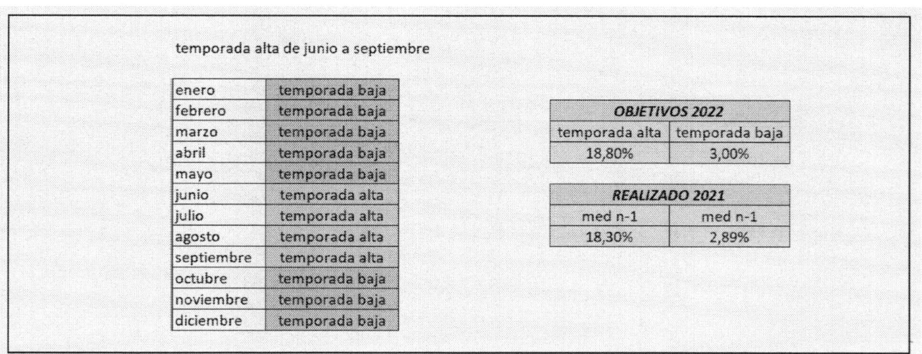

temporada alta de junio a septiembre

enero	temporada baja
febrero	temporada baja
marzo	temporada baja
abril	temporada baja
mayo	temporada baja
junio	temporada alta
julio	temporada alta
agosto	temporada alta
septiembre	temporada alta
octubre	temporada baja
noviembre	temporada baja
diciembre	temporada baja

OBJETIVOS 2022	
temporada alta	temporada baja
18,80%	3,00%

REALIZADO 2021	
med n-1	med n-1
18,30%	2,89%

Esta información se puede almacenar en una hoja de argumentos. El cambio de mes, automatizado mediante la función HOY(), activará la visualización de indicadores (objetivo y alcanzado) teniendo en cuenta la estacionalidad.

En mayo, temporada baja, el cuadro de mando debería cambiar automáticamente de una visualización de este tipo:

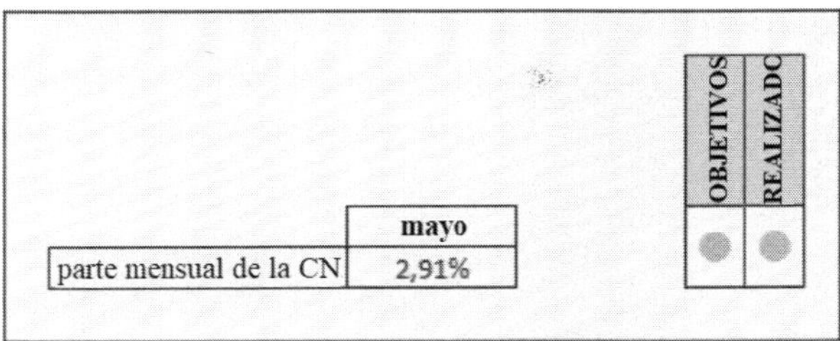

a una como esta en agosto, temporada alta:

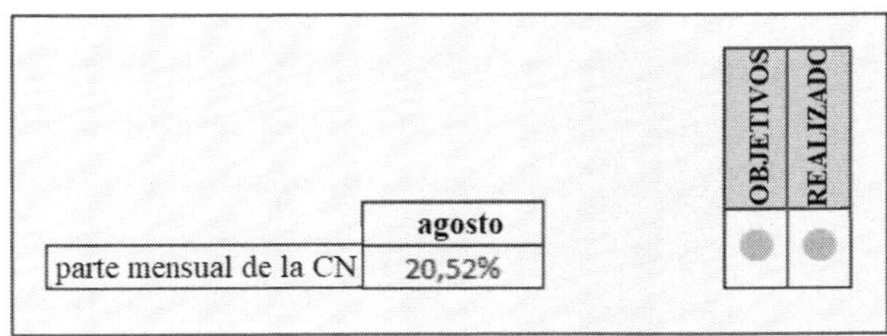

En los siguientes capítulos, veremos cómo manejar el enlace de datos (para recuperar los valores 2,91% y 20,52% que provienen de datos externos) y cómo usar el formato automático para mostrar viñetas naranjas y verdes.

En esta etapa, lo importante es centrarse en el nivel de finura del ciclo de validación del **indicador**, en pocas palabras, ¿cuál es la matriz?

Dependiendo de la naturaleza de la actividad de la empresa o del sector de la misma, la matriz será semanal, bimestral, mensual, bimestral, trimestral, trimestral o anual. Lo importante es volver a pensar en esto de manera colectiva y decidir una implementación inicial. El ciclo de investigación y desarrollo (algunas veces plurianual) no puede ser el mismo que el de un servicio atención al cliente (algunas veces horario). Este concepto se detallará en el capítulo Definir indicadores de éxito - Características clave de los indicadores.

B. Organización del cuadro de mando

1. Tipos de organización de un libro de trabajo

El libro de trabajo global (así como sus subpartes) de un departamento de la empresa puede incluir, por ejemplo, elementos genéricos (en el siguiente ejemplo, se muestran a la izquierda y sobre un fondo verde), sistemáticamente accesibles para todos, y partes específicas accesibles solo para los interesados (en el siguiente ejemplo, aparecen a la derecha y sobre un fondo naranja). Para cada departamento, la información se dividirá en ítems, ratios, indicadores, puntos de detalle, temáticas, etc. En los próximos tres cuadros de mando, los llamaremos "temático".

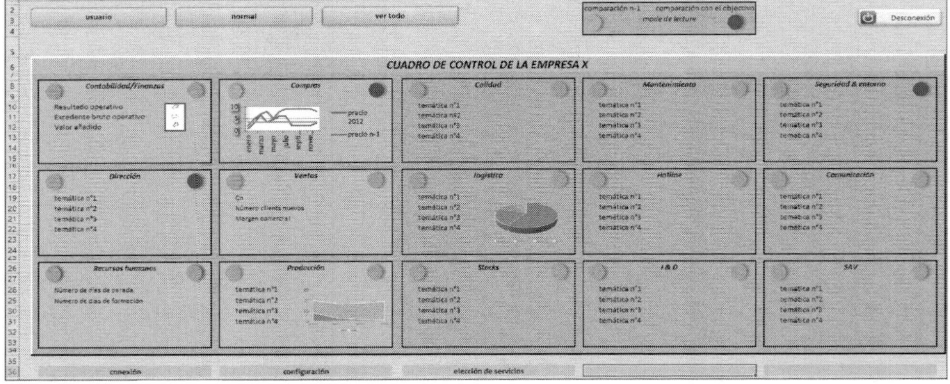

Otro enfoque consiste en distinguir entre las zonas permanentes y las zonas relacionadas con el año en curso y, eventualmente, con el año anterior. Una zona de datos más antiguos se ubicará en los archivos.

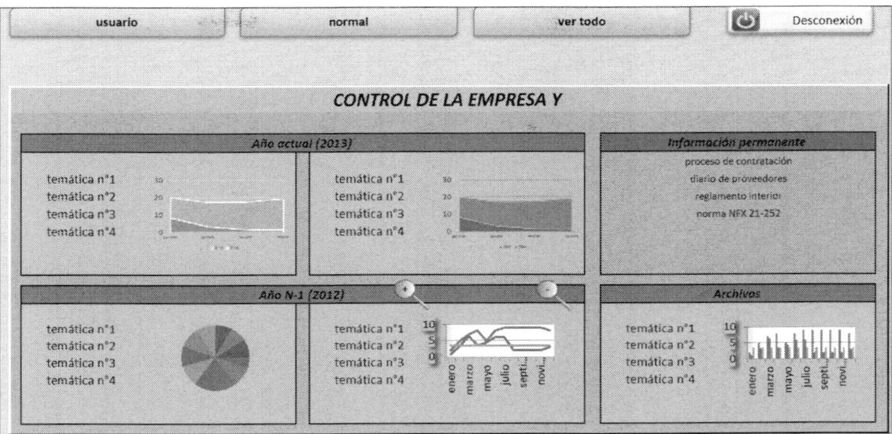

Finalmente, en el caso de un proceso, será interesante materializar cada una de sus etapas, presentándolas cronológicamente de izquierda a derecha.

De esta manera, si el proceso se refiere a los recursos humanos, podremos gestionar todo el proceso, desde la contratación hasta la gestión de la finalización del contrato, pasando por todas las etapas (mensuales y anuales) de la relación del empleado con la empresa.

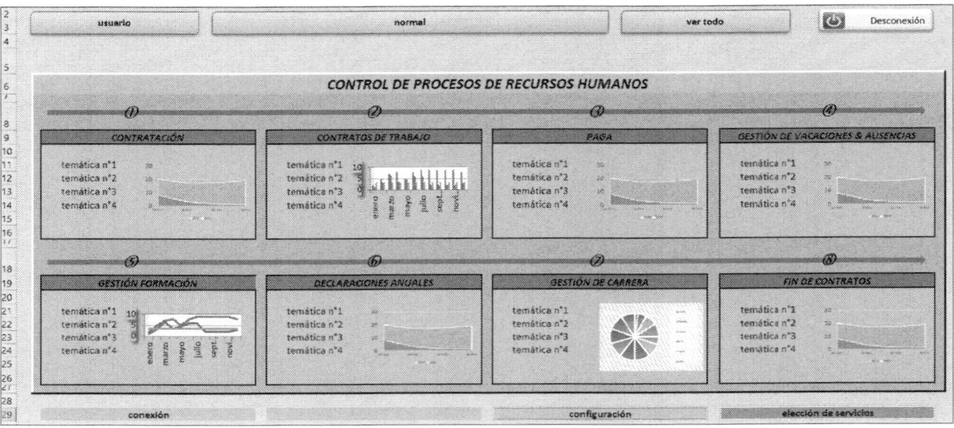

Los datos se almacenarán preferiblemente en el mismo libro de trabajo y se distribuirán en diferentes hojas. La ventaja de este método es que los enlaces internos son más fáciles de mantener (en comparación con los enlaces a otros libros de trabajo). Esto hará que sea más fácil guardar y distribuir el cuadro de mando (porque todos los datos están en el mismo archivo). La desventaja es el peso del libro de trabajo que, si se vuelve demasiado grande, puede interrumpir su uso.

2. Pestañas típicas de un libro de trabajo bien estructurado

La organización de un libro estructurado puede tener las siguientes pestañas:

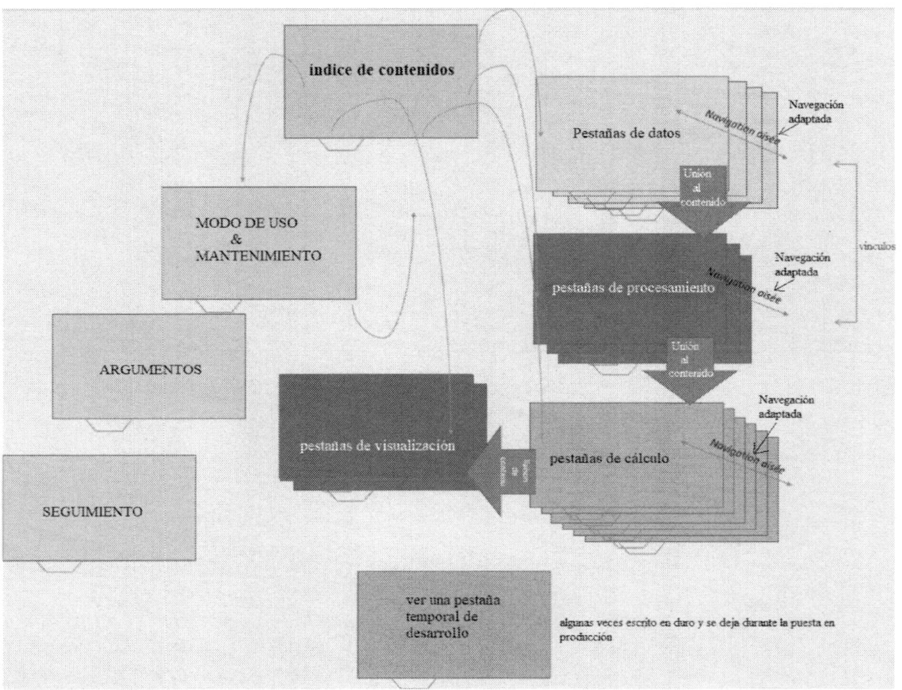

- Contenido: Puede ser una lista de hipervínculos que permiten acceder a las hojas o áreas correspondientes o al propio cuadro de mando.
- Instrucciones de uso: para tener información sobre el uso y la evolución del libro a lo largo del tiempo, especialmente si el usuario del cuadro de mando no es el diseñador.
- Datos sin procesar (pestañas de datos): pestañas que recopilan datos de software de terceros, incluso varias pestañas, si es necesario cruzar datos entre sí. Estas hojas se pueden ocultar.
- Datos reprocesados (pestañas de reprocesamiento): datos sin procesar organizados con enlaces en función de las necesidades (algunas columnas pueden desaparecer) y modificados con funciones de transformación (por ejemplo, para mostrarlos en mayúsculas: en la tabla siguiente, se utiliza la siguiente fórmula en B1: =MAYUSC(import!C1&import!D1).
- Múltiples resúmenes y/o múltiples tablas cruzadas dinámicas (pestañas de cálculo y de visualización): estos son los análisis que permitirán mejorar el valor del contenido.

- Una pestaña de "ajuste" del libro, a menudo denominada Configuración, contiene datos que se comparten en todo el libro. Por ejemplo, la fecha de hoy, los días festivos, la lista de personas involucradas en el mantenimiento del libro de trabajo, etc.
- Una pestaña **Seguimiento** en la que se muestra la información del avance de la creación del cuadro de mando, el versionado, etc.
- Por último, está la pestaña opcional **Desarrollo temporal**, en la que se realiza un seguimiento del trabajo actual y futuro.

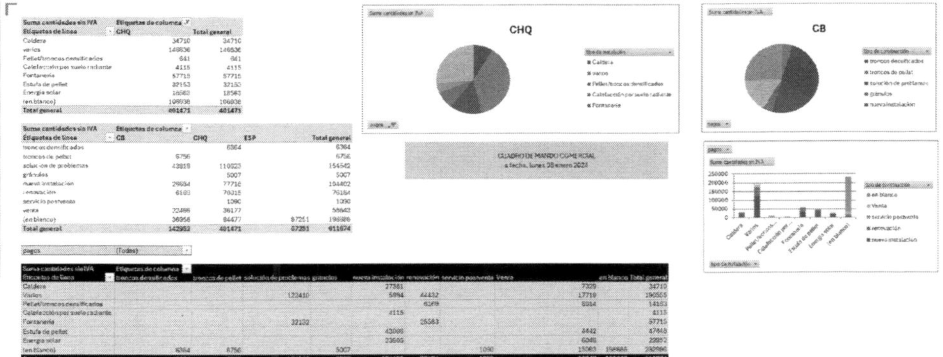

No importa en qué orden aparecen estas pestañas, excepto la primera y la última.

En la parte financiera de la empresa, primero mostraremos los datos globales como la facturación y el beneficio neto. Luego, mediante movimientos sucesivos, podremos volver al beneficio operativo, el excedente bruto de explotación (EBITDA), el valor añadido y, finalmente, el margen comercial.

E	F	G	H
- BALANCE TSM			
21			
	N°	CUENTA	
		Beneficios de explotación	
	706000	Beneficios	70792
	781000	Amortización	0
		Beneficios financieros	
	761000	Beneficios participación	0
		Beneficios excepcionales	
	775200	Beneficio elementos activos	0
	791000	Transferencia carga explotación	416
		TOTAL	71208

J	K	L	M
SALDOS INTERMEDIOS DE GESTIÓN			
marzo 2021			
PUESTO	SALDOS M	SALDOS M-1	FEBRERO
Margen comercial	0		
Producción	70792	55000	28,71%
Valor añadido	39001	25000	56,00%
Excedente bruto explot EBE	4842	3800	27,42%
Resultado de explotación	4842	3800	27,42%
Resultado financiero	-30	-10	200,00%
Resultado antes de impuest	4812	3790	26,97%
Resultado excepcional	-375	-375	0,00%
Resultado neto del ejercicio	4437	3415	29,93%

En caso de necesidad de control, el desglose contable será accesible en una hoja del libro de trabajo:

	A	B	C	D	E	F	G	H	I	J
1	MARSBAL									
2		606100	15523,88	606300	19,14	613000	6551,57	615000	992,37	616000
3		nouv	0		0		0		0	
4		606148	1533,91	606314	0	613500	45,09	615000	0	616104
5		606163	1267,77	606400	19,14	613509	0	615507	0	616105
6		606167	516,1		0	613511	0	615511	0	616106
7		606171	836,4		0	613522	177,06	615512	0	616111
8		606172	1927,47		0	613701	300	615528	0	
9		nouv	0		0	613702	500	615536	719,02	
10		606178	2760,77		0	613705	500	615546	152	
11		606179	3768,28		0	613706	1250	615548	0	
12		606180	136,68		0	613707	1500	615549	17,97	
13		606181	219,2		0	613708	600	615552	40,5	
14		606182	1180,01		0	613709	500	615559	62,88	
15		606183	0		0	612205	1179,42	615563	0	
16		606184	1096,77		0		0		0	
17		606185	167,22		0		0		0	
18		606186	113,3		0		0		0	
19		606187	0		0		0		0	
20		nouv	0		0		0		0	

La celda **A1** tiene un indicador de coherencia (es verde si se respeta la coherencia).

También se debe poder acceder a la exportación que proviene del departamento de contabilidad y colocarse en otra hoja:

	A	B	C	D	E	F	G	H	I	J	K	L	M	N	O	P	Q
1	OY	31032021	1	1	31	164104	193,74	0	[illegible]					1			0
2	OY	31032021	1	2	31	164105	388,66	0	[illegible]					1			0
3	OY	31032021	1	3	31	274300	0	400	[illegible]					1			0
4	OY	31032021	1	4	31	421004	412,41	0	[illegible]					1			0
5	OY	31032021	1	5	31	421013	278,06	0	[illegible]					1			0
6	OY	31032021	1	6	31	421021	102,45	0	[illegible]					1			0
7	OY	31032021	1	7	31	421042	0	61,06	[illegible]					1			0
8	OY	31032021	1	8	31	421045	0	607,74	[illegible]					1			0
9	OY	31032021	1	9	31	421055	1659,44	0	[illegible]					1			0
10	OY	31032021	1	10	31	421056	0	86,57	[illegible]					1			0
11	OY	31032021	1	11	31	421057	649,55	0	[illegible]					1			0
12	OY	31032021	1	12	31	421058	3490,17	0	[illegible]					1			0
13	OY	31032021	1	13	31	421059	22,82	0	[illegible]					1			0
14	OY	31032021	1	14	31	421060	0	681,97	[illegible]					1			0
15	OY	31032021	1	15	31	431000	1594,98	0	[illegible]					1			0
16	OY	31032021	1	16	31	431001	554	0	[illegible]					1			0
17	OY	31032021	1	17	31	437250	0	33,58	[illegible]					1			0
18	OY	31032021	1	18	31	437300	0	1706,22	[illegible]					1			0
19	OY	31032021	1	19	31	437450	0	472,6	[illegible]					1			0
20	OY	31032021	1	20	31	445510	0	2608	[illegible]					1			0
21	OY	31032021	1	21	31	445511	1092,65	0	[illegible]					1			0
22	OY	31032021	1	22	31	445666	525,04	0	[illegible]					1			0
23	OY	31032021	1	23	31	445716	74,17	0	[illegible]					1			0
24	OY	31032021	1	24	31	512000	1007,95	0	[illegible]					1			0

C. ¿Cómo alimentar el cuadro de mando?

1. Explotar los datos existentes en la empresa (datos internos)

Excel ofrece la posibilidad de conectarse a orígenes de datos existentes dentro de su organización.

La conexión se realiza a través de la pestaña **Datos**, grupo **Obtener, y transformar datos**. Hay diferentes opciones, como puede ver en la siguiente pantalla:

La conexión se puede realizar a partir **De un archivo**, de tipo PDF, de texto o csv, para importar datos de texto (esta funcionalidad se detalla en el capítulo Los datos).

La segunda opción es a partir **De una base de datos**, que se puede realizar desde una base de datos Access o SQL. Vamos a detallar el uso de la fuente de datos Access en el capítulo Los datos.

La tercera opción es **De Azure** y permite la conexión a Synapse, Analytics u otros orígenes.

La cuarta opción es **De los servicios en línea**, que permite acceder a datos como Power BI, SharePoint, Dynamics y Salesforce principalmente.

Por último, la opción **De otras fuentes** permite optar por conexiones como libro de Excel (tabla estructurada o rango con nombre), Web, Microsoft Query o incluso Facebook. Estas opciones de origen de datos están relacionadas con la naturaleza de la base de datos que usa su organización:

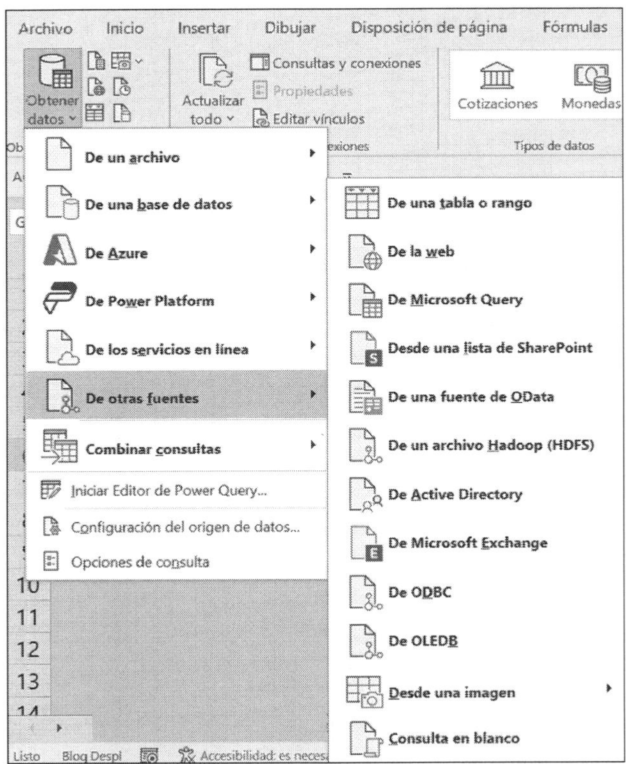

El obstáculo en una cadena de procesamiento de información suele ser la calidad de los datos. Este es el caso también de los cuadros de mando. Por lo tanto, es necesario que los datos presentes en los servidores de la empresa sean de calidad óptima. El primer paso es buscar los datos erróneos.

Para hablar de esto, tomemos como ejemplo un número de teléfono. Aunque es representativo pero reductivo, se puede extender a muchos otros tipos de datos.

En la misma empresa, algunos quieren utilizar el formato 93/357/21/29, otros prefieren 93.357.21.28, por no hablar de los defensores del formato 93 357 21 28 y el internacional (0) 93 357 21 28 estilo español o incluso (+34) 93 357 21 28.

De hecho, el único número (ya que de eso se trata) es 933572128, porque Excel nos permitirá mostrar este valor de muchas maneras gracias a los formatos personalizados:

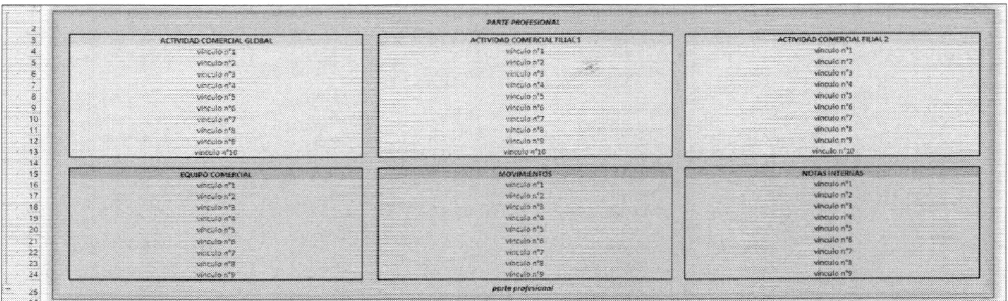

El procedimiento es el siguiente:

- En un libro en blanco, escriba el número 933572128.
- Pestaña **Inicio** – grupo **Celdas - Formato** - haga clic en **Formato de celdas**.
- En la pestaña **Número**, haga clic en **Categoría**, seleccione **Personalizada** y, a continuación, escriba **(0)** ##" "###" "##””##.

  El número se muestra como (0) 93 357 21 28.

Del mismo modo, en caso de que recuperemos datos de mala calidad, se pueden utilizar funciones de Excel adecuadas para el reprocesamiento de los datos: la función MAYUSC (que transforma los datos en mayúsculas), LIMPIAR (que permite eliminar caracteres de control del texto, como el salto de línea manual) o la función ESPACIOS (que elimina los espacios entre números, dos espacios consecutivos o un espacio al final de una palabra). Estas funciones se detallarán en el capítulo El cuadro de mando contable y financiero - Simplificación de la recuperación de datos cíclicos contables.

2. Recopilar datos mediante la entrada de datos u otros medios

En muchas empresas, muchos cuadros de mando comparan la actividad generada con el tiempo empleado: el número de paquetes enviados por dos personas en una hora, el número de kilos de pasta tipo A producidos en la línea de producción cada día, el número de llamadas atendidas por las personas del servicio de atención al cliente entre las 18 y las 20:30 horas los viernes, etc.

Así que hay que almacenar los datos temporales del pasado. Hay dos métodos posibles: basarse en un sistema de indicadores o hacer que el empleado complete un registro de horas de asistencia, validadas por un responsable e introducidas por un tercero. La primera solución es preferible, pero no siempre es posible, y el segundo método es el que se utiliza con más frecuencia.

Preste atención porque en muchos sistemas automatizados, las horas están en formato decimal y no en formato horario real. En los siguientes casos presentados a lo largo de este libro, vamos a proceder de la manera opuesta, es decir, que para 8 horas y 15 minutos, vamos a escribir "8:15" y no "8,25".

En cualquier caso, es obligatorio contar con un sistema de planificación y gestión del tiempo, que Excel pueda gestionar muy bien.

Es importante establecer una cadena de suministro canalizada para evitar errores. El procesamiento se puede automatizar o llevarse a cabo de manera manual mediante entrada directa de datos.

En el caso de procesamientos puntuales complejos o repetitivos, será preferible usar Power Query. Esta herramienta está integrada en Excel y puede administrar fuentes de datos aplicándoles procesamiento de consultas.

a. Tipo de procesamiento (parte "mecánica" y parte humana)

Los humanos no siempre pueden controlar (por ejemplo, en química, el nivel de acidez de un baño para metal) y, normalmente, el ajuste que puede hacer una máquina es un trabajo que no tiene valor añadido y que no es muy motivador para la persona que lo realiza.

En muchas pymes, existe el síndrome de la "alimentación a ciegas": quienes se ven obligados a alimentar un sistema rara vez ven el procesamiento que resulta de su acción. No se les pide que hagan más fluida la entrada de datos, no se dan cuenta del alcance de sus errores y, a menudo, se dicen a sí mismos "¿para qué sirve esto?". Para reducir los errores, es aconsejable que los operadores de entrada de datos también sean los destinatarios de la visualización de la información reprocesada gracias a su participación.

La recogida de datos en una fábrica puede implicar la instalación de sondas (sensores) que captan el movimiento, el peso, la cantidad, etc., y que inyectan estos datos en un sistema informatizado. En las oficinas, el sistema de tarjetas de presencia permite registrar los tiempos de trabajo. Cabe señalar que estos dispositivos mecanizados son percibidos por muchos humanos (con razón, si no están controlados) como sistemas inquisitivos.

Por esta razón, se puede optar por hacer una simple entrada manual en un formulario o una doble entrada manual en un documento en papel y después en un archivo, para procesar los datos generados por una tarjeta de presencia y un lector o una tarjeta de presencia y un detector.

A la hora de implantar un sistema de recogida de datos, es importante trabajar con inteligencia y entendiendo a los futuros usuarios.

b. Estimación del esfuerzo: coste de implementación

Es posible medir la relación entre la inversión a realizar para tener un seguimiento del objetivo y la ganancia esperada resultante de su uso.

Pongamos un ejemplo: para disminuir la tasa de envío de paquetes a una dirección incorrecta de un servicio de envíos, se debe realizar un seguimiento del número de paquetes que se devuelven en comparación con el número de paquetes enviados.

- ¿Cómo?

En un archivo Excel, analizaremos los datos comparativos entre devlución y envío.

- ¿Los datos existen o no?

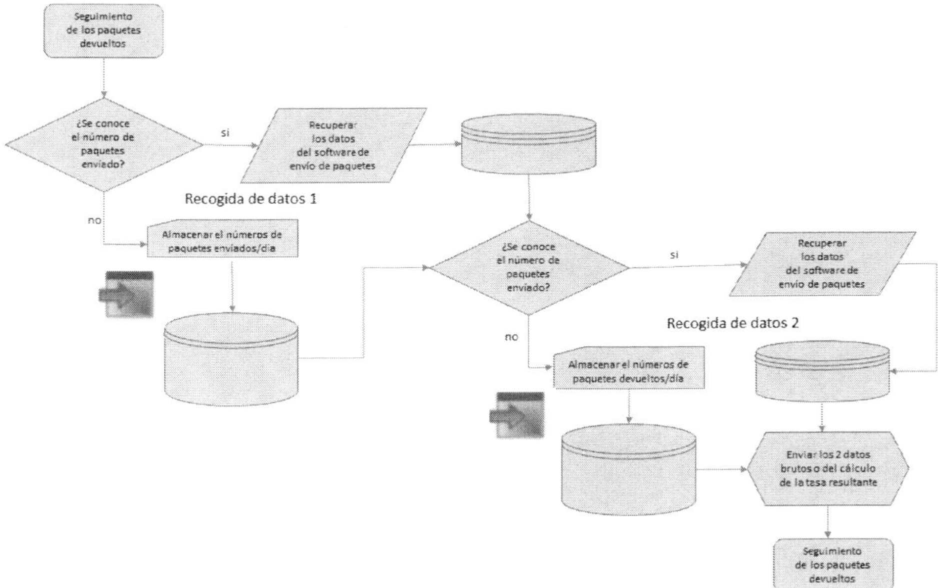

Para la recogida de datos 1 : vamos a tratar ambos escenarios, es decir, bien la recogida de datos no existe, por lo que tenemos que integrar el tiempo de trabajo de alguien que introducirá los datos sobre la marcha o el coste de desarrollar y desplegar un sistema de seguimiento (en este caso, un sistema de marcado y lectura de "código de barras" puede ser suficiente), bien los datos ya están presentes en una base de datos (en este caso, el software de envío), y hay dos tipos de costes que se deben tener en cuenta:

- Puede optar por un intercambio con un archivo de Excel de forma puntual (aunque es repetitivo): luego debe sumar el tiempo empleado durante un mes, por ejemplo, por un empleado que tendrá que abrir el software de envío y exportar los datos día a día durante una semana de actividad. Posteriormente, tendrá que coger el libro de almacenamiento en Excel, importar los datos (a menudo en un formato diferente de .xls, .xlsx o .xlsm, probablemente en .txt o .csv, suponiendo que la importación no genere un error). Finalmente, tendrán que realizar el cálculo y transmitir (normalmente a otro libro de trabajo) el resultado de los cálculos. Digamos que tarda 15 minutos, es decir, una hora perdida al mes en comparación con el procesamiento automatizado.
- Puede utilizar una técnica que permita vincular el libro de Excel y la tabla correspondiente en la base de datos. Puede ser necesaria una inversión de unas pocas horas para configurar la implementación para obtener el "driver" que permite "dialogar" con las tablas de la base de datos. Tenga cuidado, porque algunos controladores pueden ser de pago y algunos paquetes de software empresarial propietario no siempre implementan esta comunicación con Excel. A continuación, vincule una tabla del libro con una o varias tablas de la base de datos (esto se denomina mapeo).

Este segundo método ofrece la ventaja de evitar la necesidad de movilizar regularmente a los humanos para realizar tareas de bajo valor añadido (que potencialmente pueden generar errores), pero también y, sobre todo, ofrecen la posibilidad de construir indicadores adecuados en el instante concreto: los datos visualizados se actualizaron hace unos instantes y no hace días. A esto se le denomina **procesamiento síncrono**, a diferencia de la exportación/importación, que es **asíncrona**.

Para la recogida de datos 2, el procesamiento de la recopilación o el diálogo con paquetes de software de terceros es el mismo.

Como se puede imaginar, aunque no se trate del sector del envío de paquetes, las preguntas que hay que hacerse (y los métodos de evaluación del coste y la ganancia relacionada), son las mismas: coste medido en horas hombre/semana para alimentar una base de datos o coste para un sistema de captación de datos automatizado (variable en función del tipo de datos a trazar). Cuanto más lejos estén los datos de los elementos físicos que se pueden medir con las herramientas de medición adecuadas, más es probable que aumente el coste. Si se trata de un sistema para medir la satisfacción de los recursos humanos, será necesario construir un sistema de encuestas e invitar a los empleados a alimentarlo regularmente.

Para medir lo que se gana, se pueden calcular con precisión los **costes directos** y estimar los **indirectos**. Para los costes directos, se tendrá en cuenta el tiempo de trabajo (recuperación del paquete, identificación del error, reenvío, etc.), los costes generados (reetiquetado, franqueo, etc.) hasta la indemnización al cliente, si procede. En el caso de los costes indirectos, se tratará de traducir la pérdida de imagen: un cliente insatisfecho por las devoluciones o los retrasos puede decidir no hacer más pedidos.

El último paso es rastrear el origen de los errores para responsabilizar a los actores del servicio de expedición y transporte, ofreciéndoles una mejora continua de su trabajo.

Comience por implementar las métricas que tengan la relación ganancia/coste, más alta.

c. Entrada de datos

La entrada de datos se puede realizar en un libro de Excel o en un software de base de datos como Access. Algunas veces, se puede basar en datos existentes en papel (que se extraerán utilizando un software de reconocimiento de caracteres tipo OMNIPAGE) o en tarjetas de visita (tipo CAMCARD).

Algunas de las funciones de asistencia a la entrada de datos se presentan al final del capítulo Los datos - Entrada de datos.

3. Recuperar datos de fuentes externas

Hoy en día, existe una gran cantidad de datos que se pueden utilizar como base para la comparación con los datos de la empresa. El Big Data (datos masivos), que apareció hace unos años, ofrece enormes perspectivas en cuanto a conocimiento, evaluación y análisis de tendencias, y permitirá a las empresas reducir riesgos y facilitar la toma de decisiones. Durante la actual década 2020-2030, todos los actores económicos tendrán cada vez más acceso a datos que son intrínsecamente de bajo valor pero que, debido a su gran volumen, a través del cruce de referencias y el uso de leyes matemáticas, darán acceso a posibilidades de proyección (la predicción también está vinculada con esta noción). La ley de los grandes números arroja luz sobre el valor de la información aislada y define las principales tendencias.

Por tanto, las empresas podrán (algunas ya lo están haciendo) posicionarse en un mercado futuro, sobre algún aspecto que actualmente se está demandando, teniendo en cuenta el valor de la proyección resultante realizada en el presente. Al igual que la meteorología, la gran cantidad de datos manipulados está ligada a la cantidad de potencia de cálculo utilizada, para la que las proyecciones a tres, cinco, siete días, etc., son cada vez más fiables.

He aquí hay algunos sitios útiles:

- El Banco de España ofrece estadísticas de datos:

  https://www.bde.es/wbe/es/estadisticas/
- El Instituto Nacional de Estadística:

  https://www.ine.es/
- Organizaciones empresariales y sindicales:

  https://www.mites.gob.es/es/sec_trabajo/ccncc/H_Enlaces/orga-empresariales-ccncc/index.htm
- Los repositorios del gobierno español que ofrecen datos multidisciplinares en varios formatos:

  https://datos.gob.es/es/catalogo?theme_id=sociedad-bienestar&res_format_label=JSON&frequency=%7B%22type%22%3A+%22days%22%2C+%22value%22%3A+%221%22%7D

No vamos a detallar aquí los métodos de recuperación de estos datos, ya que dependen de la ubicación en la que se almacenen. Pero tenga en cuenta que, en muchos casos, puede recuperar (si tiene permiso) los datos de una página web copiando y pegando (hacer un pegado especial para pegar el texto o los números sin el formato). De nuevo, en este caso, el uso de Power Query puede ser útil.

D. Difusión del cuadro de mando

Para la distribución general del cuadro de mando, ¿cuáles son los vectores que se van a utilizar?

Una intranet en la que encontrará la versión de los documentos completos o parciales, accesible a todos aquellos que necesiten tener en cuenta indicadores para el trabajo diario, es decir, casi todo el mundo.

Es posible mantener un único libro de Excel en el que los usuarios activarán tal o cual visualización personalizada (utilizada para ocultar o mostrar fácilmente ciertas columnas o filas), para que tengan una vista parcial relacionada con sus necesidades.

Una versión traducida en diapositivas (es posible la automatización) que se muestra en pantallas para el mayor número de personas posible, en zonas estratégicas de la empresa (vestíbulo de recepción, sala de reuniones, cafetería, etc.).

También se puede utilizar la impresión en papel (A4 y A3). Estos documentos se pueden exponer públicamente en tablones de anuncios, en la sala de descanso, en el vestuario, etc. o integrarse en carpetas privadas. En el capítulo Optimizar la gestión y la impresión, volveremos a las técnicas de Excel que se deben implementar para administrar correctamente las páginas imprimibles y así, conciliarlo con el envío de documentos estructurados para imprimir.

Durante los últimos meses y la aceleración del trabajo remoto, la distribución se puede realizar a través de un equipo de TEAMS: el documento compartido se almacena en una nube similar a SharePoint y es accesible para los miembros del equipo.

Cabe observar la capacidad de Excel para alimentar productos de distribución multiplataforma de datos gráficos estructurados y, en particular, Power BI. El enfoque relacionado con la base de datos que requiere, lo posiciona en la parte inferior del procesamiento estructurado en Excel.

Finalmente, terminemos esta descripción general hablando de Power Automate para programar en low code, es decir, sin usar un lenguaje de programación específico para los flujos de procesamiento de información, por ejemplo: si se alcanza un umbral en un libro de seguimiento de Excel, se puede enviar un correo electrónico automáticamente para alertar a las personas afectadas.

1. ¿Quién debería tener acceso al cuadro de mando?

Existen varios tipos de cuadros de mando, pero no todos están pensados para ser difundidos.

a. El cuadro de mando personal

No se difunde porque solo aporta una visión personal. Se debe proteger con contraseña y se puede cifrar.

Puede incluir todos los elementos que considere esenciales para su gestión del día a día. Puede estar compuesto por una parte profesional y otra personal y le permite cambiar fácilmente de uno a otro:

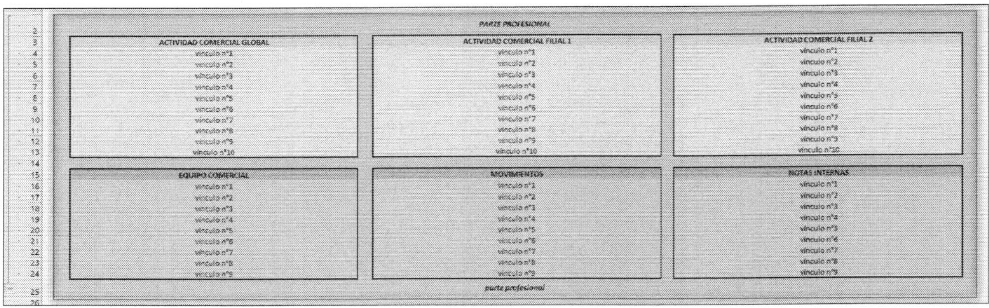

Por ejemplo, usando la función "agrupar":

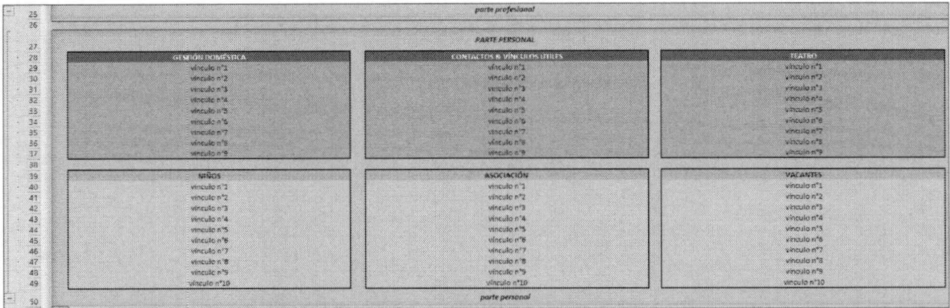

A diferencia de los cuadros de mando colectivos, es una creación propia y solo usted puede mantenerlo.

b. El cuadro de mando por departamento

Es necesario realizar un trabajo de reflexión colectiva antes de construirlo. Definiendo conjuntamente las diferentes zonas del cuadro de mando e indicando quién debe tener acceso a ellas. Puede ser interesante que la información resumida sea accesible para todos y que los detalles se reserven para el acceso restringido a ciertas personas. A continuación, será necesario crear un segundo libro de trabajo que contenga los detalles y que se vinculará con el primero, pero cuyo acceso estará protegido mediante contraseña.

Este trabajo de reflexión también se centrará en las modalidades de actualización, el formato elegido para cada indicador, los códigos de colores utilizados, etc.

2. ¿Dónde guardar el cuadro de mando?

Dependiendo de la necesidad de compartir, el cuadro de mando (y todos los documentos a los que está vinculado), se puede almacenar en una carpeta compartida en una red corporativa estándar, en la intranet, en un equipo de Teams, en un espacio colaborativo como Microsoft SharePoint o en un espacio de almacenamiento en línea como OneDrive.

En cualquier caso, será necesario definir quién tiene acceso a qué y cómo realizar los ajustes adecuados (ver más adelante).

Si el cuadro de mando solo se utiliza para consultas, simplemente puede enviarlo por correo electrónico. Si el cuadro de mando tiene algunos enlaces con archivos externos, le recomendamos que los almacene en la misma carpeta que el cuadro de mando o en subcarpetas y que envíe un archivo comprimido por correo electrónico (utilice un software de compresión como 7zip), con todos los archivos necesarios.

Para facilitar la descompresión, puede optar por un archivo autoextraíble que permite la descompresión con un doble clic y conserva la organización en subcarpetas.

3. ¿Qué tipo de acceso utilizar?

Hay dos tipos de acceso: acceso en modo lectura (el usuario puede ver el contenido del libro de trabajo, pero no puede editarlo) y acceso en modo escritura (el usuario puede editar el contenido del libro de trabajo).

Si solo una persona necesita editar el contenido del libro, la forma más fácil de hacerlo es proteger la apertura y edición del libro con una contraseña.

- En el cuadro de diálogo **Guardar como**, haga clic en la opción **Opciones generales** de la lista desplegable del botón **Herramientas**.

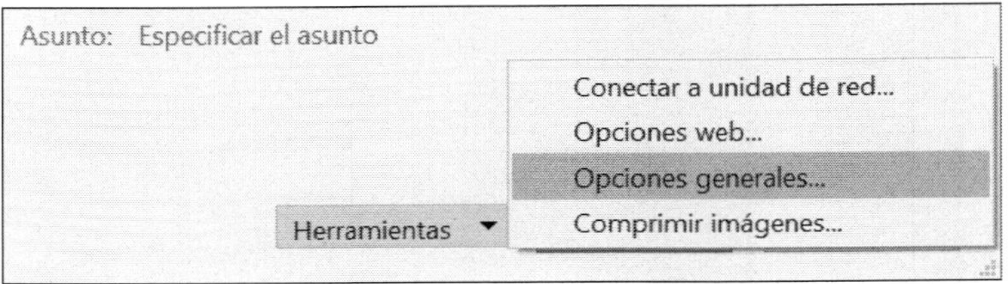

- Introduzca una contraseña en el cuadro **Contraseña de escritura** (se le pedirá que la confirme) y active la casilla de verificación **Se recomienda guardar como de solo lectura**.

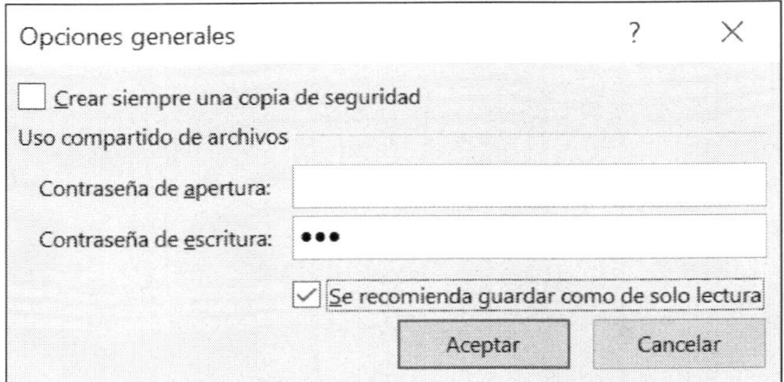

- Haga clic en **Aceptar**.

Al abrirlo, los usuarios verán el siguiente cuadro de diálogo:

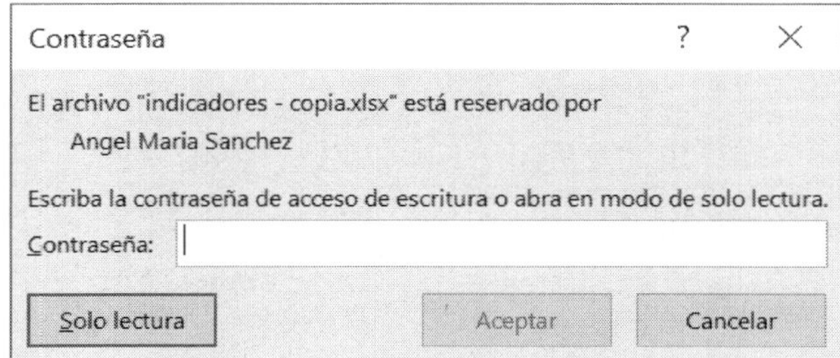

✎ Aquellos que no conozcan la contraseña harán clic en **Solo lectura** y no podrán editar el contenido del libro de trabajo.

Para poder editar el contenido del libro de trabajo, deberá introducir la contraseña y haga clic en **Aceptar**.

Precaución: recuerde guardar el archivo en una carpeta del servidor a la que tengan permisos para acceder quienes deban consultarlo. Estos permisos también se deben aplicar a los archivos vinculados.

En el caso de un cuadro de mando por departamento, para el que varios colaboradores puedan tener acceso para modificar el contenido, es imperativo proteger las celdas que no se deben modificar. También es posible permitir el acceso a ciertos rangos de celdas para ciertos usuarios.

Para obtener más información sobre la protección de los libros de Excel, recomendamos el libro Excel 2021 (o las versiones 2019 y Office 365) publicada por Ediciones ENI.

E. Actualización del cuadro de mando

1. ¿Cuándo?

La frecuencia de las actualizaciones depende de la naturaleza de la actividad. En temporada alta, una empresa hortofrutícola podrá realizar una actualización diaria mientras que, en temporada baja, bastará con una actualización semanal. Es importante organizar el cuadro de mando a la hora de organizarlo.

Además, algunos indicadores varían menos que otros: una cartera de clientes y su evolución estará menos sujeta a variación que el número de paquetes que maneja una empresa de expediciones y envíos.

2. ¿Cómo?

Un primer paso es alimentar el cuadro de mando con datos actualizados de manera puntual, utilizando la técnica, a menudo bien establecida, de exportar desde el software de origen (software de contabilidad, por ejemplo) seguido de una importación a Excel. Si el software tiene una exportación directa a Excel (esta es la tendencia que se está desarrollando), entonces la importación consiste en abrir el archivo de Excel creado durante la exportación.

También en este caso, las limitaciones (tiempo transcurrido, regularidad de la acción, etc.) nos empujan a relacionar el cuadro de mando con las fuentes de datos de las que se nutre. Esta solución, que técnicamente es más compleja de implementar, permite una mejor gestión de la información porque es en tiempo real. Cualquier cambio en el software de origen (gestión de recursos humanos, por ejemplo) no espera a la siguiente exportación para ver sus datos reflejados en el cuadro de mando.

F. Vocabulario mínimo que se debe conocer

<u>Referencia a las celdas</u>

<table>
<tr><th></th><th>Significa</th><th></th></tr>
<tr><td>C2:D8</td><td>de la celda C2 a la celda D8</td><td rowspan="4">En una fórmula
o
en la zona de nombres</td></tr>
<tr><td>C2;D8</td><td>la celda C2 y la D8</td></tr>
<tr><td>5:150</td><td>de la línea 5 a la línea 150</td></tr>
<tr><td>G:M</td><td>de la columna G a la columna M</td></tr>
</table>

Un rango de celdas se selecciona utilizando la tecla Mayús y las celdas no contiguas se seleccionan con la tecla Ctrl.

Comprobaciones lógicas

es igual a =	=
estrictamente mayor que >	>
estrictamente menor que <	<
mayor o igual que ≥	>=
menor o igual que ≤	<=
diferente de ≠	<>
es texto puro	>< o ?*
no está vacío ni es diferente del conjunto vacío	<>""
no nulo o distinto a cero	<>0

Tratamiento de textos

comienza con (por ejemplo, por a)	"a*"	Sin distinción entre mayúsculas y minúsculas
contiene (por ejemplo c)	"*c*"	
termina con (por ejemplo, r)	"*r"	
nada (cadena de caracteres vacía)	""	
el carácter espacio	" "	
para hacer referencia a una pestaña	'nombre de la pestaña'!	
para bloquear la referencia a una celda	uno o varios $	usando F4

Casos especiales

Utilice el apóstrofe ' para que un dato introducido como numérico se considere como texto.

Considere la posibilidad de usar el signo & para concatenar textos (en lugar de la función CONCATENAR).

Para cambiar el nombre de un elemento, use CamelCase (MayúsculasYMinúsculasCombinadas) para evitar introducir espacios (el uso del carácter Underscore "_" sigue siendo posible en la zona de nombre).

Para búsquedas complejas

Use * para sustituir una cadena de caracteres	~* para buscar este carácter en los datos.
Use ? para sustituir un carácter	~? para buscar ese carácter en los datos.

Por ejemplo, para buscar nombres que comiencen con al, escriba al*. Para encontrar nombres de 5 letras que comiencen con al, escriba al???. Para encontrar una dirección con el texto "calle", introduzca *calle*. Para encontrar ciudades con un guión en la 6ª posición para, por ejemplo, obtener las que comienzan con "santa", escriba ????? -*.

G. Tablas estructuradas

Una tabla estructurada, también llamada tabla o lista de datos, es un conjunto de columnas y filas en las que los nombres de las columnas se corresponden con los campos y las filas contienen los diferentes datos.

- Seleccione la matriz de datos que desea convertir en una tabla:
- En la pestaña **Inicio** - grupo **Estilos**, haga clic en **Establecer como tabla**. Elija el estilo que más le convenga (en este caso, **Azul claro**, **Estilo de tabla claro 2**).

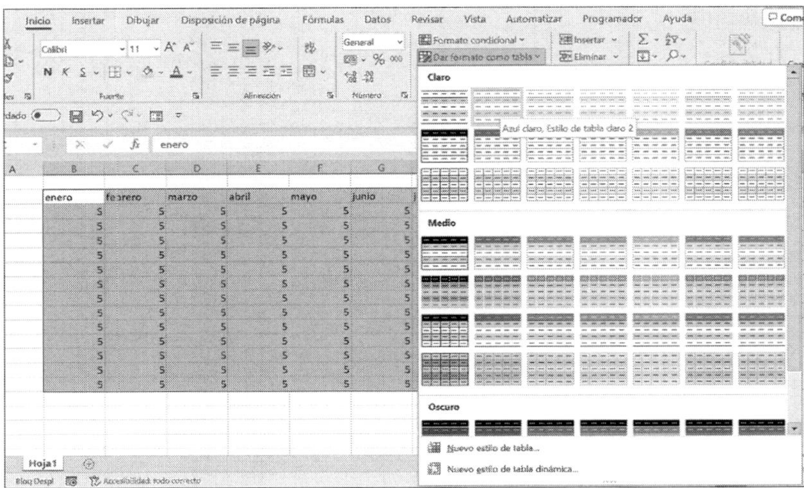

Confirme la selección e indique que la tabla contenga encabezados:

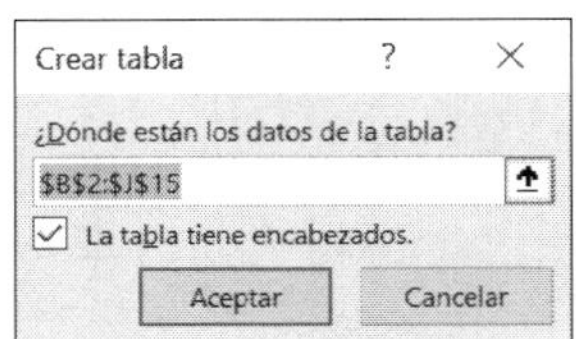

Haga clic en **Aceptar**.

La versión resultante es más "agradable":

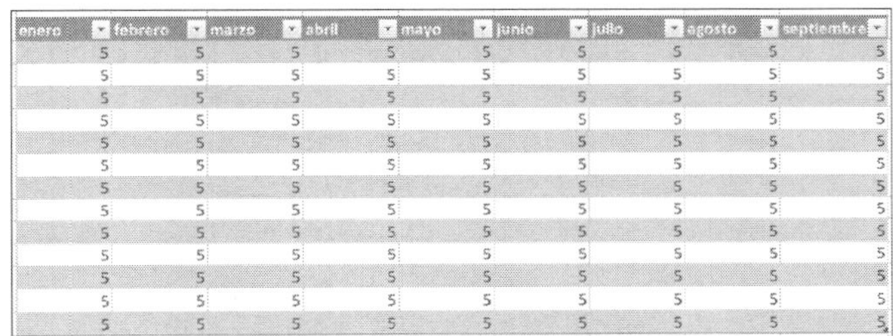

enero	febrero	marzo	abril	mayo	junio	julio	agosto	septiembre
5	5	5	5	5	5	5	5	5
5	5	5	5	5	5	5	5	5
5	5	5	5	5	5	5	5	5
5	5	5	5	5	5	5	5	5
5	5	5	5	5	5	5	5	5
5	5	5	5	5	5	5	5	5
5	5	5	5	5	5	5	5	5
5	5	5	5	5	5	5	5	5
5	5	5	5	5	5	5	5	5
5	5	5	5	5	5	5	5	5
5	5	5	5	5	5	5	5	5
5	5	5	5	5	5	5	5	5
5	5	5	5	5	5	5	5	5

*Por defecto, las tablas de datos tienen listas desplegables en sus filas de encabezado, que le permiten ordenar o filtrar los datos por valor o color. Si no necesita estos filtros, puede eliminarlos en la pestaña **Datos** - grupo **Ordenar y filtrar**, y haciendo clic en **Filtrar**.*

- Para crear una nueva tabla, utilice el método abreviado Ctrl T.
- Asigne el nombre a la tabla BaseTest. Esta tabla tiene 9 meses de datos, su contenido es dinámico, por lo que, si agrega datos en nuevas filas o columnas, el rango de celdas asociadas con la tabla cambia automáticamente.
- En la pestaña **Fórmula - Nombres definidos**, haga clic en el botón **Administrador de nombres** y observe que el nombre de una tabla no se elimina, ni tampoco su ámbito.

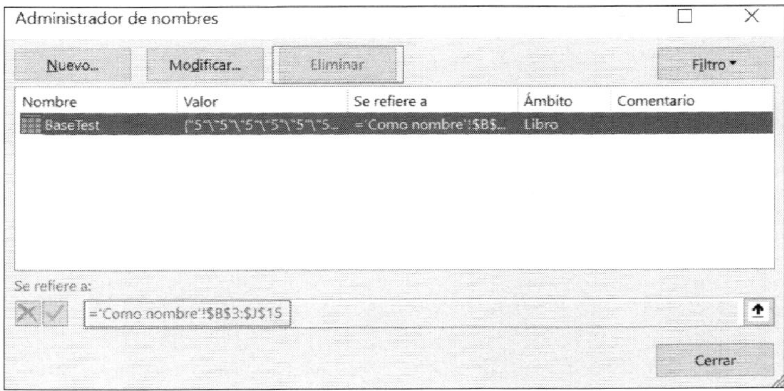

A continuación, es posible referirse a:

- encabezados: =BaseTest[#Encabezados]*
- datos: =BaseTest[#Datos]*
- a toda la tabla: =BaseTest[#Todo]*
- o incluso totales si se han habilitado: =BaseTest[#Totales]*

Si introduce la fórmula **=SUMA(BaseTest[enero])** debajo de la tabla dejando unas líneas de espacio con los datos, por ejemplo en la celda B15, y la copia en C15, se convierte en =SUMA(BaseTest[febrero]). Para que la fórmula quede bloqueada en enero, tendrá que introducir **=SUM(BaseTest[[enero]:[enero]])** y al volver a copiar esta fórmula, ya no se modificará.

L	M	N	O	P
5	5	5	5	5
5	5	5	5	5
5	5	5	5	5
5	5	5	5	5
5	5	5	5	5
5	5	5	5	5
5	5	5	5	5
5	5	5	5	5
5	5	5	5	5
5	5	5	5	5

H. Algunos consejos

Al configurar el cuadro de mando, créelo centrándose en:

- Expresar sus necesidades en un documento que no sea de Excel, una especie de especificación.

  Este documento debe incluir, como mínimo, los conceptos de los sectores de información cubiertos (posiblemente con fechas de implementación para los sectores que no comienzan inmediatamente). Por ejemplo, se cubrirá primero el sector de la información comercial y financiera, seguido de la rentabilidad de la producción en una segunda fase (seis meses después, por ejemplo).

  El documento también enumera el tipo de indicadores presentes con su formato, los datos de partida que utilizan y los métodos de cálculo utilizados.

  Ejemplo: la calidad del servicio de atención al cliente se medirá en función del número de llamadas atendidas al día (en función del número de personas del equipo), en comparación con el número total atendido (o número de llamadas), cruzado con el nivel medio de satisfacción del cliente obtenido utilizando encuestas. Por ejemplo, podríamos obtener 40 llamadas atendidas por un atención al cliente de 200 llamadas globales (es decir, el 20% de las llamadas), mientras que debería ser el 25% para un equipo de 4 personas). Por lo tanto, en términos de cantidad, está por debajo del indicador objetivo, pero sí es el único con un 80% de satisfacción, mientras que los demás están al 50%, por lo que cualitativamente no está mal.

  Por último, puede contener detalles que especifiquen quién desarrolla, quién consulta, quién mantiene, con detalles sobre la frecuencia de las actualizaciones o incluso la vida útil del indicador (o una fecha de revisión, para comprobar que sigue siendo actual).

- Trabajar en la medida de lo posible con las personas implicadas en su uso.
- Resaltar los indicadores más significativos para el servicio.
- Centrarse primero en los indicadores por equipo y, luego, a medio plazo, en los indicadores individuales.
- Actualizar el contenido del cuadro de mando gradualmente, en bloques (con cambios rápidamente contrastables en el contenido y la visualización), en lugar de crear un sistema complejo que está parcialmente operativo en múltiples lugares, pero que no está finalizado.
- Colocar una gran cantidad de enlaces, aunque tenga que eliminarlos después o incluso hacerlos "móviles" (consulte el capítulo Construcción del cuadro de mando).

Capítulo 2

Definir indicadores de éxito

A. Identificar diferentes necesidades

La presencia de indicadores en un cuadro de mando cumple con un doble objetivo: reducir el tiempo de adopción y resumir al máximo el análisis.

Reducir el tiempo de adopción: tanto el color como la forma o, en definitiva, el simbolismo, es importante porque siempre se percibe más rápidamente que la idea que se oculta detrás de una serie de números o palabras.

Sintetizar el análisis tanto como sea posible: dar al interlocutor el conjunto de datos obliga a que este realice un trabajo de adopción (corre el riesgo de ahogarse porque demasiada información mata la información). El resultado de una presentación en forma de cálculos, resúmenes y gráficos mejora el enfoque, pero sigue obligando al usuario a realizar comparaciones y proyecciones. El último paso es la creación de *flags* (lo que de hecho reduce el campo de posibilidades), la presencia de tendencias en los gráficos para las proyecciones. Por otro lado, la implementación de las fórmulas, la elección del método de cálculo correcto o la elección del tipo de tendencia, pueden ser procesos largos y tediosos.

También es necesario observar los diferentes componentes del cuadro de mandos, teniendo en cuenta que algunos pueden contar con una capacidad de respuesta promedio (cifras de la semana pasada, por ejemplo, número de devoluciones de un departamento de envíos), mientras que otros, en cambio, deben proporcionar una respuesta en tiempo real (indicadores en tiempo real sobre camiones y condiciones de la carretera para un transportista). Nos estamos moviendo cada vez más hacia el desarrollo de información en tiempo real y el comportamiento proactivo de los empleados de la empresa.

Llegar siempre a tiempo para tomar decisiones ("Just in time"): tomar la decisión en el momento adecuado, porque cuanto más corta sea la cadena de procesamiento y haya menos intervención humana, menor será el retraso. Para que la gestión de una actividad sea de alta calidad, se debe basar en información procesada en poco tiempo.

1. ¿Dónde encajan los indicadores en la estrategia?

El sistema de información de la empresa se compone de múltiples elementos y el cuadro de mando es uno de ellos. La gestión estratégica parte del uso adecuado de todos estos elementos modulares. Se debe construir de forma flexible e interaccionando con el resto del sistema de información. Estas construcciones modulares están formadas por piezas. Vamos a empezar allanando la pieza de la "gestión del tiempo" (planificación, seguimiento del producto, etc.) y seguidamente nos ocuparemos de la pieza de la "productividad" (rendimiento, cadencia, etc.).

En todos los casos, es necesario apuntar a la implementación en el cuadro de mandos de elementos de calidad óptima (de acuerdo con el estado actual de la tecnología). La calidad radica incluso en la escritura de las fórmulas, por ejemplo, mediante el uso de nombres (explicaremos más adelante cómo se manejan).
Es preferible una escritura como =SUMAPRODUCTO(precio_unitario; cantidad),a una como =SUMAPRODUCTO($A$2:$A$500;$G$2:$G$500).

El indicador es plenamente estratégico si arroja luz sobre datos futuros, estableciendo proyecciones en las curvas o cálculos relativos a los 12 meses de un ejercicio mientras estamos en el primer trimestre o si materializa la evolución de un competidor.

Por el contrario, si se representa la evolución de los últimos tres meses, si se proyecta a muy corto plazo o si mide la actividad de un día o una semana, entonces este indicador está al servicio de la táctica.

En nuestra política de gestión empresarial, es normal que tengamos la costumbre (provocada por la elaboración de balances contables) de mirar por el espejo retrovisor al pasado y centrar nuestro análisis en "lo que ya ha sucedido". Es interesante mirar a través del parabrisas al futuro y también analizar "lo que es probable que suceda".

Recordemos la famosa frase: "El futuro de una persona está frente a él, y lo llevará a rastras cada vez que pretenda darse la vuelta" (Pierre Dac).

B. Características principales de los indicadores

1. Pertinencia

Es necesario hacerse las preguntas correctas y desglosar la "mecánica" analítica. Para entender la importancia de este capítulo, consideremos el ejemplo de una empresa comercial que analiza la actividad de sus tiendas.

Se solicita realizar un análisis del rendimiento de los vendedores de una tienda de esta empresa. Mediremos el número de artículos vendidos, la facturación o el número de productos vendidos por marca, y tendremos en cuenta una diferenciación por vendedor.

¿Cómo se formula una buena pregunta?

- ¿Cuál es el número de artículos vendidos por cada vendedor?
- ¿Cuál es la rotación de productos vendidos por cada vendedor y por marca?

La pregunta es bastante específica, aunque incompleta, así que tenemos que hacerlo mejor... Pero, ¿qué falta?

Hay que incluir en la pregunta un elemento relacionado con el potencial de la tienda: un vendedor en una tienda que ha realizado 100 ventas en un día se puede considerar "bueno", pero cómo se le puede considerar si las ha realizado sobre unas ventas potenciales de 800 (por ejemplo, 800 clientes que entran y salen en una tienda) y, a la inversa, qué pasa con su colega que ha realizado "solo" 50 ventas, pero sobre una base de 100 visitas.

Por lo tanto, el indicador se compondrá de un recuento bruto del número, el volumen, la masa financiera y los datos que indiquen el potencial.

		número de ventas	zona de captación	eficacia
vendedor N°1	tienda 1	275	10000	27,50%
vendedor N°2	tienda 1	338	10000	33,80%
vendedor N°3	tienda 3	461	8000	57,63%
vendedor N°4	tienda 1	118	10000	11,80%
vendedor N°5	tienda 1	234	10000	23,40%
vendedor N°6	tienda 2	149	6000	24,83%
vendedor N°7	tienda 2	494	6000	82,33%
vendedor N°8	tienda 2	211	6000	35,17%
vendedor N°9	tienda 3	102	8000	12,75%
vendedor N°10	tienda 3	51	8000	6,38%

Por lo tanto, el vendedor n.º 8, que solo ha realizado 211 ventas, por ejemplo se encuentra en realidad en una mejor posición que el vendedor n.º 1, que tiene 275.

Por lo tanto, una forma adecuada de realizar las preguntas anteriores será:

- ¿Cuál es la rotación de productos vendidos por vendedor y por marca en comparación con el número de clientes que entraron en la tienda durante el día o la semana?

- ¿Cuál es el número de artículos vendidos por vendedor en comparación con el número de clientes en la zona de influencia de la tienda? Aunque más vaga, esta segunda pregunta evita tener que contar los clientes entrantes y salientes. Pero esto tiene un corolario: ¿Cómo se realiza este conteo? ¿Es un ser humano el que cuenta, anota e introduce la información en el sistema informático o es un portal de conteo conectado al sistema informático quien lo realiza? Los costes de inversión o las mismas limitaciones humanas no serán los mismos.

¿Cómo formular una buena pregunta para comparar dos números almacenados en el cuadro de mando?

- ¿Cómo son las ventas de enero de 2022 en comparación con enero de 2021?

  En general, esta pregunta es demasiado imprecisa.
- ¿Son las ventas de enero de 2022 mejores que las de enero de 2021?

  ¿Qué significa la palabra "mejor"?, también es demasiado impreciso.
- ¿Las ventas de enero de 2022 son más altas que las de enero de 2021?

  Esta es una formulación que se puede manipular en ciencias de la computación, con Excel en particular.

Aquí hay otro posible vistazo a los indicadores.

- En comparación con el mes M-1: para una actividad estacional, esto no es adecuado, el vendedor de chocolate en febrero siempre tiene un mes peor que el de enero. Por lo tanto, puede colocar un indicador que le asuste a sí mismo...
- En comparación con el mismo mes M pero del año anterior M (año-1): de un año a otro las condiciones pueden cambiar.
- En comparación con el promedio (de los últimos 3 meses, los últimos 3 años, etc.), esto es un "suavizado".
- En comparación con un año de referencia (en el deporte, esto se conoce como un "partido de referencia").
- En relación con la profesión, pero solo hay datos para ratios obligatorios (como los datos contables), disponibles en los CGA (centros de gestión agregados) de las federaciones profesionales.

La prueba lógica de una pregunta bien formulada es que los símbolos utilizados sean mayor que >, menor que <, mayor o igual que >= (en Excel el signo ≥ no existe), menor o igual que <= (en lugar de ≤), igual =, diferente <> (en lugar de ≠).

Usando "más" o "menos", la pregunta se convierte en: mejor o peor, más caro o más barato, más económico o más caro, etc.

H Excel puede manejar este tipo de preguntas. Debe saber que vacío se escribe ="", no vacío se convierte en <>"", comienza con a ="a*", termina con s ="*s", contiene x ="*x*". El carácter * es un meta-carácter (o comodín) que sustituye cualquier cadena de caracteres. El carácter ? se puede usar para sustituir un carácter; por lo tanto, para poner en valor las celdas que contienen la palabra "coste", (escrito "coste" o "costo" como antes de la reforma ortográfica), usaremos = "cost?".

A estas preguntas (en forma de pruebas lógicas), la respuesta debe ser sí o no, lo que puede permitir un procesamiento del tipo Si... Entonces...De lo contrario: Si es "sí", entonces "luz verde"; de lo contrario, "luz roja".

2. Formulación en Excel

¿Cómo se traduce este tipo de preguntas en Excel? Para cualquier prueba lógica, se debe utilizar la función SI.

Supongamos que G2 es la celda de ventas totales de enero para dos pestañas de 2022 y 2021, y queremos responder a la pregunta "¿Las ventas de enero de 2022 son más altas que las de enero de 2021?"

Si introduce la fórmula ='2022'! G2>'2021'! G2, el resultado será VERDADERO o FALSO.

Para probar la igualdad entre los dos años (¿es G2 en 2022 igual a G2 en 2021?), utilizará la siguiente fórmula: ='2022'!G2='2021'!G2.

Ahora se trata de mostrar el texto "ok" si 2022 es mayor que 2021 y "no ok" en caso contrario.

El famoso "Si..." Entonces... De lo contrario" se convierte en Si *prueba lógica* Entonces *procesamiento 1* De lo contrario *procesamiento 2*. Por lo tanto, para comprobar si la facturación de 2022 es superior a la de 2021 y mostrar "ok" si es afirmativa y "no ok" si no es así, el principio es el siguiente:

Si "'2022'! G2>'2021'! G2 »

Así que "ok"
De lo contrario, "no ok".

Lo que se traduce en la fórmula de Excel =SI('2022'! G2>'2021'! G2;" ok ";" no ok").

=SI('2022'!G2>'2021'!G2;" ok ";" no ok")

B	C	D	E	F	G
	progresión:	no ok			

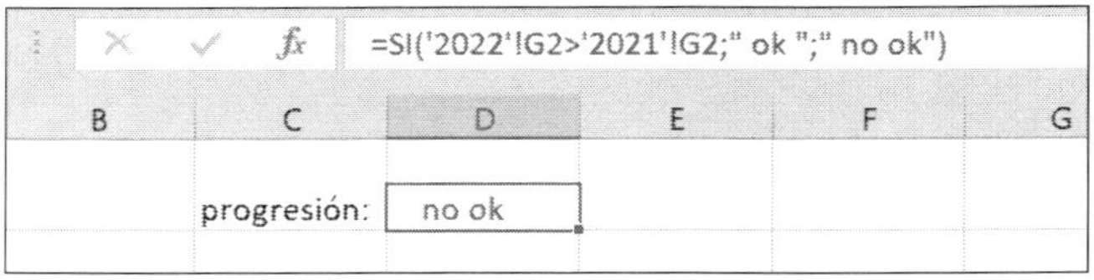

La sintaxis general de la función SI es la siguiente: =SI(condición; acción a tomar si la condición es VERDADERA; acción a realizar si la condición es FALSA).

Sin embargo, la prueba "estrictamente mayor que" es demasiado fuerte (algunas veces denominada efecto umbral), porque pasamos del indicador "ok" al "no ok" simplemente si varía un céntimo.

Para probar de forma más flexible y añadir tolerancia, podemos formular la pregunta de la siguiente manera: La facturación de 2022, ¿es superior a la de 2021 con una variación del ±15%?

Por lo tanto, compararemos la facturación de 2022 con la de 2021 ±15%. La formulación matemática es "la facturación de 2021 disminuyó un 15% < la facturación de 2022 < la facturación de 2021 aumentó un 15%". Imaginemos un indicador con tres colores: el color es verde si la facturación de 2022 > facturación de 2021 + 15%, rojo si la facturación de 2022 < facturación de 2021 - 15%, naranja en todos los demás casos.

La formulación utilizando un SI ya no es suficiente, sino que se deben utilizar varias condiciones para "anidar" los SI:

Si "'2022'! G2>'2021'! G2 * 1.15 "

    Entonces "verde"
    De lo contrario, si "'2022'! G2>'2021'! G2 * 0.85 "

        Entonces "naranja"
        De lo contrario, "rojo".

Esta escritura desplazada (o indentada) que ayuda a la lectura, se puede utilizar cuando hay muchas anidaciones, por ejemplo, para un indicador de cinco estados. Desaparece en la formulación en una sola línea de Excel: =SI('2022'! G2>'2021'! G2*1.15;" verde";SI('2022'! G2>'2021'! G2*0.85;" naranja";" rojo").

La fórmula también se puede escribir usando la función SI.CONDICIONES:

=SI.CONDICIONES('2022'! G2>'2021'! G2*1,15;" verde";' 2022'! G2>'2021'! G2*0,85;" naranja";' 2022'! G2<='2021'! G2*0,85;" rojo").

Con esta función, la acción que se realizará cuando la prueba es verdadera sigue a cada prueba lógica.

El color del indicador se volverá verde en lugar de la palabra "verde" gracias al formato condicional, que veremos más adelante en este capítulo y que volveremos a encontrar en el capítulo Cuadro de mando de seguimiento comercial.

3. Establecimiento de prioridades

La gestión del despliegue de un sistema de gestión requiere tiempo y dinero. Dado que nuestros recursos son limitados, tenemos que avanzar gradualmente. Tenemos que tomar decisiones que sean lo menos arbitrarias posibles.

Es necesario encontrar métodos de priorización:

- Trabajar en los procesos identificados y estudiar aquellos que sean críticos (porque consumen tiempo o recursos) o tengan un alto valor añadido.

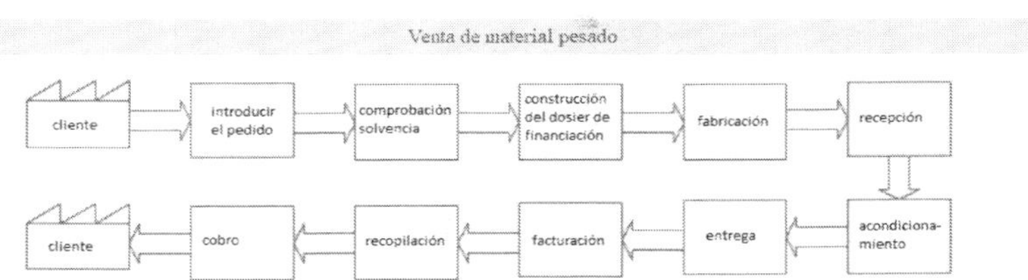

- Trabaje en un desglose con los actores clave (añadiendo una segunda malla de datos, vinculada al espacio personal, con disponibilidad y motivaciones).

		administrativo	contabilidad	comercial
1	Comprobar pedido	≈	≈	👁
2	Comprobar pedido	≈	👁	≈
3	Guardar pedido	👁	≈	≈
4	Enviar AR	👁	≈	≈
5	Actualización en curso cliente	≈	👁	≈
6	Actualización datos cliente	≈	≈	👁
7	Preparar pedido	≈	≈	≈
8	Ajuste aprovisionamiento	≈	≈	≈
9	Condicionar	≈	≈	≈
10	Emitir factura	≈	≈	≈
11	Comprobar factura	≈	≈	≈
12	Entrega	≈	≈	≈
13	Facturar (gestión activos)	👁	👁	👁
14	Gestionar normativas	≈	👁	≈
15	Garantizar la recuperación	≈	👁	≈

- Trabaje en una valoración de los indicadores en términos de propósito previsto, fiabilidad, incitación a la acción, constructibilidad, actualización y coste aceptable. Este trabajo se puede hacer individualmente y posteriormente compilarse o puede tener lugar durante una reunión de "brainstorming".
    - por simple sí/no en una cuadrícula:

indicador	objetivo	fiable	incita a la acción	se puede construir	actualización	coste aceptable	num sí	num no
indicador 1								
indicador 2								
indicador 3								
indicador 4								
...								
por sí / no								

- por una valoración real de 1 a 4:

indicador	objetivo				fiable				incita a la acción				se puede construir				Actualización				Coste				Puntuación obtenida
	1	2	3	4	1	2	3	4	1	2	3	4	1	2	3	4	1	2	3	4	1	2	3	4	
indicador 1																									
indicador 2																									
indicador 3																									
indicador 4																									
...																									
por nivel de cotización																									

4. ¿Cuál es el rango óptimo de variación para cada indicador?

Medir un retraso o un avance significa estar en presencia de un sistema binario, que no presenta ninguna variación intermedia. Para tomar una imagen, saber si una puerta está abierta o cerrada, lleva a mirar un sistema ternario en el que la puerta también puede estar entreabierta. En definitiva, para hacerse una idea del rango de variación, es necesario identificar todas las posiciones que puede tomar el dispositivo o sistema que se estudia.

Algunas veces, el juego consiste en reducir el número de estados intermedios agrupándolos en intervalos. Demasiada información no conduce necesariamente a un mejor análisis y, a veces, es perjudicial para la comprensión.

5. ¿Con qué frecuencia se monitorizan los indicadores?

La frecuencia de las actualizaciones debe ser lo más alta posible, idealmente con indicadores vinculados a datos en tiempo real. Sin embargo, cuanto más automatizada esté la cadena de exportación/importación, con mayor frecuencia se podrá actualizar la información del cuadro de mando.

C. Crear indicadores y alertas activas y comprensibles

En realidad, el indicador no es suficiente, debe ir acompañado de un sistema de alerta: tan pronto como una información alcance el estado esperado, el ordenador debe enviar la información en cuestión a determinadas personas.

Para ilustrar esta noción de alerta, hagamos un paralelismo con el campo de la automoción. En el pasado, no había indicador de combustible en los automóviles: en ese momento, el coche dejaba de funcionar y se repostaba con un bidón de repuesto. Luego vino el indicador de carga de combustible, que nos permitió estar informados del nivel de combustible, con el fin de anticipar el repostaje con suficiente antelación (o distancia medida en kilómetros) al precio más bajo. Este procesamiento fue más fácil, pero todavía no es totalmente satisfactorio porque algunas personas distraídas olvidaban (o calculaban mal) y se volvía a producir el fallo.

A continuación, se añadió un sistema de alerta al indicador: la luz de advertencia. Pero este sistema de alerta no siempre estaba bien ajustado, porque para algunos avisa demasiado pronto y para otros, demasiado tarde.

Al igual que con un coche, no hay que confundir la velocidad con la aceleración: puede conducir rápido (130 km/h como máximo) y estar desacelerando (frenando) para detenerse totalmente en 100 m o 500 m. Por lo tanto, la anticipación en el coche nos hace frenar en previsión de una parada. Del mismo modo, en el mundo económico, el indicador de la velocidad puede ser bueno (estamos aumentando la facturación), pero el indicador de aceleración puede indicar que nuestros competidores lo están haciendo mejor que nosotros.

De manera similar al crecimiento relativo en un mercado, una empresa que gana +15% puede estar satisfecha con eso, pero si el crecimiento del sector es del 30% (un nivel poco habitual en la actualidad), o si sus mayores competidores lo hacen al +32%, entonces la empresa está retrocediendo y, por lo tanto, está perdiendo terreno. Como la empresa se basa en procesos de adaptación bastante largos y la inercia está ahí, es necesario establecer indicadores internos que estén conectados con el exterior. El Banco de España y su "Observatorio de empresas" es uno de los principales proveedores (a menudo de pago) de este tipo de datos.

Las alertas deben "incitar" al usuario a ir a lo esencial. De esta manera, dos luces rojas en medio de una docena de luces verdes colocadas delante de los enlaces de consulta, animarán al lector a centrar su atención en las dos consultas más "urgentes" o "importantes".

En el caso de las alertas activadas por indicadores, ¿cuáles son los vectores de difusión adecuados?

Si se quiere difundir todo el cuadro de mando, podemos optar por el correo electrónico o incluso por los SMS, en las empresas en las que determinados técnicos o directivos están de guardia.

¿Correos electrónicos? Es posible el envío de correos electrónicos, pero su ejecución no será automatizada sino que requiere de la intervención humana. Para que Excel desencadene el envío de correos electrónicos, es necesario agregar al indicador un procesamiento de macros, del que hablaremos en el capítulo Técnicas avanzadas de automatización.

¿SMS? Mantengamos el SMS muy sistemático y confiémosle este papel de emergencia vinculado a la naturaleza misma de la alerta. Pero hagámonos la pregunta de enviar SMS desde Excel. Aunque en la actualidad ya no es imposible, sigue siendo complicado. Esto también plantea el problema de desarrollar y utilizar una solución vinculada a su operador de telefonía móvil. Curiosamente, Google permite el envío de SMS de forma gratuita si acepta el alojamiento del documento en Google Drive y la posibilidad de que el host lea su contenido haciendo referencia a Patriot Act.

Hablaremos de la automatización de un sistema de alertas en el capítulo Técnicas avanzadas de automatización.

D. Elegir el mejor formato según los indicadores

Para datos unitarios de dos o tres estados, puede optar por semáforos, peatones, emoticonos, una señal de alto, etc.

Para los datos unitarios con unos pocos valores, puede elegir símbolos meteorológicos, flechas, etc.

Aquí, con la fuente correcta, se procesan siete valores.

Ahora echemos un vistazo a cómo hacer esto en Excel para mostrar estos dos primeros conjuntos de indicadores.

1. Con formato condicional

- Para empezar, abra el libro llamado **indicadores.xlsx**.
- En la hoja de **Índice de contenidos**, haga clic en la celda **B6**, etiquetada como "smileys", y le llevará a la pestaña correspondiente, en la que una barra de desplazamiento hace que cambie un valor medido.

  En realidad, este valor (en **D10**) se modificará junto con la celda de otro libro, por ejemplo. La satisfacción se debe indicar usando un valor superior a 50, la neutralidad con un valor igual a 50 y la insatisfacción con un valor inferior a 50.
- En **D15**, introduzca la fórmula = SI(D6>E6;"J";SI(D6=E6;"K";"L")).

  La celda **D6** transforma el valor en un porcentaje y **E6** hace que el umbral se pueda modificar. Por otro lado, la letra J se utiliza para mostrar el símbolo positivo, K el símbolo neutro y L el símbolo negativo, por lo que aplicando una fuente adecuada, cada una de estas tres letras se transformará en emoticonos ☺ , 😐 y ☹ .

✎ Modifique el tamaño de la casilla **D15** por **36** y centre su contenido.

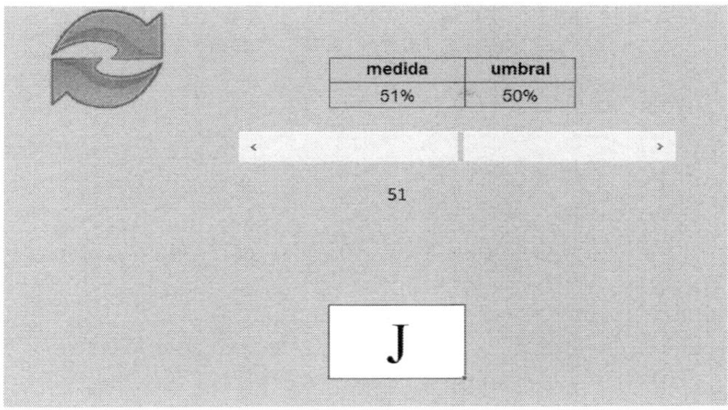

El umbral se puede cambiar, el valor controlado por el cursor hace que el indicador varíe a J y luego a K para el valor 50 y luego a L.

✎ Aplique la fuente Wingdings a la celda **D15**.
Los símbolos son los correctos, pero todos son negros.

El propósito del formato condicional es adaptar la apariencia de una celda en función de su contenido. Lo vamos a usar para aplicar verde, naranja o rojo dependiendo de la cara sonriente que se muestre.

✎ Pestaña **Inicio** - grupo **Estilos** - haga clic en **Formato condicional**.

✎ Seleccione **Nueva regla**.

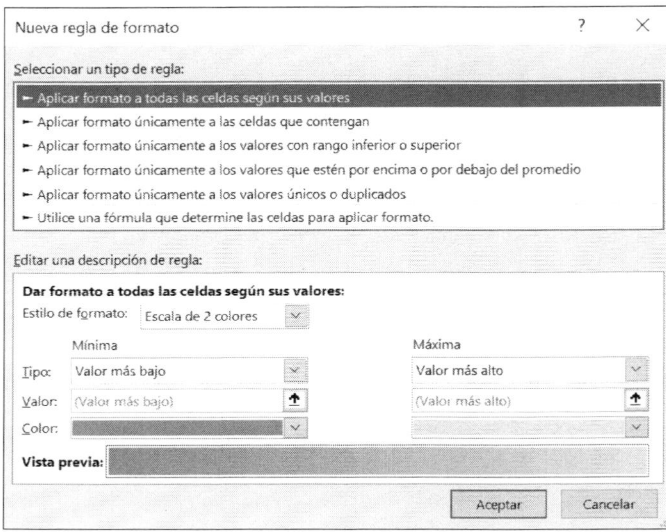

- Elija el segundo tipo de regla. En **Editar una descripción de regla**, seleccione **Texto específico** y, a la derecha del operador que contiene, introduzca el valor J.

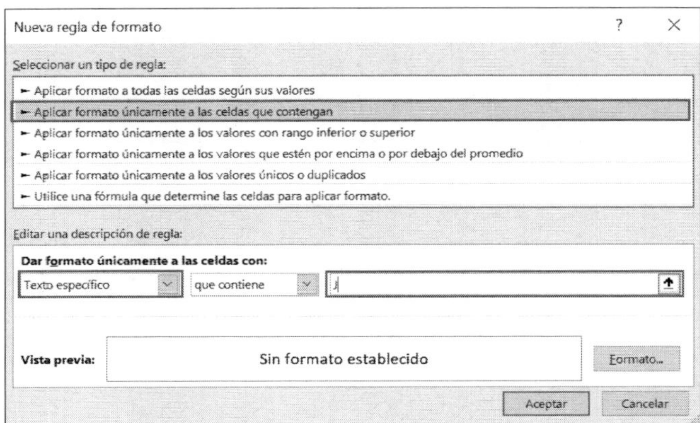

- Haga clic en el botón **Formato**.
- En la pestaña **Fuente** y en la lista desplegable de la zona **Color**, elija verde y, a continuación, confirme.

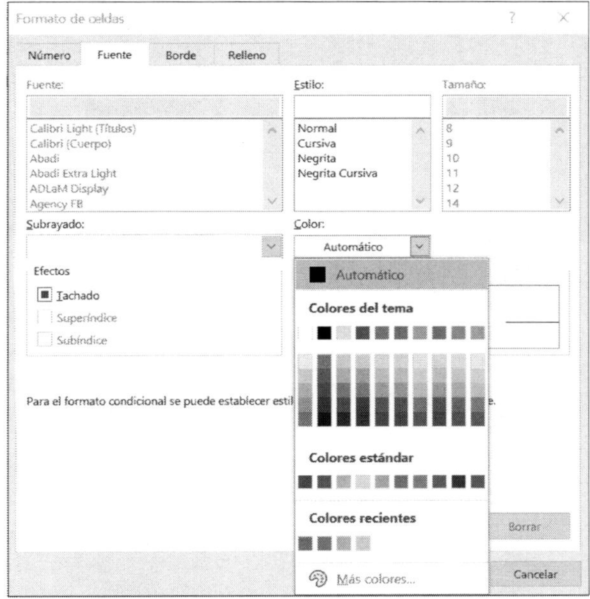

- Establezca dos nuevas reglas: con la letra K y un color naranja, y con la letra L y un color rojo.

Los emoticonos ahora son del color correcto.

Pasemos ahora al segundo conjunto de indicadores representados como símbolos meteorológicos. Primero debe instalar la fuente Weather en su ordenador.

- Vaya al sitio web de www.dafont.com.
- En el cuadro de búsqueda de la derecha, escriba **Weather** y haga clic en **Buscar**.

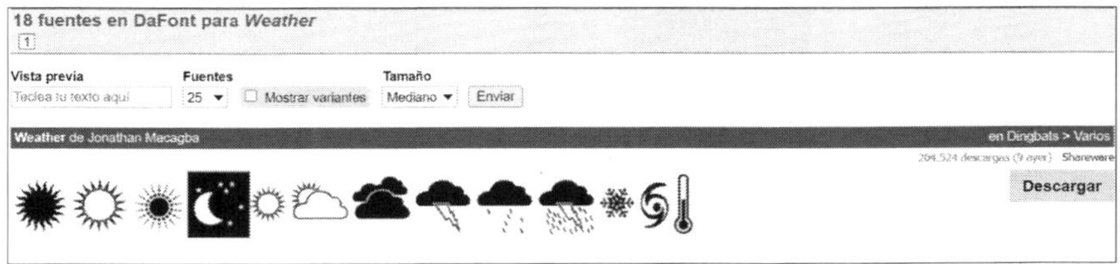

- Haga clic en **Descargar**.
- Descomprima el archivo .zip y haga clic dos veces seguidas en el archivo **weather.ttf** en la ubicación en la que haya descomprimido el archivo.

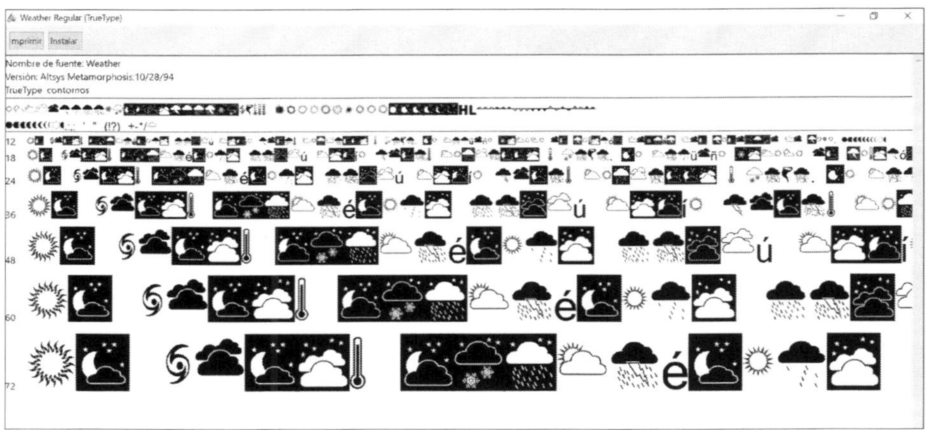

- Haga clic en **Instalar**, espere un momento y todo estará listo para el resto del trabajo ya que la fuente Weather es ahora una de las fuentes disponibles. En Excel, se puede acceder a ella a partir de la pestaña **Inicio** - grupo **Fuente** - en la lista desplegable de fuentes.
- En el libro **Indicadores.xlsx**, haga clic en  para volver a la pestaña **Índice de contenidos** y, a continuación, haga clic en la celda B8, que tiene el nombre **Otros símbolos**.

  De nuevo, una barra de desplazamiento simula el cambio del valor "heredado" en **D10**.
- En **D11**, inserte la fórmula =SI(D6>E6;"Q";SI(D6=E6;"R";"S")) (las letras Q, R y S se corresponden con los símbolos del sol con nubes en la fuente **Weather**, aparecen en G11); aplique la fuente **Weather**.
- En las celdas **D12** a **D15**, las fórmulas ya están en su lugar. Debe cambiar la fuente para cada una teniendo en cuenta las indicaciones de la columna E.

Terminemos con el formato condicional. Si estamos usando una variación en los valores, necesitamos tres reglas separadas. Por lo tanto, optaremos por el formato condicional basado en fórmulas.

- Seleccione las celdas de **D11** a **D15**.
- Pestaña **Inicio** - grupo **Estilos** - haga clic en **Formato condicional**.
- Seleccione **Nueva regla**.
- Elija el último tipo de regla. En el cuadro de fórmula, escriba **=$D$10<$E$6*100**.
- Haga clic en el botón **Formato** para establecer el color rojo.

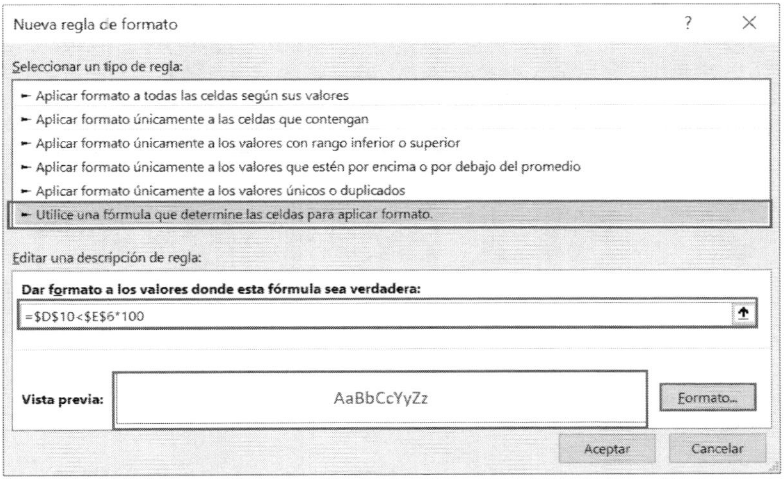

Nueva regla de formato

Seleccionar un tipo de regla:

- Aplicar formato a todas las celdas según sus valores
- Aplicar formato únicamente a las celdas que contengan
- Aplicar formato únicamente a los valores con rango inferior o superior
- Aplicar formato únicamente a los valores que estén por encima o por debajo del promedio
- Aplicar formato únicamente a los valores únicos o duplicados
- Utilice una fórmula que determine las celdas para aplicar formato.

Editar una descripción de regla:

Dar formato a los valores donde esta fórmula sea verdadera:

=$D$10<$E$6*100

Vista previa: AaBbCcYyZz Formato...

Aceptar Cancelar

- Haga lo mismo con las fórmulas **=$D$10=$E$6*100** para naranja y **=$D$10>$E$6*100** para verde.
- Valide y compruebe que todo sea correcto.
- Pestaña **Inicio** - grupo **Estilos** - haga clic en **Formato condicional**.
- Seleccione **Administrar reglas**.

  Debería aparecer la siguiente pantalla.

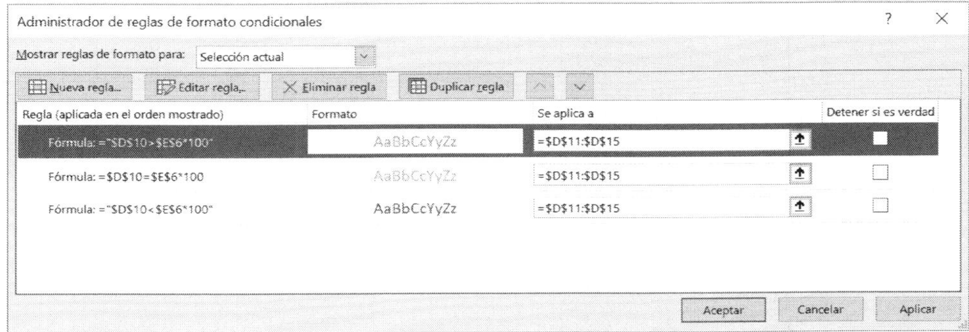

- Haga clic en **Aceptar**.

  Con los valores **49**, **50** y **51** en **D10**, los iconos varían de la siguiente manera:

Otra forma de utilizar fuentes especiales es utilizar el cuadro de diálogo **Caracteres especiales**: en la pestaña **Insertar**, en el grupo **Símbolos**, haga clic en el botón **Símbolo**.

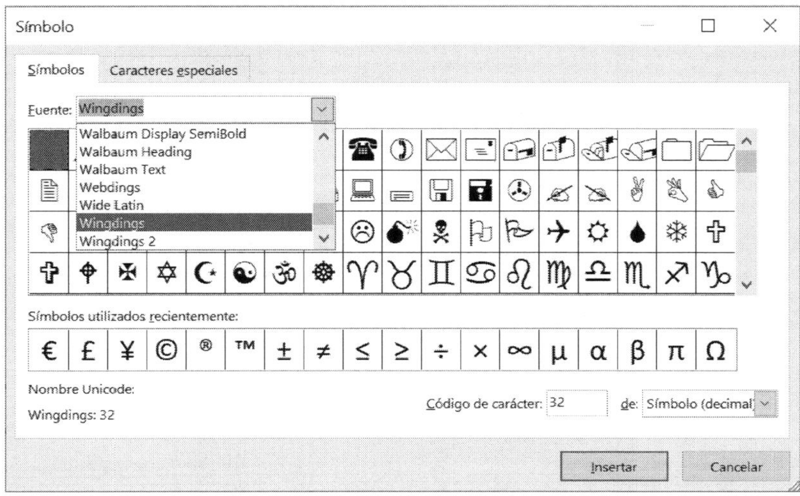

- Elija la fuente que desee de la lista desplegable Fuente y, a continuación, haga clic en el símbolo para insertarlo en la celda activa.
- Después, copie los caracteres uno por uno en las diferentes zonas de =SI(...).

Sigamos con la construcción de semáforos.

- En el libro Indicadores.xlsx, haga clic en para volver a la pestaña **Índice de contenidos** y, a continuación, haga clic en la celda **B10** con la etiqueta **Semáforo método nº1**.

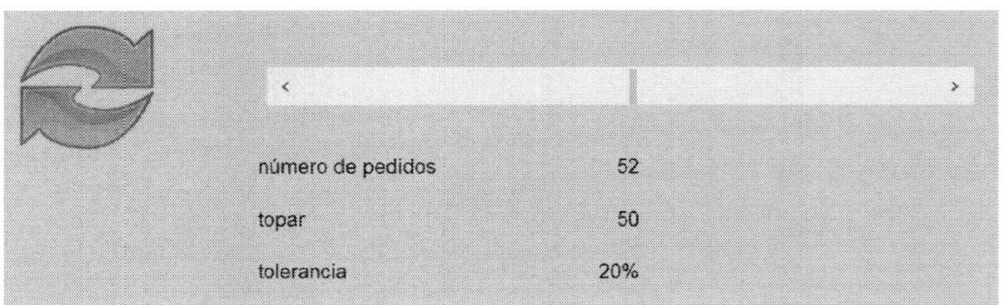

De nuevo, una barra de desplazamiento simula el cambio del valor "heredado" en D7. Se trata de procesar el seguimiento de comandos con un valor aplanado. Vamos a realizar el procesamiento teniendo en cuenta o no la tolerancia de la celda D11.

Vamos a empezar por crear el fondo del semáforo.

- Seleccione las celdas de **F15** a **H24**. Haga clic con el botón derecho del ratón y seguidamente en la opción **Formato de celdas**. En la pestaña **Formato de celdas** – pestaña **Relleno**, elija un gris y, a continuación, en la pestaña **Borde**, elija una línea gruesa y colóquela en la parte superior izquierda de la celda, como se muestra en la siguiente pantalla:

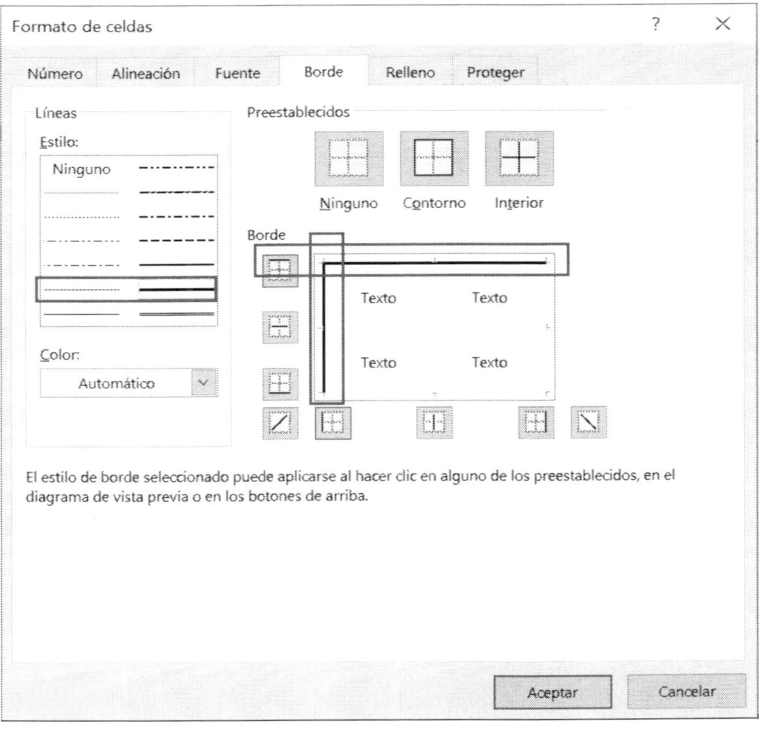

- En la lista **Color**, seleccione el blanco (tenga cuidado de que las líneas del "modelo" desaparezcan), coloque este borde (invisible por ahora) a la derecha y en la parte inferior de las celdas.

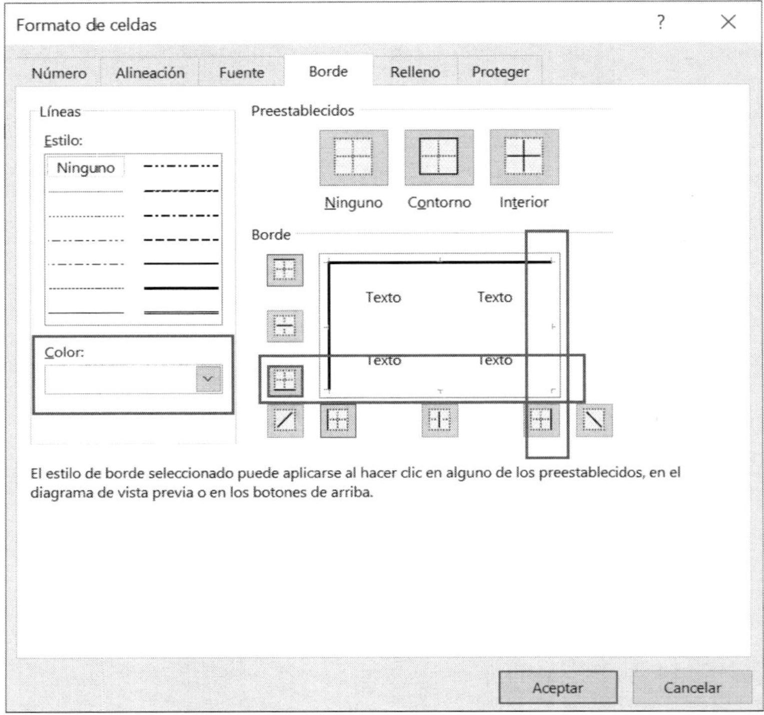

- Haga clic en **Aceptar**.
- Seleccione las celdas de **G25** a **G34** y repita el formato con el atajo de teclado Ctrl Y.
- Vaya a **G25** y elimine el borde superior (ventana **Formato de celdas** - pestaña **Borde**, haga clic en la línea negra en la parte superior).

  Necesita conseguir un fondo de semáforo con un efecto de relieve.

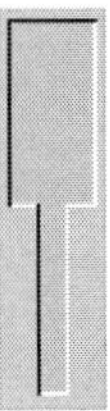

- Seleccione las celdas de **F15** a **H34**, cópielas, muévase a **J15** y péguelas para obtener un segundo fondo de semáforo.
- Introduzca la fórmula =D7 en **G23** y haga lo mismo con **K23** (se trata de un enlace sencillo para ser más precisos).
- Seleccione las celdas **G17**, **G19**, **G21**, **K17**, **K19** y **K21**.
- En la pestaña **Inicio** - grupo **Fuente**, haga clic en **Bordes externos**.

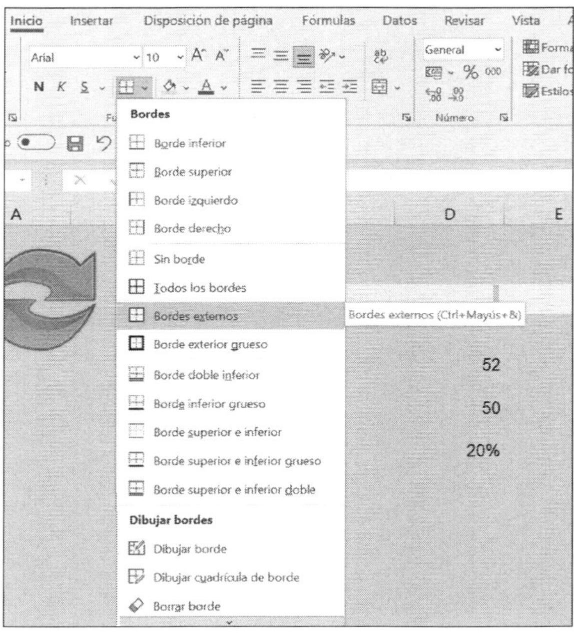

- Seleccione la celda **G17**.
- En la pestaña **Inicio**, en el grupo **Estilos**, haga clic en **Formato condicional**.
- Seleccione **Administrar reglas** y, a continuación, **Nueva regla**.
- Seleccione el último tipo de regla. **Utilice una fórmula para determinar a qué celdas se aplicará el formato**, introduzca =\$D\$7<\$D\$9 y opte por un relleno rojo brillante y valide. A continuación, vuelva a pulsar en **Nueva regla** y en la zona de fórmula, introduzca =\$D\$7=\$D\$9. Seleccione un relleno naranja y valide. Seguidamente, en la zona **Se aplica a**, sustituya =\$G\$17 por =\$G\$19.

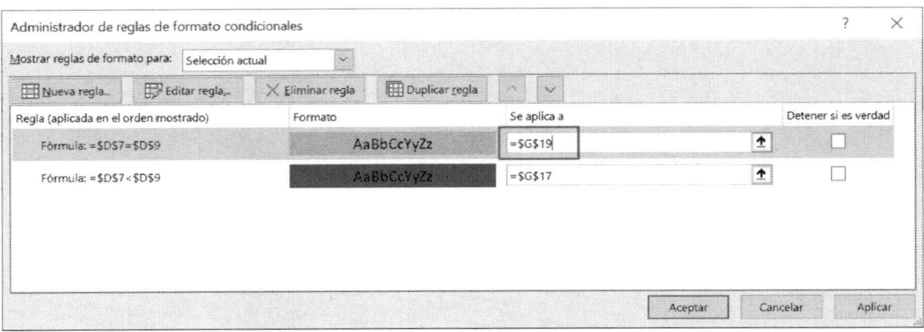

- Vuelva a pulsar en **Nueva regla** y elija el último tipo de regla. En la zona de fórmula, escriba =$D$7>$D$9 y elija un relleno verde. A continuación, en la zona **Se aplica a**, sustituya =$G$17 por =$G$21 y valide.
- Haga lo mismo en la celda K17 con la fórmula =$D$7<$D$9-($D$9*$D$11), luego en K19, con la fórmula =$D$7=$D$9-($D$9*$D$11); y en K21, con la fórmula =$D$7>$D$9 -($D$9*$D$11).
- Modifique el valor de D7 para comprobar que los semáforos funcionan. Las luces de la columna K tienen en cuenta la tolerancia D11.

Existe una solución para hacer que las "bombillas" sean redondas. Más abajo hay un semáforo con el formato condicional adecuado. Las "bombillas" son cuadradas y sin bordes esta vez.

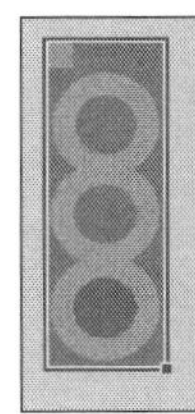

- Seleccione las casillas de O37 a Q44.
- Usando el botón **Formas** en la pestaña **Insertar**, dibuje círculos perfectos de bordes gruesos usando el mismo color de borde que el color de fondo del semáforo y colóquelos encima de las tres celdas.

- Termine agrupando todos los elementos que componen el indicador: selecciónelos y posteriormente, en la pestaña **Formato** de la forma - grupo **Organizar**, haga clic en el botón **Agrupar**.

Es posible utilizar nombres (consulte el capítulo Cuadro de mando avanzado, seguimiento de las horas) para simplificar las fórmulas de formato condicional y poder recurrir a una escritura del tipo =ValorActual<=umbral(1-tolerancia).*

2. Sin formato condicional

Echemos un vistazo a otros métodos para hacer semáforos tricolores.

- En el libro Indicadores.xlsx, haga clic en [icono] para volver a la pestaña **Índice de contenidos** y, a continuación, haga clic en la celda **B12**, que tiene la etiqueta **Semáforo método nº2**. Nota: La "n" en la fuente Webdings se convierte en ●.

Las casillas D5 a D9 ya tienen un fondo gris.

En I6, tenemos el umbral, y en J6, el valor que se está estudiando, controlado por la barra de desplazamiento vertical.

- Introduzca en D6 la fórmula =SI(I6<J6;"n";""), en D7 = SI(I6 = J6;"n";""), y en D8, =SI(I6>J6;"n";"").
- Aplique la fuente Webdings a las tres celdas.

  De esta manera, el círculo aparece en el lugar correcto y del color correcto.
- Modifique el valor de J6 para comprobar que el semáforo funciona.

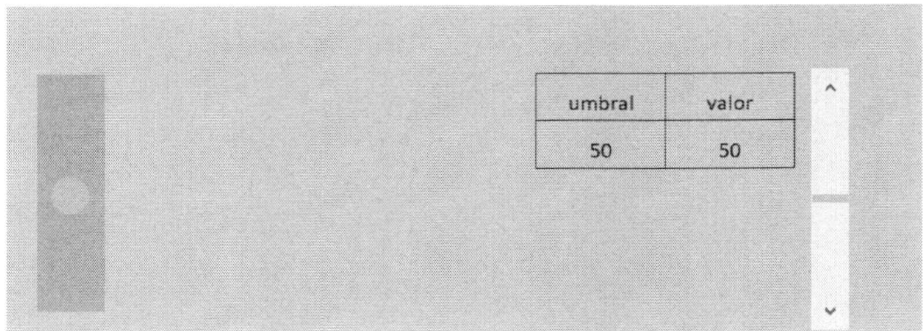

- Haga clic en para volver al menú y, a continuación, haga clic en la celda **B14** etiquetada como **Semáforo método nº3**.

  En **D10**, tenemos el valor que se está estudiando, controlado por la barra de desplazamiento. Queremos destacar cuatro estados diferentes: verde para menos de 25, rojo entre 25 y 50, naranja entre 50 y 75 y amarillo por encima de 75. Las celdas **G6** a **G9** contienen estos umbrales.

  En **I9**, la posición verde se maneja mediante la fórmula =SI($D$10<$G$9;"n";" ").

  En **I8**, la posición roja sigue la fórmula =SI(Y($D$10>=$G$9;$D$10<$G$8);"n";" "), que se corresponde con $25 ≤$D$10 < 50.

  En **I7**, la posición naranja sigue la fórmula =SI(Y($D$10>=$G$8;$D$10<$G$7);"n";" ").

  En **I6**, la posición amarilla sigue la fórmula =SI(Y($D$10>=$G$7;$D$10<$G$6);"n";" ").

  Esta vez, las fórmulas están en su lugar.

- Pestaña **Insertar** - grupo **Texto** - **Cuadro de texto**
- Dibuje un área de texto aproximadamente con 1/4 del ancho de la celda **D6**.

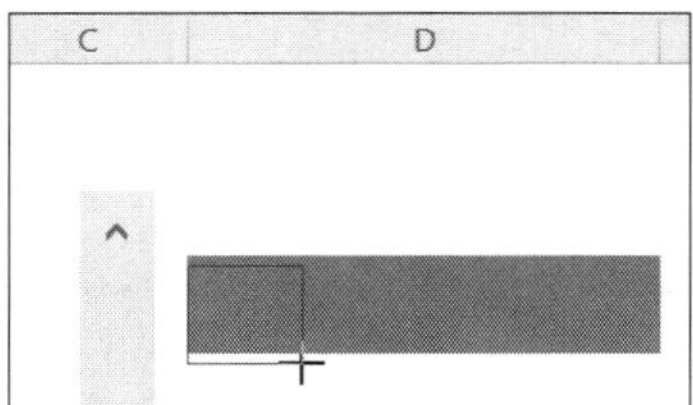

- En la pestaña **Formato** de forma – grupo **Tamaño**, especifique **1** cm para el alto y el ancho.
- En el grupo **Estilos de forma**, haga clic en **Relleno de forma** y, a continuación, haga clic en **Sin relleno**.

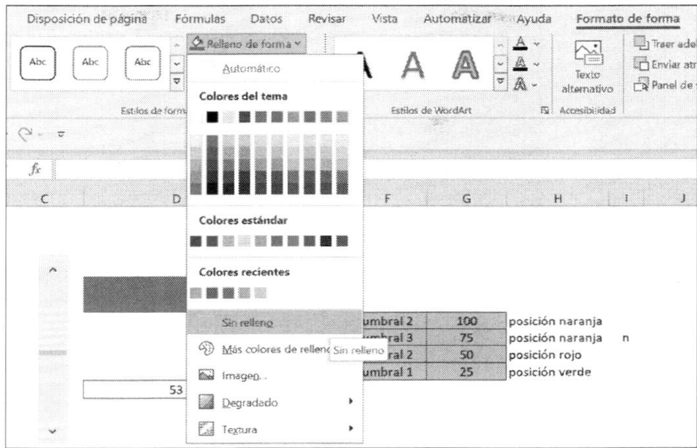

- En el grupo **Estilos de forma**, haga clic en **Contorno** y, a continuación, haga clic en **Sin borde**.
- Copie y pegue esta forma tres veces, coloque la forma más a la derecha con bastante precisión en el borde de la celda **D6**, y las otras dos, en el medio aproximadamente, como se muestra a continuación.

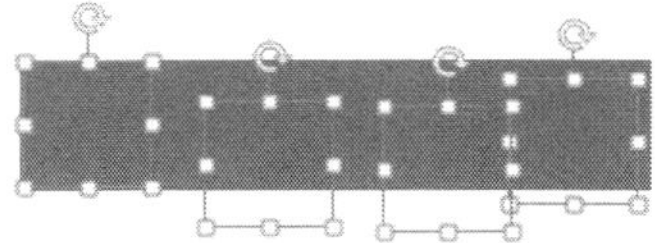

- Seleccione las cuatro formas.
- En la pestaña de **Formato** de forma – grupo **Organizar**, haga clic en **Alinear - Alinear en la parte superior** y, a continuación, haga clic en **Distribuir horizontalmente**.

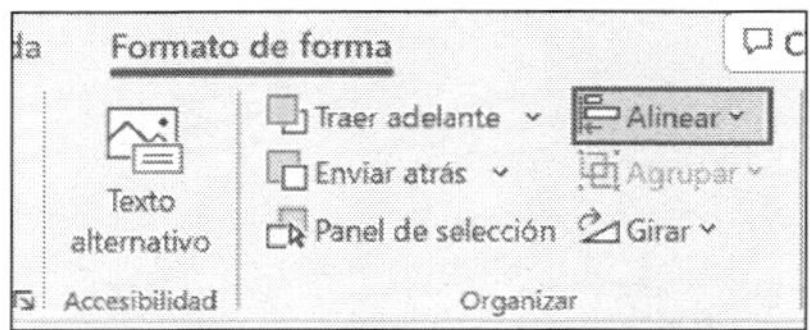

Obtendrá esto:

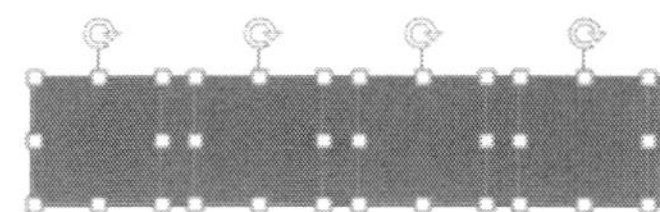

- En la pestaña **Inicio** - grupo **Fuente**, seleccione el tamaño **24** y la fuente **Webdings**, centrada horizontal y verticalmente.

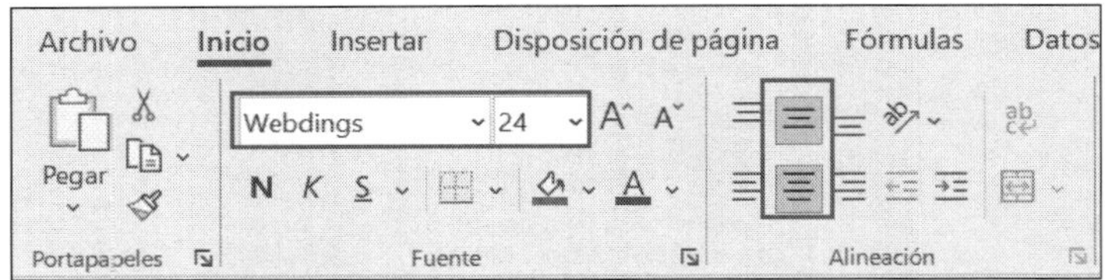

- Seleccione la forma de la izquierda. En la barra de fórmulas, introduzca la fórmula **=$I$9**; posteriormente, la fórmula a su derecha **=$I$8**; después, la de la derecha **=$I$7**; por último, **=$I$6**.
- Establezca el color de la fuente en función de las zonas de texto que seleccione.
- Por último, agrupe los objetos que componen el indicador.
- Compruebe que funciona correctamente utilizando la barra de desplazamiento.

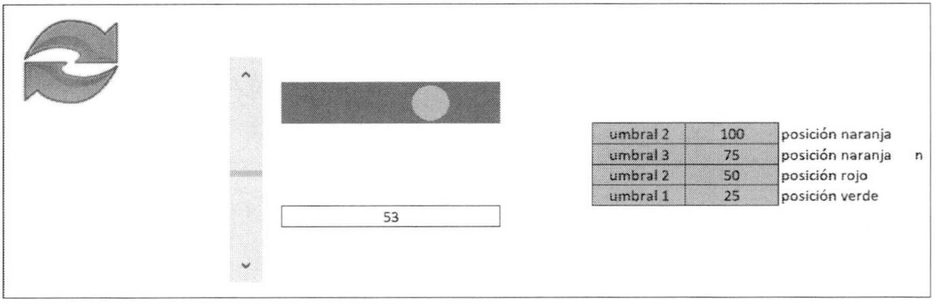

- Para terminar, vaya a **J33**. Se aplica el mismo método en un semáforo dibujado: cuando se pulsa en una de las casillas de opción, cambia el valor de **H35**. En las celdas de **I34** a **I36**, están las fórmulas que hacen que aparezca una "n" en el lugar correcto. Los fondos grises están vinculados a estas celdas, se les ha aplicado la fuente Webdings, el tamaño 60 y el color gris.

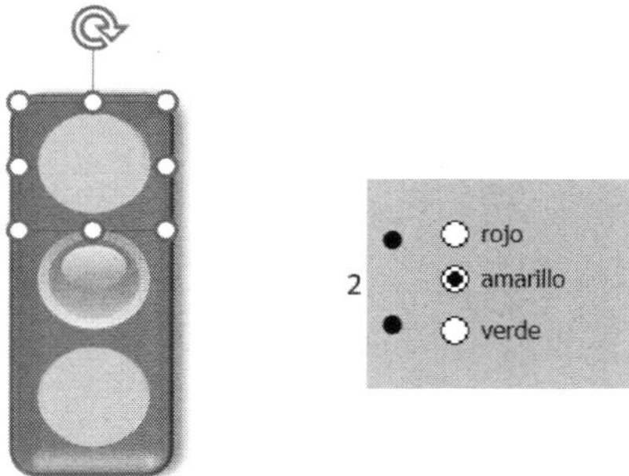

- Del mismo modo, modifique el valor de **D44** utilizando la barra de desplazamiento. En **E43** y **E44**, están las fórmulas para los cuadrados negros. Dos zonas de texto en Wingdings 2, con tamaño de fuente 60, se han colocado de tal manera que ocultan la parte derecha de la luz del peatón.

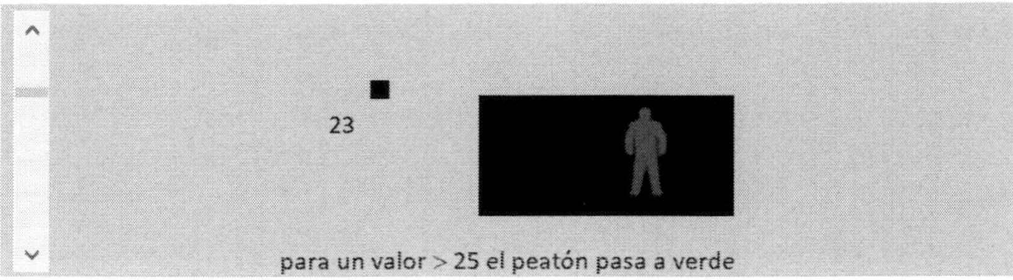

Para datos unitarios con un amplio rango de valores, es preferible usar contadores, medidores convencionales o de nivel, termómetros, etc.

E. Contadores y medidores de volumen

1. Contadores

A continuación, le explicamos cómo configurarlos. Vamos a empezar con el siguiente contador:

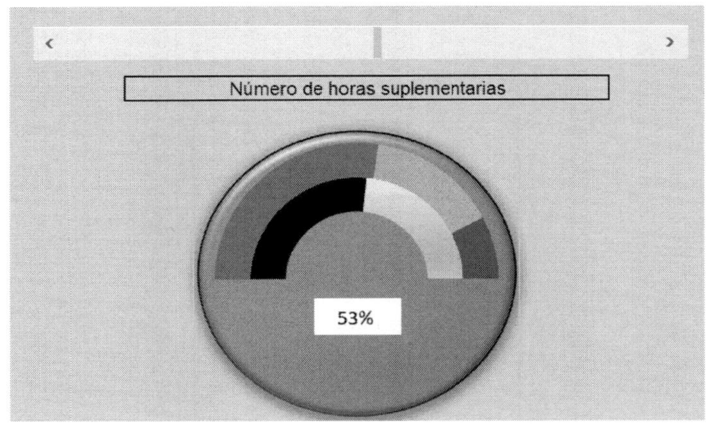

- Haga clic en para volver a la pestaña **Índice de contenidos** y, a continuación, haga clic en la celda **D6**, etiquetada como **Contador 1**.

Ya hay un control deslizante para cambiar los datos en la celda **C4** y un círculo de 5,5 x 5,5 cm con degradado, borde biselado y efectos de luz exterior (efectos visibles en la pestaña **Formato** de forma - grupo **Estilos de forma**).

El tipo de gráfico que vamos a insertar aquí es un anillo de doble entrada.

Las celdas de **D4** a **D6** se utilizan para dar una superficie a los tres umbrales, en este caso el 55% que aparecerá en verde, el 30% en naranja y el 15% en rojo. La celda **C7** se usa para duplicar el valor, para tener un semicírculo que haremos desaparecer.

Las celdas **C4** a **C7** tienen tres valores: **C5** es el complemento del 100% del valor **C4** y **C6**, también se usa para duplicar los valores.

- Seleccione las celdas de **C3** a **D7**, en la pestaña **Insertar** – grupo **Gráficos**, haga clic en el icono **Insertar gráfico circular o de anillos** y, a continuación, haga clic en **Anillo**.

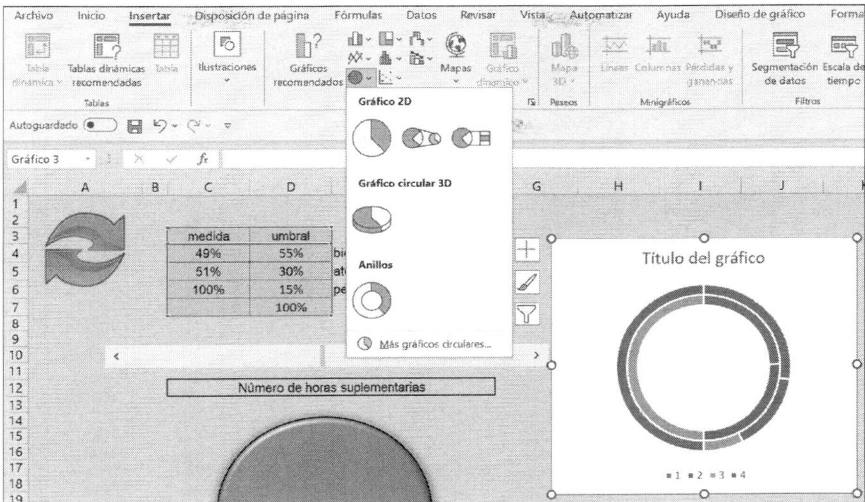

Seleccione el título y elimínelo. Seleccione la leyenda y haga lo mismo. Seleccione el fondo pulsando dos veces en él. En la pestaña **Formato del área de gráfico**, grupo **Relleno**, haga clic en **Sin relleno**.

Seleccione el sector morado y, en la pestaña **Formato de punto de datos**, grupo **Relleno**, haga clic en **Sin relleno**; en el grupo **Borde**, haga clic en **Sin líneas**. Proceda de la misma manera con el semicírculo verde.

Seleccione el gráfico.

- Haga clic en el icono **Tamaño y propiedades**.

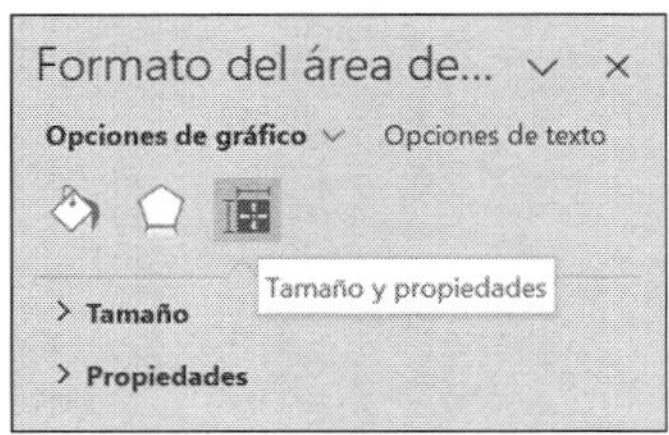

- En el grupo **Tamaño**, especifique un **Alto** y un **Ancho** de **6** cm.
- Seleccione uno de los dos anillos. En el grupo **Opciones de serie**, cambie el ángulo del primer sector a 270° y el **Tamaño del agujero del anillo** a 50%.

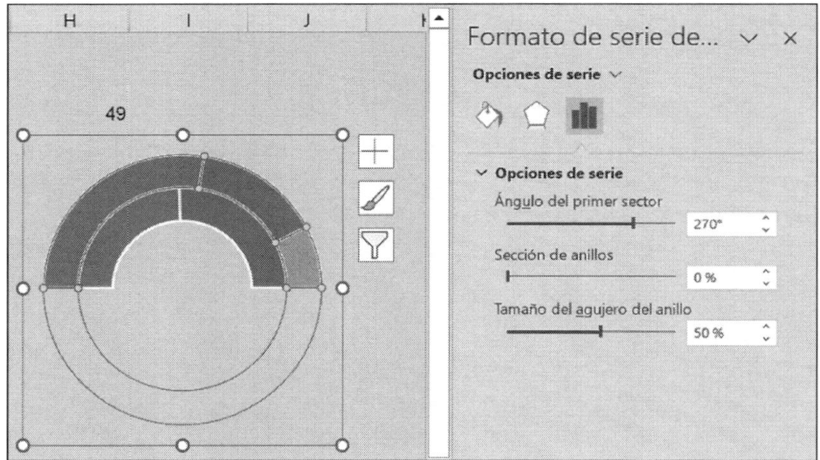

A continuación, se deben establecer los colores:

- Haga clic en el sector exterior azul etiquetado como **Serie "umbral" Punto 1**. En el grupo **Opciones de serie**, haga clic en el icono **Relleno y línea**, en el grupo **Relleno** haga clic en **Relleno sólido**, haga clic en el icono **Color de relleno** y cambie el color a verde. En el grupo **Borde**, haga clic en **Sin línea**.
- Haga lo mismo con las series **"umbral" Punto 2** en naranja y **"umbral" Punto 3** en rojo, ambos sin bordes.
- Para la serie **"medida" Punto 1**, grupo **Relleno**, haga clic en **Relleno sólido**, haga clic en el icono **Color de relleno** y seleccione el color negro. En el grupo **Borde**, haga clic en **Sin líneas**.

Para la serie "**medida**" Punto 2, grupo **Relleno**, haga clic en **Relleno degradado**, haga clic en el icono **Degradados preestablecidos**, seleccione **Degradado ligero - Énfasis1**. En el grupo **Borde**, haga clic en **Sin líneas**.

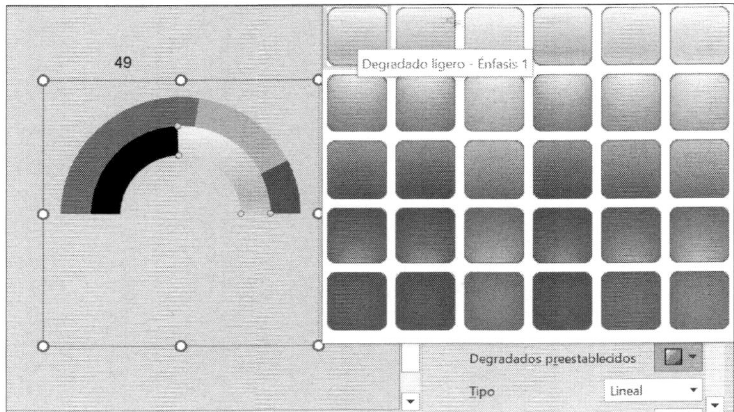

Inserte una zona de texto de 2 cm de largo, debajo del gráfico y aproximadamente en el centro y conéctelo al valor actual usando la fórmula = **$C$4**. Centre el texto.

Abra el panel **Selección**: pestaña **Inicio** - grupo **Edición** - haga clic en **Buscar y seleccionar** y, a continuación, haga clic en **Panel de selección**.

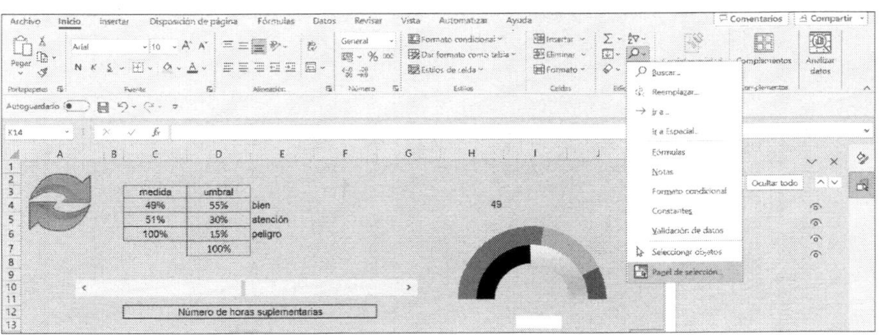

Coloque el gráfico aproximadamente sobre el fondo gris, haga lo mismo con la zona de texto.

Seleccione los dos (de los cinco) objetos cuyos nombres no comiencen por ENI o ENI **fondo**.

En la pestaña **Formato** de forma - grupo **Organizar**, haga clic en **Alinear**, posteriormente en **Centrar** y, después, haga clic de nuevo en **Alinear** y, a continuación, en **Alinear centrado**. Anule la selección y cambie el control deslizante para comprobar que el contador funciona.

Este es el resultado:

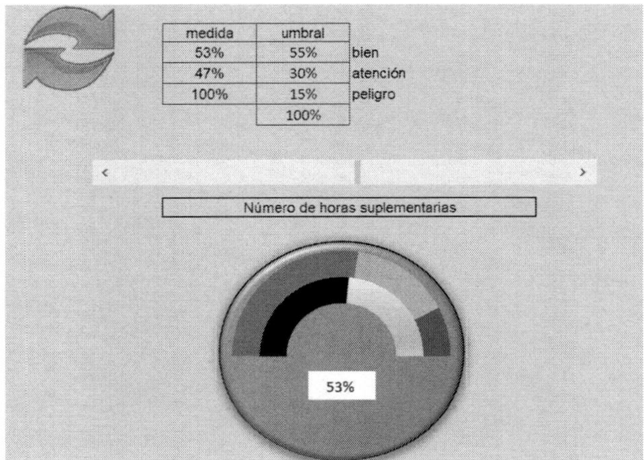

Ahora pasemos a un contador más avanzado que tiene una aguja.

- Mantenga activo el panel **Selección**.
- Haga clic en para volver a la pestaña **Índice de contenidos** y, a continuación, haga clic en la celda **D8**, que tiene la etiqueta **Contador 2**.

Los fondos del contador (gris y degradados) están en su lugar, al igual que la casilla de visualización del valor. Todo sucede en las celdas **B6** (que se utiliza para dar la posición baja de la aguja), C6 (que es el sector que se corresponde con el movimiento hacia la derecha de la aguja), D6 que es el tamaño de la aguja (es necesariamente más delgada en el centro), E6 (que bloquea la aguja a la derecha).

- Seleccione las celdas **B6** a **E6**. Cree un gráfico de tipo circular.

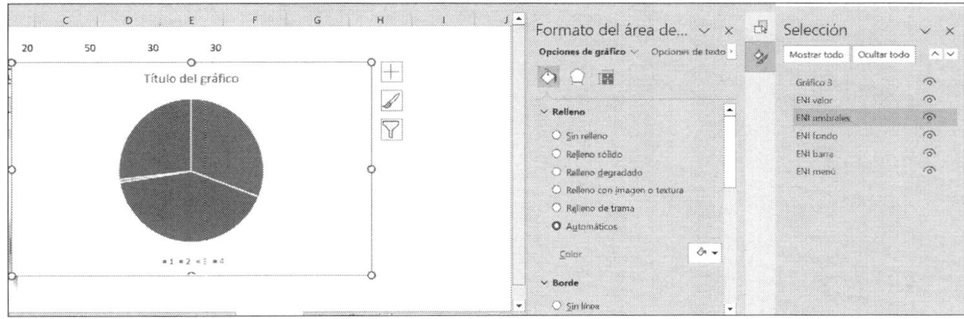

- Elimine el título y la leyenda.

- Seleccione las series **Punto 1**, **Punto 2** y **Punto 4** sucesivamente, elimine el color de fondo y el color del borde. Para el **Punto 3**, elimine el borde y cambie el fondo a negro. El gráfico está en su lugar y lo único que tiene que hacer es girarlo (de hecho, con un valor de 50, la aguja está cerca de 0).
- Haga clic en el gráfico para seleccionarlo.

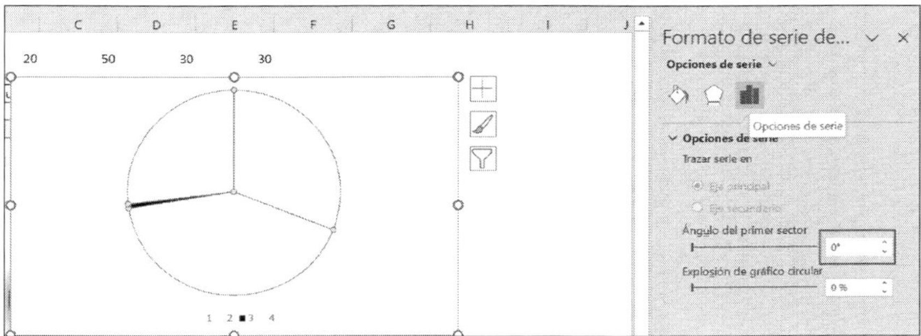

- Haga clic en **Opciones de serie** en el panel derecho e introduzca un valor de **Ángulo de primer sector** de **125°**.
- Para la zona gráfica, elija sin relleno ni borde y establezca el alto y el ancho en **6,4** cm. Coloque el gráfico por encima del fondo del contador.
- En el panel **Selección**, seleccione el objeto gráfico y los objetos **ENI valor**, **ENI umbrales** y **ENI fondo**.
- En el grupo **Formato** de forma - **Organizar**, haga clic en **Alinear**, después haga clic en **Centrar**, seguidamente en **Ajustar** y, a continuación, haga clic en **Ajustar al centro**.
- Anule la selección y cambie el control deslizante para comprobar que el contador funciona correctamente.

Este es el resultado:

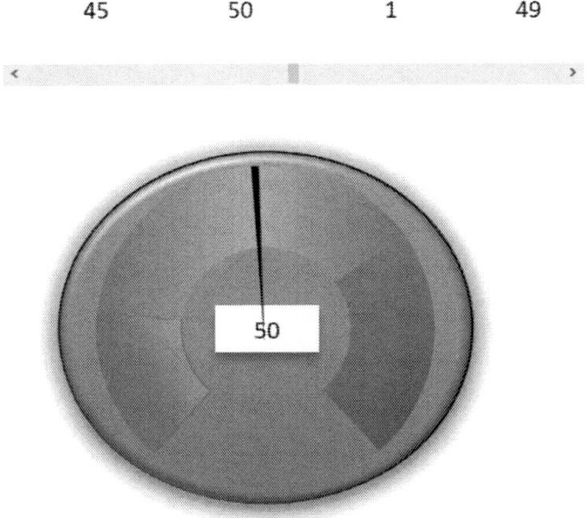

2. Indicadores de intensidad

✎ Haga clic en para volver a la pestaña **Índice de contenidos** y, a continuación, haga clic en la celda **D10**, que está etiquetada como **Medidor**.

Se ha elegido una imagen como fondo, se ha colocado un gráfico circular con una aguja amarilla en el lugar correcto:

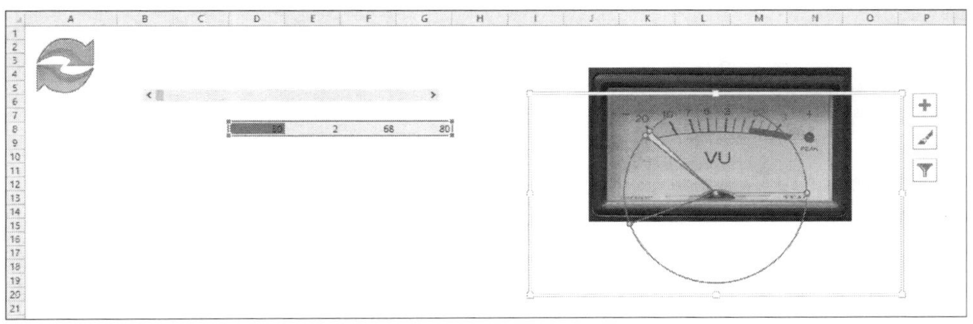

Es más fácil completar el ajuste moviendo la imagen con las flechas del teclado.

F. Termómetros y medidores

1. Termómetros

Haga clic en para volver a la pestaña **Índice de contenidos** y, a continuación, haga clic en la celda **F6**, con la etiqueta **Termómetro 1**.

Una vez más, el fondo y la zona de texto están en su lugar.

Seleccione la celda **D2**.

En la pestaña **Insertar** - grupo **Gráficos**, haga clic en **Histograma** y, a continuación, haga clic en **Histograma agrupado**.

Haga doble clic en el eje para abrir el panel **Dar formato a eje**, haga clic en el icono **Opciones del eje** y, a continuación, despliegue el grupo **Opciones del eje**.

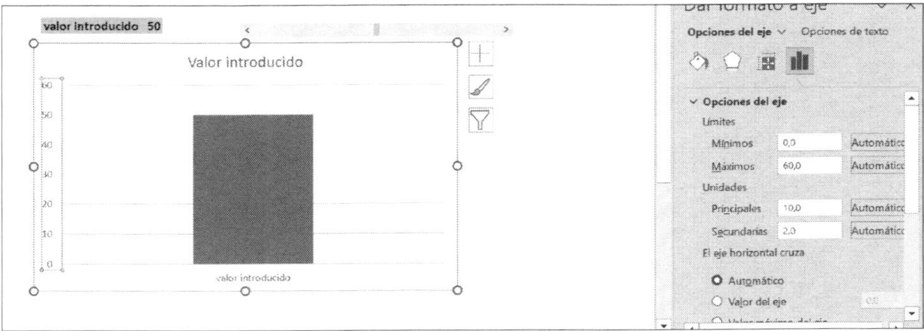

Defina el límite mínimo en 0 y el máximo en 100.

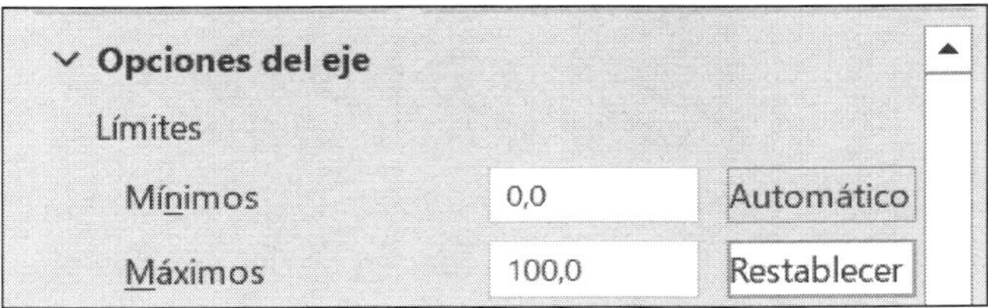

Elimine el título, la leyenda y la cuadrícula.

- Seleccione la zona del gráfico, establezca un alto de **11** cm y un ancho de **2,6** cm.

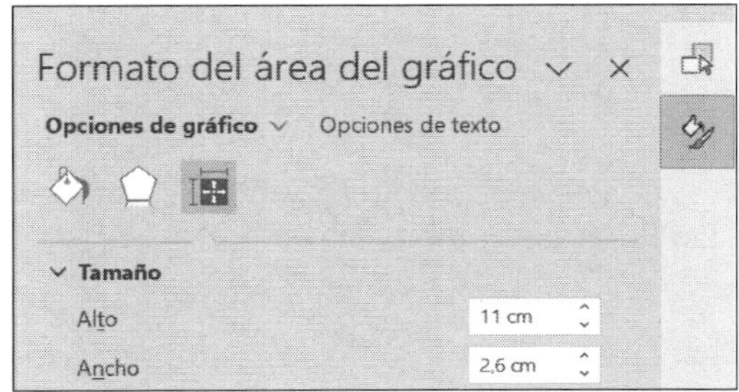

- Elimine el relleno y la línea de borde de la zona del gráfico.
- Seleccione el punto de **valor dado por Punto 1** y rellénelo de rojo.
- Coloque el fondo en el lugar correcto para obtener el siguiente resultado:

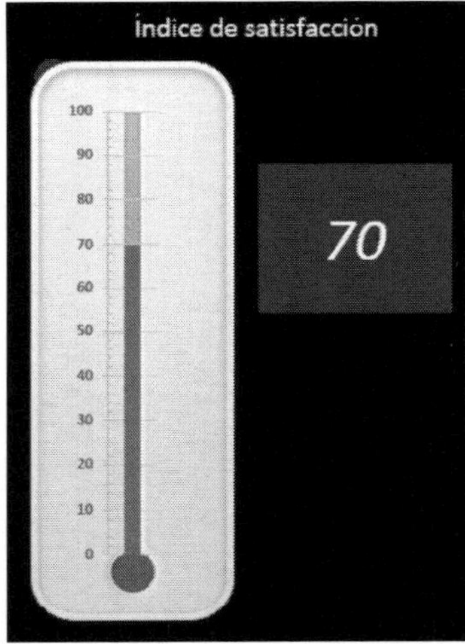

- Compruebe que funciona correctamente utilizando el control deslizante.
- Por curiosidad, vaya a AV1: verá que es posible crear múltiples formatos.
- Guarde el libro.

- Haga clic en para volver a la pestaña **Índice de contenidos** y, a continuación, haga clic en la celda **F8**, con la etiqueta **Termómetro 2**.
- Asegúrese de que el valor de **D2** sea **60** (por encima del umbral).
- Pestaña **Insertar** – grupo **Ilustraciones** – **Formas**
- Inserte un círculo perfecto de 1 cm, de color rojo, sin contorno y colóquelo encima de **F30**.
- Seleccione las celdas **D8** y **D9**.
- En la pestaña **Insertar** - grupo **Gráficos**, haga clic en **Histograma** y, a continuación, haga clic en **Histograma apilado**.
- En la pestaña **Diseño de gráfico** - grupo **Datos**, haga clic en **Seleccionar datos**.
- En la ventana **Seleccionar origen de datos**, haga clic en **Cambiar fila/columna**.

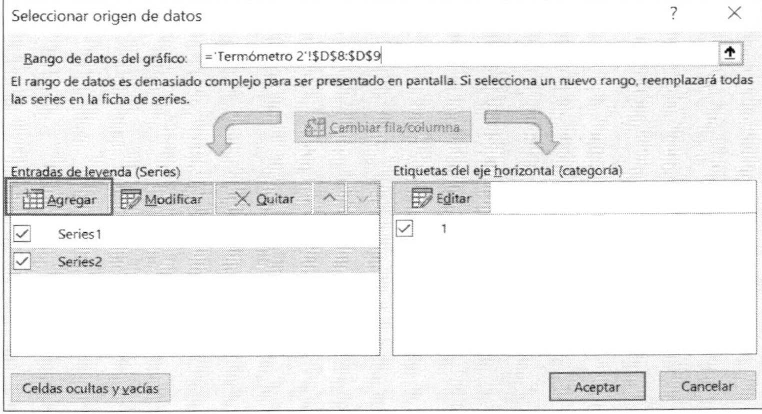

También es posible intercambiar filas y columnas usando el botón ***Cambiar fila/columna*** *del grupo* ***Datos*** *de la pestaña* ***Diseño de gráfico****.*

- Haga clic con el botón derecho del ratón en el histograma para cambiar el relleno automático a un verde neón y eliminar el borde.

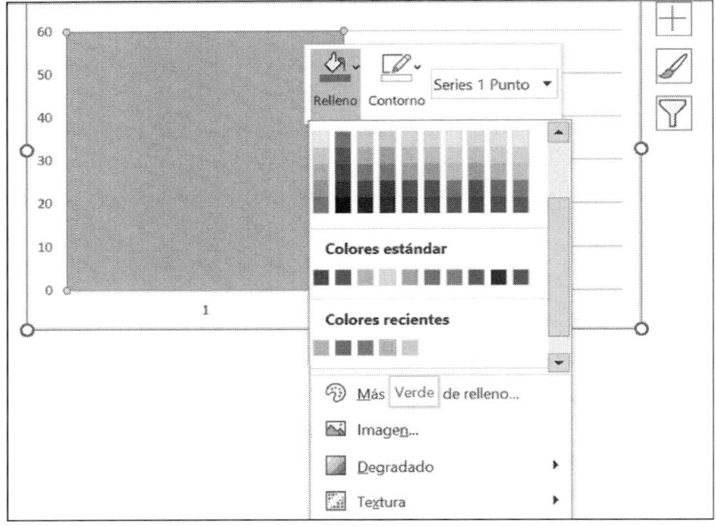

- Cambie el valor de D2, a 40, por ejemplo (especialmente por debajo del umbral).
- En el histograma, haga clic con el botón derecho del ratón de nuevo para cambiar el fondo a rojo y eliminar el borde.
- Establezca el eje de ordenadas de 0 a 100 como antes, y aplique el tipo de letra cursiva.
- Elimine el títulc y la leyenda.
- Retire el fondo de la zona gráfica, dele un tamaño de 8 por 3 cm y ubíquelo lo mejor posible. Coloque el círculo rojo en primer plano y sitúelo en la base del histograma. Debería obtener un resultado parecido al que se muestra a continuación. Compruebe que la variación por encima del valor 50 provoca que la línea se vuelva verde.

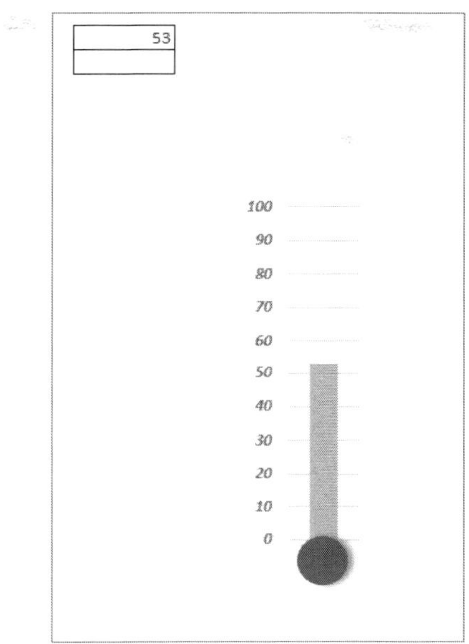

2. Medidores

Comencemos con un medidor horizontal.

Vamos a aprender a utilizar la función =REPT(), que permite repetir un carácter tantas veces como sea necesario.

- Haga clic en para volver a la pestaña **Índice de contenidos** y, a continuación, haga clic en la celda **F10**, con la etiqueta **Indicador 1**.

El valor que se va a considerar está en **D7**. La función en **J2** **=REPT("n";$D$7)** reproduce el cuadrado relacionado con la letra "n" en la fuente Wingdings, de 0 a 100 veces.

Las columnas de **J** a **AY** se han dimensionado para recibir un tipo diferente de cuadrado (obtenido por la letra "g" en Webdings).

- Para crear la graduación regular, seleccione las celdas de **J6** a **AC6** y utilice la funcionalidad de copia para reproducir el contenido hasta **AX6**.

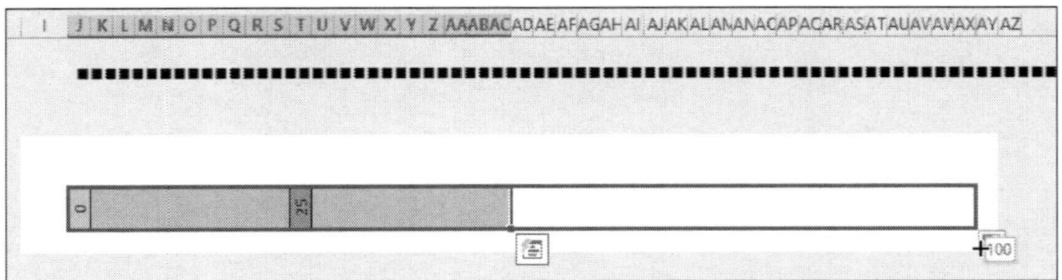

- Colóquese en **J5**, escriba =REPT("g";$D$7/2), porque el cuadrado en Webdings es dos veces más ancho que el anterior.

Lo único que falta es aplicar un sencillo formato condicional. Los umbrales se muestran en las celdas **C10** a **D12**.

- También en **J5**, en la pestaña **Inicio** - grupo **Estilos**, haga clic en **Formato condicional** y, a continuación, en **Administrar reglas**.

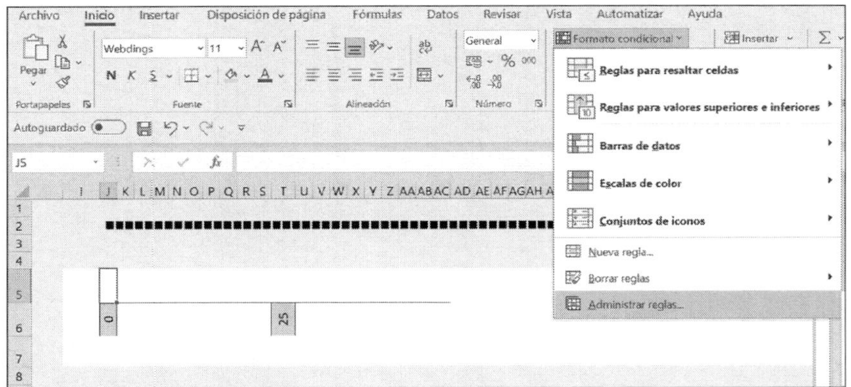

- Haga clic en **Nueva regla** para elegir el último tipo de regla: **Usar una fórmula que determine las celdas para aplicar formato**.
- Escriba **=$D$7<$D$12** y aplique una fuente roja.
- Escriba **=$D$7>$D$11** y aplique una fuente naranja. Marque la opción **Detener si es verdad**.
- Escriba **=$D$7>$D$10** y aplique una fuente verde. Marque la opción **Detener si es verdad**.

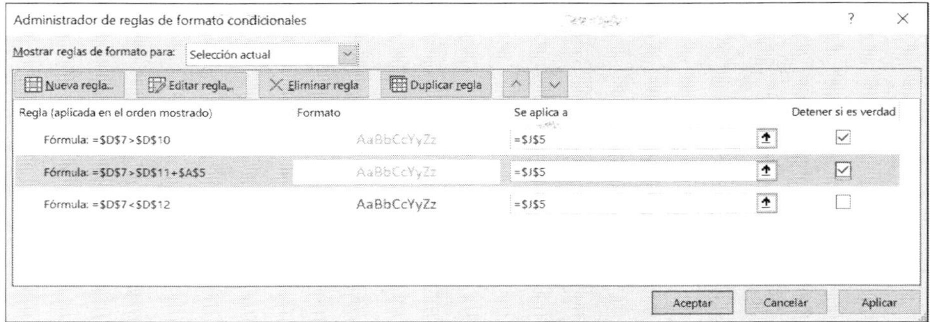

Valide y cambie el valor de **D7**.

Debe obtener los tres estados que hemos recopilado en esta captura de pantalla:

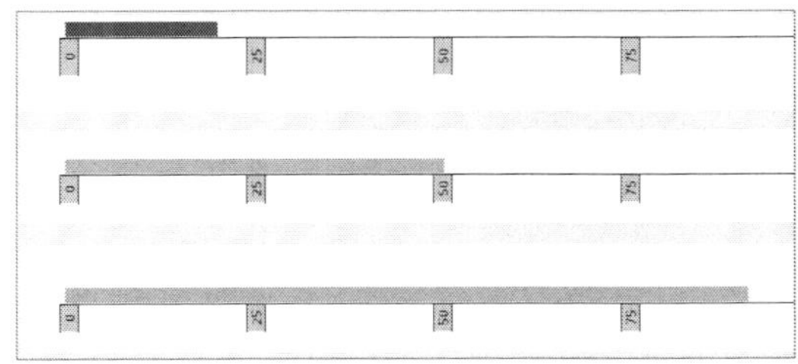

Ahora veamos cómo configurar un medidor que no esté vinculado a las celdas y que, por lo tanto, se pueda mover fácilmente en función de las necesidades del diseño.

Haga clic en para volver a la pestaña Índice de contenidos y, a continuación, haga clic en la celda **F12**, con la etiqueta **Indicador 2**.

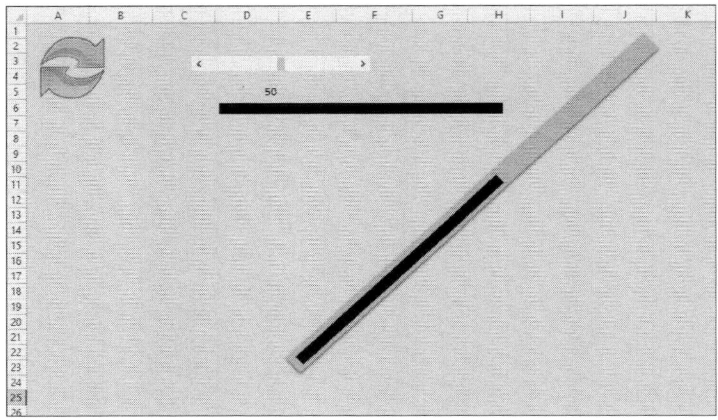

El valor estudiado está en **D5**, la fórmula para reproducir los cuadrados ya está en **D6**.

- En la pestaña **Insertar** – grupo **Ilustraciones**, haga clic en **Formas** y, a continuación, haga clic en **Rectángulo**.
- Dibuje un rectángulo.
- Cambie al tamaño del tipo de letra a 10.5 y haga clic en **Alinear en el medio**.
- En la pestaña **Formato** de forma – grupo **Tamaño**, establezca un **Ancho** de **17** cm y un **Alto** de **0,8** cm.
- En la barra de fórmulas, escriba = $D$6.
- En la pestaña **Formato** de forma - grupo **Organizar**, haga clic en **Girar** y, a continuación, haga clic en **Más opciones de rotación**. En la zona **Rotación**, escriba **350°**.

Obtendrá un resultado cercano a la siguiente pantalla:

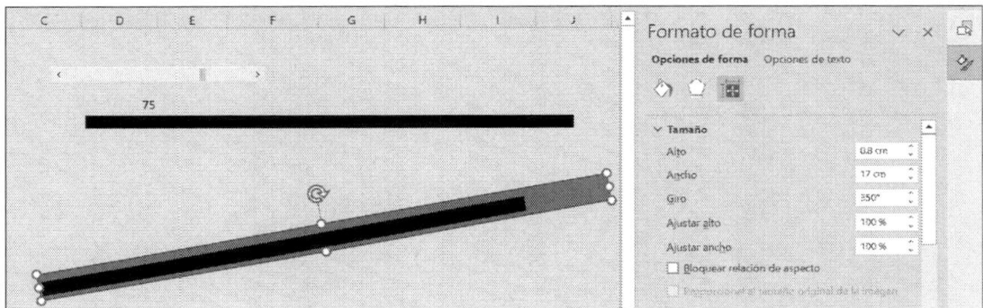

- Haga clic en para volver al Índice de contenidos y, a continuación, haga clic en la celda **F14**, con la etiqueta **Indicador 3**.

Queremos mostrar un medidor en relieve, basado en el porcentaje de la celda **C13**.

Vamos a empezar diseñando los umbrales gráficos.

- Seleccione las celdas de D7 a D11.
- En la pestaña **Insertar** - grupo **Gráficos**, haga clic en **Insertar histograma o gráfico de barras** y, a continuación, haga clic en **Barras apiladas**.
- En la pestaña **Diseño** de gráfico - grupo **Datos**, haga clic en **Cambiar fila/columna**.
- Elimine el título, la cuadrícula y el eje vertical. Establezca un ancho de **13** cm y un alto de **3** cm.
- Seleccione los valores del eje horizontal. En el panel **Dar formato a eje**, en el grupo **Opciones del eje**, cambie el máximo a 1 (100%). En el grupo **Marcas de graduación - Tipo principal**, elija **Exterior**.
- Rellene cada uno de los cinco segmentos con colores que vayan del verde al rojo.

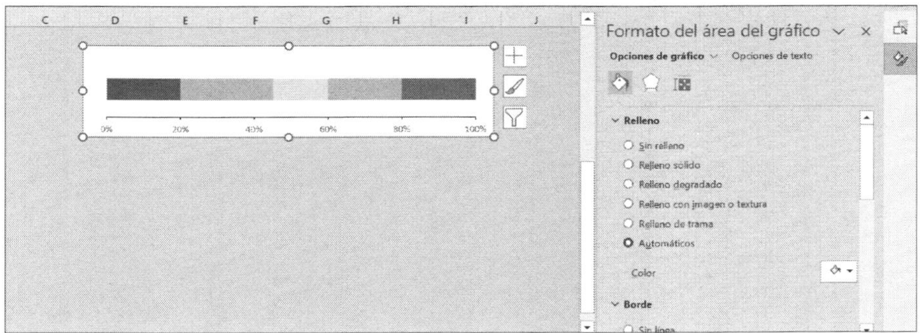

Ahora vamos a crear un segundo gráfico que dé la posición del indicador que vamos a superponer al primero.

- Seleccione las celdas C7 a C9.
- En la pestaña **Insertar** – grupo **Gráficos**, haga clic en **Insertar histograma o gráfico de barras** y, a continuación, haga clic en **Barras apiladas**.
- En la pestaña **Diseño** de gráfico - grupo **Datos**, haga clic en **Cambiar fila/columna**.
- Seleccione el eje horizontal y, en el grupo **Dar formato a eje** – grupo **Opciones del eje**, cambie el máximo a 1.

- Elimine el título, la cuadrícula y los ejes. **Establezca un ancho** de 12,5 cm y un alto de 3 cm.
- Elimine el relleno de la zona del gráfico.
- Haga clic en el gráfico. En **Opciones de serie** de datos, elija un 0% de superposición de series y un ancho del rango del 0%.
- Aplique el mismo gris que a las series **1** y **3** y un color brillante en el punto **2**.
- Coloque el segundo gráfico para que sus bordes coincidan con el primer gráfico (el fondo). Coloque todo debajo de las casillas blancas de **G7** a **L7**.
- Haga clic con el botón derecho del ratón en el segundo gráfico, haga clic en la opción **Traer al frente** y seguidamente en **Traer al frente** nuevamente.

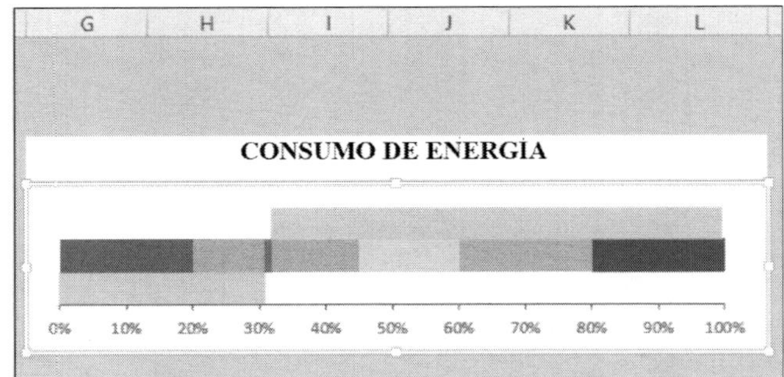

G. Los gráficos

El medidor, al igual que los dos termómetros descritos anteriormente, se podría incluir en esta sección dedicada a los gráficos.

Para comparar las características de un competidor con las suyas, elija una representación de **radar**.

comparación

	empresa	competencia	competencia 2
coste	50	75	80
plazo	48	85	60
calidad	66	60	36
seguridad	29	60	24
no-conformidad	56	73	73
SAV	79	55	41
mantenimiento	39	86	86
recepción cliente	50	55	26

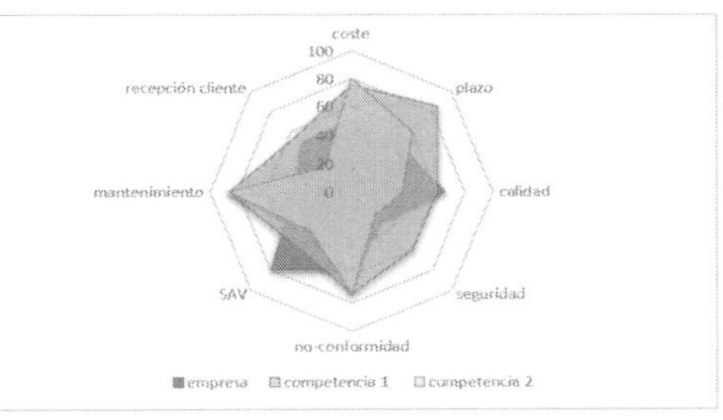

Este gráfico permite comparar, en una escala de calificación de 0 a 100, una empresa y sus dos competidores, en ocho puntos (coste, tiempo, calidad, seguridad, no conformidad, servicio postventa, mantenimiento y atención al cliente).

Para representar una evolución, elija las **líneas** o **histogramas**, a los que agregará una **tendencia**, por ejemplo, una media móvil de 2 meses.

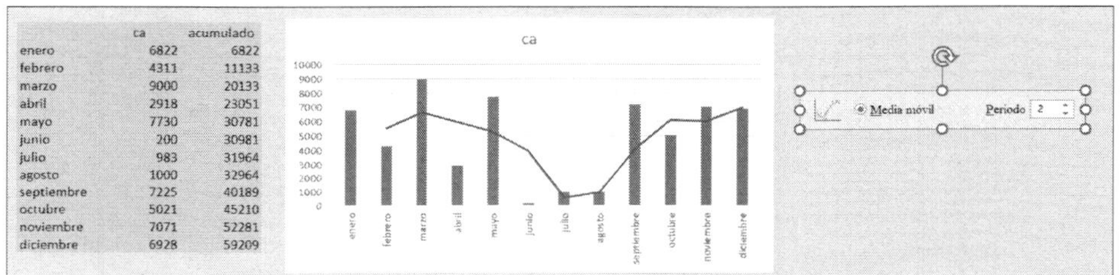

	ca	acumulado
enero	6822	6822
febrero	4311	11133
marzo	9000	20133
abril	2918	23051
mayo	7730	30781
junio	200	30981
julio	983	31964
agosto	1000	32964
septiembre	7225	40189
octubre	5021	45210
noviembre	7071	52281
diciembre	6928	59209

Aquí vemos un gráfico de facturación anual con una media móvil por pares de meses que permite, en particular, poner en perspectiva el descenso de mayo entre dos meses fuertes.

Para representar una distribución, la forma apropiada es el **sector**. Piense en reunir a las minorías en un "gráfico de tarta", resaltando lo mejor de lo mejor y lo mejor de lo menos bueno.

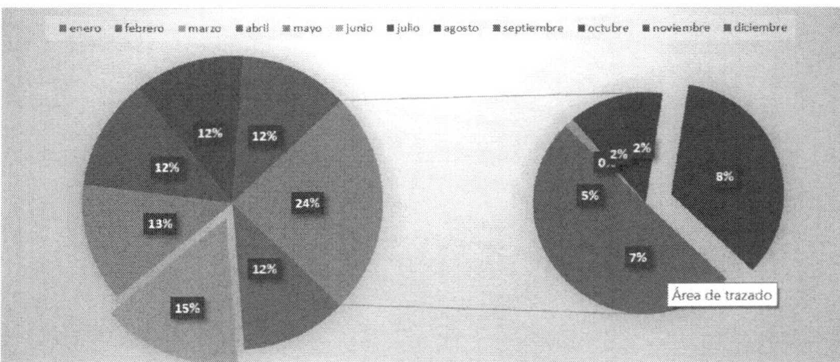

Los tipos especiales, que pueden conducir al diseño de modelos, son gráficos mixtos.

Por otro lado, los gráficos de **doble escala** son útiles para mostrar la evolución de una cantidad en un indicador y, en paralelo, la cantidad asociada o un valor mensual y su acumulado.

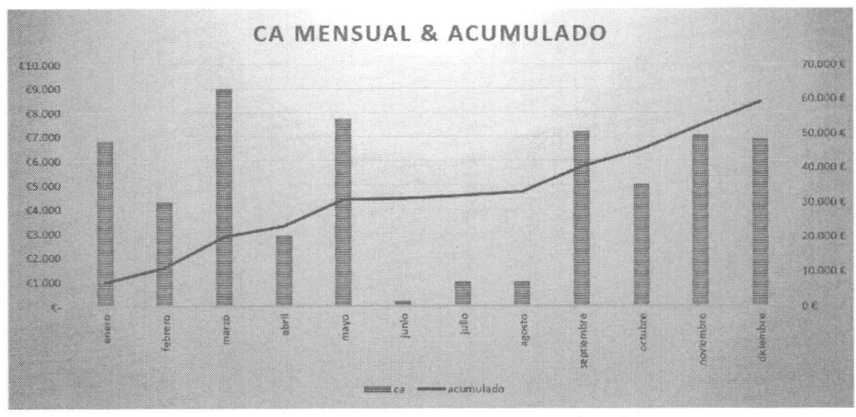

El histograma le permite visualizar el mes. La curva acumulada permite ver la evolución del año.

El caso concreto de la pirámide de edad se tratará en el capítulo Optimización de la gestión y la impresión - sección Pirámide por grupos de edad y por departamento (trataremos las gráficas en detalle) y veremos cómo automatizar su diseño en el capítulo Técnicas avanzadas de automatización.

Capítulo 3
Los datos

A. Los datos de origen

1. Definiciones

Base de datos	Conjunto de información estructurada almacenada en disco. Este conjunto de información se puede consultar y modificar. Esta información suele provenir de una exportación desde otro software. Sin embargo, es posible que se requiera un procesamiento previo para su uso en Excel.
Registro	Cada registro se corresponde con un dato relacionado con un elemento almacenado en la base de datos. Los registros se presentan en filas.
Campo	Un campo representa una característica específica del registro. Para caracterizar un registro, son necesarios varios campos, por ejemplo, para un gasto: fecha, cuenta contable, importe, tipo de pago, proveedor, fecha de vencimiento, etc. Los campos se presentan en columnas.
Filtro	Permite mostrar solo los datos que coinciden con un criterio. Un filtro permite trabajar solo con un subconjunto de datos. Esto permitirá ver resúmenes para una familia de productos, un período de tiempo o una categoría de gastos específicos.

2. Fiabilidad

Independientemente de la calidad y la precisión de sus tablas estadísticas y de análisis, la fiabilidad y precisión de los datos de origen es primordial. Solo podrá confiar en los resultados si está seguro de que no hay errores en los datos de partida. La toma de decisiones solo se debe basar en un conjunto de criterios que sean precisos o que tengan un margen de error estimado y limitado.

En resumen, a lo largo del proceso de creación de análisis, intente seguir estos pasos:

- controlar los datos de origen,
- controlar las fórmulas utilizando< datos sencillos cuyos resultados se pueden comprobar fácilmente.

3. ¿Qué datos necesito para crear mi cuadro de mando?

Dependiendo del tipo de indicador que desee configurar, la elección de los datos de origen es esencial. Por lo general, cada indicador se obtendrá mediante la combinación de cálculos que pueden implicar una mayor o menor cantidad de información. Por lo tanto, tendrá que identificar los datos que necesitará para cada indicador.

Generalmente, los datos que servirán de base para un análisis no se introducen directamente en Excel, sino que provienen de otra aplicación. Esta aplicación puede ser cualquier tipo de software, como por ejemplo:

- gestión contable, financiera o de tesorería,
- gestión de recursos humanos (HCM),
- gestión de la calidad,
- gestión de la producción,
- gestión de la relación con los clientes (CRM),
- gestión de la relación con los proveedores (SRM),
- etc.

Para construir tablas de análisis relevantes y funcionales, los datos se deberán presentar en forma de listas. Una hoja de cálculo de Excel puede contener más de un millón de filas. Obtener estadísticas en tiempo real sobre un volumen de datos como este, es inconcebible sin las herramientas adecuadas. Pero no basta con tener una buena herramienta, también hay que saber utilizarla. Diseñar tablas de resumen con grandes rangos de datos puede ser tedioso si no se utilizan las técnicas adecuadas. Tanto si necesita análisis diarios, semanales o mensuales, Excel tiene herramientas potentes para facilitar el análisis de datos. Este libro le permitirá descubrir las diferentes técnicas que se pueden utilizar en el día a día, desde cálculos avanzados hasta gráficos avanzados.

A menudo, los datos de origen se pueden extraer directamente de una sola aplicación, pero es posible que la información necesaria para realizar los cálculos provenga de varios softwares, hojas de cálculo, bases de datos, etc. En este caso, será necesario especificar el origen de cada información.

Este pequeño trabajo de preparación se puede hacer en forma de tabla. A continuación, se muestra un pequeño ejemplo.

INDICADOR	TIPO DE INDICADOR	DATOS DE ORIGEN	ORIGEN
Facturación mensual por comercial	ADMINISTRACIÓN	▸ Fecha de la factura ▸ Código del comercial ▸ Nombre del comercial ▸ Importe de la factura sin IVA	▸ Facturación ▸ Archivo de los comerciales
Número de nuevos clientes por departamento	COMERCIAL	▸ Fecha de creación de la cuenta ▸ Tipo de cliente ▸ Código postal del cliente	▸ Ficha del cliente
Tasa de devolución de un producto	CALIDAD	▸ Código de producto ▸ Fecha de la factura ▸ Número de lote ▸ Cantidad entregada ▸ Cantidad devuelta por el cliente ▸ Motivo de la devolución	▸ Facturación ▸ Comentarios de los clientes
Tasa de absentismo por edad y motivo de ausencia	RECURSOS HUMANOS	▸ Número de registro del empleado ▸ Fecha de nacimiento ▸ Motivo de la ausencia ▸ Duración de la ausencia ▸ Número total de días laborables disponibles	▸ Gestión des ausencias ▸ Ficha del empleado ▸ Gestión de RH, nóminas...

Para obtener los datos de origen, es probable que tenga que configurar consultas de exportación. Para ello, cada aplicación incluye ahora módulos que permiten exportar esta información.

Sin embargo, deberá tener cuidado con el formato de los datos exportados. En general, se ofrecen diferentes formatos de archivo: txt, csv, xls, xlsx, etc.

Dependiendo del software de origen utilizado, es posible que tenga algunos problemas con la información exportada. Por ejemplo, una fecha puede tener el formato mm/dd/aaaa en lugar de dd/mm/aaaa. Excel puede reconocer algunos números como textos. O se puede reunir cierta información en una sola columna: el código postal y la ciudad, el código contable y la etiqueta, etc.

Algunas veces, todo esto puede hacer que sea obligatorio pasar por una etapa de preparación de datos antes de comenzar la fase de procesamiento.

4. Ejemplo de datos de origen

Por lo general, los datos originales de sus tablas de análisis deben tener la misma estructura en general:

- una fila representa un registro en la base de datos.
- una columna representa un campo.

A continuación, se muestra un ejemplo de las primeras filas de datos de origen de una hoja de cálculo de Excel:

	A	B	C	D	E
1	**APELLIDO**	**Nombre**	**Servicio**	**Antigüedad**	**Salario**
2	ADAM	Jean-Claude	Producción	3	1.450,00 €
3	ADAMO	Anne-Catherine	RH	11	3.047,00 €
4	AERMANN	Nicolas	Producción	9	2.475,00 €
5	AHMADI	Ahmad	Mantenimiento	9	2.439,00 €
6	ALARY	Andre	Producción	7	1.939,00 €
7	ALARY	Richard	Producción	7	1.925,00 €
8	ALLEMAND	Marylene	Mantenimiento	6	1.710,00 €
9	ALLEMAND	Henri	Mantenimiento	10	2.730,00 €
10	APPERT	Michel	Producción	9	2.493,00 €
11	ARAUJO	Stephane	RH	11	3.190,00 €
12	AUSSENAC	Alain	Producción	1	1.500,00 €
13	AUSSENAC	Alain	Mantenimiento	12	3.300,00 €
14	BANO	Thierry	Producción	10	2.800,00 €
15	BARRAGAN	Francois	Producción	7	1.946,00 €

La primera línea debe tener los títulos (nombres de campo). Si desea hacer referencias cruzadas de datos, la base de datos debe tener al menos dos campos correspondientes a las referencias a cruzar, junto con un campo de datos numéricos.

5. Recomendaciones

Para evitar problemas al construir sus tablas de análisis, siga estas instrucciones:

- dos campos no deben tener el mismo nombre,
- no debe combinar celdas en la fila de los títulos,
- un nombre de campo no debe estar vacío,
- la base de datos no debe tener una fila o columna vacía,
- en las columnas de valores numéricos, es mejor sustituir las celdas vacías por ceros,
- evite integrar subtotales en la tabla de datos.

Si está creando una aplicación en Excel desde cero, realice un análisis preciso y completo de las estadísticas que desea obtener más adelante. Por ejemplo, supongamos que desea obtener información estadística sobre el gasto por puesto y servicio. Para cada gasto, una persona introducirá la información de manera cronológica en una hoja de cálculo de Excel. La tabla de entrada podría tener un aspecto similar al de la tabla siguiente:

	A	B	C	D	E
1	APELLIDO	Nombre	Servicio	ntigüedad	Salario
2	ADAM	Jean-Claude	Producción	3	1.450,00 €
3	ADAMO	Anne-Catherine	RH	11	3.047,00 €
4	AERMANN	Nicolas	Mantenimiento	9	2.475,00 €
5	AHMADI	Ahmad	Mantenimiento	9	2.439,00 €
6	ALARY	Andre	Producción	7	1.939,00 €
7	ALARY	Richard	Producción	7	1.925,00 €
8	ALLEMAND	Marylene	Mantenimiento	6	1.710,00 €
9	ALLEMAND	Henri	Mantenimiento	10	2.730,00 €
10	APPERT	Michel	Producción	9	2.493,00 €
11	ARAUJO	Stephane	RH	11	3.190,00 €
12	AUSSENAC	Alain	Producción	1	1.500,00 €
13	AUSSENAC	Alain	Mantenimiento	12	3.300,00 €

La columna Servicio contiene una zona de lista desplegable para facilitar la introducción de datos y, sobre todo, para evitar que la misma información se escriba de varias maneras diferentes.

En la siguiente tabla, se proporcionan algunos ejemplos de los datos que se integrarán en función de las necesidades.

OBJETIVO DEL ANÁLISIS Resultados deseados	ORIGEN	DATOS PARA INTEGRAR
Facturación por tipo de cliente y familia de productos en el año actual	Gestión comercial, Facturación Aplicación Access, Archivo de Excel, etc.	▸ Fecha de la factura ▸ Familia de productos ▸ Tipo de cliente ▸ Importe sin IVA de la línea de la factura
Comparar las ventas N y N-1 por agencia en períodos equivalentes	Software de gestión comercial, Facturación Aplicación Access, Archivo de Excel, etc.	▸ Fecha de la factura ▸ Agencia ▸ Importe de la factura sin IVA
Número de horas perdidas debido a accidentes de trabajo	Software de gestión de recursos humanos, Aplicación Access, Archivo de Excel, etc.	▸ Fecha ▸ Tipo de accidente ▸ Nivel de gravedad ▸ Número de horas de inactividad
Productividad de los agentes	Software de gestión de producción Aplicación Access, Archivo de Excel, etc.	▸ ID del agente ▸ Fecha ▸ Referencia del proceso ▸ Producción completada ▸ Producción teórica ▸ Horario de inicio ▸ Horario de fin
Establecer una lista de los cinco principales clientes en función de ingresos	Software de gestión comercial, Facturación Aplicación Access, Archivo de Excel, etc.	▸ Fecha de la factura ▸ Código de cliente ▸ Nombre del cliente ▸ Importe de la factura sin IVA

6. Preparación de los datos

Para poder diseñar tablas de análisis a partir de datos utilizables, la fase de preparación de los datos recuperados puede requerir varios procesamientos.

A continuación, se muestra un ejemplo de datos importados a una hoja de cálculo de Excel en él que se dan algunos problemas.

	A	B	C	D	E
1	**FechaFactura**	**ApellidoCliente**	**NombreCliente**	**TipoProducto**	**Cantidad**
2	44564,00	PASTOR	Dominique	INFORMÁTICA	562,25
3	44564,00	SECCHA	Nathalie	FOTOGRAFÍA	373,65
4	44565,00	VINCENT	Nicole	VARIOS	555,40
5	44565,00	LAMBET	Sophie	FOTOGRAFÍA	298,32
6	44566,00	ROCHAAX	Jacky	INFORMÁTICA	627,72
7	44567,00	ATANABEE	David	FOTOGRAFÍA	275,73
8	44569,00	ROUX	Jean-Francois	VARIOS	136,13
9	44569,00	ROSSET	Isabelle	VARIOS	351,67
10	44571,00	BAUER	Gerard	INFORMÁTICA	407,84
11	44574,00	CHAUVIN	Michele	PEQUEÑO-ELECTRODOMÉSTICO	460,86
12	44575,00	REAX	Fabrice	VARIOS	236,02
13	44576,00	JAYET	Salimou	INFORMÁTICA	473,09
14	44579,00	SANTAN	Philippe	PEQUEÑO-ELECTRODOMÉSTICO	416,55
15	44580,00	PASTOR	Dominique	PEQUEÑO-ELECTRODOMÉSTICO	269,43

- Las fechas se importaron como texto y con el formato aaaaddmm (año, día, mes).
- El separador decimal de los importes es el punto (en lugar de la coma).

Será necesario un procesamiento previo para corregir estos problemas.

Usar una fórmula de cálculo para las fechas y una búsqueda/sustitución para sustituir el punto por una coma para las cantidades.

A continuación, se muestra otro ejemplo de datos importados que requerirán un poco de preparación.

	A	B	C	D	E
1	**FechaFactura**	**ApellidoCliente**	**NombreCliente**	**TipoProducto**	**Cantidad**
2	3-1-22	PASTOR	Dominique	INFORMÁTICA	562,25
3	3-1-22	SECCHA	Nathalie	FOTOGRAFÍA	373,65
4	4-1-22	VINCENT	Nicole	VARIOS	555,40
5	4-1-22	LAMBET	Sophie	FOTOGRAFÍA	298,32
6	5-1-22	ROCHAAX	Jacky	INFORMÁTICA	627,72
7	6-1-22	ATANABEE	David	FOTOGRAFÍA	275,73
8	8-1-22	ROUX	Jean-Francois	VARIOS	136,13
9	8-1-22	ROSSET	Isabelle	VARIOS	351,67
10	10-1-22	BAUER	Gerard	INFORMÁTICA	407,84
11	13-1-22	CHAUVIN	Michele	PEQUEÑO-ELECTRODOMÉSTICO	460,86
12	14-1-22	REAX	Fabrice	VARIOS	236,02
13	15-1-22	JAYET	Salimou	INFORMÁTICA	473,09
14	18-1-22	SANTAN	Philippe	PEQUEÑO-ELECTRODOMÉSTICO	416,55
15	19-1-22	PASTOR	Dominique	PEQUEÑO-ELECTRODOMÉSTICO	269,43

Dependiendo del objetivo que queramos alcanzar, puede ser necesario:

- separar los nombres y apellidos, luego códigos postales y ciudades,
- estandarizar los sexos,
- transformar las fechas de nacimiento en fechas.

Si estas importaciones se deben realizar varias veces al año, sería una buena idea configurar una macro o procedimiento de Visual Basic para automatizar todo este proceso de preparación.

B. Importar información de fuentes variadas

1. Descripción general de algunos tipos de archivos

En la mayoría de los casos, el software actual permite exportar la información directamente en formato Excel. Por lo tanto, la información no requiere conversión para su importación en este caso. Sin embargo, puede que sea necesario procesar fechas y valores numéricos.

A continuación, vamos a presentar algunos formatos de archivo que puede utilizar cuando vaya a importar datos. Por supuesto, esta no es una lista exhaustiva, sino que en este libro nos limitaremos a los formatos más comunes.

Archivo CSV

El formato CSV (*Comma Separated Value*) es un archivo en el que los datos se guardan en formato lista. Cada línea representa un registro, la primera línea del archivo contiene los nombres de los campos. El delimitador de los campos suele ser una coma (algunas veces un punto y coma), los valores se pueden delimitar entre comillas. Las comillas no son obligatorias, pero si un campo contiene un signo (, o ;) las comillas son obligatorias para no confundir este signo con un separador.

El siguiente archivo CSV tiene cuatro campos y el separador es el punto y coma.

```
Apellido;Nombre;CP;Media
ABAKHTI;Alexandre;84600;9
ABELLAN;Nicole;84800;14
ABRIEU;Marc;84380;15
ABU;Camille;84140;9
ADAM;Charlene;84000;15
ADAM;Charlotte;30133;13
ADNET;Denis;30131;11
AGIUS GREGOIRE;Eddy;13430;14
AKKUS;Emilie;13550;15
ALAZARD;Geoffrey;13870;9
ALLAIN;Guillaume;84000;10
ALQUIE;Henri;84660;10
ALTINDAG;Iris;84000;10
AMACKER;Jules;13080;12
AMANZOU;Julie;84400;12
AMITI;Karen;31000;16
AMMARI;Koloina;84130;15
AMRAOUI;Laurence;84270;9
```

Archivo de texto

En un archivo de texto (*.txt), los datos se pueden delimitar usando tabulaciones, comas, punto y coma, espacios, etc.

Hay dos tipos de archivos de texto, delimitados o de longitud fija.

El tipo delimitado significa que los campos están separados por caracteres especiales (tabulación, coma, punto y coma, etc.).

```
ApellidoNombre;Función:UBICACIÓN;ESTADO;PRIMA
ANSEL Marc;Operador;LYON;Empleado;500.00
BERETTI Alain;Operador;LYON;Empleado;500.00
BERMAJO Pascal;Operador;LYON;Empleado;0
BIGEL Catherine;Operador;LYON;Empleado;600.00
BONNARIC Jean;Operador;LYON;Empleado;500.00
BOZON Kevin;Resp. Calidad;NANTES;Contrato;700.00
CALVET Alain;Operador;LYON;Empleado;450.00
CHALON Céline;Asistente;LYON;Temporal;550.00
DOUMERC Thierry;Jefe de equipo;LYON;Temporal;550.00
```

El tipo fijo no incorpora separadores sino espacios que permiten que cada uno de los campos comience siempre con el mismo número de caracteres.

```
ApellidoNombre  Función          UBICACIÓN       ESTADO          PRIMA
ANSEL Marc      Operador         LYON            Empleado        500.00
BERETTI Alain   Operador         LYON            Empleado        500.00
BERMAJO Pascal  Operador         LYON            Empleado        0
BIGEL Catherine Operador         LYON            Empleado        600.00
BONNARIC Jean   Operador         LYON            Empleado        500.00
BOZON Kevin     Resp. Calidad    NANTES          Contrato        700.00
CALVET Alain    Operador         LYON            Empleado        450.00
CHALON Céline   Asistente        LYON            Temporal        550.00
DOUMERC Thierry Jefe de equipo   LYON            Temporal        550.00
```

Archivo Access

Microsoft Access es un sistema de administración de bases de datos relacionales, que permite crear y administrar una base de datos. Un libro de Excel se compone de varias hojas de cálculo, mientras que una base de datos de Access se compone de objetos. El objeto que contiene los datos se denomina tabla.

Por lo tanto, una base de datos contendrá varias tablas relacionadas. Además de tablas, una base de datos contiene consultas. Una consulta se utiliza para mostrar solo determinados datos contenidos en las tablas, en función de los criterios de selección definidos por el usuario.

Las primeras filas de la tabla T_Producciones de una base de datos de Access.

T_Productos

CodigoProducto	Nombre
1	PASTEL DE KIWI
2	PASTEL DE FRESA
3	PASTEL DE FRAMBUESA
4	PASTEL DE ARÁNDANOS
5	PASTEL DE MANDARINA
6	PASTEL DE MORA
7	PASTEL DE ALBARICOQUE
8	PASTEL DE MANZANA
9	PASTEL DE AVELLANAS
10	PASTEL DE FRESA
11	PASTEL DE FRAMBUESA
12	PASTEL DE NARANJA
13	PASTEL DE ALMENDRAS

Una tabla de Access se define por su estructura. Cada campo se caracteriza por diferentes parámetros: tipo, tamaño, formato, etc.

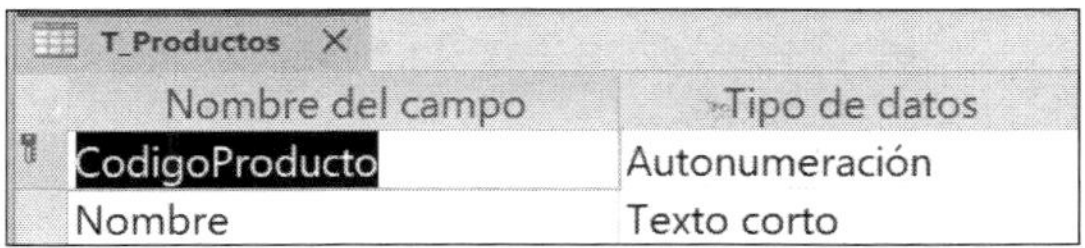

A diferencia de un archivo de texto que no contiene información sobre los tipos de cada campo, la importación desde una tabla o consulta de Access puede simplificar el trabajo de preparación de los datos.

Archivo PDF (Adobe Acrobat)

Muchas aplicaciones pueden "imprimir" documentos en formato Adobe Acrobat. La impresión no se envía directamente a la impresora, sino a un archivo en disco. Estos archivos tienen la extensión PDF y se pueden leer con un programa gratuito: Adobe Reader. Si el archivo no está protegido, será posible copiar la información y luego importarla a Excel.

A continuación, se muestra una lista de información guardada en formato PDF.

Todas las herramientas Editar Convertir Firmar Buscar texto o herra

Editar

MODIFICAR PÁGINA

Organizar páginas

AGREGAR CONTENIDO

Texto

Imagen

Encabezado y pie de página

Marca de agua

Enlace

Más

Modificar texto, imágenes, páginas y mucho más.

Prueba gratis de 7 días

NUM	ID_AGENTE	TipoInterv	NumDepart	TmpPasado	Facturado
1	559	AUDITORÍA	13	10,5	O
2	568	FORMACIÓN	69	6	O
3	558	FORMACIÓN	26	6	O
4	557	FORMACIÓN	13	4,5	O
5	551	ASESORÍA	69	12	O
6	558	FORMACIÓN	30	10,5	O
7	553	AUDITORÍA	74	10,5	O
8	548	AUDITORÍA	73	9	O
9	565	FORMACIÓN	84	7,5	O
10	548	FORMACIÓN	13	1,5	O
11	551	AUDITORÍA	30	4,5	O
12	546	AUDITORÍA	69	12	O
13	550	ASESORÍA	74	12	O
14	562	ASESORÍA	26	4,5	O
15	560	FORMACIÓN	34	10,5	O
16	550	AUDITORÍA	74	9	O
17	551	AUDITORÍA	13	9	O
18	547	FORMACIÓN	38	9	O
19	558	FORMACIÓN	13	4,5	O
20	562	AUDITORÍA	38	9	O
21	547	AUDITORÍA	13	3	O
22	552	AUDITORÍA	69	1,5	O

Archivo XML

La función de un documento XML (*eXtensible Markup Language*) es contener datos estructurados para que se puedan intercambiar fácilmente entre aplicaciones heterogéneas. Un archivo XML se estructura en torno a tres elementos: el prólogo, el elemento raíz y un árbol. A continuación, se muestra un pequeño archivo XML que contiene seis registros.

```
<?xml version="1.0" encoding="UTF-8" standalone="yes"?>
<MIEMBROS>
    <Lista>
        <Apellido>PARTIN</Apellido>
        <Nombre>Anthony</Nombre>
        <Ciudad>AIX</Ciudad>
        <FecNacimiento>1990-01-02T00:00:00.000</FecNacimiento>
        <Peso>64</Peso>
    </Lista>
    <Lista>
        <Apellido>RATINOT</Apellido>
        <Nombre>Jérome</Nombre>
        <Ciudad>TOULOUSE</Ciudad>
        <FecNacimiento>1978-07-03T00:00:00.000</FecNacimiento>
        <Peso>65</Peso>
    </Lista>
    <Lista>
        <Apellido>DECUZAC</Apellido>
        <Nombre>Lucas</Nombre>
        <Ciudad>LYON</Ciudad>
        <FecNacimiento>1983-05-02T00:00:00.000</FecNacimiento>
        <Peso>93</Peso>
    </Lista>
    <Lista>
        <Apellido>RUL</Apellido>
        <Nombre>Joffrey</Nombre>
        <Ciudad>MARSELLA</Ciudad>
        <FecNacimiento>1962-07-03T00:00:00.000</FecNacimiento>
        <Peso>67</Peso>
    </Lista>
    <Lista>
        <Apellido>ESCALIER</Apellido>
        <Nombre>Laurent</Nombre>
        <Ciudad>ANNECY</Ciudad>
        <FecNacimiento>1990-06-22T00:00:00.000</FecNacimiento>
        <Peso>76</Peso>
    </Lista>
    <Lista>
```

Al importar un documento XML en un libro de Excel, si el origen especificado no hace referencia a un esquema, Excel creará directamente un esquema basado en los datos del origen XML.

Desde una página web

Excel le permite importar datos desde una página web externa. Este tipo de operación se debe realizar para páginas que contienen principalmente texto.

2. ¿Cómo convierto datos a formato Excel?

a. Desde un archivo CSV

Nuestra primera importación será desde el archivo **ListaBecarios.csv**.

Este documento contiene una lista de estudiantes, cuyas primeras líneas se presentan a continuación.

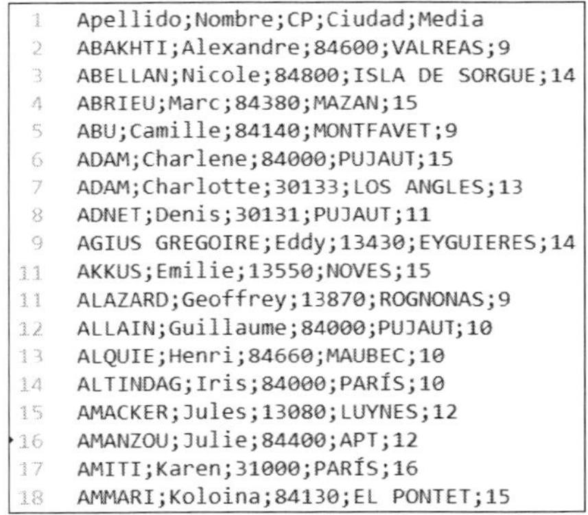

```
Apellido;Nombre;CP;Ciudad;Media
ABAKHTI;Alexandre;84600;VALREAS;9
ABELLAN;Nicole;84800;ISLA DE SORGUE;14
ABRIEU;Marc;84380;MAZAN;15
ABU;Camille;84140;MONTFAVET;9
ADAM;Charlene;84000;PUJAUT;15
ADAM;Charlotte;30133;LOS ANGLES;13
ADNET;Denis;30131;PUJAUT;11
AGIUS GREGOIRE;Eddy;13430;EYGUIERES;14
AKKUS;Emilie;13550;NOVES;15
ALAZARD;Geoffrey;13870;ROGNONAS;9
ALLAIN;Guillaume;84000;PUJAUT;10
ALQUIE;Henri;84660;MAUBEC;10
ALTINDAG;Iris;84000;PARÍS;10
AMACKER;Jules;13080;LUYNES;12
AMANZOU;Julie;84400;APT;12
AMITI;Karen;31000;PARÍS;16
AMMARI;Koloina;84130;EL PONTET;15
```

✎ Cree un nuevo libro de trabajo (Ctrl U).

✎ En la pestaña **Datos** - grupo **Obtener y transformar datos**, haga clic en **De texto/CSV**.

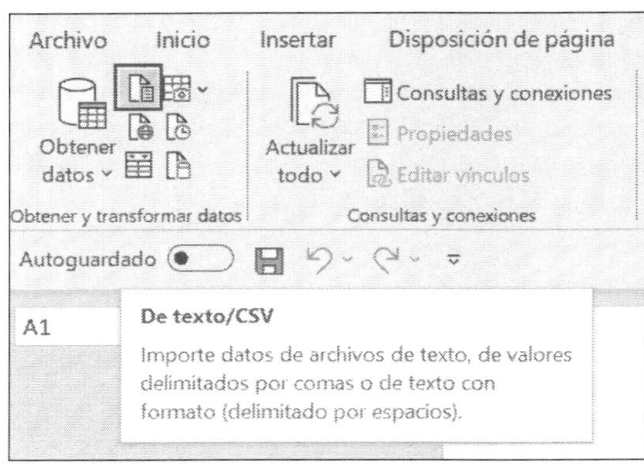

- En la ventana **Importar datos**, seleccione el archivo **ListaBecarios.csv** y, a continuación, haga clic en el botón **Importar**.

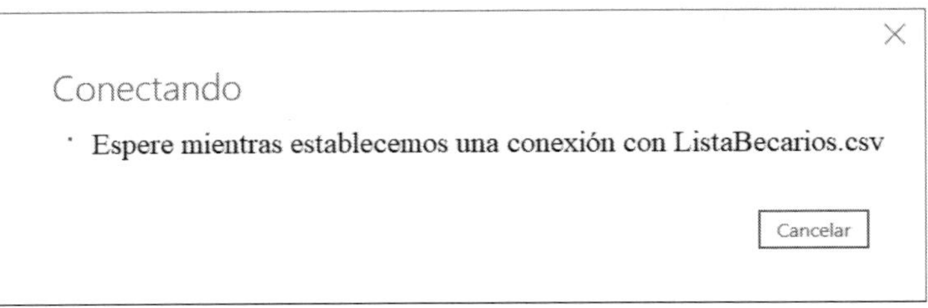

- Aparece la siguiente ventana, el punto y coma aparece seleccionado como delimitador y se muestran los primeros datos.

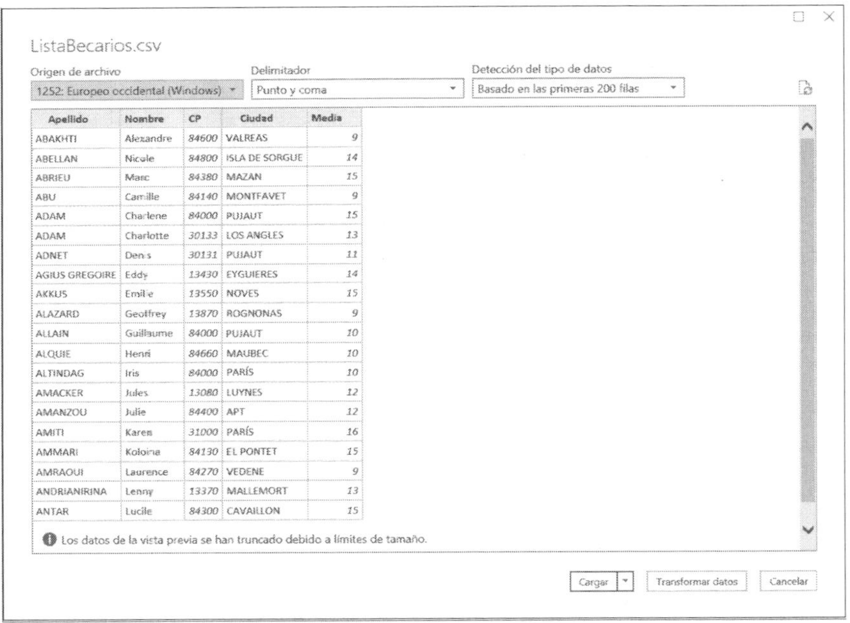

✎ Haga clic en **Cargar**: los datos se importan en formato tabla.

Apellido	Nombre	CP	Ciudad	Media
ABAKHTI	Alexandre	84600	VALREAS	9
ABELLAN	Nicole	84800	ISLA DE SORGUE	14
ABRIEU	Marc	84380	MAZAN	15
ABU	Camille	84140	MONTFAVET	9
ADAM	Charlene	84000	PUJAUT	15
ADAM	Charlotte	30133	LOS ANGLES	13
ADNET	Denis	30131	PUJAUT	11
AGIUS GREGOIRE	Eddy	13430	EYGUIERES	14
AKKUS	Emilie	13550	NOVES	15
ALAZARD	Geoffrey	13870	ROGNONAS	9
ALLAIN	Guillaume	84000	PUJAUT	10
ALQUIE	Henri	84660	MAUBEC	10
ALTINDAG	Iris	84000	PARÍS	10
AMACKER	Jules	13080	LUYNES	12
AMANZOU	Julie	84400	APT	12
AMITI	Karen	31000	PARÍS	16
AMMARI	Koloina	84130	EL PONTET	15
AMRAOUI	Laurence	84270	VEDENE	9

b. A partir de un archivo de texto delimitado

Esta importación se realizará desde el archivo **Empleados.txt**.

Este documento contiene una lista de empleados. A continuación, se muestran las primeras líneas:

```
Nombre;Apellido;TipoContrato;NumhContrato;Agencia
Kevin;DUMONT;INDEFINIDO;105;ORANGE
Carole;DALVAI;INDEFINIDO;130;AVIÑÓN
Sandrine;DOMENY;INDEFINIDO;130;GAP
Marc;BARNOUD;INDEFINIDO;130;GAP
Catherine;BELHIA;INDEFINIDO;120;MONTELIMAR
Kenny;BENOIT;INDEFINIDO;151,67;AVIÑÓN
Laetitia;BLACHON;INDEFINIDO;80;CAMARET
Cécile;BLANCHO;INDEFINIDO;100;LUBERON
Claudine;BROUSSARD;INDEFINIDO;60;LUBERON
Alain;BURILOVIC;TEMPORAL;60;AVIÑÓN
Françoise;CHARRIER;INDEFINIDO;130;LYON
Marie-Pascale;CORDOU;INDEFINIDO;151,67;AVIÑÓN
Agnès;DROMAIN;INDEFINIDO;120;CARPENTRAS
Colette;FAUTRERO;INDEFINIDO;135;GAP
Françoise;FERNANDES;INDEFINIDO;37;CARPENTRAS
Sandrine;FROGER;TEMPORAL;60;AVIÑÓN
Damien;GOUJU;INDEFINIDO;151,67;AVIÑÓN
Laurence;MARTIN;INDEFINIDO;115;VENTOUX
Stella;NAVARRO;INDEFINIDO;121,33;AVIÑÓN
Marc;SIAUD;TEMPORAL;60;AVIÑÓN
```

Vamos a utilizar la misma técnica que antes.

- Cree un nuevo libro de trabajo (Ctrl U).
- En la pestaña **Datos** - grupo **Obtener y transformar datos**, haga clic en **De texto/CSV**.
- En la ventana **Importar datos**, seleccione el archivo **Empleados.txt** y, a continuación, haga clic en el botón **Importar**.

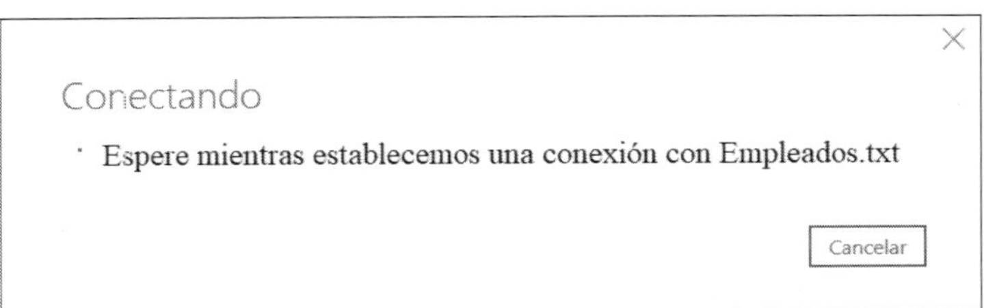

Aparece la siguiente ventana el punto y coma aparece seleccionado como delimitador y se muestran los primeros datos.

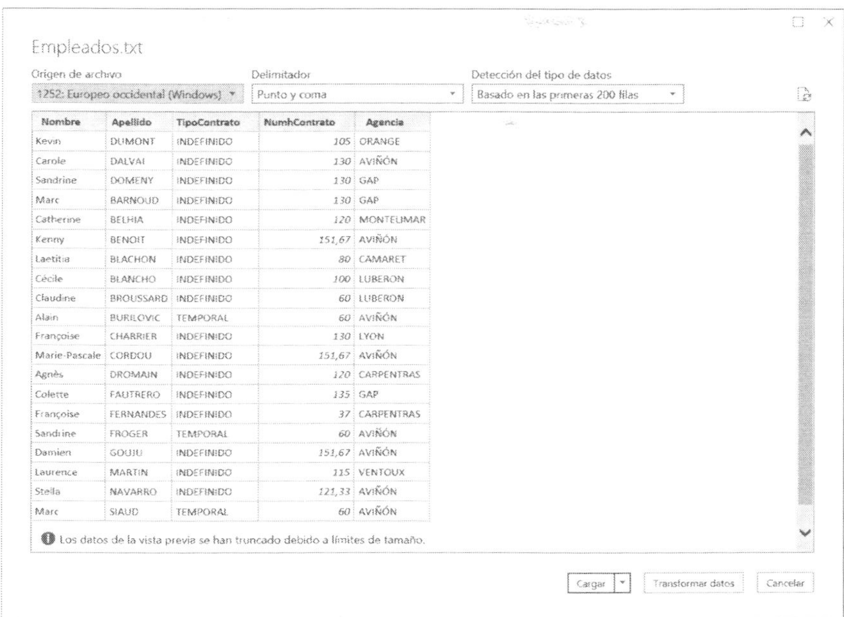

✎ Haga clic en el botón **Cargar**. Los datos importados se muestran a continuación:

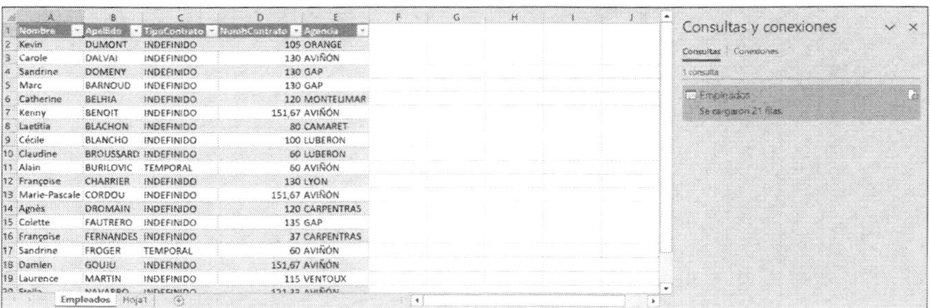

c. A partir de un archivo de texto fijo

Esta importación se realizará desde el archivo **ListaNombres.txt**.

Este documento contiene una lista de empleados.

```
ApellidoNombre  Función UBICACIÓN       ESTADO  PRIMA
ANSEL Marc      Operador        LYON    Empleado        500.00
BERETTI Alain   Operador        LYON    Empleado        500.00
BERMAJO Pascal  Operador        LYON    Empleado        0
BIGEL Catherine Operador        LYON    Empleado        600.00
BONNARIC Jean   Operador        LYON    Empleado        500.00
BOZON Kevin     Resp. Calidad   NANTES  Ejecutivo       700.00
CALVET Alain    Operador        LYON    Empleado        450.00
CHALON Céline   Asistente       LYON    Externo         550.00
DOUMERC Thierry Jefe de equipo  LYON    Externo         550.00
```

Cada campo está separado del siguiente por una tabulación.

- Cree un nuevo libro de trabajo ([Ctrl] U).
- En la pestaña **Datos** - grupo **Obtener y transformar datos**, haga clic en **De texto/CSV**.
- En la ventana **Importar datos**, seleccione el archivo **ListaNombres.txt** y, a continuación, haga clic en el botón **Importar**.

Aparece la siguiente ventana, el delimitador Tabulador aparece seleccionado y se muestran los primeros datos.

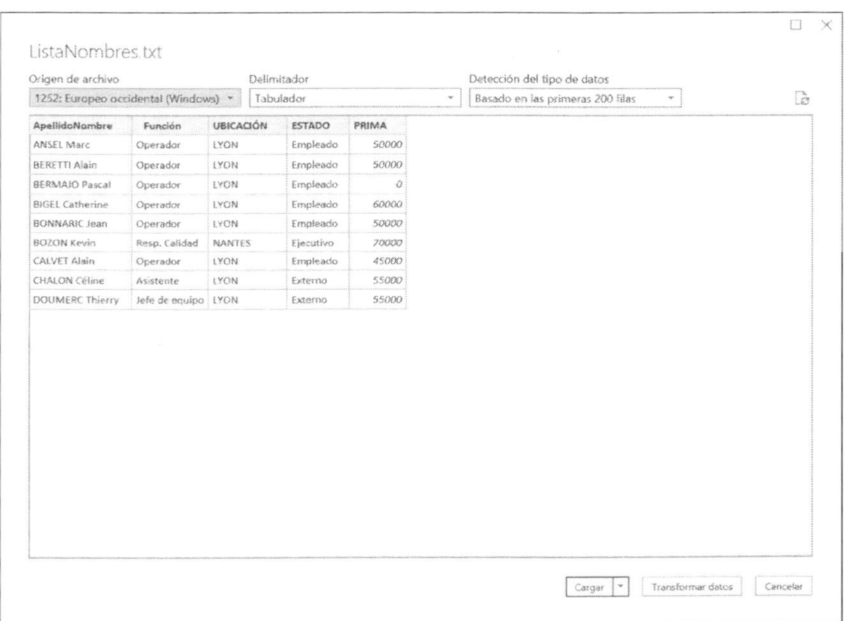

✎ Haga clic en el botón **Cargar**.

d. Desde una base de datos de Access

Esta importación se realizará desde la base de datos **GestProd.accdb**.

Esta base de datos contiene tres tablas (**T_Operadores**, **T_Producciones** y **T_Productos**) y una consulta (**ListaFabricas**).

Las filas de datos de la tabla **T_Operadores**:

T_Operadores

CodigoOp	Apellido	Nombre
OP-312	DUNAND	ADELINE
OP-313	SOFANET	MICKAEL
OP-314	CARTERAU	LAURA
OP-315	LECOMTE	THIERRY
OP-316	LINDER	CHARLOTTE
OP-317	RIEU	THIERRY
OP-318	LOUISAON	SANDRA
OP-319	GARCIA	MARC
OP-320	LEPETIT	JEAN-MARC
OP-321	SIRTET	ALAIN
OP-322	SONDAZ	VIRGINIE

Las primeras filas de datos de la tabla T_Producciones:

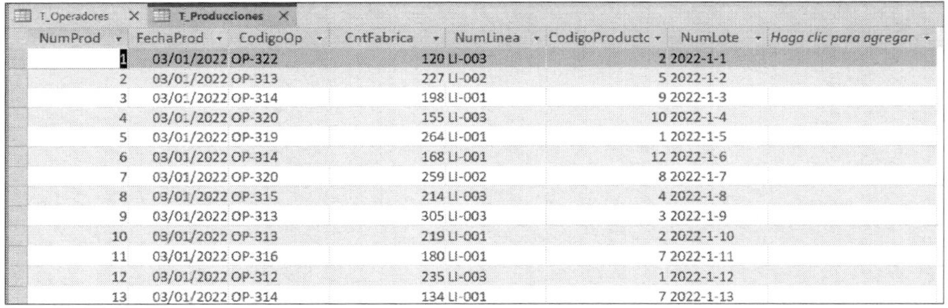

T_Operadores | T_Producciones

NumProd	FechaProd	CodigoOp	CntFabrica	NumLinea	CodigoProductc	NumLote	*Haga clic para agregar*
1	03/01/2022	OP-322	120	LI-003	2	2022-1-1	
2	03/01/2022	OP-313	227	LI-002	5	2022-1-2	
3	03/01/2022	OP-314	198	LI-001	9	2022-1-3	
4	03/01/2022	OP-320	155	LI-003	10	2022-1-4	
5	03/01/2022	OP-319	264	LI-001	1	2022-1-5	
6	03/01/2022	OP-314	168	LI-001	12	2022-1-6	
7	03/01/2022	OP-320	259	LI-002	8	2022-1-7	
8	03/01/2022	OP-315	214	LI-003	4	2022-1-8	
9	03/01/2022	OP-313	305	LI-003	3	2022-1-9	
10	03/01/2022	OP-313	219	LI-001	2	2022-1-10	
11	03/01/2022	OP-316	180	LI-001	7	2022-1-11	
12	03/01/2022	OP-312	235	LI-003	1	2022-1-12	
13	03/01/2022	OP-314	134	LI-001	7	2022-1-13	

Las filas de datos de la tabla **T_Productos**:

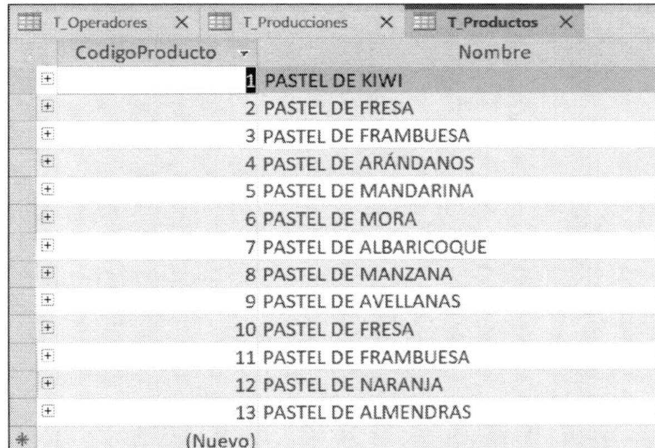

T_Operadores | T_Producciones | T_Productos

CodigoProducto	Nombre
1	PASTEL DE KIWI
2	PASTEL DE FRESA
3	PASTEL DE FRAMBUESA
4	PASTEL DE ARÁNDANOS
5	PASTEL DE MANDARINA
6	PASTEL DE MORA
7	PASTEL DE ALBARICOQUE
8	PASTEL DE MANZANA
9	PASTEL DE AVELLANAS
10	PASTEL DE FRESA
11	PASTEL DE FRAMBUESA
12	PASTEL DE NARANJA
13	PASTEL DE ALMENDRAS
(Nuevo)	

Las primeras filas de datos de la consulta:

T_Operadores | T_Producciones | T_Productos | ListaFabricaciones

FechaProd	T_Productos.Nombre	T_Operador	CntFabrica
03/01/2022	PASTEL DE AVELLANAS	LAURA	198
03/01/2022	PASTEL DE FRESA	JEAN-MARC	155
03/01/2022	PASTEL DE NARANJA	THIERRY	166
03/01/2022	PASTEL DE NARANJA	LAURA	168
03/01/2022	PASTEL DE ALBARICOQUE	LAURA	134
03/01/2022	PASTEL DE ALBARICOQUE	CHARLOTTE	180
03/01/2022	PASTEL DE ALBARICOQUE	THIERRY	153
03/01/2022	PASTEL DE ARÁNDANOS	THIERRY	214
03/01/2022	PASTEL DE FRAMBUESA	ADELINE	177
03/01/2022	PASTEL DE FRAMBUESA	MICKAEL	305
03/01/2022	PASTEL DE FRESA	VIRGINIE	120
03/01/2022	PASTEL DE FRESA	VIRGINIE	218
03/01/2022	PASTEL DE FRESA	MICKAEL	219
03/01/2022	PASTEL DE KIWI	ADELINE	235
03/01/2022	PASTEL DE KIWI	MARC	264
03/01/2022	PASTEL DE MANDARINA	MICKAEL	227
03/01/2022	PASTEL DE MANZANA	JEAN-MARC	259
03/01/2022	PASTEL DE MANZANA	THIERRY	236
04/01/2022	PASTEL DE AVELLANAS	ADELINE	224
04/01/2022	PASTEL DE ALBARICOQUE	LAURA	168
05/01/2022	PASTEL DE AVELLANAS	MARC	206

Los registros están ordenados por fecha de producción y para cada fecha, en orden alfabético de las etiquetas de los productos.

Se han definido relaciones entre las tres tablas.

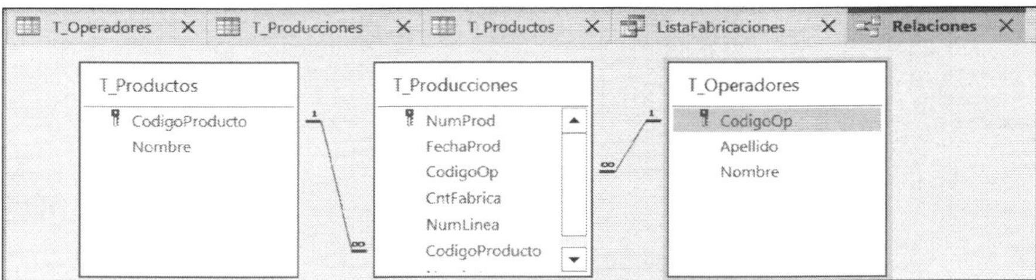

- Cree un nuevo libro de trabajo (Ctrl U).
- En la pestaña **Datos** - grupo **Obtener y transformar datos**, haga clic en **Obtener datos - De una base de datos - De una base de datos Microsoft Access**.
- En la ventana **Importar datos**, seleccione el archivo **GestProd.accdb** y haga clic en el botón **Importar**.

- En la ventana **Navegador**, active la opción **Seleccionar varios elementos** y, a continuación, seleccione las tres tablas **T_Productos**, **T_Producciones** y **T_Operadores**.

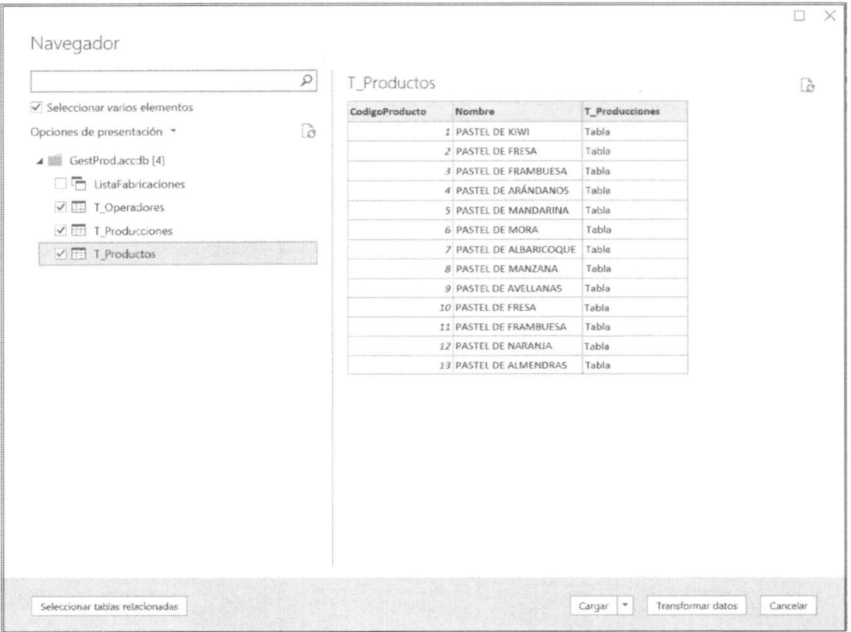

- Haga clic en **Cargar** para finalizar.

Excel muestra el panel **Consultas y conexiones** en el lado derecho de la ventana del libro.

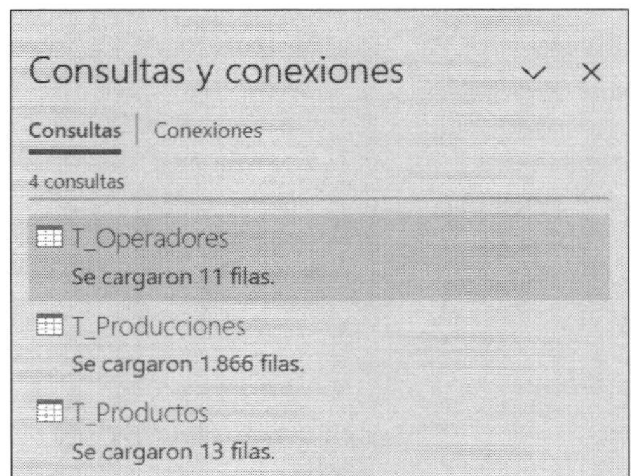

Para insertar los datos de la tabla **T_Operadores** en una hoja de cálculo, coloque el ratón sobre la tabla **T_Operadores** y haga clic en los tres puntos.

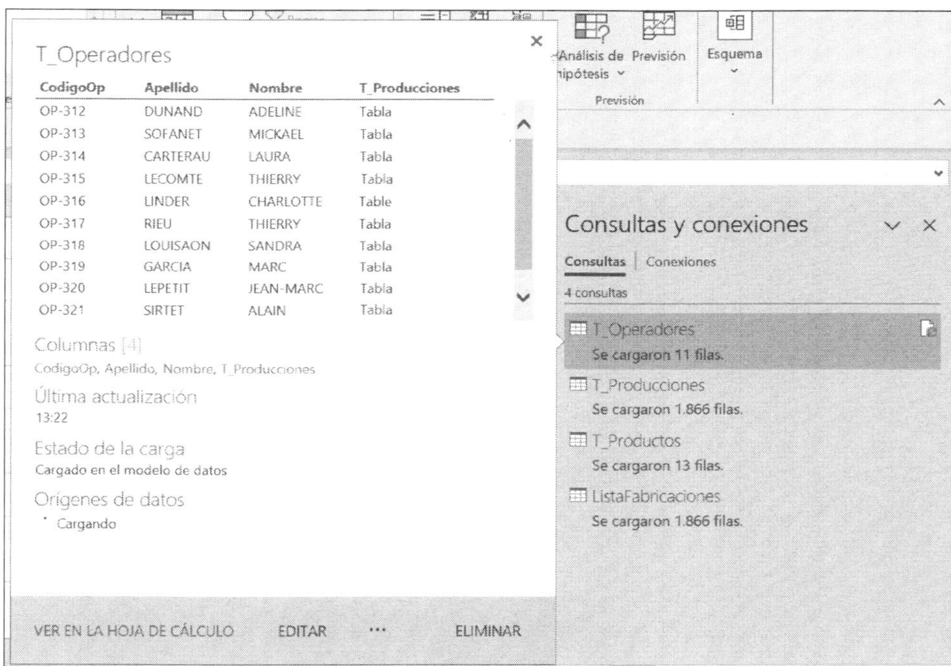

A continuación, haga clic en la opción **Cargar en...**:

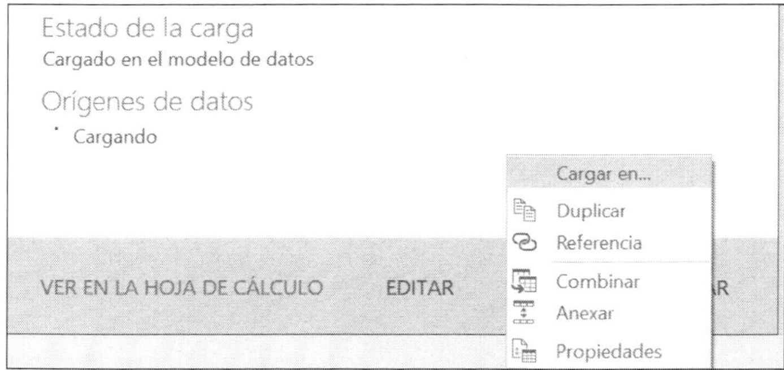

Marque la opción **Tabla**, compruebe que la celda **A1** esté seleccionada correctamente y, si es necesario, marque la opción **Agregar estos datos al Modelo de datos**.

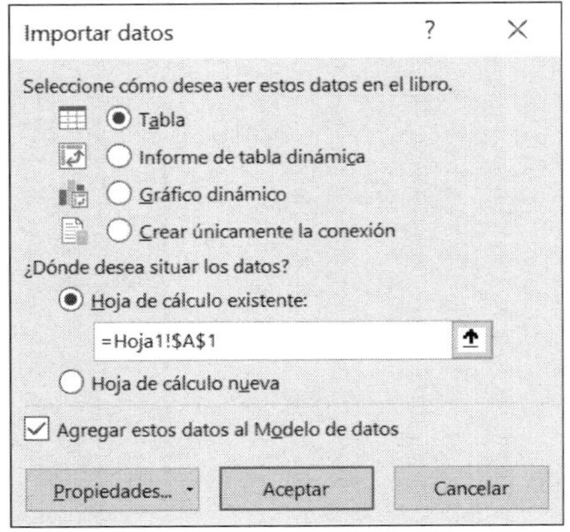

Confirme pulsando **Aceptar**.

La tabla se ha importado a una tabla denominada **T_Operadores**.

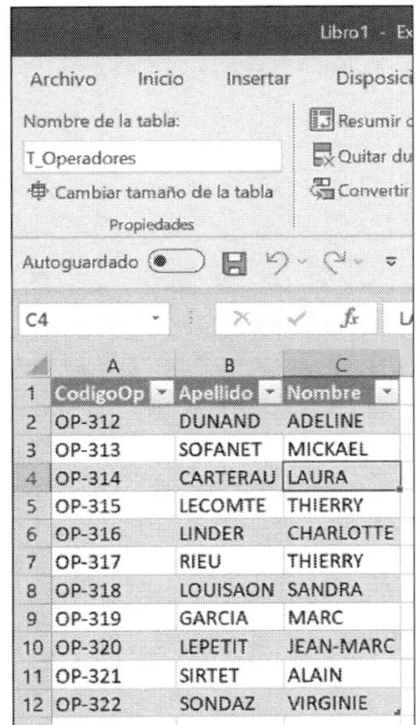

A continuación, cree dos nuevas hojas y haga lo mismo con las otras dos tablas.

La tabla **T_Producciones** se ha importado a una tabla denominada **T_Producciones**.

	NumProd	FechaProd	CodigoOp	CntFabrica	NumLinea	CodigoProducto	NumLote
2	26	06/01/2022 0:00	OP-318	263	LI-003	11	2022-1-26
3	42	09/01/2022 0:00	OP-318	187	LI-003	2	2022-1-42
4	58	11/01/2022 0:00	OP-318	195	LI-003	12	2022-1-58
5	80	15/01/2022 0:00	OP-318	176	LI-003	3	2022-1-80
6	92	18/01/2022 0:00	OP-318	252	LI-003	4	2022-1-92
7	131	25/01/2022 0:00	OP-318	256	LI-003	7	2022-1-131
8	148	29/01/2022 0:00	OP-318	253	LI-003	4	2022-1-148
9	193	07/02/2022 0:00	OP-318	283	LI-003	10	2022-2-193
10	239	17/02/2022 0:00	OP-318	235	LI-003	2	2022-2-239

La tabla **T_Productos** se ha importado a una tabla denominada **T_Productos**.

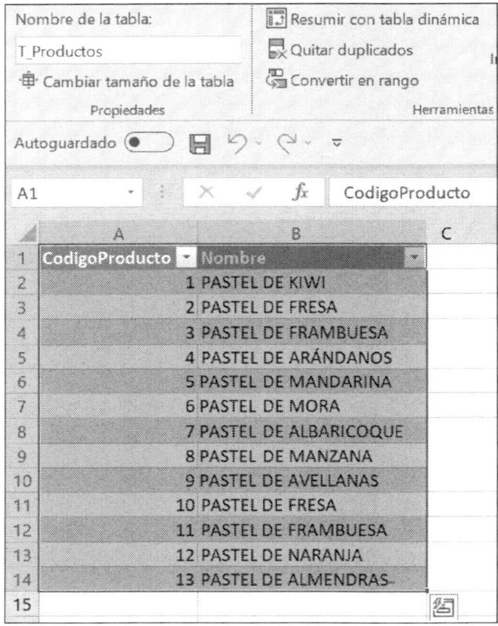

	CodigoProducto	Nombre
2	1	PASTEL DE KIWI
3	2	PASTEL DE FRESA
4	3	PASTEL DE FRAMBUESA
5	4	PASTEL DE ARÁNDANOS
6	5	PASTEL DE MANDARINA
7	6	PASTEL DE MORA
8	7	PASTEL DE ALBARICOQUE
9	8	PASTEL DE MANZANA
10	9	PASTEL DE AVELLANAS
11	10	PASTEL DE FRESA
12	11	PASTEL DE FRAMBUESA
13	12	PASTEL DE NARANJA
14	13	PASTEL DE ALMENDRAS

✎ Realice una copia de seguridad del libro **ImportProduccion**.

- Para establecer las propiedades de la tabla, haga clic en el botón **Propiedades** del rango de datos(pestaña **Diseño de tabla** - grupo **Datos externos de tabla**).

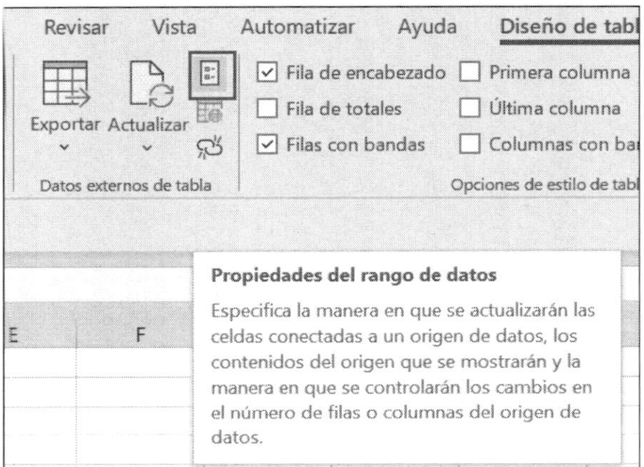

- Habilite las opciones para definir los métodos de actualización en función de sus necesidades.

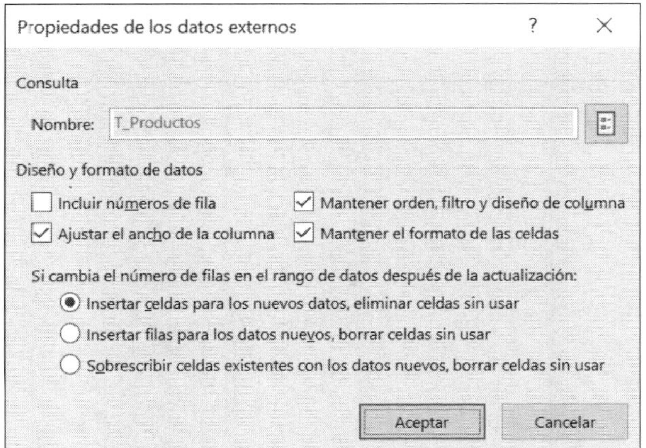

- En el área **Diseño y formato de datos**, deje activa la opción **Ajustar ancho de la columna** si desea que las columnas de la tabla se modifiquen en función de los datos importados. Deje las otras dos opciones activas si desea que los filtros, orden y formatos de celda activos no se cambien después de importar los datos.
- Si se importan datos nuevos, especifique si desea insertar solo celdas, si desea agregar filas completas o si desea reemplazar las celdas existentes.
- Haga clic en **Aceptar**.

- Cuando desee actualizar las tablas, es decir, actualizar los datos en función de los cambios añadidos a los datos de origen, utilice la opción **Actualizar todo** en la pestaña **Diseño de tabla** - grupo **Datos externos de tabla**.

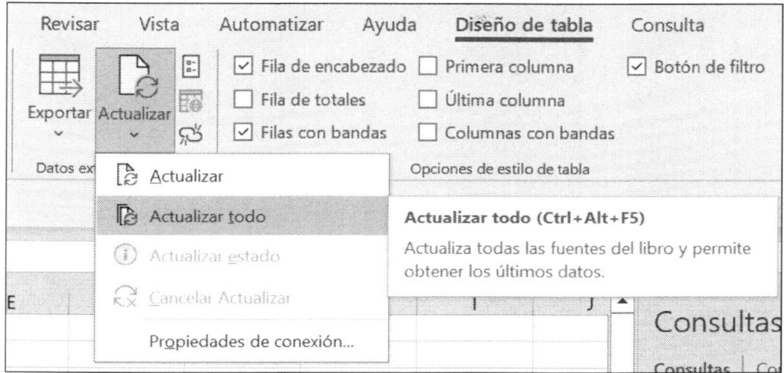

- Si desea que los datos que se va a analizar estén congelados en el instante t, utilice el botón **Desvincular** para romper el vínculo con los datos de origen.

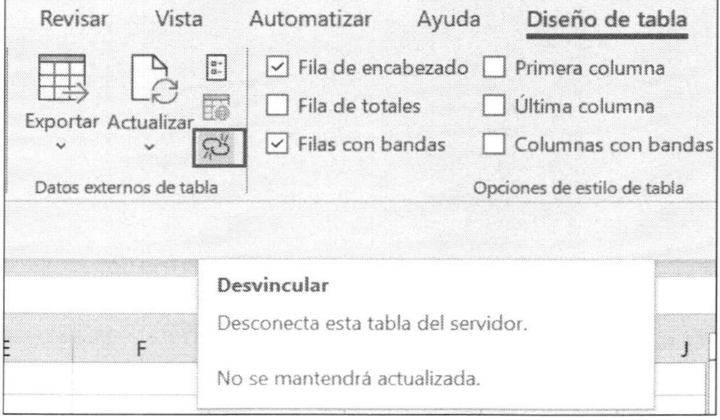

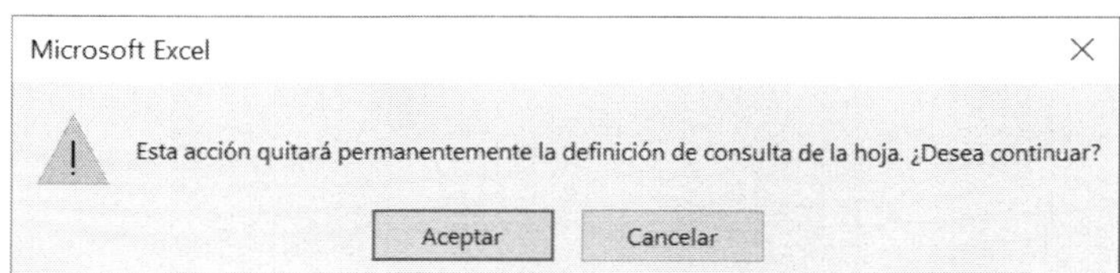

- Al hacer clic en **Aceptar**, se desconectará la tabla de los datos de origen y ya no se actualizará.

e. A partir de un archivo de Adobe Acrobat (PDF)

Esta importación se llevará a cabo a partir de la lista de intervenciones **DeclaracionIntervenciones.pdf**. Le recomendamos que descargue e instale Adobe Reader (lector de PDF gratuito). Una vez haya instalado Adobe Reader, el icono del documento tendrá el siguiente aspecto: 

.

Esta lista contiene una página cuyos datos se presentan en columnas.

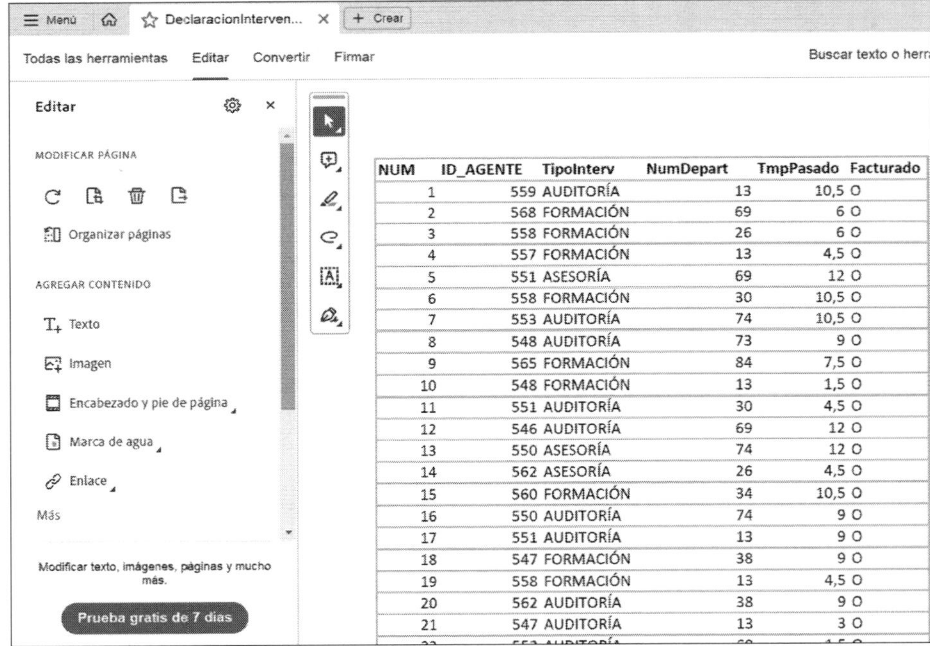

NUM	ID_AGENTE	TipoInterv	NumDepart	TmpPasado	Facturado
1	559	AUDITORÍA	13	10,5	O
2	568	FORMACIÓN	69	6	O
3	558	FORMACIÓN	26	6	O
4	557	FORMACIÓN	13	4,5	O
5	551	ASESORÍA	69	12	O
6	558	FORMACIÓN	30	10,5	O
7	553	AUDITORÍA	74	10,5	O
8	548	AUDITORÍA	73	9	O
9	565	FORMACIÓN	84	7,5	O
10	548	FORMACIÓN	13	1,5	O
11	551	AUDITORÍA	30	4,5	O
12	546	AUDITORÍA	69	12	O
13	550	ASESORÍA	74	12	O
14	562	ASESORÍA	26	4,5	O
15	560	FORMACIÓN	34	10,5	O
16	550	AUDITORÍA	74	9	O
17	551	AUDITORÍA	13	9	O
18	547	FORMACIÓN	38	9	O
19	558	FORMACIÓN	13	4,5	O
20	562	AUDITORÍA	38	9	O
21	547	AUDITORÍA	13	3	O

- Cree un nuevo libro de trabajo (Ctrl U).
- En el explorador de archivos, haga clic dos veces seguidas en el icono del archivo **DeclaracionIntervenciones.pdf** o haga clic con el botón derecho del ratón en el archivo y seleccione **Abrir con Adobe Reader**.

Se ejecuta Adobe Reader y se muestra el documento. Adobe Reader tiene una herramienta de conversión a Word y Excel, pero esto requiere una cuenta de pago. Así que vamos a usar la importación desde Excel.

- Despliegue el menú **Editar** y, a continuación, pulse en **Seleccionar todo** o utilice el atajo de teclado Ctrl U.
- **Editar - Copiar** o Ctrl C para copiar los elementos seleccionados.
- Vuelva a su libro de Excel, en la pestaña **Inicio**, despliegue el menú **Pegar** del grupo **Portapapeles**.
- A continuación, seleccione **Usar el Asistente para importar texto**.

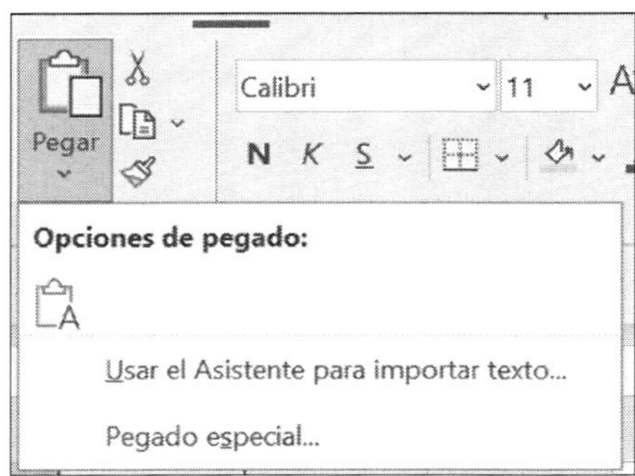

- Paso 1 de 3: Asegúrese de que la opción **Delimitados** esté seleccionada, marque la opción **Mis datos tienen encabezados** y luego haga clic en **Siguiente**.

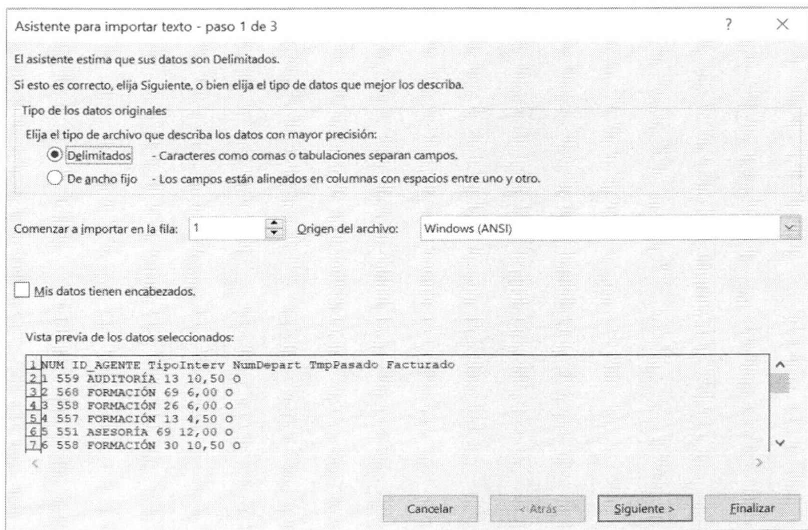

- Paso 2 de 3: Las columnas deben estar correctamente delimitadas. Haga clic en **Siguiente**.

Asistente para importar texto - paso 2 de 3

Esta pantalla le permite establecer los separadores contenidos en los datos. Se puede ver cómo cambia el texto en la vista previa.

Separadores

☐ Tabulación
☐ Punto y coma
☐ Coma
☑ Espacio
☐ Otro:

☑ Considerar separadores consecutivos como uno solo

Calificador de texto: "

Vista previa de los datos

NUM	ID_AGENTE	TipoInterv	NumDepart	TmpPasado	Facturado
1	559	AUDITORÍA	13	10,50	0
2	568	FORMACIÓN	69	6,00	0
3	558	FORMACIÓN	26	6,00	0
4	557	FORMACIÓN	13	4,50	0
5	551	ASESORÍA	69	12,00	0
6	558	FORMACIÓN	30	10,50	0

Cancelar | < Atrás | Siguiente > | Finalizar

- Paso 3 de 3: Los formatos de datos se ajustan a los tipos de información que se almacenan. Haga clic en **Finalizar**.

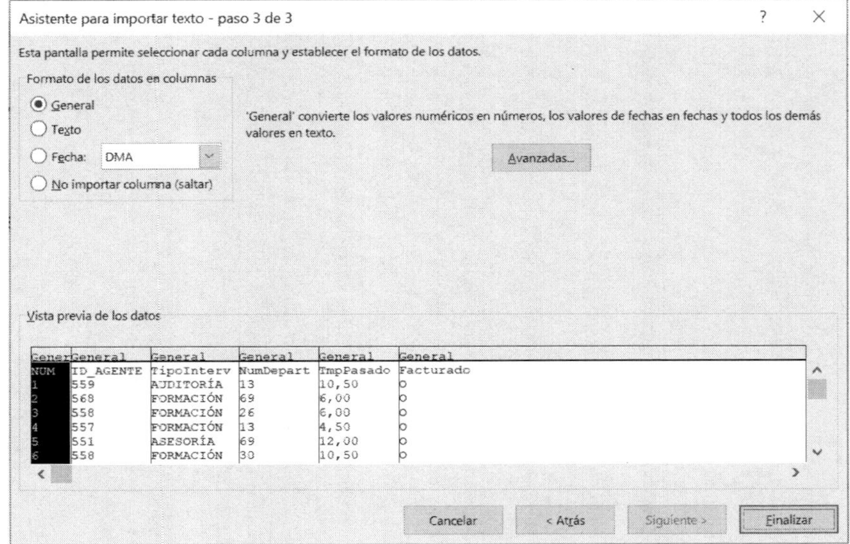

Los datos se importan correctamente a Excel.

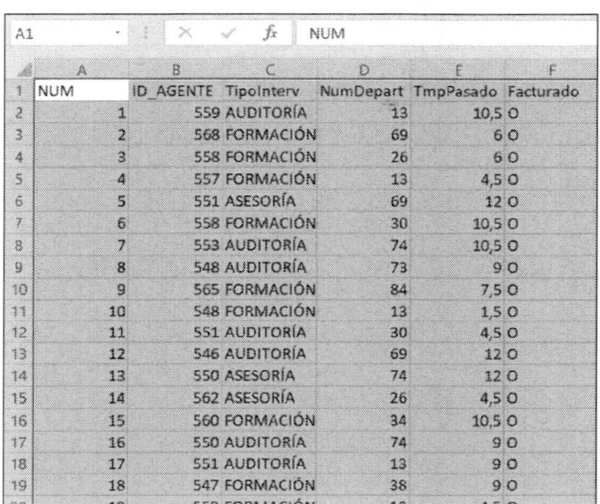

A1 | NUM

NUM	ID_AGENTE	TipoInterv	NumDepart	TmpPasado	Facturado
1	559	AUDITORÍA	13	10,5	O
2	568	FORMACIÓN	69	6	O
3	558	FORMACIÓN	26	6	O
4	557	FORMACIÓN	13	4,5	O
5	551	ASESORÍA	69	12	O
6	558	FORMACIÓN	30	10,5	O
7	553	AUDITORÍA	74	10,5	O
8	548	AUDITORÍA	73	9	O
9	565	FORMACIÓN	84	7,5	O
10	548	FORMACIÓN	13	1,5	O
11	551	AUDITORÍA	30	4,5	O
12	546	AUDITORÍA	69	12	O
13	550	ASESORÍA	74	12	O
14	562	ASESORÍA	26	4,5	O
15	560	FORMACIÓN	34	10,5	O
16	550	AUDITORÍA	74	9	O
17	551	AUDITORÍA	13	9	O
18	547	FORMACIÓN	38	9	O

Guarde el libro DeclaracionIntervenciones.xlsx.

f. Desde un archivo XML

Cree un nuevo libro de trabajo (Ctrl U).

En la pestaña **Datos** - grupo **Obtener y transformar datos**, despliegue **Obtener datos** - **De un archivo** y, a continuación, seleccione **De XML**.

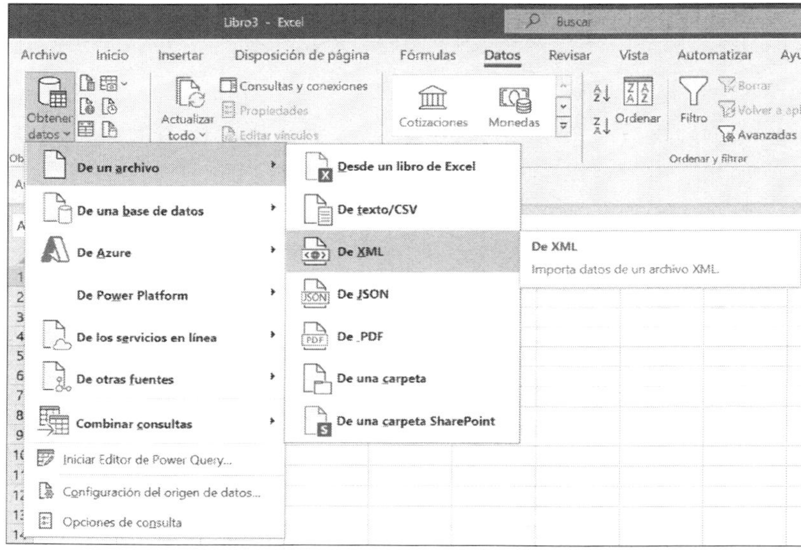

✎ Seleccione el archivo **CLUB.xml** y haga clic en **Importar**.

Se muestra el navegador, haga clic en **Lista**. Aparecerán los datos.

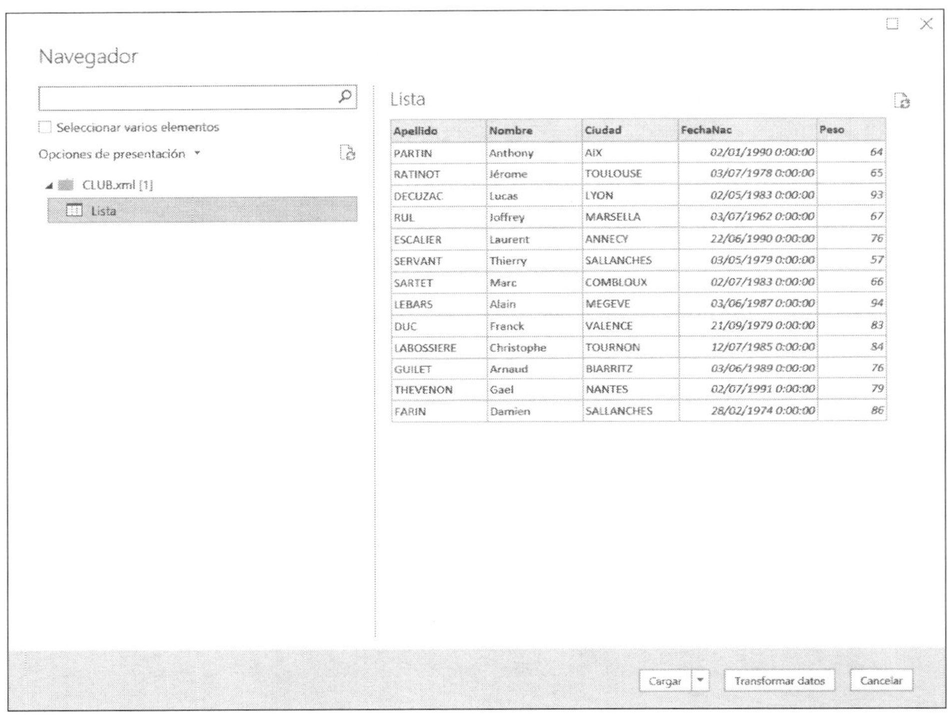

Apellido	Nombre	Ciudad	FechaNac	Peso
PARTIN	Anthony	AIX	02/01/1990 0:00:00	64
RATINOT	Jérome	TOULOUSE	03/07/1978 0:00:00	65
DECUZAC	Lucas	LYON	02/05/1983 0:00:00	93
RUL	Joffrey	MARSELLA	03/07/1962 0:00:00	67
ESCALIER	Laurent	ANNECY	22/06/1990 0:00:00	76
SERVANT	Thierry	SALLANCHES	03/05/1979 0:00:00	57
SARTET	Marc	COMBLOUX	02/07/1983 0:00:00	66
LEBARS	Alain	MEGEVE	03/06/1987 0:00:00	94
DUC	Franck	VALENCE	21/09/1979 0:00:00	83
LABOSSIERE	Christophe	TOURNON	12/07/1985 0:00:00	84
GUILET	Arnaud	BIARRITZ	03/06/1989 0:00:00	76
THEVENON	Gael	NANTES	02/07/1991 0:00:00	79
FARIN	Damien	SALLANCHES	28/02/1974 0:00:00	86

✎ Haga clic en **Cargar**.

Se inserta una nueva hoja en el libro de trabajo y los datos se importan en formato tabla:

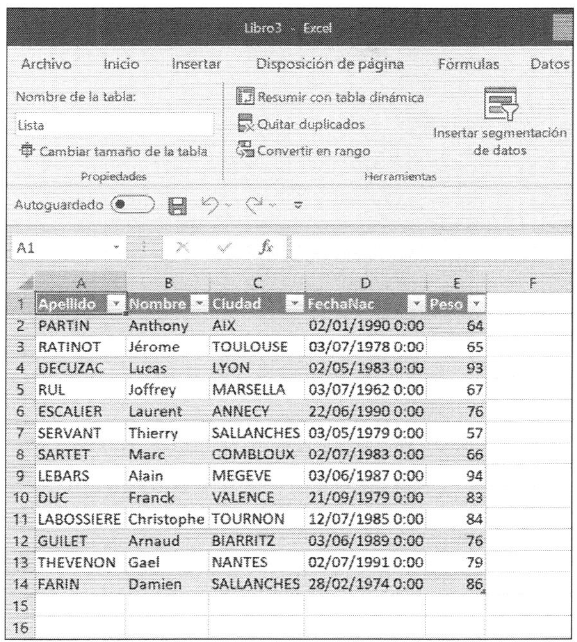

	A	B	C	D	E	F
1	Apellido	Nombre	Ciudad	FechaNac	Peso	
2	PARTIN	Anthony	AIX	02/01/1990 0:00	64	
3	RATINOT	Jérome	TOULOUSE	03/07/1978 0:00	65	
4	DECUZAC	Lucas	LYON	02/05/1983 0:00	93	
5	RUL	Joffrey	MARSELLA	03/07/1962 0:00	67	
6	ESCALIER	Laurent	ANNECY	22/06/1990 0:00	76	
7	SERVANT	Thierry	SALLANCHES	03/05/1979 0:00	57	
8	SARTET	Marc	COMBLOUX	02/07/1983 0:00	66	
9	LEBARS	Alain	MEGEVE	03/06/1987 0:00	94	
10	DUC	Franck	VALENCE	21/09/1979 0:00	83	
11	LABOSSIERE	Christophe	TOURNON	12/07/1985 0:00	84	
12	GUILET	Arnaud	BIARRITZ	03/06/1989 0:00	76	
13	THEVENON	Gael	NANTES	02/07/1991 0:00	79	
14	FARIN	Damien	SALLANCHES	28/02/1974 0:00	86	
15						
16						

✎ Realice una copia de seguridad del libro **ImportXml.xlsx**.

C. Preparar los datos para el utilizar elementos compatibles

1. ¿Por qué preparar sus datos?

A pesar de que la mayoría del software actual permite una exportación "limpia" a Excel, algunas veces tendrá que aplicar el procesamiento a los datos importados.

Estos son algunos ejemplos de los diferentes casos que se pueden presentar:

- Las fechas no se reconocen como fechas o no tienen el formato dd/mm/aaaa.
- Los códigos postales incluyen el código de país al principio.
- Los datos numéricos están en forma de texto, no de números.
- Los textos de una columna se deben dividir en dos.
- A algunos códigos postales les faltan ceros.
- Los números de teléfono no tienen cero como primer carácter.

- Hay duplicados en los datos importados.

Para poner en práctica estos métodos de preparación de datos, trabajaremos en el libro de trabajo Conversions.xlsx. Este libro contiene ejemplos de datos incorrectos en cada una de sus hojas.

Abra el archivo **Conversiones.xlsx**.

a. Desvincule códigos postales

La hoja **CPPais** (códigos postales Bélgica, Francia, Suiza) contiene una serie de códigos postales cuyos primeros caracteres identifican al país.

1	**Códigos postales**
2	B-2330
3	B-1360
4	CH-1220
5	F-84000
6	CH-4230
7	B-1528
8	F-39600
9	F-44450
10	B-1360
11	CH-1400
12	CH-1260
13	CH-1530
14	F-64000
15	

Nuestro objetivo es separar en dos columnas diferentes los identificadores de país y los códigos.

Seleccione el conjunto de valores que desea utilizar.

Pestaña **Datos** – grupo **Herramientas de datos** – **Texto en columnas**

Paso 1 de 3, haga clic en **Siguiente** directamente.

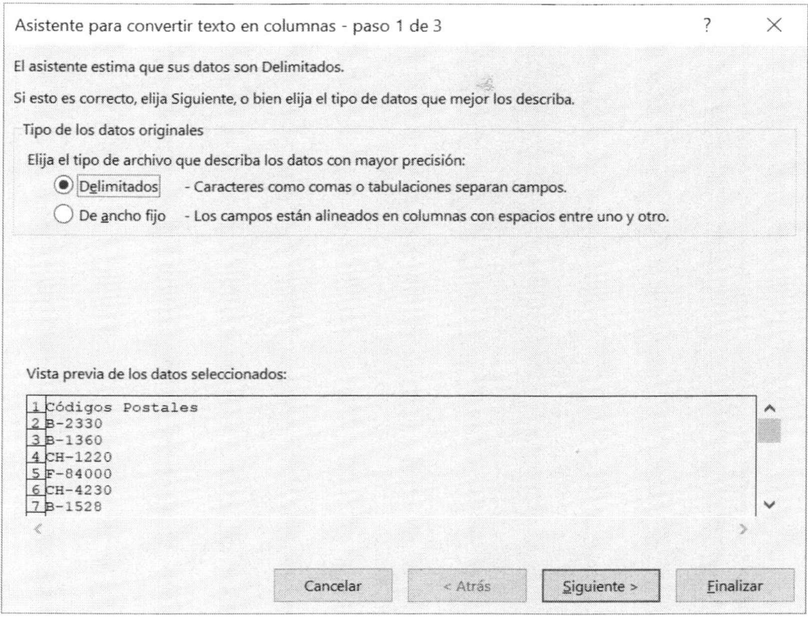

- Paso 2 de 3, marque la opción **Otro** y, después, introduzca el signo - en el cuadro correspondiente y haga clic en **Siguiente**.

- Paso 3 de 3, compruebe que la celda A1 esté correctamente definida en el destino y haga clic en **Finalizar**.

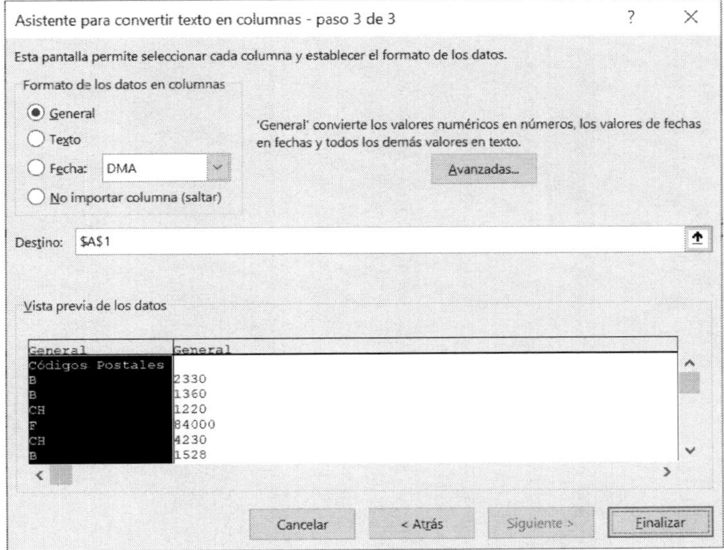

Los datos se dividen en dos columnas:

	A	B
1	**Códigos Postales**	
2	B	2330
3	B	1360
4	CH	1220
5	F	84000
6	CH	4230
7	B	1528
8	F	39600
9	F	44450
10	B	1360
11	CH	1400
12	CH	1260
13	CH	1530
14	F	64000

Se podría lograr un resultado similar utilizando ***Rellenorápido****.*

b. Convertir en números valores almacenados como texto

La hoja **NumeroTexto** contiene una serie de números introducidos como textos.

	A
1	VALORES
2	2099
3	5211
4	3906
5	1488
6	2528
7	2817
8	4416
9	5378
10	987

Hay varios indicadores que le permiten observar que la columna no contiene valores numéricos correctos:

- Los elementos están alineados a la izquierda.
- Excel encuentra errores y los señala con un pequeño triángulo verde en la esquina superior izquierda de la celda.

Cuando Excel identifica un error, la corrección es muy sencilla de implementar.

Seleccione el conjunto de valores afectados.

- Despliegue el menú contextual (pulsando en el signo de exclamación) y, después, seleccione la opción **Convertir en número**.

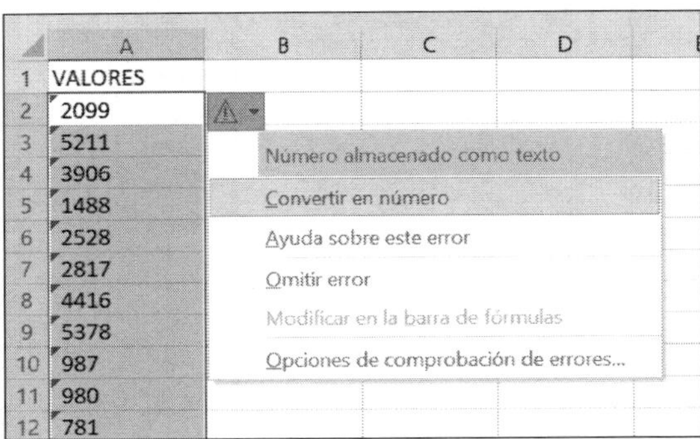

Los datos se convierten inmediatamente, los números ahora están alineados a la derecha y es posible aplicar un formato de separador de miles a todas las celdas.

En caso de que Excel no le informe de ningún error, un pequeño truco para convertir sus datos textuales en números es utilizar la función **Pegado especial**.

- Seleccione el conjunto de valores que desea utilizar.
- Presione Ctrl C para copiarlos.
- Haga clic en una columna en blanco.
- Haga clic en Ctrl Alt V o **Inicio** - grupo **Portapapeles** - **Pegar** – **Pegado especial**.
- En la ventana **Pegado especial**, marque la opción **Sumar** y luego confirme con **Aceptar**.

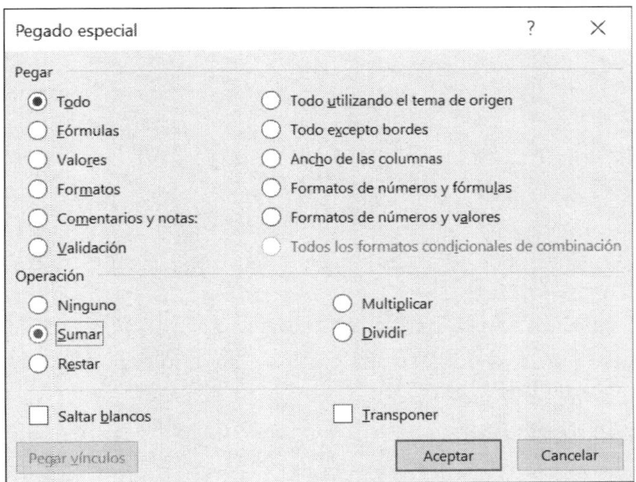

Sus datos ahora están en formato numérico. Si es necesario puede aplicar un formato con separador de miles.

- Para terminar, aproveche que el rango sigue seleccionado para copiar estos números (Ctrl C) y pegarlos como texto en lugar de los valores.

c. Dar formato a los códigos postales importados

La hoja **CPFrancia** contiene una serie de códigos postales importados. Para los departamentos de 01 a 09, los ceros no son evidentes.

	A
1	Códigos Postales
2	5200
3	84200
4	42700
5	75002
6	69003
7	6200
8	7400
9	1300

El método que se debe aplicar dependerá de lo que busque y de la frecuencia de las importaciones.

En primer lugar, nos ocuparemos del caso más sencillo. Nuestro objetivo es procesar los códigos visualmente sin tocar los datos. Excel proporciona un formato especial, Código postal, que le permite mostrar un cero al principio del código postal cuando sea necesario.

- Seleccione el conjunto de valores deseados.
- En la pestaña **Inicio** - grupo **Número**, haga clic en el selector del cuadro de diálogo:

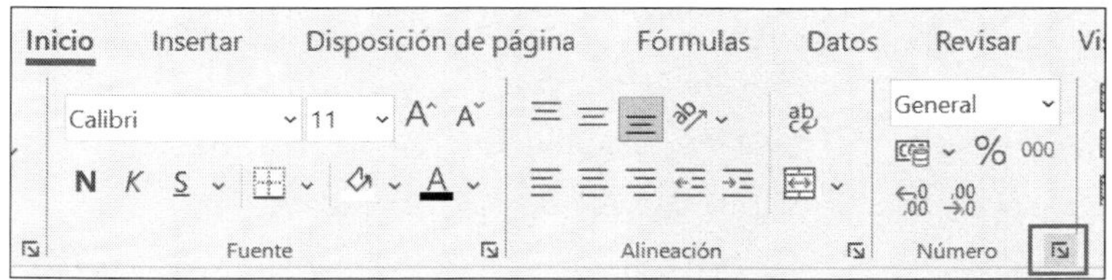

- Seleccione la categoría **Especial** y después el tipo **Código postal** y confirme pulsando el botón **Aceptar**.

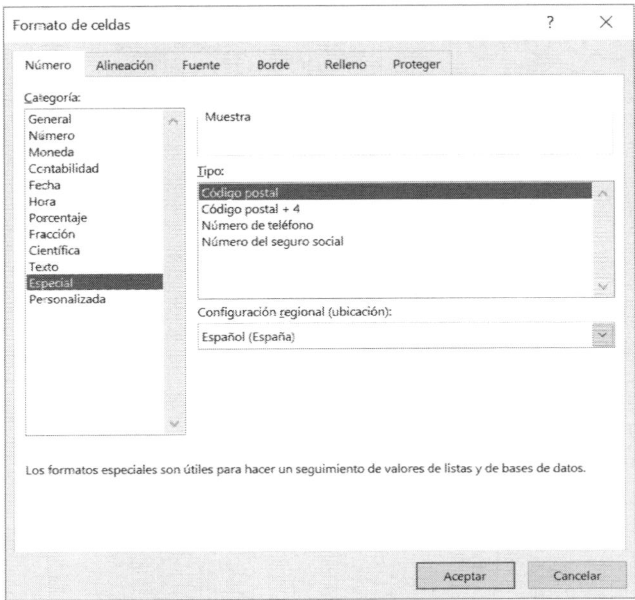

Se ha añadido un cero virtualmente delante de los códigos postales de 4 dígitos.

Este método es adecuado si nuestro objetivo es tener códigos postales que se ajusten a la norma, tanto en la pantalla como durante la impresión. Por otro lado, si en el futuro se va a realizar un tratamiento de datos por departamento, no será posible trabajar con los dos primeros caracteres del código; estos solo se corresponderán con el número de departamento para códigos postales de 5 dígitos.

El segundo método que vamos a estudiar utiliza una fórmula de cálculo para añadir un cero al comienzo de los códigos de 4 dígitos.

- Coloque el cursor en la celda **B2** de la hoja **CPFrancia**.
- Introduzca la fórmula =SI(LARGO(A2)=4;" 0";"") &A2.

  Esta fórmula añade un cero al principio del código postal cuando el número de caracteres es igual a 4.
- Copie esta fórmula y, después, haga clic en **Copiar – Pegado especial - Valores especiales** en los códigos de la columna A.

Excel vuelve a encontrar un error en los datos: número almacenado en formato texto. Esto ya no es un error, por lo que debe desplegar el menú contextual y seleccionar la opción **Ignorar error**.

Si la importación de datos se realiza una sola vez, este método puede ser adecuado. Por otro lado, si sus importaciones son frecuentes y requieren un procesamiento para definir todos los códigos postales con 5 dígitos, puede ser interesante utilizar un procedimiento de Visual Basic para automatizar este procesamiento.

Para poder trabajar con Visual Basic, necesitará la pestaña **Programador**. Si aún no ha trabajado con esta pestaña, la puede ver en:

- Haga clic con el botón derecho en la cinta de opciones y seleccione **Personalizar la cinta de opciones**.
- En la categoría **Personalizar la cinta de opciones**, en la lista **Pestañas principales**, active la casilla **Programador**.

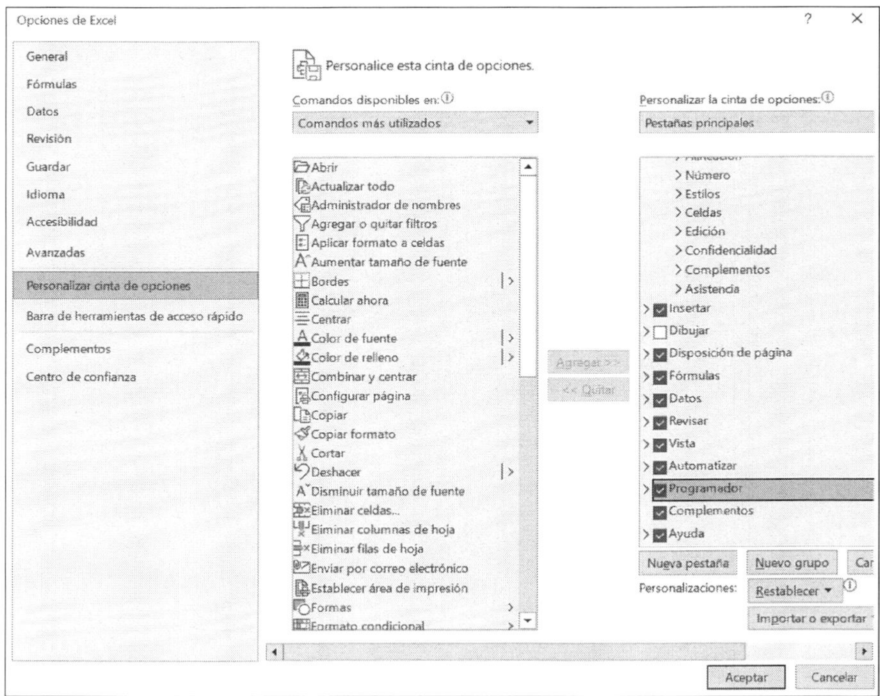

Se ha añadido una pestaña a la cinta de opciones a la derecha de la pestaña **Vista**.

- Para acceder a la ventana de **Visual Basic**, utilice el atajo de teclado Alt F11.
- En la ventana **Microsoft Visual Basic para Aplicaciones**, despliegue el menú **Insertar** y, a continuación, seleccione **Módulo**.

Se crea **Modulo1** y ahora puede introducir el siguiente código en esta ventana.

Las líneas que comienzan con un apóstrofe son líneas de comentario.

```
Sub AgregarCero()
Dim Rango As Range, Celda As Range
' Si la celda está vacía
If IsEmpty(ActiveCell) Then
MsgBox "Por favor, sitúese en el primer código postal."
Else
' Definición del rango que contiene los códigos postales
Set Rango = Range(ActiveCell, ActiveCell.End(xlDown))
    For Each Celda In Rango
' Aplicación del formato texto
        Celda.NumberFormat = "@"
' Agregar un 0 al inicio de los códigos de 4 cifras
        If Len(Celda) = 4 Then Celda.Value = "0" & Celda.Value
    Next
End If
End Sub
```

- Una vez introducido el código, regrese a la ventana de Excel (Alt Q).
- Guarde el libro pulsando en **Archivo - Guardar como** y, a continuación, seleccione el tipo **Libro de Excel (compatible con macros) (*.xlsm)**.

Una macro se puede ejecutar mediante un acceso directo o utilizando botones. La técnica de los botones es más funcional para los usuarios. Así que vamos a insertar un botón en la hoja que contiene los códigos postales.

- En la pestaña **Programador** - grupo **Controles**, despliegue el menú **Insertar** y, a continuación, haga clic en la herramienta **Botón** del grupo **Controles de formulario**.

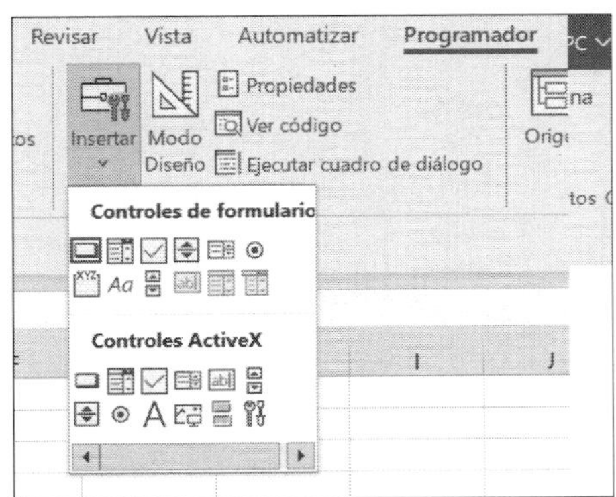

- A continuación, dibuje un rectángulo con el ratón a la derecha de los códigos postales. Aparecerá la ventana **Asignar macro**, seleccione la macro **AgregarCero** y valide pulsando en **Aceptar**.
- Modifique el texto del botón: **Códigos postales**.

✎ Finalmente, haga clic fuera del botón para anular la selección.

Haga clic con el botón derecho del ratón en el botón para seleccionarlo y realizar diferentes operaciones sobre él: moverlo, cambiar su tamaño, cambiar el texto, etc.

Ahora vamos a probar nuestra pequeña macro:

✎ Coloque el cursor en A2 sobre el primer código postal de la lista.

✎ Haga clic en el botón **Códigos postales**.

Se ejecuta la macro y los códigos postales ahora tienen 5 dígitos.

Para comprobar que se tiene en cuenta el primer cero, introduzca en la celda B2 la fórmula =IZQUIERDA(A2; 2) y a continuación, cópiela hacia abajo. Los departamentos de 01 a 09 cumplen con la norma. Si es necesario, podrá realizar estadísticas por departamento.

Cada vez que se importan nuevos códigos, lo único que tiene que hacer es volver a lanzar la macro para preparar sus códigos postales.

d. Dar formato a los números de teléfono importados

La hoja **NumTel** contiene una serie de números de teléfono franceses importados. El primer cero no se muestra.

N° Tel
613272050
492121958
393620726
494820533
312192056
215161732
522124589
494831248

Este problema es más sencillo de resolver que el de los códigos postales.

De hecho, nuestro objetivo es procesar visualmente los códigos sin modificar los datos iniciales. Excel ofrece un formato especial Número de teléfono, que le permite mostrar un cero al inicio del número cuando es necesario.

✎ Seleccione todos los números de teléfono

✎ En la pestaña **Inicio** - grupo **Número**, haga clic en el selector del cuadro de diálogo.

✎ Seleccione la categoría **Especial** y, a continuación, seleccione el tipo **Número de teléfono**.

Se ha añadido un cero *virtualmente* delante de cada valor. Los números de teléfono se presentan correctamente.

e. Separar el nombre y el apellido

Este tipo de manipulación se puede realizar fácilmente utilizando la función **Relleno rápido** de Excel, cuando la información de origen es uniforme y no incluye palabras compuestas. En este ejemplo, usaremos un método diferente porque hay espacios en algunos nombres compuestos.

La hoja **NombreApellido** contiene una lista con las personas que acaba de importar. Observe que los datos no se han introducido correctamente:

- El nombre y el apellido están en la misma celda.
- Los nombres aparecen en mayúsculas.
- Los nombres compuestos no son uniformes (algunos tienen un guión y otros un espacio).

MIEMBROS
MERLETTI FRANCK
SABATE JEAN MARC
DUMON NICOLAS
MAS ANNE
GIL BERNARD
RIBOT GUILLAUME
BOYER MARTIN
ADAMO ANNE CATHERINE
DEQUIVRE CLOE
JULLIAN DAVID
LEGRELE BRUNO
POUJOL ANNE
POURTHIE JEAN-PAUL
D'ISANTO LUDOVIC
DHENIN JEAN PAUL

Vamos a hacer esto en dos pasos, primero extrayendo el apellido solo en una columna y después extrayendo el nombre en otra.

Excel integra funciones de cálculo en los textos. Las siguientes son las funciones que vamos a utilizar. El argumento Texto puede ser una referencia a una celda o a una expresión de cálculo.

Función **VALOR**

Sintaxis: =VALOR(Texto)

Objetivo: Convertir en número una cadena de caracteres que representa un número.

Función **IZQUIERDA**

Sintaxis: =IZQUIERDA(Texto; Número de caracteres)

Objetivo: Devuelve los primeros n caracteres de una cadena.

Función **LARGO**

Sintaxis: =LARGO(Texto)

Objetivo: Devuelve el número de caracteres contenido en una cadena.

Función **NOMPROPIO**

Sintaxis: = NOMPROPIO(texto)

Objetivo: Pone en mayúscula la primera letra de cada cadena y cualquier letra que siga a un carácter no alfabético. El resto de las letras se convierten en minúsculas.

Función **SUSTITUIR**

Sintaxis: =SUSTITUIR(Texto; texto_antiguo.texto_nuevo; [no_posicion])

Objetivo: sustituye el argumento texto_antiguo por texto_nuevo en una cadena de texto.

Función **ENCONTRAR**

Sintaxis: =ENCONTRAR(texto_buscado; Mensaje de texto; [no_inicio])

Objetivo: Devuelve la posición inicial de una cadena de caracteres en otra cadena.

El apellido se corresponde con la cadena de caracteres situada a la izquierda del primer espacio. Por lo tanto, la fórmula debe calcular la posición del primer espacio en la cadena y luego mantener solo los caracteres a la izquierda de dicha posición.

- Coloque el cursor en la celda **B2** de la hoja **NombreApellido**.
- Introduzca la fórmula: =IZQUIERDA(A2; ENCONTRAR(" ";A2)-1) y luego cópiela hacia bajo.

El nombre se corresponde con la cadena a la derecha del primer espacio.

- Coloque el cursor en la celda **C2**.
- Introduzca la fórmula: =DERECHA(A2; LARGO(A2)-ENCONTRAR(" ";A2)) y, a continuación, cópiela hacia abajo.

Esta fórmula extrae el nombre, pero no todos los nombres compuestos son coherentes.

Solo falta convertir las iniciales en mayúsculas y sustituir el espacio por un guion en los nombres compuestos.

- Coloque el cursor de nuevo en la celda **C2**.
- Edite la fórmula:
  =NOMBREPROPIO(SUSTITUIR(DERECHA(A2;LARGO(A2)-ENCONTRAR(" "; A2));" ";" -"))
- Cópiela hacia abajo.

Si desea que las columnas **Apellido** y **Nombre** contengan los valores y no las fórmulas, realice un pegado especial: **Copiar – Pegar especial - Valore**s en estas dos columnas.

f. Ser eficiente con los datos de tipo Fecha

La preparación y estandarización de las fechas importadas puede ser compleja dependiendo de la estructura de los datos importados. Afortunadamente, en la mayoría de los casos, Excel reconocerá las fechas directamente como fechas.

Para que pueda poner en práctica algunas técnicas de conversión, aquí vamos a considerar tres casos diferentes.

Las fechas recuperadas pueden tener los siguientes formatos:

- AAAA.MM.DD (2022.07.08 o 2022.11.30)
- AAAA.DD.MM (2022.08.07 o 2022.30.11)
- AA-M-D (22-7-8 o 22-11-30)

La hoja **FechasAMD** (por Año-Mes-Día), contiene las fechas que nos permitirán hacer nuestro primer cálculo.

FECHAS
2022.07.18
2022.08.15
2022.04.17
2022.11.04
2022.12.05
2022.06.20
2022.09.19
2022.09.05
2022.09.14
2022.08.12

La fórmula que vamos a crear debe sustituir los puntos por guiones y, posteriormente, volver a colocar los elementos en el orden Día, Mes y Año.

Vamos a necesitar utilizar una nueva función de texto: EXTRAE

Función **EXTRAE**

Sintaxis: =EXTRAE(texto; no_inicio; num_caracteres)

Objetivo: devuelve un número específico de caracteres extraídos de una cadena de texto desde la posición especificada, en función del número de caracteres especificados.

La técnica es la siguiente:

Seleccionar los dos últimos dígitos, concatenarles un /, sumar los dos caracteres de la 6ª posición, concatenarlos con el 2º / y terminar con los primeros cuatro caracteres de la izquierda.

✎ Coloque el cursor en la celda **B2** de la hoja **FechasAMD**.

- Introduzca la fórmula: =VALOR(DERECHA(A2;2)&"/"&EXTRAE(A2; 6; 2)&"/" & IZQUIERDA (A2; 4))

  La función VALOR nos permite estar seguros de que estamos obteniendo un número de la serie que se corresponde con una fecha.
- Dé formato al valor resultante como **Fecha corta** y, a continuación, cópiela hacia abajo.
- Realice la operación **Copiar – Pegado especial - Valores** de la columna **B** a la columna **A**, para sustituir las fechas antiguas por las fechas correctas.

La hoja **FechasADM** (por Año-Día-Mes) contiene las fechas en un formato diferente.

La fórmula que vamos a construir es más o menos equivalente a la anterior, solo cambia el orden de los elementos.

- Coloque el cursor en la celda B2 de la hoja **FechasADM2**.
- Introduzca la fórmula:
  =VALOR(EXTRAE(A2;6;2)&"/"&DERECHA(A2;2)&"/"&IZQUIERDA(A2;4))
- Dé formato al valor resultante como Fecha corta y, a continuación, cópiela hacia abajo.
- Realice un **Copiar – Pegado especial - Valores** de la columna **B** a la columna **A** para reemplazar las fechas antiguas por las fechas correctas.

Nuestro último trabajo de conversión se va a centrar en la hoja **FechasADM2**.

FECHAS
2022.17.10
2022.30.07
2022.04.11
2022.11.04
2022.12.05
2022.06.04
2022.09.09
2022.29.05
2022.09.11
2022.18.12

En esta hoja, las fechas se han importado de una manera que requerirá un cálculo un poco más elaborado. Esto se debe a que los meses y días menores de 10 no tienen un cero delante del número. Esto nos obligará a calcular la posición del segundo guion para extraer solo la parte deseada de la cadena.

Si el segundo guion está en la quinta posición, el mes se escribe en un dígito y si está en la sexta, se escribe con dos dígitos.

Fechas
22-5-28
22-4-3
22-7-4
22-7-25
22-5-1
22-5-3
22-2-12
22-2-20
22-6-6

Puede notar que Excel informa de un error con respecto a las fechas. Desafortunadamente, las opciones de corrección propuestas pueden no ser adecuadas en este caso.

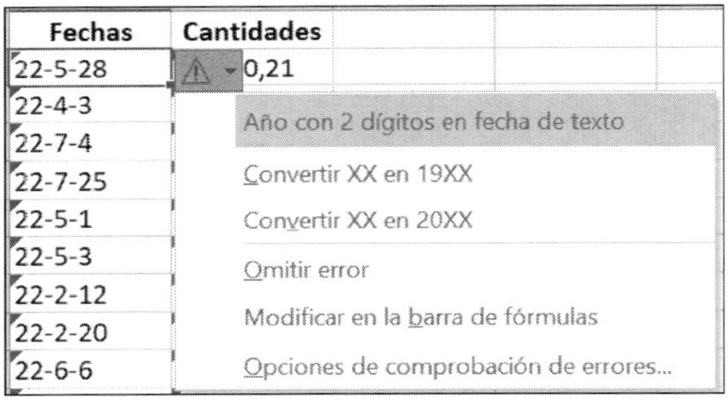

Fechas	Cantidades
22-5-28	0,21
22-4-3	
22-7-4	
22-7-25	
22-5-1	
22-5-3	
22-2-12	
22-2-20	
22-6-6	

Año con 2 dígitos en fecha de texto
Convertir XX en 19XX
Convertir XX en 20XX
Omitir error
Modificar en la barra de fórmulas
Opciones de comprobación de errores...

La posición del segundo guion nos dirá si el mes tiene uno o dos dígitos.

Para saber si el número del día es de uno o dos dígitos, tendrá que restar la posición del segundo guion de la longitud total de la cadena. Estos cálculos harán que nuestra fórmula sea más compleja.

- Coloque el cursor en la hoja **FechasADM2** sobre la celda B2.
- Introduzca la fórmula:
  =VALOR(DERECHA(A2;LARGO(A2)-ENCONTRAR("-";A2;4))&"/"&EXTRAE(A2;4; ENCONTRAR("-"; A2; 4)-4)&"/"&IZQUIERDA(A2; 2))

Una pequeña explicación:

ENCONTRAR("-";A2;4) devuelve la posición del segundo guion.

LARGO(A2)-ENCONTRAR("-";A2;4) devuelve el número de dígitos del día (número de caracteres de la fecha – la posición del segundo guión).

DERECHA(A2;LARGO(A2)-ENCONTRAR("-";A2;4)) devuelve los últimos caracteres de la derecha.

EXTRAE(A2;4; ENCONTRAR("-";A2;4)-4) devuelve el dígito o los dos dígitos entre los dos guiones, es decir, el número del mes.

IZQUIERDA(A2;2) devuelve los dos últimos dígitos del año.

- Aplique el formato **Fecha corta** al valor resultante y, a continuación, cópielo hacia abajo.
- Utilice el comando **Copiar - Pegar especial - Valores** para copiar los valores de la columna B en la columna A y, de esta manera, reemplazar las fechas antiguas por las nuevas fechas corregidas.

g. Eliminar duplicados

La hoja **Duplicados** contiene una lista de facturas emitidas a particulares. Cada compra realizada por un cliente se corresponde con una factura, es decir, con una fila. Nuestro objetivo es establecer la lista de nuestros clientes, para mantener solo una fila por persona. Se considerará un duplicado cuando la "pareja" apellido-nombre esté presente al menos dos veces en la lista.

Consideraremos aquí que los homónimos de apellidos-nombres se corresponden con la misma persona. De lo contrario, se debe utilizar un tercer campo con información relevante para diferenciar entre personas con el mismo nombre y apellido. Sería tentador utilizar la ciudad del cliente, pero es posible tener dos homónimos en la misma ciudad. La solución eficaz sería recordar el número de teléfono, pero no es comercialmente factible pedir a cada uno de los clientes su número de teléfono. En el caso de un archivo de empleados, la solución sería buscar duplicados en el número de la seguridad social.

FechaFactura	ApellidoCliente	NombreCliente	TipoProducto	Cantidad
03/01/2022	PASTOR	Dominique	INFORMÁTICA	562,25
03/01/2022	SECCHA	Nathalie	FOTOGRAFÍA	373,65
04/01/2022	VINCENT	Nicole	VARIOS	555,40
04/01/2022	LAMBET	Sophie	FOTOGRAFÍA	298,32
05/01/2022	ROCHAAX	Jacky	INFORMÁTICA	627,72
06/01/2022	ATANABEE	David	FOTOGRAFÍA	275,73
08/01/2022	ROUX	Jean-Francois	VARIOS	136,13
08/01/2022	ROSSET	Isabelle	VARIOS	351,67
10/01/2022	BAUER	Gerard	INFORMÁTICA	407,84
13/01/2022	CHAUVIN	Michele	PEQUEÑO ELECTRODOMÉSTICO	460,86
14/01/2022	REAX	Fabrice	VARIOS	236,02
15/01/2022	JAYET	Salimou	INFORMÁTICA	473,09
18/01/2022	SANTAN	Philippe	PEQUEÑO ELECTRODOMÉSTICO	416,55
19/01/2022	PASTOR	Dominique	PEQUEÑO ELECTRODOMÉSTICO	269,43
20/01/2022	DAVANT	Alain-Eugene	FOTOGRAFÍA	347,18
21/01/2022	BERLAOZ	Brigitte	INFORMÁTICA	240,47
21/01/2022	FLAMBARD	Anne-Sophie	VARIOS	437,31
24/01/2022	DELUCA	Brigitte	VARIOS	606,60

Eliminar duplicados en una larga lista puede ser tedioso. Para hacerlo "manualmente", hay que realizar varias operaciones. Antes de realizar esta operación, le aconsejamos que realice una copia de seguridad de sus datos, simplemente duplicando la hoja **Duplicados**.

1. Ordene en dos niveles por nombre y apellido.

- En la pestaña **Inicio** – grupo **Edición**, haga clic en el botón **Ordenar y filtrar** y, a continuación, elija **Orden personalizado**.
- Configure la ventana **Ordenar** como se muestra en la siguiente captura de pantalla:

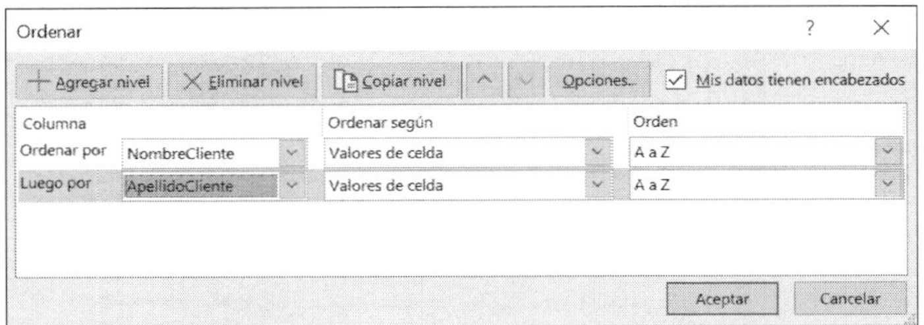

2. Inserte una primera fórmula en **F2** para concatenar el nombre y el apellido = B2&C2:

FechaFactura	ApellidoCliente	NombreCliente	TipoProducto	Cantidad	
03/01/2022	ALBI	Adrien	INFORMÁTICA	562,25	ALBIAdrien
03/01/2022	ANOUK	Adrien	FOTOGRAFÍA	373,65	ANOUKAdrien
04/01/2022	BESAUDUN	Adrien	VARIOS	555,40	BESAUDUNAdrien
04/01/2022	GABERT	Adrien	FOTOGRAFÍA	298,32	GABERTAdrien
05/01/2022	REVERTI	Adrien	INFORMÁTICA	627,72	REVERTIAdrien
06/01/2022	SEIME	Adrien	FOTOGRAFÍA	275,73	SEIMEAdrien
08/01/2022	THERAULAZ	Adrien	VARIOS	136,13	THERAULAZAdrien
08/01/2022	DUVAL	Aime	VARIOS	351,67	DUVALAime
10/01/2022	GARDANT	Aime	INFORMÁTICA	407,84	GARDANTAime
13/01/2022	JEANTOUX	Aime	PEQUEÑO ELECTRODOMÉSTICO	460,86	JEANTOUXAime
14/01/2022	THERAULAZ	Alain	VARIOS	236,02	THERAULAZAlain
15/01/2022	DAVANT	Alain-Eugene	INFORMÁTICA	473,09	DAVANTAlain-Eugene
18/01/2022	TAGANE	Alexandra	PEQUEÑO ELECTRODOMÉSTICO	416,55	TAGANEAlexandra
19/01/2022	VINCENT	Alexandra	PEQUEÑO ELECTRODOMÉSTICO	269,43	VINCENTAlexandra
20/01/2022	RICHAUDY	Amandine	FOTOGRAFÍA	347,18	RICHAUDYAmandine
21/01/2022	SABRY	Andre	INFORMÁTICA	240,47	SABRYAndre
21/01/2022	PETATFRERE	Anne	VARIOS	437,31	PETATFREREAnne
24/01/2022	FLAMBARD	Anne-Sophie	VARIOS	606,60	FLAMBARDAnne-Sophie

3. Inserte otra fórmula en **G2** para contar el número de parejas "NombreApellidos"= CONTAR.SI($F$2:$F$500;F2)

FechaFactura	ApellidoCliente	NombreCliente	TipoProducto	Cantidad		
03/01/2022	ALBI	Adrien	INFORMÁTICA	562,25	ALBIAdrien	1
03/01/2022	ANOUK	Adrien	FOTOGRAFÍA	373,65	ANOUKAdrien	1
04/01/2022	BESAUDUN	Adrien	VARIOS	555,40	BESAUDUNAdrien	1
04/01/2022	GABERT	Adrien	FOTOGRAFÍA	298,32	GABERTAdrien	1
05/01/2022	REVERTI	Adrien	INFORMÁTICA	627,72	REVERTIAdrien	1
06/01/2022	SEIME	Adrien	FOTOGRAFÍA	275,73	SEIMEAdrien	1
08/01/2022	THERAULAZ	Adrien	VARIOS	136,13	THERAULAZAdrien	1
08/01/2022	DUVAL	Aime	VARIOS	351,67	DUVALAime	1

4. Aplique un formato condicional a toda la tabla para insertar un fondo rojo en las filas con un valor superior a 1 en la columna G.

- En la pestaña **Inicio** - grupo **Estilo**, haga clic en el botón **Formato condicional - Nueva regla**.
- Configure la regla como se muestra en la captura de pantalla siguiente:

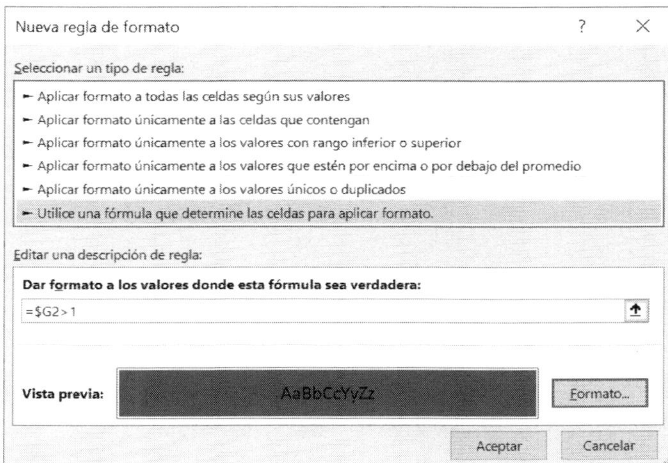

Otra solución aquí sería no colocar una fórmula en G2, sino insertar la fórmula directamente en el formato condicional.

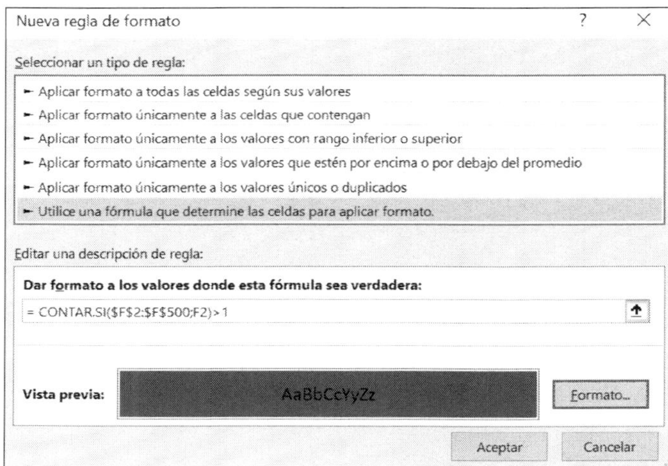

5. Por último, elimine las filas rojas; conserve solo la primera.

Es innegable que realizar estas operaciones sobre un conjunto de datos muy grande, rápidamente se convierte en algo tedioso y requiere mucho trabajo.

Excel nos proporciona una herramienta que nos facilitará la tarea: la herramienta de eliminación de duplicados.

- Coloque el cursor en una celda de la lista de la hoja **Duplicados**.
- Pestaña **Datos** - grupo **Herramientas de datos**: haga clic en **Quitar duplicados**.

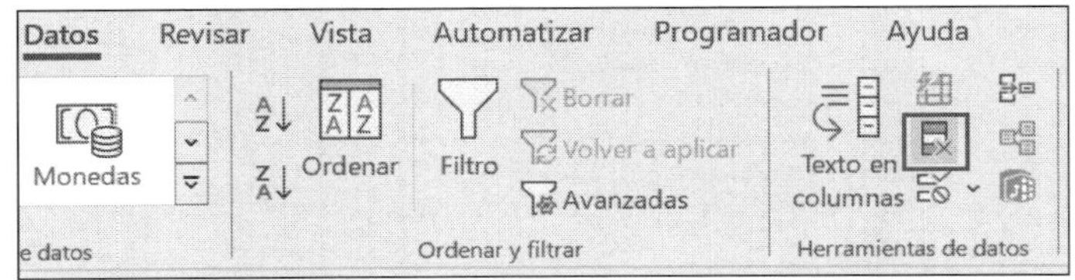

- En la ventana **Quitar duplicados**, deje activados solamente los campos **NombreCliente** y **ApellidoCliente** y, a continuación, haga clic en **Aceptar**.

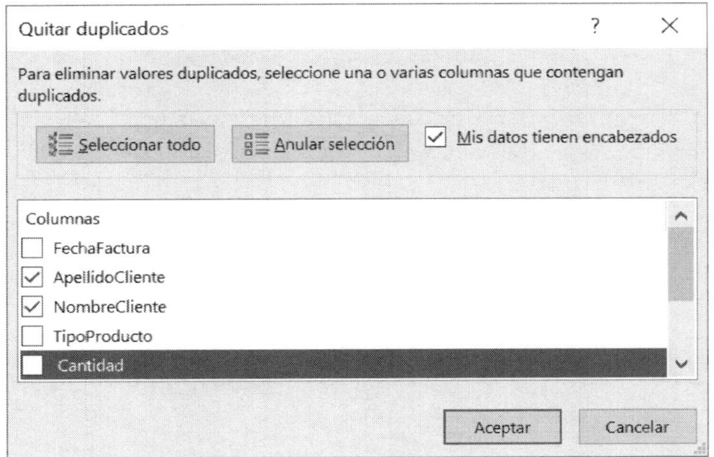

Excel muestra el resultado de la operación realizada.

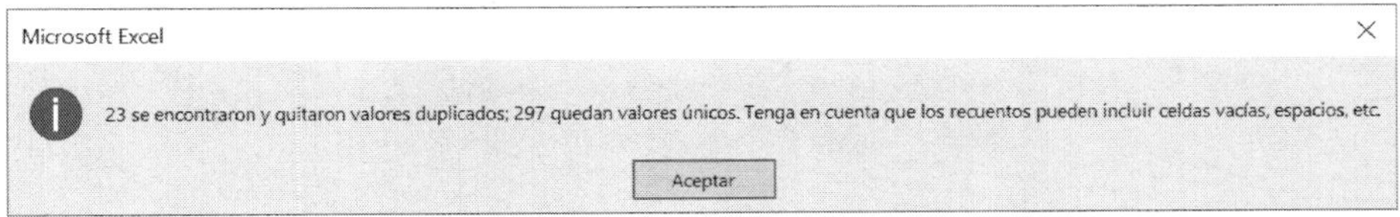

Se han eliminado los duplicados. Excel solo ha mantenido la primera fila de cada uno de los elementos que existen varias veces.

Hay otra técnica que algunas veces puede ser útil. Esta técnica consiste en no eliminar los registros del origen, sino extraer los datos que le interesan sin duplicados.

Tomemos como ejemplo la hoja **Extracción** de nuestro libro de trabajo. Cada fila de la base de datos representa la ausencia (al menos una hora) de un empleado en un día concreto. Nuestro objetivo es obtener rápidamente la lista de empleados que han tenido estas ausencias.

IDENTIFICADOR	FECHA	DURACIÓN (H)
190	03/01/2022	4,0
27	03/01/2022	2,0
98	06/01/2022	5,0
23	06/01/2022	2,5
98	06/01/2022	1,0
16	07/01/2022	2,0
69	09/01/2022	4,0
49	10/01/2022	1,0

- Haga clic en una celda de la tabla.
- Pestaña **Datos** - grupo **Ordenar y filtrar** - haga clic en **Avanzadas**.
- Marque la opción **Copiar a otro lugar**, en el cuadro **Copiar a** haga clic en **G1** y, a continuación, marque solo registros únicos.

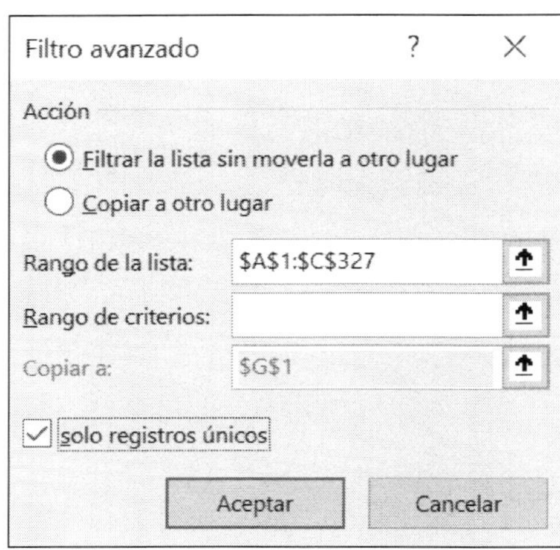

- Confirme pulsando en **Aceptar**.

Se extraen 29 números de forma única. Las primeras filas se presentan a continuación:

IDENTIFICADOR	FECHA	DURACIÓN (H)				IDENTIFICADOR
190	03/01/2022	4,0				190
27	03/01/2022	2,0				27
98	06/01/2022	5,0				98
23	06/01/2022	2,5				23
98	06/01/2022	1,0				16
16	07/01/2022	2,0				69
69	09/01/2022	4,0				49
49	10/01/2022	1,0				21
21	10/01/2022	4,0				63
63	16/01/2022	4,0				104
69	21/01/2022	5,5				47
104	23/01/2022	1,0				68
47	23/01/2022	2,0				108

Se puede obtener un resultado similar utilizando la función de cálculo UNICOS(*rango_de_datos*).

D. Introducir datos

Hay varias funcionalidades de Excel que facilitan la introducción y el control de los datos introducidos, como las comprobaciones de validación de datos y los formularios de entrada de datos.

1. Controlar los datos introducidos

Abra el libro **ValidacionDatos.xlsx** y acceda a la pestaña **Tratamiento**.

Como primer paso, vamos a evitar introducir datos que no sean **Señor/Señora/Señorita** en la columna **C** (en nuestra empresa todavía distinguimos entre **Señor/Señora/Señorita**).

Seleccione las celdas **C2** a **C200**.

✎ Pestaña **Datos** - grupo **Herramientas de datos**: haga clic en **Validación de datos**.

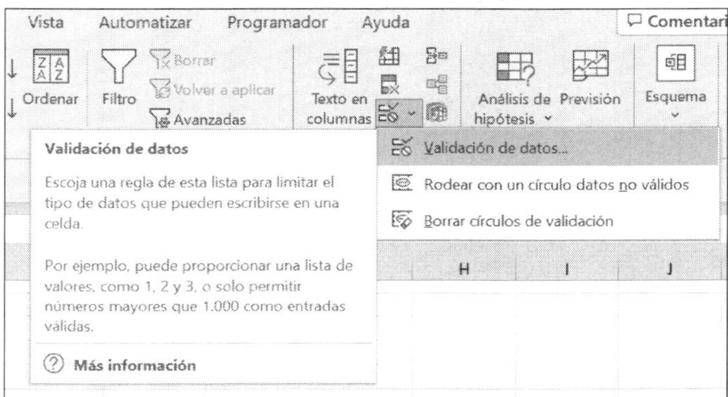

✎ En la lista desplegable **Permitir**, seleccione **Lista** y, a continuación, en el cuadro **Origen**, seleccione las celdas **L1** a **L3**.

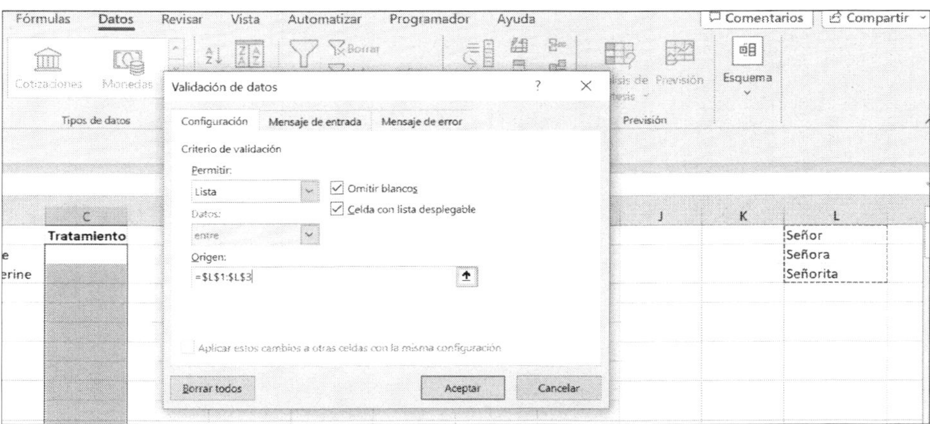

✎ Confirme pulsando en **Aceptar**.

En las celdas **C2** a **C200**, aparece una lista desplegable que contiene los valores **Señor**, **Señora** y **Señorita**.

Es posible, e incluso aconsejable, utilizar un campo con nombre en lugar de la lista definida por una selección de celdas.

2. Usar un formulario de entrada de datos

Para facilitar la entrada de datos, puede utilizar un formulario de entrada.

Active la hoja **Formulario** del libro **ValidacionDatos.xlsx**.

A	B	C	D	E
APELLIDOS	**Nombres**	**Servicios**	**Antigüedad**	**Salarios**
ADAM	Jean-Claude	Producción	3	1.450,00 €
ADAMO	Anne-Catherine	RH	11	3.047,00 €
AERMANN	Nicolas	Producción	9	2.475,00 €
AHMADI	Ahmad	Mantenimiento	9	2.439,00 €
ALARY	Andre	Producción	7	1.939,00 €
ALARY	Richard	Producción	7	1.925,00 €
ALLEMAND	Marylene	Mantenimiento	6	1.710,00 €
ALLEMAND	Henri	Mantenimiento	10	2.730,00 €
APPERT	Michel	Producción	9	2.493,00 €
ARAUJO	Stephane	RH	11	3.190,00 €
AUSSENAC	Alain	Producción	1	1.500,00 €
AUSSENAC	Alain	Mantenimiento	12	3.300,00 €
BANO	Thierry	Producción	10	2.800,00 €
BARRAGAN	Francois	Producción	7	1.946,00 €
BARRAU	Philippe	Financias	6	1.722,00 €
BATAILLE	Michel	Financias	5	1.365,00 €
BAUTES	Jean-Philippe	Producción	1	285,00 €

Vamos a empezar añadiendo el icono Formulario a la barra de herramientas **Acceso rápido**.

- Al final de la barra de herramientas **Acceso rápido**, haga clic en la lista desplegable para abrir el menú desplegable **Personalizar barra de herramientas de acceso rápido** y, a continuación, elija **Más comandos**.

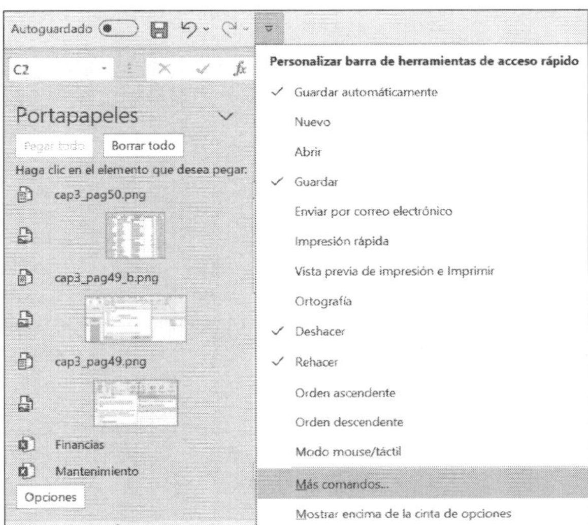

En esta captura de pantalla, la barra de herramientas **Acceso rápido** se ha colocado debajo de la cinta de opciones de Excel.

- En la ventana **Opciones de Excel**, haga clic en **Todos los comandos** en la primera lista desplegable.

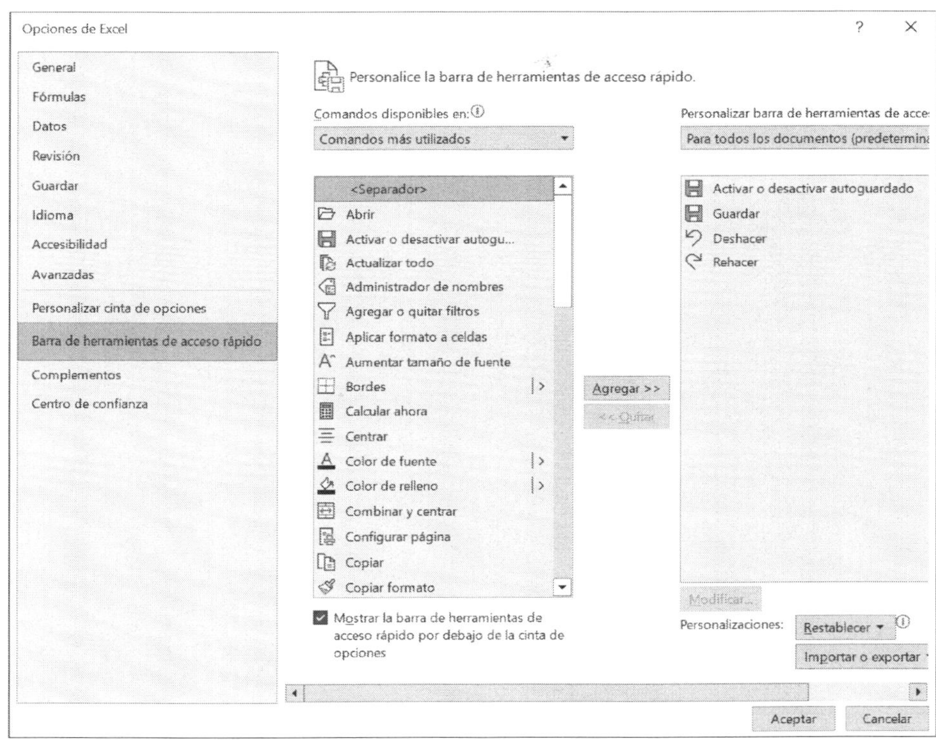

- Seleccione el icono **Formulario** y haga clic en **Agregar**.

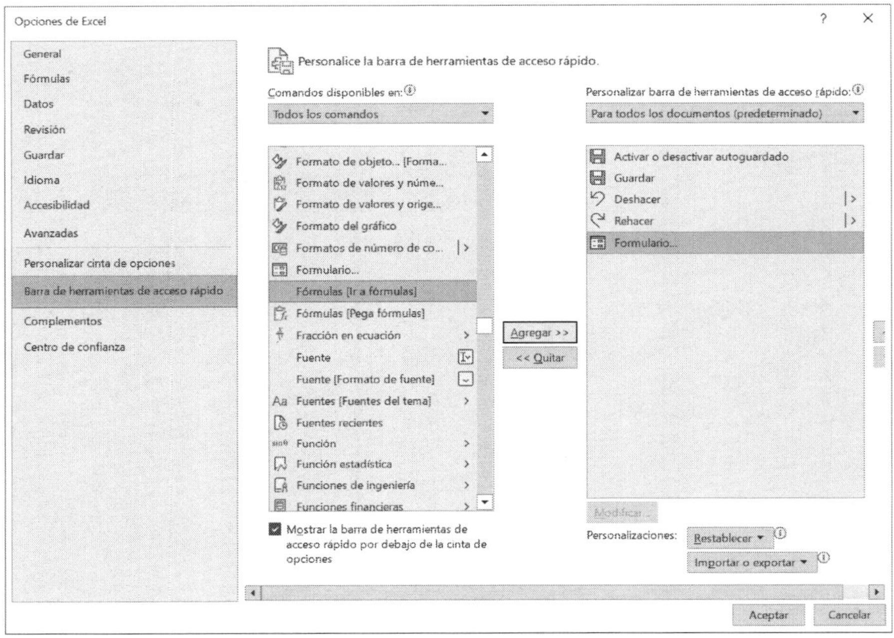

Haga clic en **Aceptar**.

La barra de herramientas `Acceso rápido` evoluciona de la siguiente manera:

Haga clic en una celda de la lista.

Haga clic en el icono Formulario.

Aparece un formulario de entrada de datos:

APELLIDOS	Nombres	Servicios
ADAM	Jean-Claude	Producción
ADAMO	Anne-Catherine	RH
AERMANN	Nicolas	Producción
AHMADI	Ahmad	Mantenimiento
ALARY	Andre	Producción
ALARY	Richard	Producción
ALLEMAND	Marylene	Mantenimiento
ALLEMAND	Henri	Mantenimiento
APPERT	Michel	Producción
ARAUJO	Stephane	RH
AUSSENAC	Alain	Producción
AUSSENAC	Alain	Mantenimiento
BANO	Thierry	Producción
BARRAGAN	Francois	Producción
BARRAU	Philippe	Financias
BATAILLE	Michel	Financias
BAUTES	Jean-Philippe	Producción

- Haga clic en el botón **Nuevo** e introduzca los datos (todos los datos nuevos introducidos se insertarán automáticamente al final de la tabla).
- Una vez se hayan introducido los datos, haga clic en **Nuevo** para pasar al siguiente.
- Cuando haya terminado, haga clic en el botón **Cerrar**.

Otra solución es utilizar formularios (forms) gestionados con código VBA. No vamos a explicar esta técnica en este libro, pero le aconsejamos que consulte otros libros dedicados a este tema.

Capítulo 4

Construir el cuadro de mando

A. Introducción

El objetivo del cuadro de mando es presentar la información de diferentes maneras y en función de varios indicadores, para que todos puedan encontrar rápidamente la información que buscan. Por lo tanto, agrupa elementos dispersos y permite acceder a información más detallada almacenada en otros lugares, otros libros de trabajo o en cualquier tipo de archivo.

La navegación adaptada facilitará el uso del cuadro de mando, por lo que es fundamental que el usuario la domine. Por lo tanto, se basa en una estructura que facilita la navegación entre hojas del mismo libro o entre varios libros o archivos. El elemento que permitirá esta navegación es, al igual que para un sitio web, el hipervínculo.

El objetivo de este capítulo es mostrarle cómo desarrollar una navegación eficaz, basada en la creación de una tabla de contenido o resumen y la creación de hipervínculos.

B. Crear el índice de contenidos del cuadro de mando con hipervínculos

Diseñaremos, paso a paso, el índice de contenidos de nuestro primer cuadro de mando.

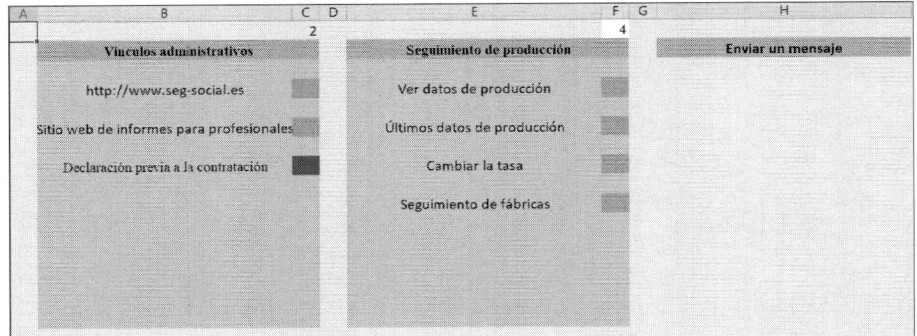

- Cree un nuevo libro y guárdelo con el nombre **CuadroDeMandoV1.xlsx** en la carpeta **Mis documentos**.

Vamos a estructurar nuestro cuadro de mando en varias zonas: una zona de **Vínculos administrativos**, otra de **Seguimiento de producción** y una última para **Enviar un comentario**.

1. Crear un vínculo a una página web

Vamos a empezar configurando los vínculos en el área de vínculos administrativos.

- Haga clic en B2.
- Escriba **Vínculos administrativos**.
- Haga clic en B4, pestaña **Insertar** - grupo **Vínculos** - haga clic en el botón **Insertar vínculo**.

  En la zona **Dirección**, escriba **www.seg-social.es** y, a continuación, haga clic en **Aceptar**.

  Acaba de crear un primer vínculo: parece básico, pero cumple con el estándar de Internet (subrayado y azul si el vínculo no se ha visitado todavía, magenta si se ha utilizado y rojo cuando se está usando). Veremos cómo mejorar la apariencia de los hipervínculos más adelante.

- Ajuste el ancho de la columna B al contenido: es preferible que todo el vínculo se muestre en una sola celda, porque para activarlo solo se puede usar la celda que contiene el vínculo (si hace clic en C4, no pasará nada).

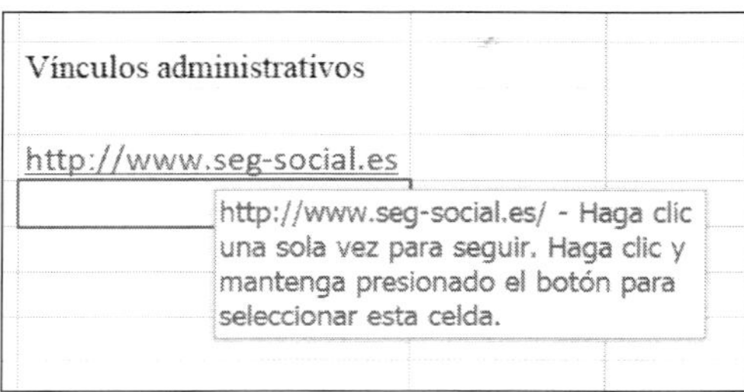

- Haga clic en el vínculo para activarlo: el sitio web de la Seguridad Social aparecerá en su navegador.

Para crear este tipo de hipervínculo, también puede copiar y pegar la dirección de la página en la zona ***Dirección*** *del cuadro de diálogo* ***Insertar hipervínculo****.*

- Puede cambiar el texto del vínculo: presione la tecla Ctrl y haga clic en **B4** para activar la celda sin activar el vínculo. En la barra de fórmulas, sustituya el texto existente por **Sitio web de la Seguridad Social**, y valide.

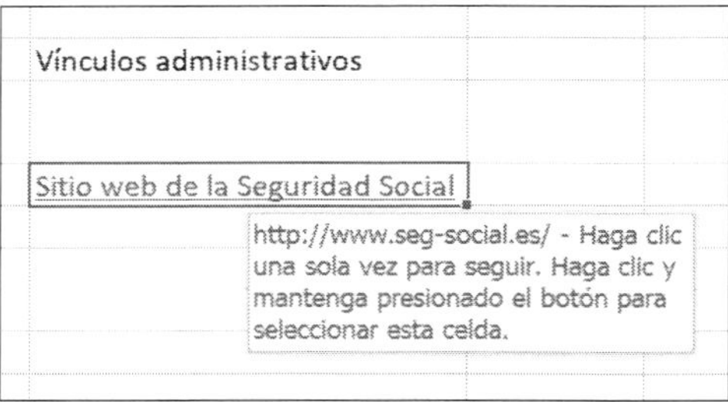

Vamos a insertar en **B6** un vínculo al sitio web de informes dedicado a los profesionales.

- Haga clic en **B6**.
- En la pestaña **Insertar** - grupo **Vínculos**, haga clic en el botón **Insertar vínculo**.
- En la zona **Texto para mostrar**, escriba **Sitio web de informes para profesionales** y, en la zona **Dirección**, escriba **www.sede.seg-social.gob.es/wps/portal/sede/sede/EmpresasyProfesionales**. Haga clic en el botón **Info** en pantalla y añada el texto Recordatorio de su conexión: **xxxxoxx**.

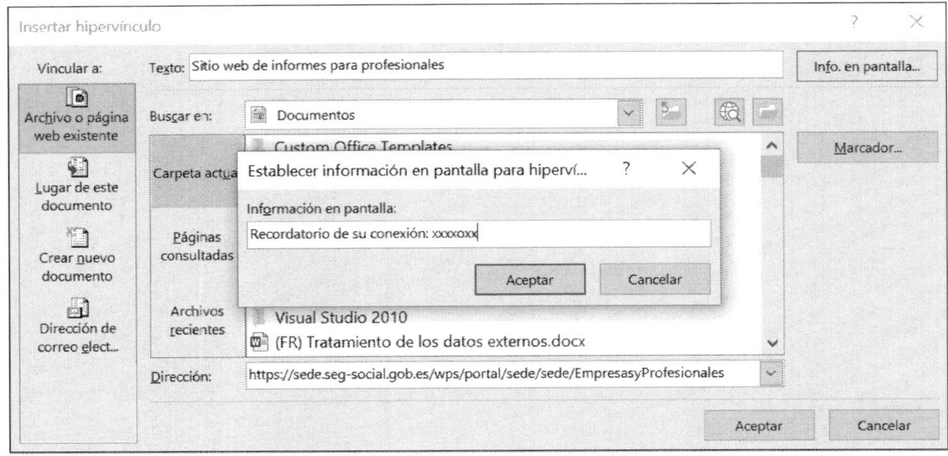

- Haga clic en **Aceptar** dos veces.

  Al pasar el cursor sobre el vínculo, el código aparecerá en la información sobre herramientas.
- En **B8**, introduzca el título del vínculo **Declaración previa a la contratación**, que vamos a crear más adelante.

Su zona de **Vínculos administrativos** ha evolucionado de la siguiente manera:

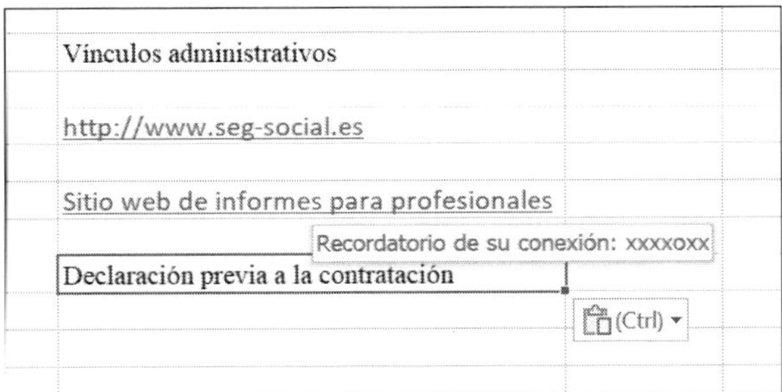

Un poco más adelante, materializaremos el hecho de que el último vínculo configurado aún no está activo. En un cuadro de mando, puede proporcionar vínculos sin definir necesariamente el destino asociado.

*Para abrir el cuadro de diálogo **Insertar hipervínculo**, también puede hacer clic con el botón derecho de ratón en la celda que desea utilizar y activar la opción **Vínculo** o utilizar el atajo de teclado* Ctrl *K.*

En el cuadro de diálogo ***Insertar hipervínculo****, puede utilizar el botón* ***Páginas consultadas*** *para ver las páginas web o los archivos activados más recientemente:*

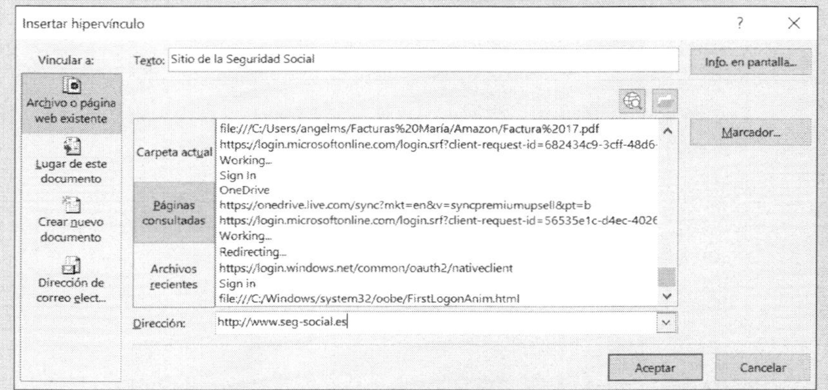

Para insertar una dirección de un sitio web, también la puede seleccionar en la lista desplegable ***Dirección****:*

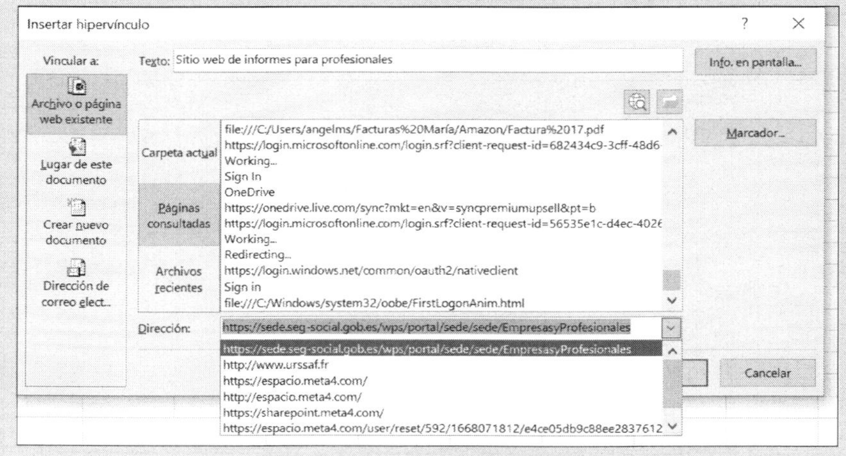

2. Crear un vínculo a una dirección de correo electrónico

Ahora vamos a crear la zona **Enviar un comentario**.

El objetivo es proporcionar al usuario de este libro una manera fácil de comunicarse con el responsable de la evolución del cuadro de mando. Vamos a insertar un hipervínculo que nos permitirá enviar un correo electrónico.

- Acceda a la celda H2 y abra el cuadro de diálogo Insertar hipervínculo utilizando el atajo de teclado Ctrl K.
- En la zona **Vincular a**, haga clic en **Dirección de correo electrónico**.
- En el cuadro **Texto para mostrar**, escriba **Enviar un mensaje**. Por ejemplo, en la zona **Dirección de correo electrónico**, escriba **responsable@empresa.es** (puede escribir su propia dirección de correo electrónico para el ejemplo). En la zona **Asunto**, escriba **Cuadro de mando versión 1** y valide.

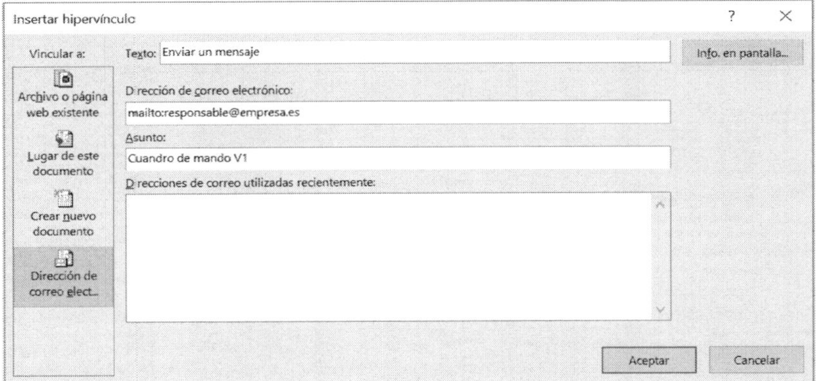

- En la zona **Dirección de correo electrónico**, la palabra **mailto:** precede a la dirección de correo electrónico. Esta instrucción permitirá que se lance el programa de correo electrónico cuando el usuario haga clic en el vínculo.
- Haga clic en **Aceptar**.

Su cuadro de mando ha evolucionado de la siguiente manera: la zona central se utilizará para recibir los elementos relacionados con la producción.

Vínculos administrativos	Enviar un mensaje
http://www.seg-social.es	
Sitio web de informes para profesionales	
Declaración previa a la contratación	

Ahora vamos a rellenar el área de **Seguimiento de la producción**.

3. Crear un vínculo a otra hoja del libro de trabajo

- Cambie el nombre de la pestaña **Hoja1** por **Índice de contenidos**, inserte una nueva pestaña (Mayús F11), cámbiele el nombre por **Producción** y colóquela después de la pestaña **Índice de contenidos**. Guarde el libro de trabajo.

Vamos a crear un vínculo que muestre la hoja **Producción**:

- Vuelva a la pestaña **Índice de contenidos** y en **E2**, introduzca el texto **Seguimiento de producción**.
- Acceda a la celda **E4** y abra el cuadro de diálogo **Insertar hipervínculo** utilizando el atajo de teclado Ctrl K.
- En la zona **Vincular a**, haga clic en **Lugar de este documento**.
- En la zona **O, seleccione un lugar en este documento**, haga clic en la pestaña **Producción** y, en la zona **Texto**, escriba el texto **Ver datos de producción**.

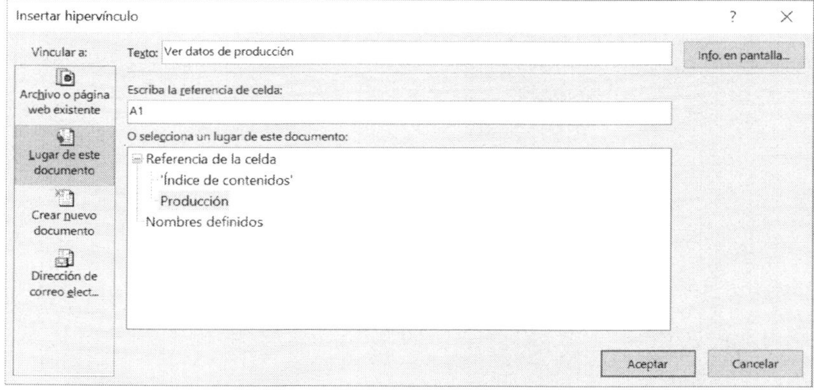

- Valide pulsando en **Aceptar**.

Vamos a crear un nuevo hipervínculo que permita acceder a los últimos datos importados en la hoja **Producción**. Supongamos que esto se alimenta de datos externos: cada mes, la importación provoca que se recuperen 1 000 filas. Por lo tanto, el hipervínculo se debe utilizar para acceder a la fila 1 000 de la hoja **Producción**.

- Acceda a la celda **E6** y abra el cuadro de diálogo Insertar hipervínculo utilizando el atajo de teclado Ctrl K.
- Acceda a la pestaña **Producción**. En la zona **Referencia** de la celda, escriba **A1000** y, en la zona **Texto**, escriba el texto **Últimos datos de producción**.

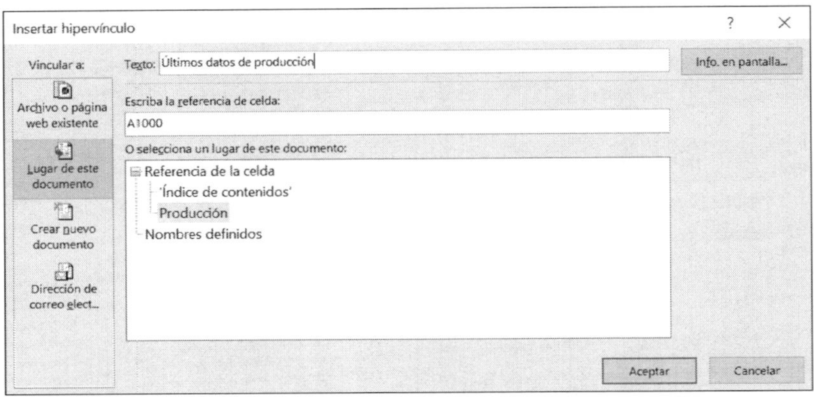

- Valide pulsando en **Aceptar**

*En la zona **Referencia de la celda**, puede introducir un rango de celdas como **A8:G50** o **A8;B12;C15**. Pulsar en el vínculo permite seleccionar las celdas.*

- Ajuste el ancho de la columna **E**.

  El cuadro de mando ha evolucionado de la siguiente manera:

Vínculos administrativos		Seguimiento de producción			Enviar un mensaje
http://www.seg-social.es		Ver datos de producción			
Sitio web de informes para profesionales		Últimos datos de producción			
Declaración previa a la contratación					

- Compruebe que los vínculos funcionan correctamente.

Vamos a insertar un vínculo en E8 que mostrará la celda C2 de la hoja Producción. Esta celda contendrá un valor correspondiente a un cambio en la tasa de producción (de modo que los datos varíen según un índice). Vamos a nombrar la celda C2 VariacionDe-Tasa y a crear un vínculo a esta zona con nombre.

- Acceda a la pestaña **Producción**, seleccione la celda **C2** e introduzca el valor **120%**.
- En la zona **Nombre**, escriba **VariacionDeTasa** (no se permiten espacios, puede usar _ pero no -) y valide.

Variacion... | f_x 120%

	A	B	C	D
1				
2			120%	

- Regrese a la hoja Índice de contenidos, seleccione la celda **E8** e introduzca el texto **Cambiar la tasa.**
- Abra el cuadro de diálogo **Insertar hipervínculo** con el atajo de teclado Ctrl K. En la zona **Nombres definidos**, seleccione **VariacionDeTasa**.

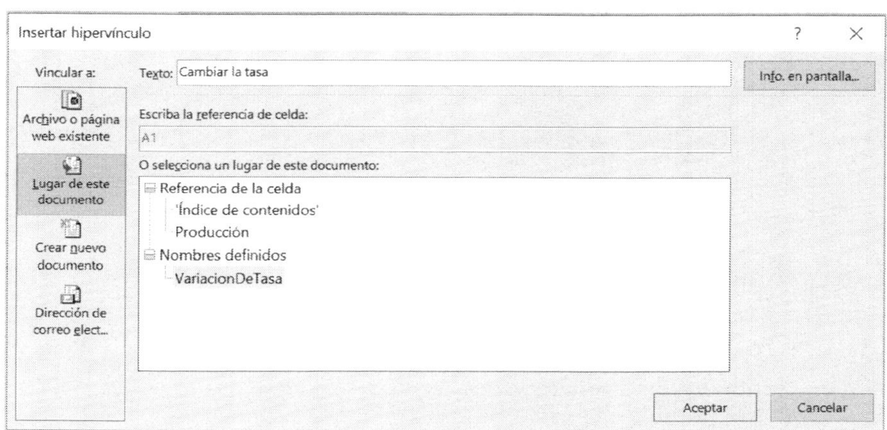

- Haga clic en **Aceptar**.

Ahora vamos a insertar en E10 un vínculo al rango de celdas F2 a L6 de la hoja **Producción**, que llamaremos SeguimientoFabricas.

Vamos a delimitar esta zona con bordes.

- Haga clic en la pestaña **Producción**, seleccione las celdas **F2 a L6** y, a continuación, en la pestaña **Inicio** - grupo **Fuente**, abra la lista **Bordes** y elija . Todos los bordes. En la zona **Nombre**, escriba **SeguimientoFabricas** y valide.
- Regrese a la hoja **Índice de contenidos**, seleccione la celda **E10** y escriba **Seguimiento de fábricas**.
- Abra el cuadro de diálogo **Insertar hipervínculo** con el atajo de teclado Ctrl K. En la zona **Nombres definidos**, seleccione **SeguimientoFabricas**.

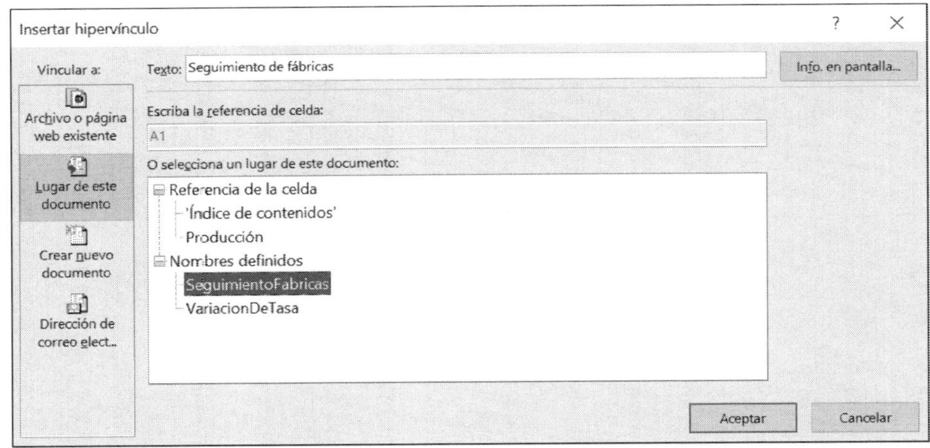

Haga clic en **Aceptar**.

Tenga en cuenta que la zona **Referencia de celda** está inactivo porque el nombre está directamente vinculado a una o más celdas.

La ventaja de utilizar un nombre en lugar de la referencia de celda es que, si se cambia el nombre de la pestaña de la hoja, el destino del vínculo seguirá siendo accesible. Además, si cambia el nombre o el rango de celdas asociadas al nombre, los vínculos que usen dicho nombre seguirán funcionando. Sin embargo, si el vínculo apunta a una referencia de celda, es posible que aparezca el siguiente mensaje de error:

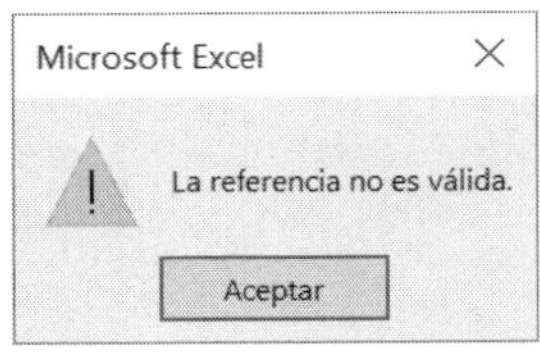

Como resultado, tenga en cuenta que es mejor tomarse el tiempo para configurar nombres para definir el destino de los vínculos.

Para definir, modificar o eliminar nombres, puede utilizar el **Administrador de nombres**: pestaña **Fórmulas** - grupo **Nombres definidos** - haga clic en **Administrador de nombres**.

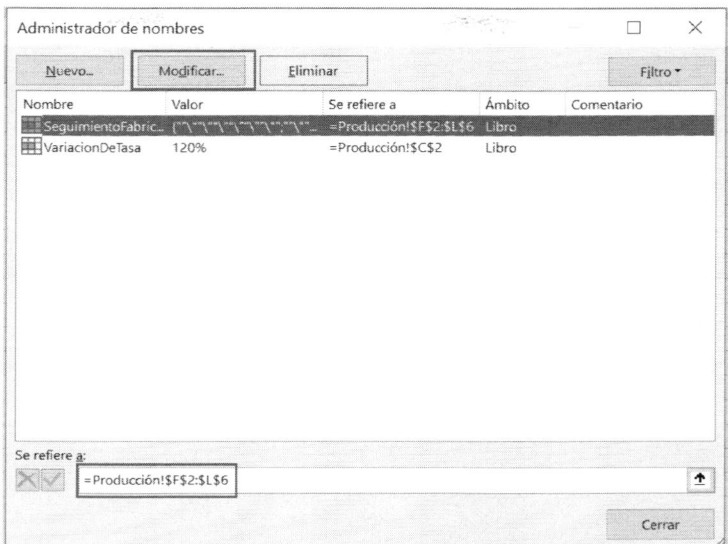

4. Inserte un botón para volver al índice de contenidos

Los vínculos de la hoja Índice de contenidos permiten acceder a las diferentes zonas del libro, pero haga clic en la pestaña **Índice de contenidos** para volver a ella. Vamos a insertar un botón en la hoja Producción que volverá automáticamente a Índice de contenidos. Comencemos por eliminar las líneas de cuadrícula de la hoja Producción.

- En la pestaña **Vista** – grupo **Mostrar**, desactive la casilla de verificación **Líneas de cuadrícula**.

A continuación, cambiemos la combinación de colores del libro.

- En la pestaña **Disposición de página** - grupo **Temas**, haga clic en la lista desplegable del icono **Colores** y, a continuación, elija la combinación de colores **Azul II**.

Vamos a insertar una forma para dar contenido a nuestro botón:

- En la pestaña **Insertar** - grupo **Ilustraciones**, haga clic en la lista desplegable del icono **Formas** y elija **Triángulo rectángulo** (en **Formas básicas**).
- Dibuje la forma en **A1** pulsando y arrastrando. Acceda a la pestaña Formato de forma - grupo **Tamaño**, y modifique el tamaño de la forma: 1 cm de alto y de ancho.
- En la pestaña **Formato de forma** – grupo **Estilos de forma**, abra **Efectos de forma** y elija **Efecto intenso - Verde oscuro, Énfasis 5**.
- En el grupo **Organizar**, acceda a la lista desplegable del icono **Girar** y elija **Girar 90°** a la derecha.

- Seleccione la forma y pulse en las teclas Ctrl K, seleccione la hoja `Índice de contenidos` y, en la zona **Referencia de la celda**, escriba **E2:E10** y valide.
- Pruebe el vínculo: haga clic en cualquier celda y, a continuación, haga clic en el triángulo.

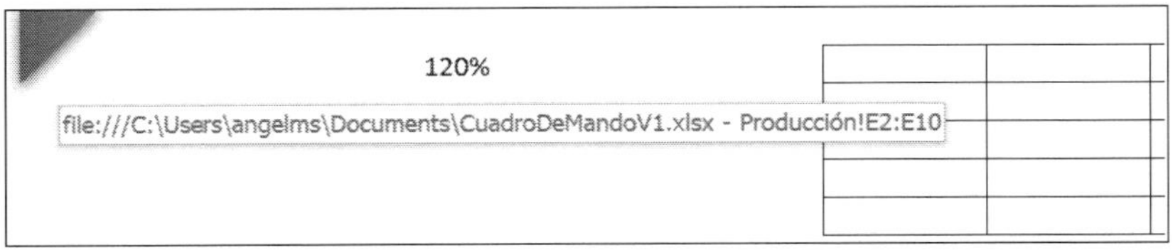

120%
file:///C:\Users\angelms\Documents\CuadroDeMandoV1.xlsx - Producción!E2:E10

Vaya a la hoja **Índice de contenidos**: se seleccionan las celdas de E2 a E10.

- Guarde el libro.

5. Primer formato para el índice de contenidos

Ahora nos centraremos en el formato de este índice de contenidos.

- Seleccione toda la hoja Índice de contenidos (Ctrl A).
- En la pestaña **Inicio** - grupo **Fuente**, haga clic en el icono **Color de relleno**, elija el color de fondo **Blanco, Fondo 1**.
- Con la tecla Ctrl, seleccione las columnas **A**, **C**, **D**, **F**, **G**, **I** y **J** y, a continuación, haga clic con el botón derecho de ratón, seleccione **Ancho de columna** y aplique un ancho de 3 cm a las columnas.
- Seleccione las columnas **B**, **E** y **H** y, a continuación, y aplique un ancho de 3 cm a las columnas.
- Seleccione las celdas **B2**, **E2** y **H2**.
- En la pestaña **Inicio** - grupo **Fuente**, haga clic sucesivamente en los iconos **Subrayado doble**, **Negrita**, haga clic en el icono **Color de fuente**, elija el color **Automático**, haga clic en el icono **Color de relleno**, elija como color de fondo **Verde azulado, Énfasis 6, claro 40%** y, finalmente, haga clic en el botón **Centrar** del grupo **Alineación**.

- Haga clic en D14, obtendrá este resultado:

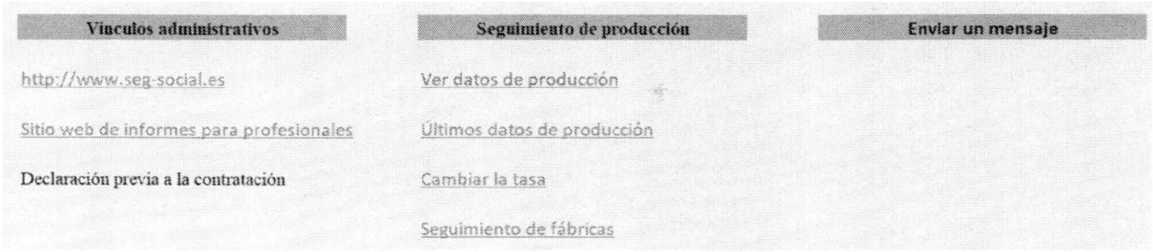

Vínculos administrativos	Seguimiento de producción	Enviar un mensaje
http://www.seg-social.es	Ver datos de producción	
Sitio web de informes para profesionales	Últimos datos de producción	
Declaración previa a la contratación	Cambiar la tasa	
	Seguimiento de fábricas	

- Combine las celdas **B2** y **C2** y, a continuación, **E2** y **F2** (pestaña **Inicio** - grupo **Alineación** - **Combinar y centrar**).
- Seleccione las celdas **B3** a **C16**.
- En la pestaña **Inicio** - grupo **Fuente**, haga clic en el icono **Subrayado** (dos veces). haga clic en el icono **Color de fuente**, elija el color **Automático**, haga clic en el icono **Color de relleno**, elija como color de fondo **Azul-verde, Énfasis 6, Claro 60%** y, por último, haga clic en el icono **Centrar** del grupo **Alineación**.
- Aplique el mismo formato a las celdas **E3** a **F16**.

Por último, vamos a materializar el estado de los vínculos. Aquí vamos a usar las técnicas que hemos visto en el capítulo Definición de indicadores de éxito: indicaremos con la letra x el hecho de que un vínculo está "actualizado" y con la letra n el hecho de que no está actualizado.

- Seleccione las celdas **C3** a **C16**.
- En la pestaña **Inicio** - grupo **Estilos**, haga clic en **Formato condicional** y, a continuación, haga clic en la opción **Nueva regla**.
- Elija el segundo tipo de regla. En la descripción de la regla, seleccione **Texto específico** y, a la derecha del operador que contiene, escriba el valor **x**.
- Haga clic en el botón **Formato**, elija un **Relleno** verde y un **Color de fuente** del mismo verde.

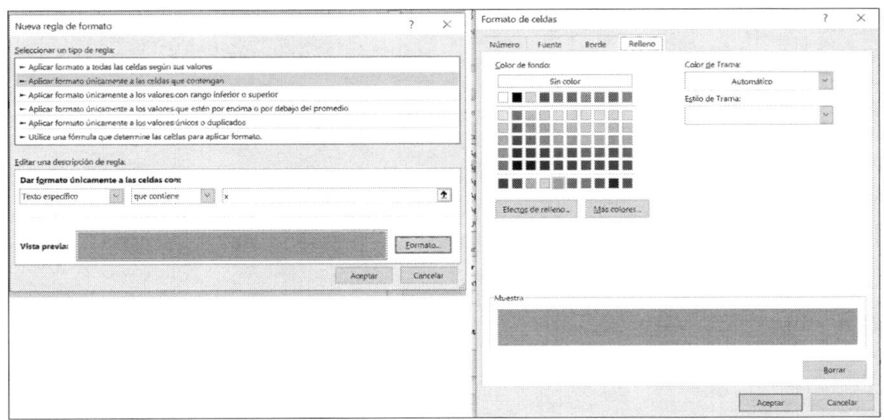

- Valide pulsando dos veces en **Aceptar**.
- Repita estos pasos para crear una nueva regla con el texto n y el rojo como color de relleno y de fuente.
- Haga clic en **Aceptar**.
- Haga lo mismo con las celdas **F3** a **F16** o copie el formato de las celdas **C3** a **C16** en las celdas **F3** a **F16**. Para ello, seleccione las celdas **C3** a **C16**, pestaña **Inicio** - grupo **Portapapeles**, haga clic en **Reproducir formato** y, a continuación, seleccione las celdas **F3** a **F16**.
- Escriba el valor x en las celdas **C4**, **C6**, **F4**, **F6**, **F8** y **F10**. En **C8**, introduzca el valor n, ya que el destino de este vínculo aún no está establecido.

Las celdas se colorearán de verde o rojo dependiendo de la letra introducida.

Los valores de estas celdas se rellenarán automáticamente utilizando fórmulas de tipo =SI(...) para convertirse en indicadores reales.

Por último, nuestro "borrador" del cuadro de mandos, es el siguiente:

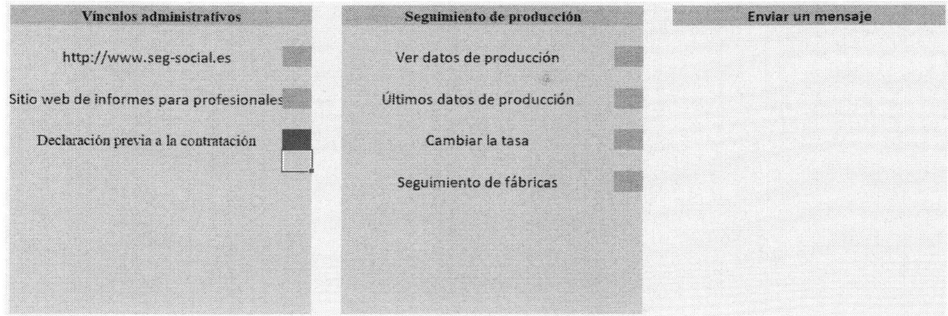

Para editar un hipervínculo, haga clic con el botón derecho del ratón y haga clic en ***Editar hipervínculo****.*

Para eliminar un hipervínculo, puede hacer clic con el botón derecho del ratón en el vínculo y, a continuación, pulsar en ***Modificar hipervínculo****. También puede usar el borrador: pestaña* ***Inicio*** *– grupo* ***Edición*** *y haga clic en* ***Borrar*** *y seguidamente en* ***Borrar hipervínculos****.*

Recuerde aumentar el ancho de la celda que contiene el vínculo más allá del ancho del texto, de modo que el espacio vacío entre el texto y el borde de la celda le permita colocarse en la celda sin activar el vínculo.

Contaremos el número de vínculos activos en las celdas C1 y F1:

- Introduzca en **C1** la fórmula =CONTAR.SI(C3:C16;"x"). Del mismo modo, en **F1** escriba =CONTAR.SI(F3:F16;"x").
- Guarde el libro y ciérrelo.

Ahora necesitamos permitir la navegación a "destinos" fuera del libro de trabajo del cuadro de mandos. Veamos cómo vincular Excel a archivos o carpetas de terceros.

6. Crear un vínculo a una carpeta del explorador de Windows

Si un hipervínculo apunta a una carpeta, al hacer clic en el vínculo se abre dicha carpeta en el explorador de archivos de Windows y, por lo tanto, le permite ir directamente a una carpeta en la que se encuentran varios archivos que son útiles para leer y comprender el cuadro de mando.

- Cree un nuevo libro, guárdelo como **CuadroDeMandoV2.xlsx** en la misma carpeta que el libro **CuadroDeMandoV1**.

Vamos a cambiar de nuevo el juego de colores del libro.

- En la pestaña **Disposición de página - Temas**, haga clic en la lista desplegable del icono **Colores** y elija el juego de colores **Azul II**.
- Seleccione la hoja y aplique como color de fondo **Blanco, Fondo 1**, seleccione la celda **C4** y escriba el texto **Disco duro C**.
- Abra el cuadro de diálogo **Insertar hipervínculo** con el atajo de teclado Ctrl K.

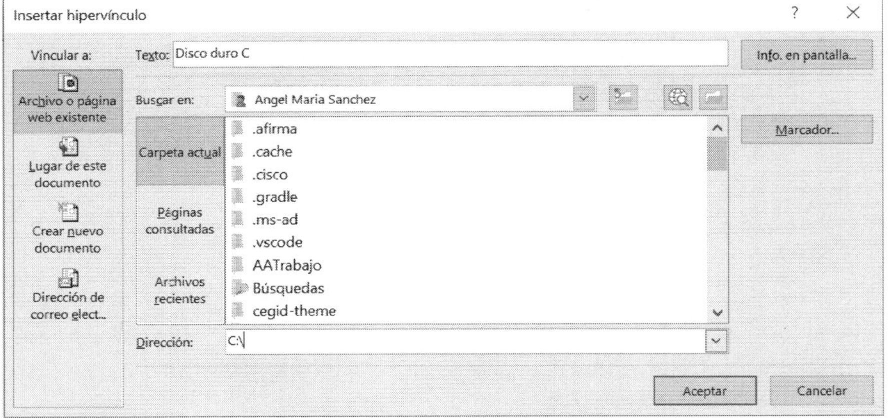

- Haga clic en **Archivo o página web existente** y, a continuación, haga clic en **Carpeta actual**. En la zona **Dirección**, escriba **C:** y valide. En su ordenador, puede hacer referencia a un disco de datos (D: o E:) o incluso a un disco de copia de seguridad (S:).
- Seleccione la celda **C6** e introduzca el texto **Ver mi carpeta de documentos**.
- Abra el explorador de archivos de Windows, vaya a la carpeta de usuario y, a continuación, a la carpeta **Documentos**. Haga clic en la zona de dirección para seleccionar la ruta de acceso que aparece (**C:\Usuarios\"su nombre"\Documentos**). Cópielo pulsando en las teclas Ctrl C.
- Abra el cuadro de diálogo **Insertar hipervínculo** con las teclas Ctrl K. En la zona **Dirección**, pegue la ruta usando Ctrl V.

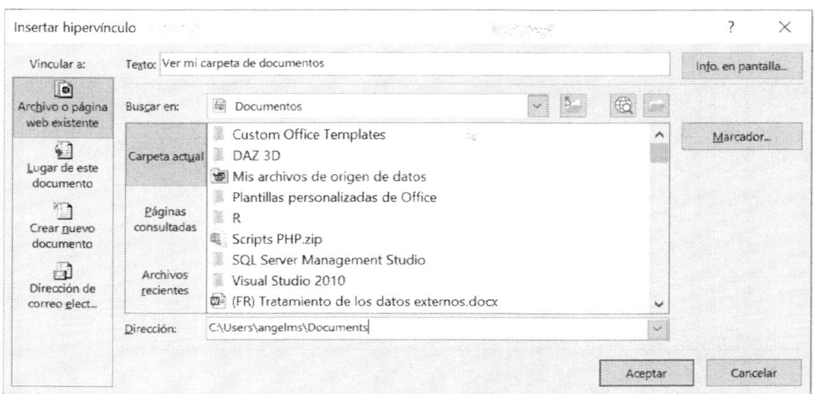

- Valide pulsando en **Aceptar**.
- Haga doble clic en el separador de columnas entre C y D para ajustar automáticamente el ancho de la columna.

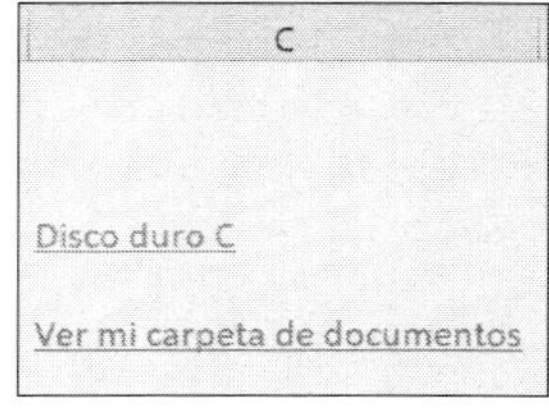

- Pruebe el vínculo.

El vínculo creado de esta manera funciona perfectamente en su ordenador, pero si el libro de trabajo se transfiere a otro, ya no funcionará porque el nombre de usuario ya no será correcto.

El destino del hipervínculo C:\Usuarios\"su nombre"\Documentos se denomina ruta de acceso: enumera la secuencia de carpetas que permite el acceso a la carpeta de destino, en este caso la carpeta **Documentos**. Se dice que esta ruta es "absoluta". Comienza con una letra que representa la unidad de disco en cuestión, en este caso el disco duro C, pero podría ser una memoria USB, una unidad externa, una tarjeta SD, etc.

La ruta de acceso aparece en la barra de direcciones del explorador.

▸ La barra de direcciones muestra primero un nombre "lógico":

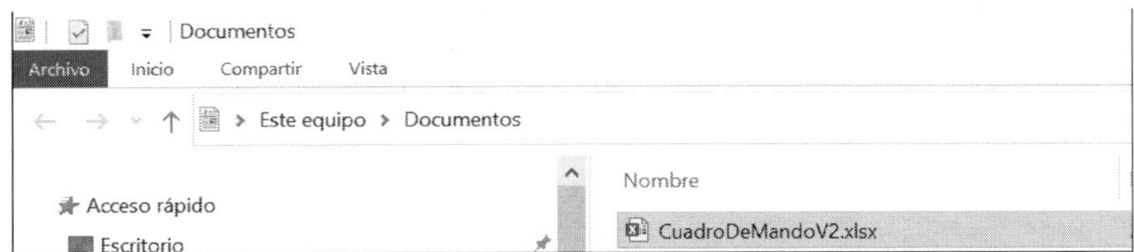

▸ Al pulsar en la barra, se cambia la visualización a un nombre "físico":

La carpeta puede tener un nombre largo, con caracteres acentuados (algunos caracteres especiales no están permitidos) y espacios, si es necesario. En algunos casos, un espacio se sustituirá por %20. Por ejemplo, la carpeta "cuadro de mando" cambia a "cuadro%20de%20mando". Tenga en cuenta que es mejor usar nombres sin espacios: es preferible "cuadro_de_mando" o "CuadroDeMando".

En la ruta de acceso, cada carpeta está separada por el carácter \ (barra invertida); ejemplo: C:\Usuarios\"su nombre"\Documentos\ENI\CuadroDeMando.

7. Crear un vínculo a otro libro

A continuación, veremos cómo crear un hipervínculo a otro libro de trabajo.

Vamos a vincular el primer cuadro de mando con el segundo, al igual que podrá vincular un cuadro de mando general al de un departamento de su empresa, por ejemplo.

✎ Seleccione la celda C8.

✎ Abra el cuadro de diálogo **Insertar hipervínculo** pulsando en las teclas Ctrl K.

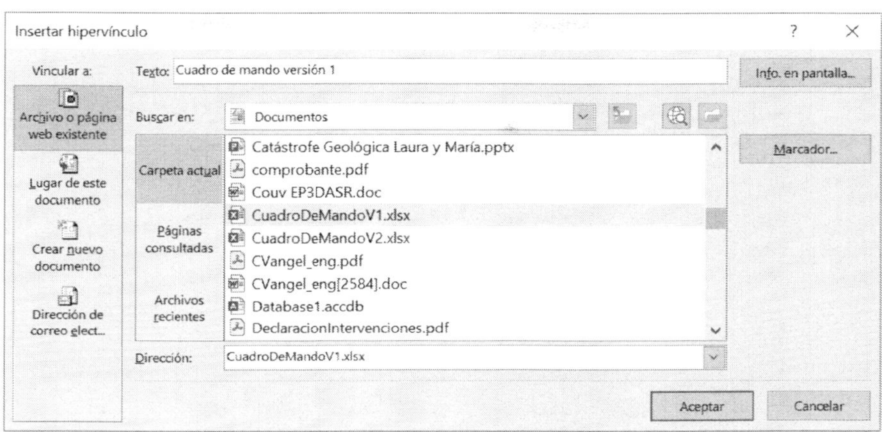

- Haga clic en el archivo **CuadroDeMandoV1.xlsx**.
- En el cuadro **Texto**, escriba **Cuadro de mando versión 1** y valide.
- Pruebe el vínculo.
- Seleccione las celdas **C3** a **C23**, elimine el subrayado, habilite la alineación **Centrada**, establezca un **Tamaño** 12 y un color de fuente: color **Automático**, así como un **Color de relleno verde azulado, Énfasis 6, claro 60%**.

Por supuesto, puede configurar vínculos a cualquier tipo de archivo (documento de Word, presentación de PowerPoint, etc.).

Si necesita mover el cuadro de mando V2, este vínculo seguirá funcionando, siempre y cuando ambos se coloquen en la misma carpeta o rama del árbol.

8. Vínculo a un marcador

Debe haber notado que el uso del vínculo en la celda C8 le permite acceder a la hoja Producción o a la hoja Índice de contenidos, del libro CuadroDeMandoV1. De hecho, Excel abre el libro y activa automáticamente la última celda activa. Vamos a cambiar el vínculo para que se dirija a la celda A1 en la pestaña Índice de contenidos.

- Copie las columnas **C** a **E**, elimine el contenido de **E4** y **E6**.
- Vaya a **C2** e introduzca el texto **Vínculos de organización**.
- Vaya a **E2** e introduzca el texto **Vínculos a documentos específicos**.

- Seleccione las celdas **C2** y **E2**, acceda a la pestaña **Inicio** - grupo **Fuentes**, pulse sucesivamente en el icono **negrita**, después en el icono **Color de fuente** y elija el color **Automático**. haga clic en el icono **Color de relleno** y seleccione un fondo de color **Verde oscuro, Énfasis 5, claro 60%** y finalmente, haga clic en el icono **Centrar** del grupo **Alineación**.
- Seleccione las columnas **C** y **E**, aplique un ancho de 40 puntos.
- Seleccione la celda E8, sustituya el texto por **Índice de contenidos del cuadro de mandos versión 1**y abra el cuadro de diálogo **Insertar hipervínculo** pulsando en las teclas Ctrl K.
- Haga clic en el botón **Marcador**.

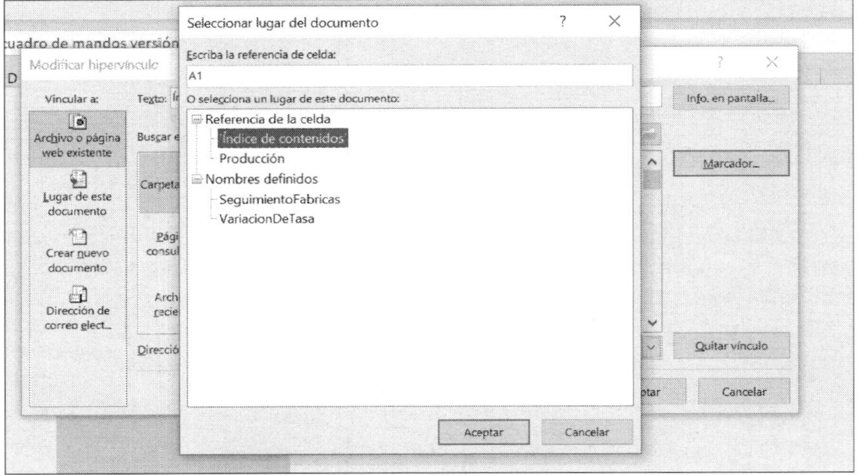

Aparece la lista de las pestañas del libro en **Referencia de celda**.

- Haga clic en **Índice de contenidos**: el vínculo cambia a **CuadroDeMandoV1.xlsx#Índice de contenidos!A1**. Valide.

Por lo tanto, un marcador se materializa con el símbolo #.

- Replique el formato de la celda **C6** en las celdas **C8** y **E8**.

El cuadro de mando ha evolucionado de la siguiente manera:

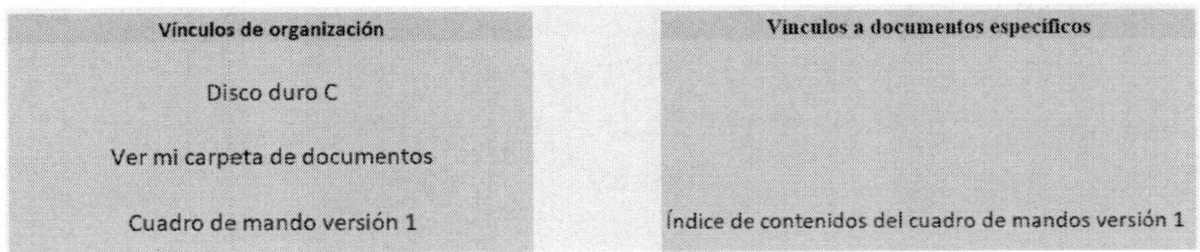

- Guarde el libro.

Atención: en caso de una parada inesperada del microordenador, los hipervínculos se pueden romper. En caso de bloqueo, no se recomienda comenzar desde la versión guardada automáticamente por Excel. De hecho, las rutas de los diferentes vínculos se pueden modificar para integrar una carpeta, llamada roaming, que Excel utiliza para almacenar versiones temporales. Es posible que deba modificar o volver a crear los hipervínculos de su libro de trabajo. Lo mejor es empezar desde una versión de copia de seguridad que haya guardado. Para evitar esto, puede usar la función HIPERVINCULO() para crear sus vínculos, que es lo que vamos a presentar ahora.

C. Utilizar la función HIPERVINCULO()

1. Vínculos a discos duros y carpetas

- Seguimos en el libro de trabajo **CuadroDeMandoV2.xlsx**. Aplique el formato de la columna **E** a la columna **G**.
- Vamos a usar la función: HIPERVINCULO(**ubicación_vínculo**;[nombre_sencillo])

  Esta consta de dos argumentos: la ruta de acceso (completa) y el texto que se mostrará en la celda en la que se inserte. Si se omite este texto, el nombre del vínculo es el que aparecerá en la celda.
- En **G2**, introduzca el texto **Vínculos de 2º nivel** (este es el título de la zona de cuadro de mando).
- En **G4**, introduzca la fórmula =HIPERVINCULO("c:";"**vínculo al disco de datos**").
- En **G6**, introduzca la fórmula =HIPERVINCULO("c:\";"**vínculo al disco C en la raíz**"). ¿Ha tenido en cuenta el carácter \?
- En este ejemplo, creamos un vínculo a la unidad C: para asegurarnos de que funciona independientemente de su organización informática. Pero, en realidad, sustituirá "C:" por la unidad apropiada; por ejemplo, P:\admin\ o G:\personal\CHSCHT\.
- Haga clic en **G4**: aparece la ventana del explorador de archivos de Windows y el vínculo lo llevará a la carpeta "activa" en su ordenador.
- Regrese a Excel y haga clic en **G6**: esta vez, aparece el directorio principal del disco C: (esta carpeta también se llama carpeta raíz).

2. Vínculos a una pestaña del libro actual o de otro libro

Si el vínculo es a una pestaña del libro activo, la estructura de destino es "#'*nombre de la pestaña*'!celda de destino.

Al configurar la función, tenga cuidado de respetar la secuencia apóstrofe / nombre de pestaña / apóstrofe / signo de exclamación / dirección de la(s) celda(s).

- Vuelva al libro **CuadroDeMandoV2.xlsx**, añada una hoja que llamará Ventas de grandes cuentas y vuelva a **Hoja1**.
- En **G12**, introduzca la fórmula =HIPERVINCULO(**'Ventas de grandes cuentas'! A1;"Ventas en este libro de trabajo"**).
- Pruebe el vínculo: lo llevará a la celda A1 de la hoja llamada Ventas de grandes cuentas.

Si el vínculo es a otro libro o archivo dentro de la misma carpeta en la que está el libro actual, simplemente especifique el nombre del libro entre comillas.

- En **G8**, introduzca la fórmula =HIPERVINCULO(**"CuadroDeMandoV1.xlsx";"Cuadro de mandos versión 1"**). Estamos viendo el libro CuadroDeMandoV1, que se almacena en la misma carpeta que el libro actual.

No olvide añadir la extensión del archivo (.xlsx para un libro creado en Excel 2007 a 2021, .xls para un libro creado en una versión anterior, .docx para un documento de Word y .pptx para una presentación de PowerPoint).

Si el libro de destino se encuentra en una subcarpeta de la carpeta actual, especifique la ruta de acceso. Por ejemplo, supongamos que se encuentra la siguiente organización: el libro activo se encuentra en la carpeta **Recursos humanos**:

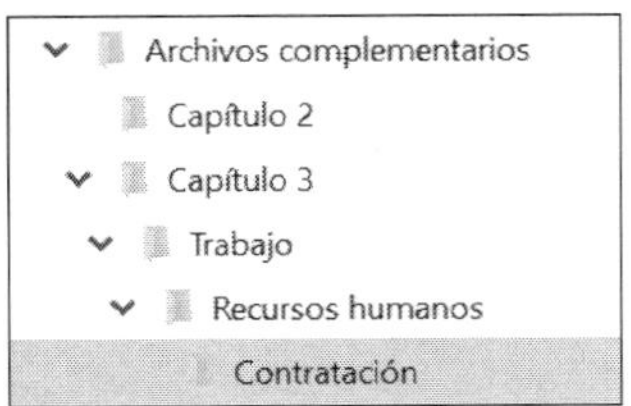

Para dirigirse al libro R01.xlsx ubicado en la subcarpeta Contratación, use la fórmula =HIPERVINCULO("Contratación\R01.xlsx").

Por ejemplo, si se mueve el libro que contiene el hipervínculo, el vínculo funcionará siempre que el libro R01 esté en una subcarpeta de la carpeta actual, denominada contratación. Aquí usamos el direccionamiento relativo: el acceso al archivo de destino es relativo a la ubicación del libro de trabajo que contiene el hipervínculo.

Por el contrario, para crear un vínculo desde el libro de trabajo **R01** ubicado en la carpeta **Contratación** al libro de trabajo **C01** ubicado en el archivo del cliente, use la fórmula =HIPERVINCULO("..\..\clientes\C01.xlsx"). El símbolo .. representa la carpeta padre, es decir, la carpeta que se encuentra por encima de ella en la jerarquía del árbol del disco duro.

La ventaja de utilizar el direccionamiento relativo es que permite que parte de la información necesaria para el cuadro de mando se transporte en una memoria USB y se use en otro ordenador sin tener problemas con vínculos rotos debido a rutas inexistentes.

Si el libro está en una unidad diferente, debe escribir la ruta de acceso completa, por ejemplo: HIPERVINCULO("U:\Documentos\Cuadro_de_Mando\CuadroDeMandoV1"). Sin embargo, tenga cuidado, porque la unidad llamada U en su ordenador (unidad de red) puede tener un nombre diferente en el ordenador de su compañero. Por esta razón, si es posible, es preferible utilizar el nombre del servidor correspondiente usando la forma \\nombre del servidor.

- En **G10**, introduzca la fórmula:
  =HIPERVINCULO("CuadroDeMandoV1.xlsx#SeguimientoFabricas";"Cuadro de mando : Producción")

  Aquí nos dirigimos a la zona denominada SeguimientoFabricas del libro CuadroDeMandoV1.

  Por ejemplo, para dirigirse al servidor de contabilidad denominado contabilidad, deberá escribir la fórmula **=HIPERVINCULO("\\contabilidad";"a la contabilidad")**.
- Replique el formato de la celda **C4** en las celdas **G3** a **G23**.

Su cuadro de mando tiene el siguiente aspecto:

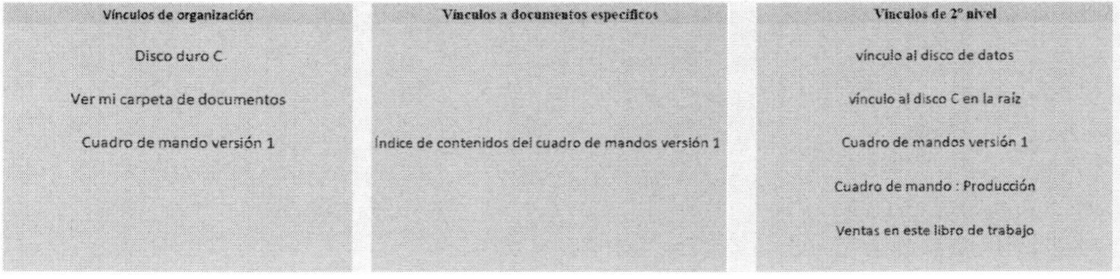

- Guarde este libro y, a continuación, ciérrelo.

3. Vínculos variables

Algunas veces es útil (incluso imprescindible) crear un hipervínculo que evolucione en función de, por ejemplo, el mes en curso o el servicio en cuestión. La parte **ubicación_vinculo** de la función HIPERVINCULO, puede variar en función de los datos de determinadas celdas del libro.

✎ Abra el libro **Vínculos internos al libro.xlsx**, actualice los vínculos realizando un nuevo cálculo (F9).

		B5	c15
lista de las pestañas			
	fijo	móvil (valor en D2)	móvil lista (selección en E2)
enero	#'enero'!a1	#'enero'!B5	#'enero'!c15
febrero	#'febrero'!a1	#'febrero'!B5	#'febrero'!c15
marzo	#'marzo'!a1	#'marzo'!B5	#'marzo'!c15
abril	#'abril'!a1	#'abril'!B5	#'abril'!c15
mayo	#'mayo'!a1	#'mayo'!B5	#'mayo'!c15
junio	#'junio'!a1	#'junio'!B5	#'junio'!c15
julio	#'julio'!a1	#'julio'!B5	#'julio'!c15
agosto	#'agosto'!a1	#'agosto'!B5	#'agosto'!c15
septiembre	#'septiembre'!a1	#'septiembre'!B5	#'septiembre'!c15
octubre	#'octubre'!a1	#'octubre'!B5	#'octubre'!c15
noviembre	#'noviembre'!a1	#'noviembre'!B5	#'noviembre'!c15
diciembre	#'diciembre'!a1	#'diciembre'!B5	#'diciembre'!c15
futuro	#'futuro'!a1	#'futuro'!B5	#'futuro'!c15
	#''!a1	#''!B5	#''!c15
argumentos	#'argumentos'!a1	#'argumentos'!B5	#'argumentos'!c15

a nombres móviles resultados de la columna	
pruebas	#pruebas
clientes	#clientes
	#
	#
	#
	#
	#
	#
	#

Los vínculos de la columna D llaman a un valor que se debe introducir en D2; los de la columna E llaman al valor contenido en E2 elegido a través de una lista desplegable.

Para la línea del mes de enero, tenemos en C6 la función =HIPERVINCULO("#'"&$B6&"'!a").

Como el texto que se va a mostrar no se ha especificado en la fórmula, el resultado que aparece en la celda es el destino del vínculo. En este caso, es la celda A1 de la pestaña de enero porque es el texto enero el que se incluye en la celda B6. Este principio se aplica a todos los vínculos de la columna C.

Este principio se aplica de manera diferente en la columna D: aquí, el vínculo apunta a la pestaña indicada en B6 (enero) y a la celda indicada en D2 (B5): por lo tanto, la fórmula es =HIPERVINCULO("#'"&$B6&"'!"&$D$2).

Concatenamos el contenido de dos celdas (B6 y D2) para obtener el objetivo del vínculo. Lo mismo ocurre con todas las celdas de la columna D.

En E6, está la función =HIPERVINCULO("#'"&$B6&"'!"&$E$2), que muestra "#'enero'!c15" porque en E2 la lista desplegable muestra **c15**.

- Haga clic en E2 para que aparezca la lista desplegable y seleccione el valor z1000: el contenido de la columna E cambia automáticamente:

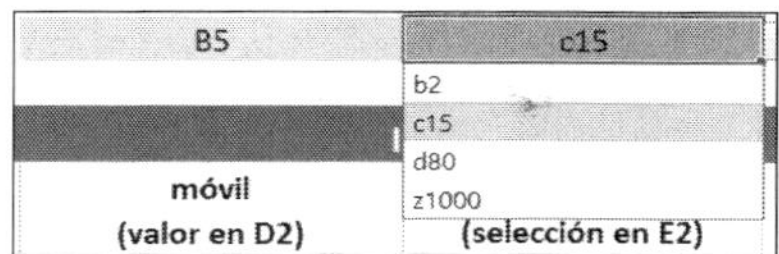

Los valores de la lista desplegable se encuentran en una zona llamada eleccion_lugar en la hoja de configuración, por lo que solo necesita cambiar los valores de esta zona para actualizar la lista desplegable.

- Haga clic en uno de los tres vínculos de la línea 8. Se devuelve un error:

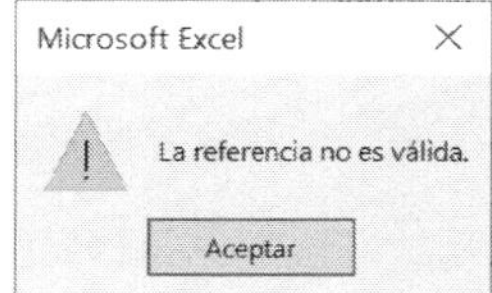

- Inserte una nueva pestaña con el nombre **Marte** y el vínculo comenzará a funcionar. Los vínculos de las celdas con un fondo verde claro estarán operativos tan pronto como las pestañas a las que se dirigen estén presentes en el libro.

  Los vínculos en H6 y H7 son para zonas con nombre: **test** es el nombre de la celda A15 de la pestaña **enero**; **clientes** se corresponde con la tabla de E5 a K13 de la misma pestaña. Puede encontrar estos nombres en el **Administrador de nombres** (pestaña **Fórmulas**).

Por lo tanto, una tabla de este tipo puede incluir vínculos a datos futuros. Estos vínculos funcionarán tan pronto como los datos se integren en el libro de trabajo, siempre que se respete la sintaxis exacta (ejemplo: aquí agosto no es agosto). Utilizaremos este tipo de enfoque al crear la tabla financiera en el próximo capítulo.

4. Vínculos a archivos compartidos

Independientemente de que el uso compartido se realice a través de OneDrive, SharePoint o Teams, vamos a ver más de cerca a cómo se escribe el vínculo.

El primer paso es obtener la dirección compatible con la web del archivo en cuestión. Para ello:

- Cree un archivo de Excel denominado **El objetivo del león** y guárdelo en **OneDrive**, un sitio de **SharePoint** o un equipo de **Teams**.

- Vaya al espacio de uso compartido (OneDrive, SharePoint o a la pestaña **Archivos** en Teams).
- Haga clic con el botón derecho en el archivo y, después, en **Copiar link**.

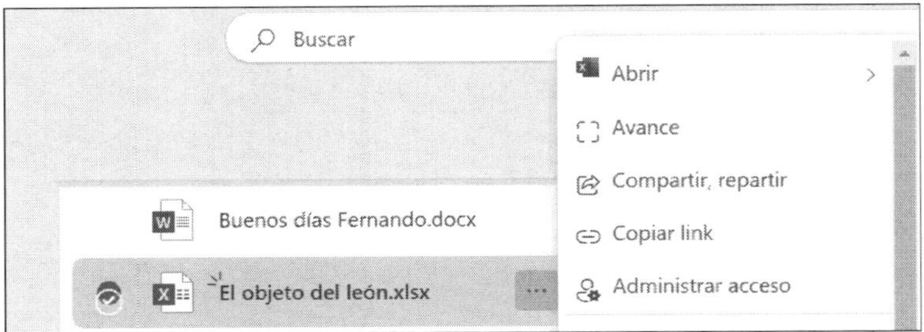

- Confirme la copia en la ventana de diálogo con el botón **Copiar**.

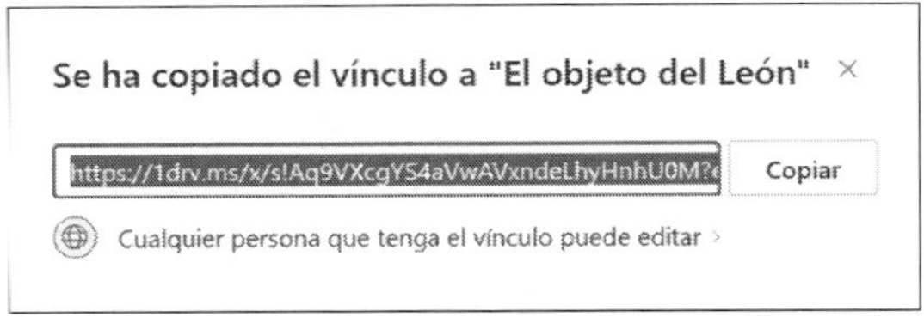

La información que aparece debajo del vínculo indica que, por defecto, solo los miembros de la empresa podrán acceder al archivo y que podrán modificar el contenido del archivo. Puede cambiar esto haciendo clic en la opción (por ejemplo, solo dar un derecho de lectura sin posibilidad de modificación).

Se muestra una confirmación.

El resto sigue siendo igual que las operaciones anteriores, lo único que tiene que hacer es pegar el vínculo en un lugar adecuado.

✎ Pegue el vínculo.

D. Recuperar el contenido de ciertas celdas

En las secciones anteriores, hemos visto cómo establecer un vínculo para acceder rápidamente a una carpeta u otro libro de trabajo, con el objetivo principal de diseñar el índice de contenidos del cuadro de mando. En el capítulo anterior, vimos cómo importar los datos de origen desde el cuadro de mando a Excel y cómo prepararlos para su uso. Estos datos se almacenarán en una hoja independiente del cuadro de mando, generalmente denominada Origen o Datos de origen.

Ahora tenemos que ver cómo podemos recuperar estos datos o parte de ellos para introducirlos en el cuadro de mando. Para hacer esto, utilizaremos una sencilla fórmula de cálculo.

✎ Abra el libro denominado **DatosContables.xlsx**.

Los datos de la pestaña de importación son de septiembre. Los datos a importar del mes siguiente están en la pestaña de importación de datos de octubre. Podrá recuperar la importación inicial en cualquier momento desde los datos de la pestaña de importación de datos de septiembre.

Vaya a la pestaña de **procesamiento** en **A1**.

- Vamos a configurar un vínculo adaptado entre la pestaña de **importación** y esta pestaña. Esperamos un máximo de 5 000 líneas de procesamiento. Este es el número máximo de líneas en nuestro seguimiento mensual.
- Seleccione las celdas **A1** a **A5001** en la zona **Nombre** y haga clic en este cuadro y escriba **A1:A5001**.

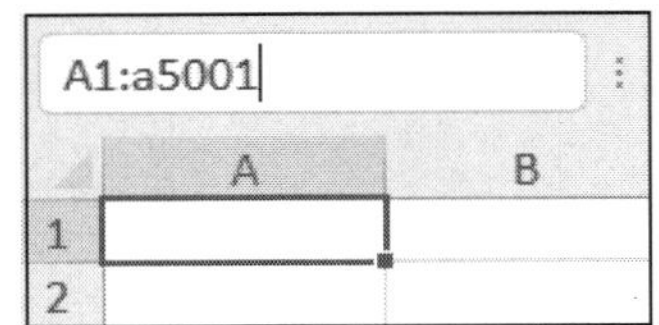

- Valide pulsando en **Aceptar**.
- Sin anular la selección, introduzca la fórmula **=SI(import!A1="";"";Import!A1)** y valide (Ctrl ↵) para insertar esta fórmula en todas las celdas seleccionadas.

  La columna tiene 5 001 fórmulas que permiten recuperar el título de la celda A1 y los datos de las otras celdas.

  De este modo, se establece un vínculo entre las celdas de la hoja de procesamiento y las celdas correspondientes de la hoja de importación. Por lo tanto, si se cambia la celda A2521 de la hoja de importación, el contenido de la celda A2521 de la hoja de procesamiento cambiará automáticamente. La función SI permite evitar la visualización de cero cuando la celda correspondiente de la hoja de importación está vacía.

  Para establecer este tipo de vínculo, también puede copiar los datos de origen y, a continuación, pegarlos con el vínculo en la celda de destino. Sin embargo, tenga cuidado, porque en este caso, la dirección de la celda se hace en términos absolutos (por ejemplo: =$A$1).
- Reproduzca el contenido de la columna utilizando el controlador de relleno y arrastrándolo a la columna H incluida.

Cliente			
nombre oculto 1			
nombre oculto 2			
nombre oculto 3			
nombre oculto 4			
nombre oculto 5			
nombre oculto 6			
nombre oculto 7			
nombre oculto 8			
nombre oculto 9			
nombre oculto 10			

- Reproduzca el formato de las celdas de la fila 1 de la pestaña de **importación** en las de la fila **1** de la pestaña de **procesamiento** con la herramienta **Copiar formato**: seleccione dichas celdas, en la pestaña **Inicio** – grupo **Portapapeles**, haga clic en la herramienta **Copiar formato** y, a continuación, seleccione las celdas de la fila **1** en la pestaña de **procesamiento** para aplicar el formato.
- Seleccione las columnas **A** a **H** y, ajuste automáticamente el ancho de las columnas.

Ahora queremos hacer cambios para lograr el siguiente resultado:

En la columna C, transformaremos la fecha usando un formato de fecha real, eliminaremos las columnas B y E (porque el número de extracción es único), mantendremos la parte útil del albarán (es decir, los últimos 3 caracteres) y añadiremos el nombre del departamento entre las columnas G y H.

- En la celda **C2**, modifique la fórmula de la siguiente manera: =SI(import!C2="";"";FECHA(IZQUIERDA(import!C2;4); EXTRAE(import!C2;5;2); DERECHA (import!C2;2))).

  En la celda C2 de la hoja de importación, la fecha está en formato anglosajón, pero no se reconoce como tal. La función FECHA(año; mes; día) permite transformar estos datos en una fecha real, extrayendo el año (cuatro caracteres a la izquierda), el mes (dos caracteres a partir de la posición 5) y el día (dos caracteres a la derecha).
- Aplique el formato **Fecha corta**, vuelva a copiar el contenido y el formato hacia abajo haciendo doble clic en el controlador de copia.
- En la celda **F2**, modifique la fórmula de la siguiente manera: =SI(import! F2="";""; VALOR(DERECHA(import! F2;3))) y vuelva a copiarla hacia abajo.
- Elimine las columnas **B** y **E** e inserte una columna a la izquierda de la columna F.
- En **F1**, introduzca el título **Nombre de departamento** y ajuste el ancho de la columna F.

- En la celda **F2**, escriba =BUSCARV(E2;ListaDep;2;FALSO), vuelva a copiar esta fórmula hacia abajo y aumente el ancho de la columna F. Esta fórmula permite buscar el contenido de la celda E2 en el campo denominado ListaDep y también recuperar el contenido de la segunda columna (es decir, el nombre del departamento). La zona **ListaDep** corresponde al rango de celdas **B1:101** de la hoja **CodigoDepart**.

Ahora vamos a crear algunas cifras de resumen: el número de ventas y el importe por departamento, en nuestros 10 departamentos "principales": 22, 27, 29, 35, 45, 54, 59, 62, 77 y 91.

- Copie el contenido de la celda **E1** y péguelo como un valor en la celda **I1**. En **J1** y **K1**, introduzca los títulos: **Número de ventas** (número de actos de venta) y **Volumen de ventas** (cantidades vendidas).
- Aplique el formato de la celda **G1** a las celdas de **I1** a **K1** y asigne a las columnas I a K un ancho de **15**.
- En **I2**, escriba =**dep**

Departamento	Número de ventas	Volumen de ventas
=dep		
depart._principales		

- En la lista de ayuda de entrada de datos, aparece la zona denominada **depart._principales**. Pulse en la tecla [Tab] para recuperar el nombre, valide y luego copie esta fórmula en la celda **I11**.

Este método se utiliza para recuperar el contenido de las celdas de un rango de celdas con nombre.

- En **J2**, escriba la fórmula =CONTAR.SI($E$2:$E$5001;I2) y cópiela haciendo doble clic en el controlador de copiado. Esta fórmula permite contar el número de celdas en el rango **E2** a **E5001** en el que aparece el número de departamento contenido en I2.
- En **K2**, escriba =SUMAR.SI.CONJUNTO($C$2:$C$5001;$E$2:$E$5001;I2), vuelva a copiar haciendo doble clic en el controlador de copia. Esta fórmula busca celdas en el rango E2 a E5001, en el que aparece el número de departamento contenido en I2 y suma las cantidades correspondientes de celdas de C2 a C5001.

A	B	C	D	E	F	G	H	I	J	K
Cliente	Fecha	Cantidad	Albarán entrega	Departamento	Nombre departamento	Enseñanza		Departamento	Número de ventas	Volumen de ventas
nombre oculto 1	26/09/2021	13	79008	86	ain	Privada		56	24	134
nombre oculto 2	27/09/2021	30	79021	53	Aisne	Privada		55	23	145
nombre oculto 3	28/09/2021	7	79060	17	Allier	Privada		27	34	154
nombre oculto 4	29/09/2021	8	79061	22	Alpes-de-Haute-Provence	Privada		91	26	154
nombre oculto 5	30/09/2021	6	79062	62	Alpes (Hautes)	Privada		39	27	145
nombre oculto 6	01/10/2021	3	79063	62	Alpes Maritimes	Pública		87	23	167
nombre oculto 7	02/10/2021	1	79064	51	Ardèche	Pública		54	34	165
nombre oculto 8	03/10/2021	1	79065	72	Ardennes	Privada		29	23	134
nombre oculto 9	04/10/2021	4	79067	33	Ariège	Privada		19	45	156
nombre oculto 10	05/10/2021	6	79068	74	Aube	Privada		75	54	147
nombre oculto 11	06/10/2021	9	79069	71	Aude	Privada		62	13	158
nombre oculto 12	07/10/2021	3	79076	7	Aveyron	Privada		62	34	137
nombre oculto 13	08/10/2021	2	79077	64	Bouches du Rhône	Privada		72	43	145
nombre oculto 14	29/09/2021	4	79079	59	Calvados	Privada		10	43	139
nombre oculto 15	30/09/2021	12	79080	49	Cantal	Privada		54	12	149
nombre oculto 16	01/10/2021	2	79081	72	Charente	Privada		6	12	146
nombre oculto 17	02/10/2021	2	79082	69	Charente Maritime	Privada		91	33	156
nombre oculto 18	03/10/2021	10	79083	38	Cher	Privada		68	21	167

Aquí hay un primer análisis cuya principal característica es que es variable: si los datos de la pestaña de importación cambian, la tabla en la pestaña de **procesamiento** se actualizará automáticamente.

- Vaya a la pestaña de **importación de datos de octubre**, seleccione todos los datos haciendo Ctrl E y copie y pegue los datos en la celda **A1** de la pestaña de **importación**.
- Vuelva a la pestaña de **procesamiento**: los datos se actualizan automáticamente.

En el siguiente diagrama se muestran las relaciones entre la pestaña de **importación** y la de **procesamiento**:

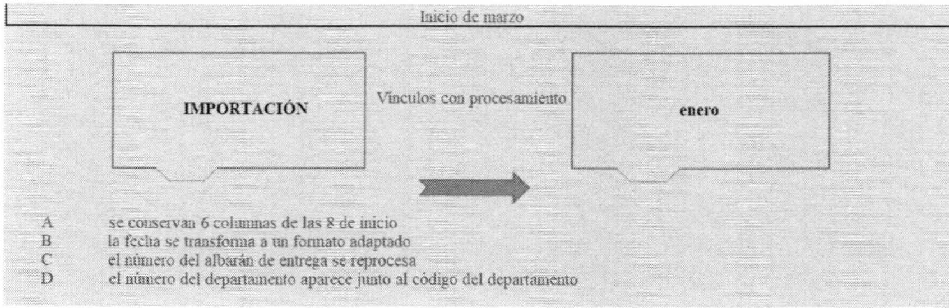

Utilizaremos esta técnica en el capítulo El cuadro de mando contable y financiero para abordar la necesidad mensual de importar datos del libro de contabilidad.

*Recuerde que la característica de Excel es vincular las celdas entre sí para realizar varios cálculos. Una celda integrada en una fórmula puede ser, a su vez, el resultado de otra fórmula: hablamos de cálculos en cascada. Cuando las fórmulas son complejas y hay muchas anidaciones de celdas, los tiempos de respuesta de Excel pueden aumentar. En este caso, puede ser mejor deshabilitar el cálculo automático: pestaña **Fórmulas** - grupo **Cálculo**, haga clic en **Opciones para el cálculo** y, a continuación, haga clic en **Manual**. Para empezar a recalcular las fórmulas, utilice la tecla F9.*

Descubramos ahora un análisis de estos datos a través de indicadores:

- Abra la pestaña oculta llamada **Análisis con indicadores**: haga clic con el botón derecho de ratón en el nombre de una pestaña.

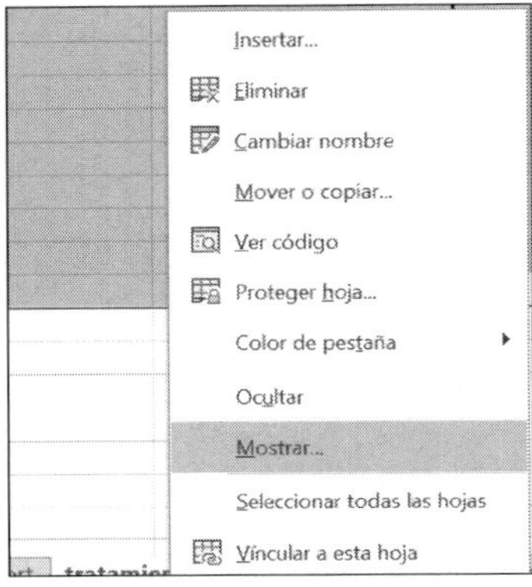

- Haga clic en **Mostrar**.

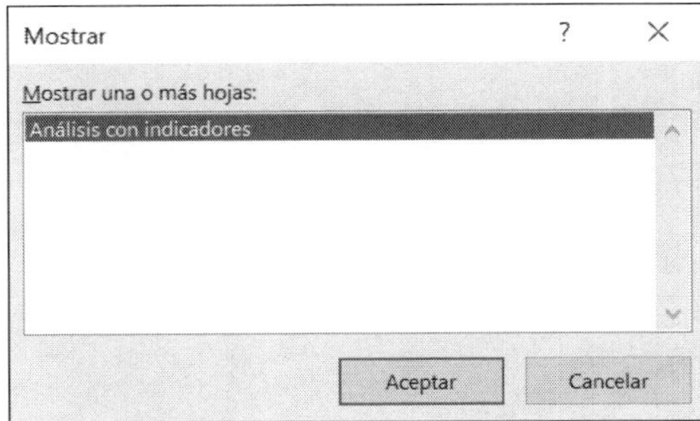

En este cuadro de diálogo, puede ver el nombre de la hoja previamente ocultada.

- Haga clic en **Análisis con indicadores** y luego valide.
- En C3, escriba =CONTAR.SI(procesamiento!$E$2:$E$5001;B3) y vuelva a copiar la fórmula hasta C12.
- En D3, escriba =SUMAR.SI.CONJUNTO(procesamiento!$C$2:$C$5001;procesamiento! $E$2:$E$5001;B3) y vuelva a copiar la fórmula en D12.

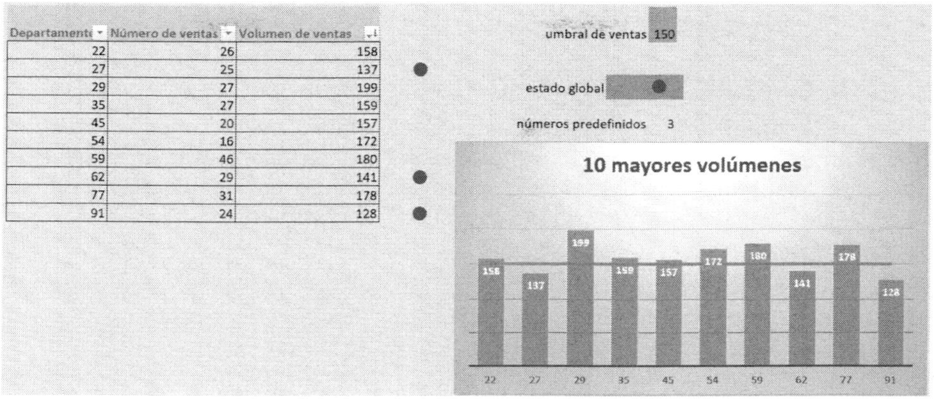
Departamento
Número de ventas
Volumen de ventas
22 26 158
27 25 137
29 27 199
35 27 159
45 20 157
54 16 172
59 46 180
62 29 141
77 31 178
91 24 128
umbral de ventas 150
estado global
números predefinidos 3
10 mayores volúmenes
158 137 199 159 157 172 180 141 178 128
22 27 29 35 45 54 59 62 77 91

En esta pestaña, se colocan indicadores línea por línea, se cuenta el número total de defectos, hay un indicador global y se muestra un gráfico con el umbral. La celda H2 se denomina **umbral_de_ventas**; su valor es 150.

- Los puntos rojos de la columna **E** se obtienen mediante la fórmula =SI(D3<umbral_de_ventas;"n";""). Se aplica la fuente **Webdings** en color **rojo** a estas celdas.
- Cuando es distinto de cero, se muestra el número total de defectos en H7, utilizando la fórmula: =SI(CONTAR.SI(E3:E12;"n")>0;CONTAR.SI(E3:E12;"n");"").
  Esta fórmula cuenta el número de puntos rojos situados en las celdas E3 a E12.
- El indicador de **estado global** se obtiene utilizando dos formas grises con fuente **Webdings**, una con un color de fuente verde vinculado a la celda L5 (contiene la fórmula =SI(H7="";"n";"") y otra con un color de fuente rojo vinculada a la celda M5 (=SI(H7<>"";"n";"")).
- Modifique el umbral introduciendo **120** en **H2**: los indicadores y el gráfico cambian.
- Cierre el libro.

E. Optimizar el índice de contenido

1. Crear zonas por tema o por departamentos de la empresa

El índice de contenido se puede dividir en zonas, cada una se corresponde con un tema (por ejemplo, Contabilidad, Nómina, etc.) o con un departamento de la empresa. Cada zona puede contener hipervínculos a direcciones de sitios web, archivos de procedimientos PDF, una carpeta de la red, un libro de trabajo, un documento de Word o una presentación de PowerPoint.

Tomemos el ejemplo de la nómina gestionada por el departamento de contabilidad de una empresa: descubramos juntos un cuadro de mando parcial de gestión.

✎ Abra el libro **Recursos contables.xlsx**.

Este índice de contenidos incluye una zona dedicada a la nómina y otras tres no formalizadas (pueden estar dedicadas a compras, ventas, administración, etc.).

COMERCIAL		PRODUCCIÓN		RECURSOS HUMANOS		COMPRAS	
CONTABILIDAD							
GESTIÓN DE LA PAGA		GESTIÓN DE ...		GESTIÓN DE ...		GESTIÓN DE ...	
Ministerio de trabajo	N	enlace 1	ok	enlace 1	ok	enlace 1	ok
[illegible]	EC	enlace 2	ok	enlace 2	ok	enlace 2	ok
programa "Paga"	N	enlace 3	ok	enlace 3	N	enlace 3	ok
Crédito e impuestos	ok	enlace 4	ok	enlace 4	ok	enlace 4	ok
ver datos resumidos	n	enlace 5	ok	enlace 5	ok	enlace 5	ok
	n	enlace 6	EC	enlace 6	N	enlace 6	ok
	n	enlace 7	EC	enlace 7	ok	enlace 7	ok
	n	enlace 8	EC	enlace 8	ok	enlace 8	ok
	n	enlace 9	ok	enlace 9	ok	enlace 9	ok
	N	enlace 10	ok	enlace 10	ok	enlace 10	ok
	n	enlace 11	ok	enlace 11	ok	enlace 11	ok

enlaces externos	aa
directorios o programas	aa
ver archivos	aa
enlaces internos	aa

En primer lugar, queremos materializar el estado de los hipervínculos (estos ya están presentes).

Vamos a asignar un formato condicional a las celdas E7 a E29 para controlar manualmente el cambio de color introduciendo los valores **OK**, **EC** (por En Curso) o **N** (por No actualizado).

✎ Seleccione las celdas **E7** a **E29**.

✎ En la pestaña **Inicio** - grupo **Estilos**, haga clic en **Formato condicional**, a continuación, en **Administrar reglas** y, después, en **Nueva regla**.

- Elija el segundo tipo, **Aplicar formato únicamente a las celdas que contengan**, elija **Texto específico**, seleccione **que contiene**. A continuación, escriba OK, haga clic en el botón **Formato** y elija un color de relleno y el color de fuente verde brillante.

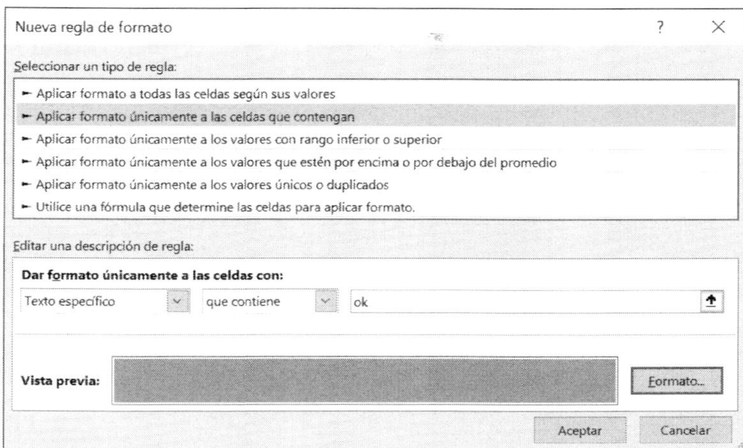

- Haga clic en **Aceptar**.
- Haga clic en **Nueva regla** de nuevo y, a continuación, haga lo mismo para que coincida con el texto EC usando el color naranja y valide.
- Vuelva a hacer clic en **Nueva regla** y asocie el texto N usando el color rojo y valide.
- Aplique el formato de las celdas E7 a E29 a las celdas K7 a K29, Q7 a Q29 y W7 a W29 con la herramienta **Copiar formato**.

Eventualmente, la entrada de OK, EC y N se puede automatizar mediante una fórmula como: =SI(AntiguedadDelDoc<1_Año;"OK";" N").

- Si considera que el vínculo de la celda C8 está actualizado, introduzca el valor OK en E8: la luz se volverá verde.

2. Vínculos siempre accesibles

Los vínculos se deben colocar en un área fija del libro de trabajo para que siempre permanezcan visibles y accesibles; por ejemplo, en un panel fijo a la izquierda. Estos vínculos se pueden incluir en celdas o se pueden dibujar formas, como en la siguiente pantalla, de tres libros de trabajo diferentes. En los tres casos, se ha eliminado el subrayado de los hipervínculos. En el ejemplo 1, las celdas permanecen visibles. En el ejemplo 2, las celdas ya no se materializan. En el ejemplo 3, los vínculos están asociados a objetos dibujados.

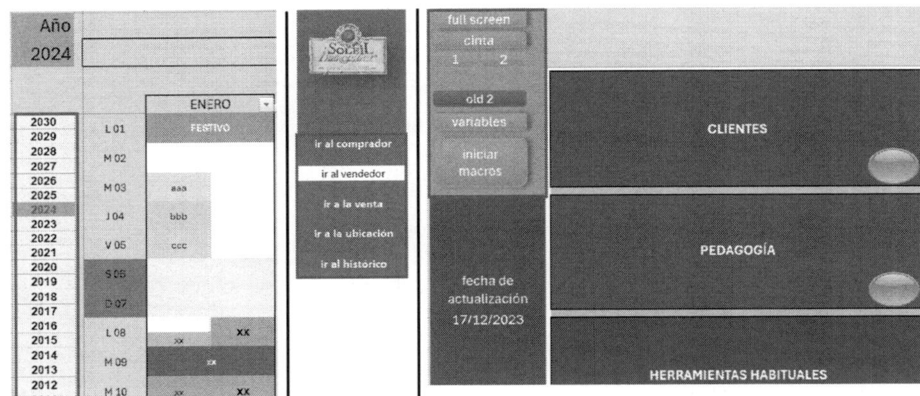

Cuando la tabla contiene muchas filas, puede ser una buena idea colocar los vínculos en una o más filas encima de la tabla. Eso es lo que vamos a hacer aquí para transformar el cuadro de mando contable en un cuadro de mando más general, con el fin de conseguir un cuadro de mando que abarque cinco departamentos de la empresa, con una navegación completa y homogénea:

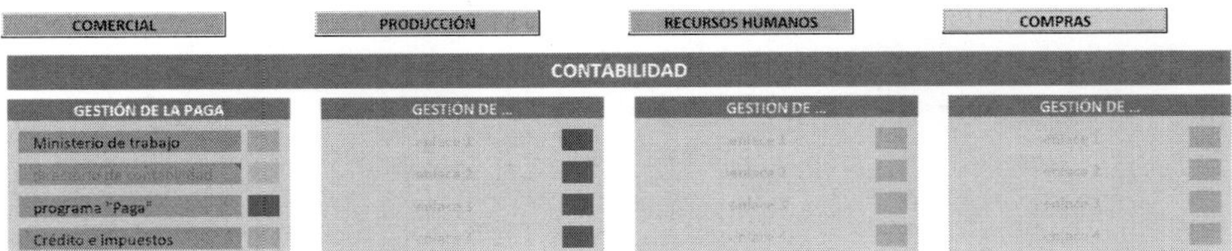

Vamos a fijar las primeras filas de la hoja para que el área de navegación superior esté siempre visible en la pantalla.

- Seleccione la celda **B7**. Haga clic en la pestaña **Vista** - grupo **Ventana** y, a continuación, haga clic en **Inmovilizar paneles** (dos veces).

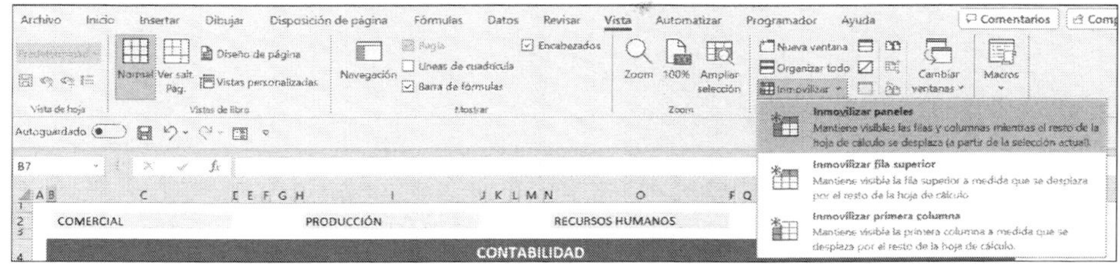

- Haga clic en el vínculo de la celda **C16** que muestra una tabla de resumen:

  Las filas y columnas se han fijado a partir de la celda B7.

- Seleccione la fila 1 e inserte dos líneas encima de ella. Aplique un alto de 9 píxeles a las filas 1 y 3, y un alto de 16,5 a la fila 2.

Vamos a dar a los botones de navegación de la fila 2 un estilo de formato que les dé un aspecto 3D, para mantener la coherencia.

- Haga clic en **C2**.
- Pestaña **Inicio** - grupo **Estilos**
- Abra la galería **Estilos de celda** y haga clic en **Nuevo estilo de celda**. Asigne el nombre **Vínculo** como **Nombre de estilo**.
- Haga clic en **Formato**.

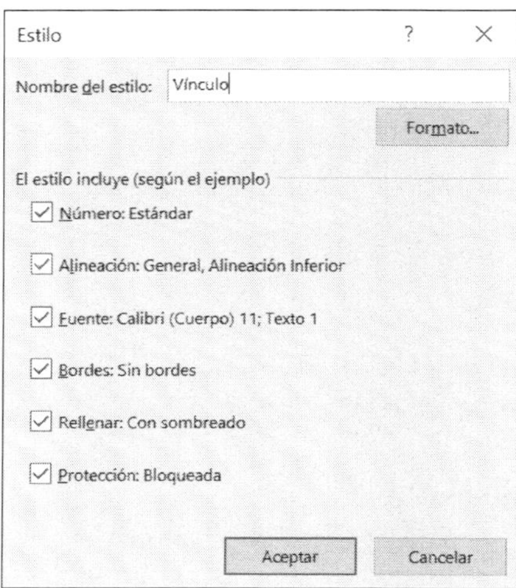

- En la pestaña **Relleno**, haga clic en uno de los tonos azul-verde propuestos.
- En la pestaña **Borde**, opte por un estilo de línea bastante grueso, active los bordes inferior y derecho con un color negro y haga lo mismo en la parte superior y a la izquierda, pero con un color blanco.

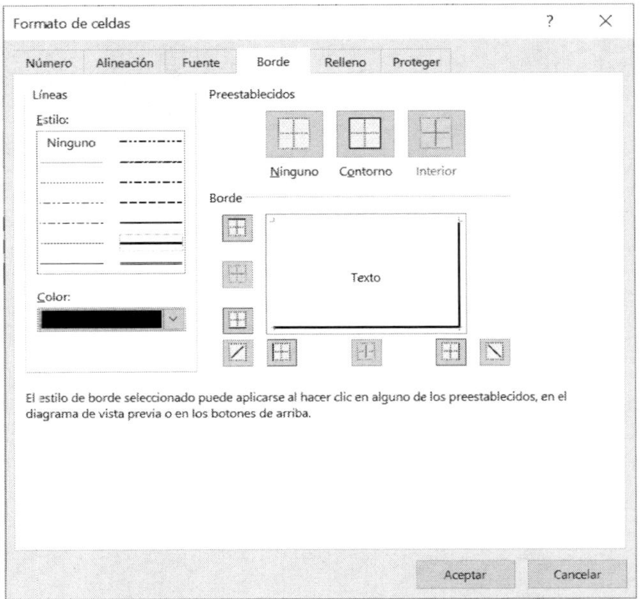

- En la pestaña **Fuente**, haga clic en **Negrita** y elija el color de fuente negro.
- En la pestaña **Alineación**, elija **Centrar**.
- Haga clic en **Aceptar** dos veces.

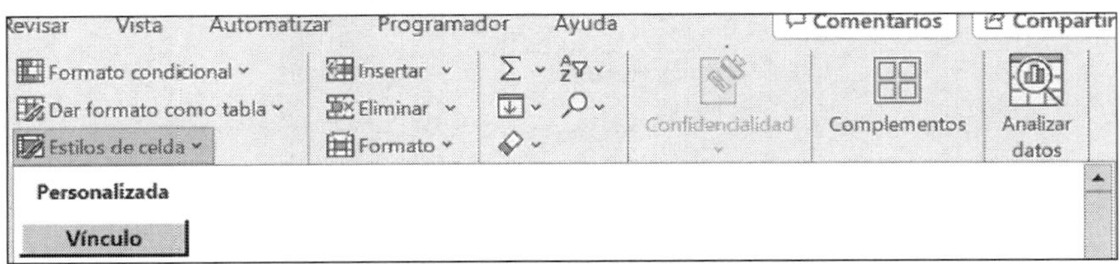

El estilo **Vínculo** aparece en la galería de estilos: los bordes blancos y negros proporcionan un efecto de relieve.

- Seleccione las celdas C2, I2, O2 y U2.
- En la pestaña **Inicio** - grupo **Estilos**, haga clic en el botón **Estilos de celda** y, a continuación, en la categoría **Datos y modelo**, haga clic en el estilo **Hipervínculo**.

Los botones evolucionan de la siguiente manera:

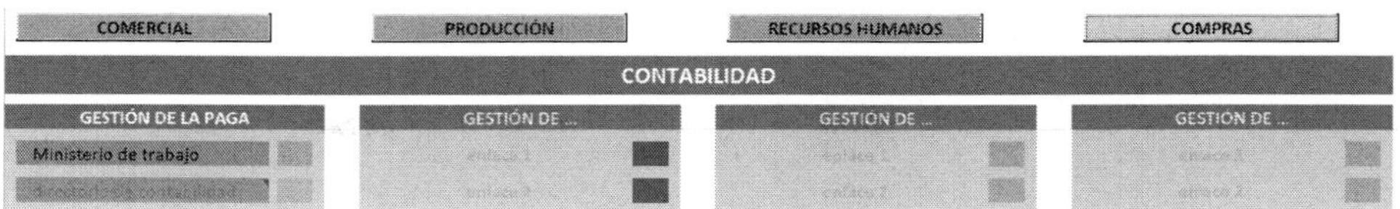

En realidad, siempre es preferible configurar hipervínculos antes de asignar el estilo, porque cada vez que se cambia el vínculo (nombre o destino), vuelve a aparecer el estilo estándar del hipervínculo (subrayado y azul).

- Haga clic con el botón derecho del ratón en la pestaña **Índice de contenidos de contabilidad**, haga clic en **Mostrar** y luego haga clic en Índice de contenidos comercial.
- Seleccione las cinco hojas que desea mostrar (con la tecla Mayús).

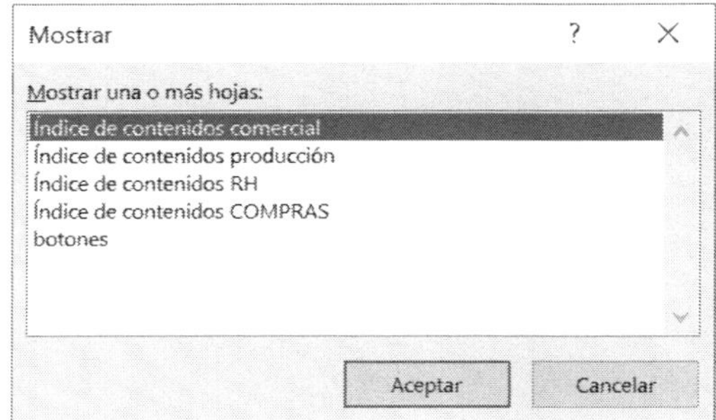

- Haga clic en **Aceptar**.

  Los vínculos para estas diferentes hojas ya están en su lugar, por lo que puede probar la navegación en el libro de trabajo. Lo único que falta por hacer es crear los vínculos de la hoja **Índice de contenidos de contabilidad** a las otras hojas.

Ahora tenemos un cuadro de mando que tiene botones de navegación en todas las hojas, que permiten acceder a todas ellas.

3. Vínculos iconográficos

Ahora, echemos un vistazo a cómo crear vínculos iconográficos.

✎ Haga clic en la pestaña **Botones**.

Encontramos algunos iconos, algunos de ellos pertenecientes a Open Clipart. Open Clipart es una librería de ilustraciones, libre de derechos de autor, a partir de la cual puede encontrar imágenes prediseñadas para mejorar la imagen de sus cuadros de mando. Se pueden encontrar recursos adicionales en https://openclipart.org/.

✎ Copie el icono de las personas.

✎ Acceda a la pestaña Índice de contenidos contabilidad, pegue la imagen, aplique un alto y un ancho de 1 cm (pestaña **Formato de imagen** - grupo **Tamaño**) y luego colóquela a la derecha del botón RECURSOS HUMANOS.

También puede usar iconos del repositorio de imágenes de Microsoft: en la pestaña **Insertar** - grupo **Ilustraciones**, y haga clic en el botón **Iconos**.

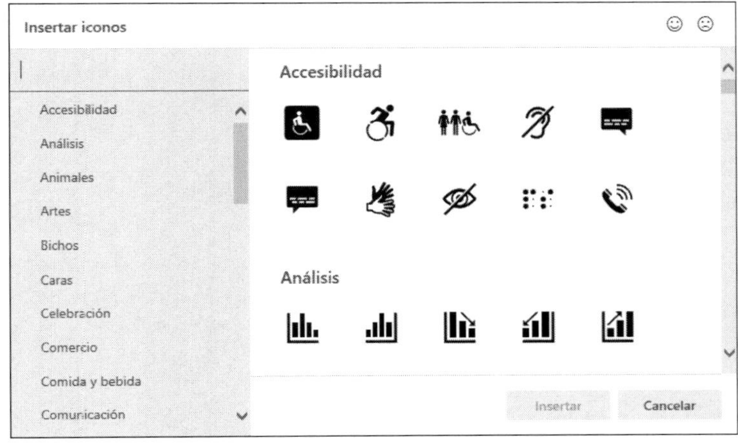

Puede buscar directamente por palabra clave o elegir por categoría: **Tecnología**, **Meteorología**, etc.

- Haga clic con el botón derecho del ratón sobre la imagen, luego haga clic en **Vínculo** y agregue un vínculo a la pestaña **Índice de contenidos RH**.
- Cópielo de nuevo, luego péguelo en todas las pestañas excepto en la de recursos humanos, siempre colocándolo a la derecha del botón RECURSOS HUMANOS.

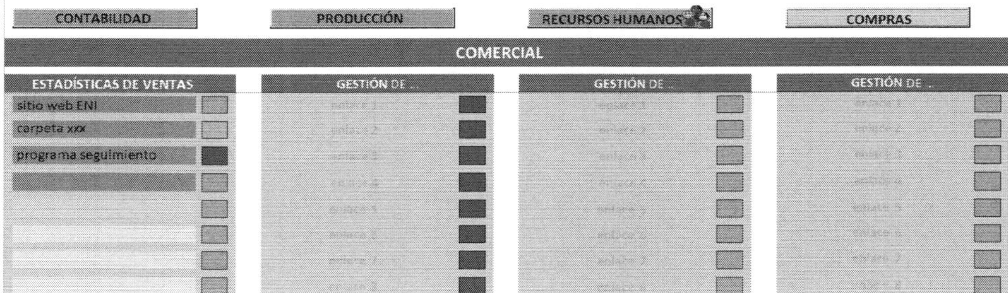

A partir de este momento, puede crear un hipervínculo en este icono. El procedimiento es idéntico al que hemos visto anteriormente.

Sin embargo, hay que tener en cuenta que los vínculos iconográficos, aunque sean estéticamente más agradables, son menos seguros y escalables que los que hemos configurado utilizando la función HIPERVINCULO.

- Cierre el libro.

*En lugar de copiar el formato de los hipervínculos uno por uno o en lotes, es mejor cambiar sus estilos: pestaña **Inicio** - grupo **Estilos**, haga clic en el icono **Estilos de celda**.*

Las acciones basadas en funciones IZQUIERDA, EXTRAE, etc. se pueden sustituir por el uso del editor de PowerQuery, que detallaremos en el capítulo de Power Query.

Capítulo 5

El cuadro de mando contable y financiero

A. Introducción

Empecemos hablando de la diferencia entre la visión del director de la empresa y la del director financiero. Se puede resumir en dos citas. Para el dirigente: "Es mejor tener más o menos razón que estar equivocado". (Warren Buffet); para el director financiero: "El diablo se esconde en los detalles". (proverbio suizo).

Quien fabrica el cuadro de mando está sujeto a la doble presión de la precisión de sus resultados y al aumento permanente de la complejidad y del volumen de datos para procesar. Esto se traduce en tablas de resumen de productos impresas, que a veces contienen imprecisiones (¿quién no ha imprimido alguna vez a mediodía la tabla dinámica de resumen del día anterior, olvidando las 10 novedades registradas por la mañana?). A menudo, esto provoca estrés a la persona que diseña la tabla, especialmente si está relacionado con los datos contables.

Esto es particularmente cierto para este primer capítulo de implementación real en la parte financiera de la empresa, pero también es cierto en todos los departamentos cuando se trata de la doble lectura "producción" vs. "control".

Intentaremos conciliar los dos puntos de vista, gracias a una organización minuciosa de nuestros libros de trabajo y a una conexión eficaz con el sistema existente.

Vamos a ver el lado contable de una empresa de entretenimiento. Como primer paso, procederemos a la consolidación de los datos que provienen de tres estructuras jurídicamente separadas. Estas entidades están vinculadas con la naturaleza de los espectáculos que realizan: la "INFANTIL T" para niños, la "MODERN T" para creaciones contemporáneas y la "CLASSIC T" para obras clásicas.

Cada uno prepara una cuenta de resultados mensual y para cada entidad, se calculan algunos saldos intermediarios de gestión (SIG) con parámetros como valor añadido (IVA), excedente bruto de operación (EBITDA) y otros que aún no se han construido. Necesitamos calcular los ingresos, los gastos operativos acumulados y los SIG acumulados de las tres estructuras.

Vamos a trabajar en el primer trimestre.

B. Consolidar los datos financieros de varias entidades

1. Objetivo

✎ Abra el libro de trabajo **Cap. 5 parte A.xlsx**.

El libro de trabajo contiene nueve hojas correspondientes a los datos de las tres entidades de enero a marzo. Además, contiene otras seis hojas**inicio sints xxx** T y **fin sints xx** T para cada una de las tres entidades que usaremos en los cálculos.

Entre cada una de estas hojas, se encuentran las hojas reservadas para la acumulación de valores de cada una de las estructuras teatrales. Estos valores se utilizarán para los cálculos de consolidación.

La pestaña **Organización** contiene una lista de las pestañas del libro de trabajo y contiene vínculos que permiten acceder rápidamente a cada hoja.

Queremos obtener el acumulado de cada entidad, como en el siguiente ejemplo:

CONSOLIDACIÓN 3 ENTIDADES

	Acumulado
VENTAS	3.474.908,00 €
GASTOS CUENTAS 604000 A 625000	1.554.976,00 €
VALOR AÑADIDO	1.919.932,00 €
GASTOS SALARIALES	207.393,00 €
EXCEDENTE BRUTO EXPLOTACIÓN (EBITDA)	1.712.539,00 €
...	

También queremos consolidar los valores de las tres entidades:

CONSOLIDACIÓN 3 ENTIDADES	
Acumulado	
VENTAS	3.474.908,00 €
GASTOS CUENTAS 604000 A 625000	1.554.976,00 €
VALOR AÑADIDO	1.919.932,00 €
GASTOS SALARIALES	207.393,00 €
EXCEDENTE BRUTO EXPLOTACIÓN (**EBITDA**)	1.712.539,00 €
...	

2. Los datos

Las hojas, creadas mensualmente, se presentan de la siguiente manera:

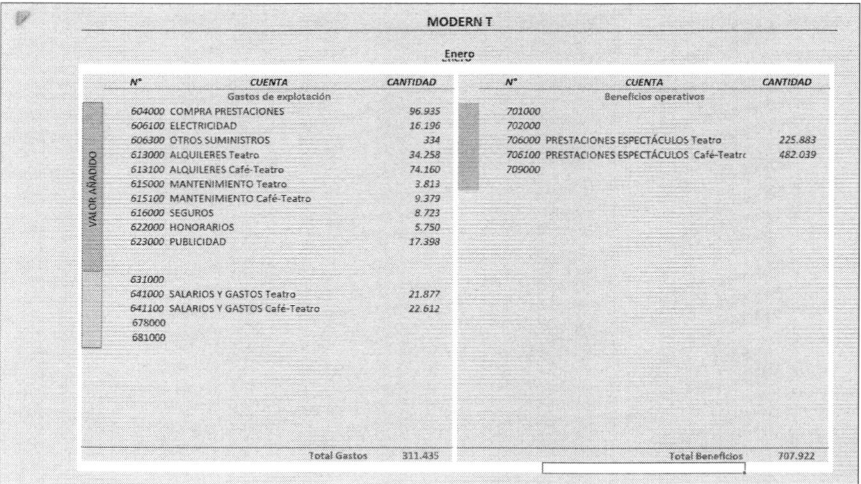

MODERN T

Enero

N°	CUENTA	CANTIDAD
	Gastos de explotación	
604000	COMPRA PRESTACIONES	96.935
606100	ELECTRICIDAD	16.196
606300	OTROS SUMINISTROS	334
613000	ALQUILERES Teatro	34.258
613100	ALQUILERES Café-Teatro	74.160
615000	MANTENIMIENTO Teatro	3.813
615100	MANTENIMIENTO Café-Teatro	9.379
616000	SEGUROS	8.723
622000	HONORARIOS	5.750
623000	PUBLICIDAD	17.398
631000		
641000	SALARIOS Y GASTOS Teatro	21.877
641100	SALARIOS Y GASTOS Café-Teatro	22.612
678000		
681000		
	Total Gastos	311.435

N°	CUENTA	CANTIDAD
	Beneficios operativos	
701000		
702000		
706000	PRESTACIONES ESPECTÁCULOS Teatro	225.883
706100	PRESTACIONES ESPECTÁCULOS Café-Teatrc	482.039
709000		
	Total Beneficios	707.922

Los beneficios operativos se colocan en la columna L de la fila 8 a la fila 13.

Los gastos de explotación que se utilizarán para calcular el IVA se encuentran en la columna G, entre las filas 8 y 19.

Los gastos de explotación para calcular el EBITDA se encuentran en la columna G, entre las filas 20 y 24.

3. Fórmulas "3D"

Para calcular el total del trimestre de la primera entidad, podríamos usar una fórmula como ='enero'C3+'febrero'C3+'marzo'C3 o, lo que viene a ser lo mismo, = SUMA('Enero'C3;' Febrero'C3;' Marzo'C3).

Por lo tanto, la fórmula de la celda F6 de la hoja **T MODERN acumulado** sería: =SUMA('MODERN T enero'!L8:L13)+SUMA('MODERN T febrero'!L8:L13)+ SUMA('MODERN T marzo'!L8:L13).

Esta fórmula, aunque es correcta, tiene dos inconvenientes:

- Si se añaden un cuarto y un quinto mes, tendremos que comprobar que la fórmula está actualizada.
- Si se elimina una hoja, aparecerá el error **#REF!**.

Por lo tanto, optaremos por un cálculo "3D", es decir, una suma, teniendo en cuenta los datos desde una primera hoja (inicio sints MODERN T) hasta una última hoja (final sints MODERN T).

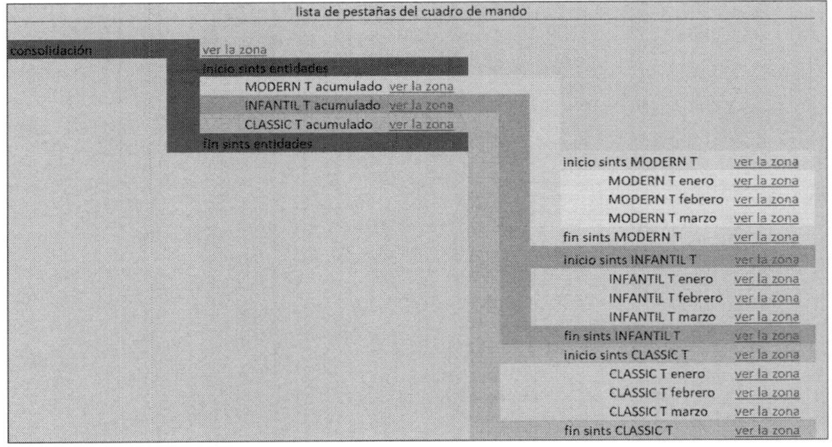

Por lo tanto, la escritura en "3D" es la siguiente: =SUMA('inicio sints MODERN T:fin sints MODERN T'!L8:L13).

Se lee de la siguiente manera: suma de celdas de L8 a L13 de las hojas **inicio sints MODERN T** hasta **final sints MODERN T**.

4. Acciones

- Acceda a la hoja **MODERN T acumulado**.
- En **F6**, introduzca la fórmula =SUMA(**'inicio sints** MODERN T:**fin sints** MODERN T'!L8:L13)

  También puede hacer clic en las celdas en cuestión en lugar de escribir su referencia: haga clic en la pestaña **inicio sints** MODERN T, presione la tecla [Mayús], luego haga clic en la pestaña **fin sints** MODERN T, suelte la tecla [Mayús] y seleccione el rango de celdas L8 a L13.
- En **F8**, escriba =SUMA(**'inicio sints** MODERN T:**fin sints** MODERN T'!G8:G19)

  También puede copiar la fórmula de la celda F6 y, a continuación, cambiar las referencias de celda.
- En **F10**, introduzca la resta simple =F6-F8 que se corresponde con el cálculo contable.
- En **F12**, escriba =SUMA(**'inicio sints** MODERN T:**fin sints** MODERN T'!G20:G24)
- En **F14**, escriba =F10-F12

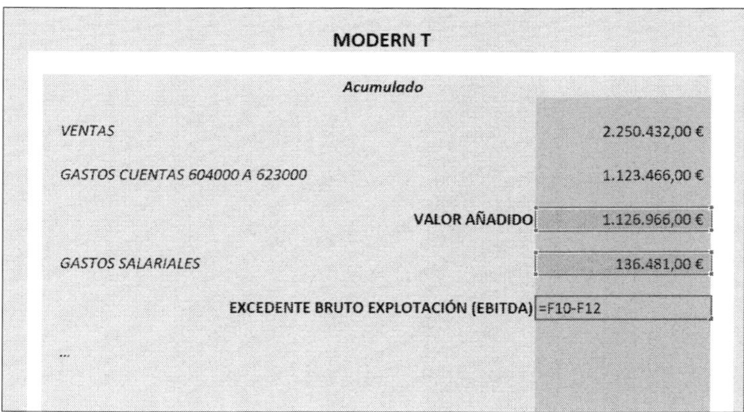

- Introduzca las mismas fórmulas en la hoja **INFANTIL T acumulado**, sustituyendo MODERN T por **INFANTIL T**.
- Haga lo mismo en la hoja **CLASSIC T** acumulado sustituyendo MODERN T por **CLASSIC T**.

En la hoja consolidación, vamos a utilizar el otro método para insertar la fórmula.

- Vaya a la hoja **consolidación**.
- En **F6**, escriba =SUMA(luego haga clic en la pestaña **inicio sints entidades** y, a continuación, mientras mantiene pulsada la tecla [Mayús], haga clic en la pestaña **fin sints entidades**. Para finalizar la fórmula, haga clic en la celda **F6**, escriba) y valide.

- En **F8**, escriba =SUMA(**'inicio sints entidades:fin sints entidades!F8**). Copie la fórmula en **F10**, **F12** y **F14**.

Los acumulados por teatro tienen en cuenta los valores de las hojas colocadas entre las pestañas **inicio sints xxx T** y **fin sints xxx T**.

La pestaña de **consolidación** acumula los valores presentes en las hojas **inicio sints entidades** y **fin sints entidades**. Para evolucionar los cálculos utilizando el enfoque 3D, es suficiente con mover las pestañas.

- Mueva la pestaña **MODERN T marzo** a la derecha de la pestaña **fin sints MODERN T** y vaya a la hoja **MODERN T acumulado**: el EBITDA (por ejemplo) aumentó de 990.485,00 € a 523.170,00 €:

MODERN T	
Acumulado	
VENTAS	1.273.599,00 €
GASTOS CUENTAS 604000 A 623000	659.845,00 €
VALOR AÑADIDO	613.655,00 €
GASTOS SALARIALES	90.485,00 €
EXCEDENTE BRUTO EXPLOTACIÓN (EBITDA)	523.170,00 €

5. Posibles evoluciones

Cuando se añaden nuevos datos, por ejemplo los del mes de abril, bastará con colocar la pestaña **MODERN T abril** entre las pestañas **inicio sints MODERN T** y **fin sints MODERN T**, preferiblemente a la derecha de marzo, aunque esto no importa para el cálculo. La pestaña **INFANTIL T abril** se colocará entre las pestañas **inicio sints INFANTIL T** y la pestaña **fin sints INFANTIL T**. Para terminar, la pestaña **CLASSIC T abril** se colocará entre las pestañas **inicio sints CLASSIC T** y **fin sints CLASSIC T**.

- Para probar esto, puede duplicar las tres hojas de marzo, cambiar su nombre por abril y luego modificar algunos valores.

C. Simplificar la recuperación cíclica de datos contables

Volvamos al caso de la empresa de entretenimiento y veamos la recuperación de datos de la contabilidad.

Esta compañía gestiona 12 salas de espectáculos: 5 dedicadas al teatro y 7 al café-teatro. El personal se asigna de la siguiente manera: 5 directores para las primeras 5 salas, 5 técnicos para el resto, el electricista trabaja en 2 salas. Los honorarios de los artistas se cargan a las cuentas de la clase 604 porque la empresa es una "actriz" de su actividad (y no a la 611, porque no es un servicio).

Vamos a proceder a la implementación de una cuenta de resultados acumulada, de seis cuentas de resultados mensuales (será fácil añadir más) y vamos a establecer un desglose analítico que no existe en el sistema contable, utilizando Excel, sobre las dos familias de salas.

✎ Abra el libro **Cap 5 parte B.xlsx**.

El libro consta de una hoja **Acumulado** cuyos valores se consolidan de las hojas entre **inicio_acumulado** y **fin_acumulado**. También contiene una primera cuenta de resultados mensual en la hoja **enero**.

1. Objetivo

Queremos poder añadir datos de la contabilidad y utilizarlos para tener un desglose actualizado tras seleccionar el balance mensual en la celda A1 de la hoja 01DESGL:

	A	B	C	D	E
1	01BAL				
2	01BAL	421000		421500	
3	02BAL	14584,8		8375,72	
4	03BAL 04BAL	421001	2951,42	421021	1219,06
5	05BAL 06BAL	421002	2463,89	421022	1589,59
6	07BAL 08BAL	421003	3589,59	421023	1993,34
7		421004	2993,34	421024	2015,5
8		421005	2586,56	421025	1558,23
9			0	421026	0
10			0		0

También queremos obtener una cuenta de resultados mensual duplicando el mes anterior, seleccionando el desglose pertinente en la casilla B2 del mes en cuestión (en este ejemplo, **enero**):

01DESGL				ENERO	
01DESGL		Nº	CUENTA	CANTIDAD	Nº
02DESGL			Gastos operativos		
03DESGL	VALOR AÑADIDO	604000	COMPRAS PRESTACIONES	96.935	701000
04DESGL		606100	ELECTRICIDAD	16.196	702000
05DESGL		606300	OTROS SUMINISTROS	334	706000 PRESTACION
06DESGL		613000	ALQUILERES Teatro	34.258	706100 PRESTACION
07DESGL		613100	ALQUILERES Café-Teatro	74.160	709000
08DESGL		615000	MANTENIMIENTO Teatro	3.813	
09DESGL		615100	MANTENIMIENTO Café-Teatro	9.379	
10DESGL		616000	SEGUROS	8.723	
11DESGL		622000	HONORARIOS	5.750	
12DESGL					

Estamos tratando de hacer que el acumulado sea móvil (usando el enfoque 3D) en función del mes elegido en la celda B2 de la hoja **Acumulado**:

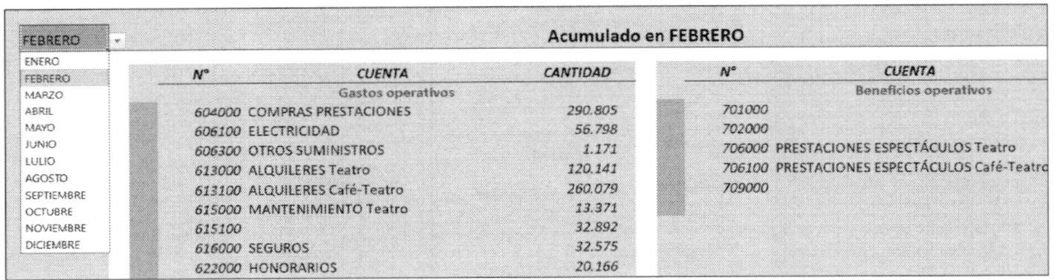

FEBRERO	Acumulado en FEBRERO				
ENERO	Nº	CUENTA	CANTIDAD	Nº	CUENTA
FEBRERO		Gastos operativos			Beneficios operativos
MARZO	604000	COMPRAS PRESTACIONES	290.805	701000	
ABRIL	606100	ELECTRICIDAD	56.798	702000	
MAYO	606300	OTROS SUMINISTROS	1.171	706000	PRESTACIONES ESPECTÁCULOS Teatro
JUNIO	613000	ALQUILERES Teatro	120.141	706100	PRESTACIONES ESPECTÁCULOS Café-Teatro
LULIO	613100	ALQUILERES Café-Teatro	260.079	709000	
AGOSTO	615000	MANTENIMIENTO Teatro	13.371		
SEPTIEMBRE	615100		32.892		
OCTUBRE	616000	SEGUROS	32.575		
NOVIEMBRE	622000	HONORARIOS	20.166		
DICIEMBRE					

Por último, queremos distinguir entre el desglose de las actividades de teatro y café-teatro y poder seleccionar una u otra actividad.

Todas las listas desplegables ya están en su lugar.

2. Los datos

El libro de trabajo tiene seis pestañas: los balances mensuales originales (aparte de los colores y filtros aplicados), que provienen de los libros principales de enero a junio, de 01BAL a 06BAL.

A	B	C	D	E	F	G	H	I	J	K	L	M	N	O	P	Q
	fecha				num cuenta	D	C	Título								
OY	31012021	1	1	31	101000	0	100000	CAPITAL SOCIAL O PERSONAL					1			0
OY	31012021	1	2	31	106100	0	20000	RESERVA LEGAL					1			0
OY	31012021	1	3	31	110000	0	35472,22	APLAZADO (CR)					1			0
OY	31012021	1	4	31	120000	0	10823	BENEFICIO DEL EJERCICIO					1			0
OY	31012021	1	5	31	164104	0	3973,27	PRÉSTAMO bancario 1 15000€					1			0
OY	31012021	1	6	31	164105	0	6341,47	PRÉSTAMO bancario 2 9400€					1			0
OY	31012021	1	7	31	205000	2498,1	0	CONCESIONES.PATENTES.LICENCIAS.MARCA					1			0
OY	31012021	1	8	31	218100	5177,92	0	INSTALL.AGENC.DISPOS.VARIOS					1			0

La pestaña **01DESGL** se utiliza para establecer el procesamiento analítico. En esta hoja, los totales se muestran encima de los datos (fila 3):

01BAL				
	421000		421500	
	14584,8		8375,72	
	421001	2951,42	421021	1219,06
	421002	2463,89	421022	1589,59
	421003	3589,59	421023	1993,34
	421004	2993,34	421024	2015,5
	421005	2586,56	421025	1558,23
		0	421026	0
		0		0

La pestaña de configuración muestra el contenido de las listas desplegables que son útiles para el correcto funcionamiento del libro, así como la lista de cuentas:

lista pestañas desglose	lista pestañas balance	lista meses
01DESGL	01BAL	ENERO
02DESGL	02BAL	FEBRERO
03DESGL	03BAL	MARZO
04DESGL	04BAL	ABRIL
05DESGL	05BAL	MAYO
06DESGL	06BAL	JUNIO
07DESGL	07BAL	LULIO
08DESGL	08BAL	AGOSTO
09DESGL	09BAL	SEPTIEMBRE
10DESGL	10BAL	OCTUBRE
11DESGL	11BAL	NOVIEMBRE
12DESGL	12BAL	DICIEMBRE

NumCuenta	NombreCuenta
604000	COMPRAS PRESTACIONES
606100	ELECTRICIDAD
606300	OTROS SUMINISTROS
606400	OTROS SUMINISTROS
613000	ALQUILERES
615000	MANTENIMIENTO SALAS
616000	SEGUROS
622000	HONORARIOS
625000	...
641000	SALARIOS Y GASTOS
706000	PRESTACIONES ESPECTÁCULOS

3. Funciones utilizadas

BUSCARX()

BUSCARX(valor_buscado; VectorDeBúsqueda; VectorDevuelto;"")

La función se utiliza para buscar una cuenta entre las disponibles en la hoja de parámetros. También se utiliza para buscar la cuenta en el desglose mensual.

INDICE()

INDICE(matriz; num_lin; [num_col])

Esta función se utiliza para devolver la posición de línea (posiblemente columna) de un dato en una lista.

INDIRECTO()

INDIRECTO(ref_texto;[a1])

Es la función más importante del método porque permite hacer referencia a datos en ubicaciones móviles o en pestañas futuras.

EQUIV()

EQUIV(valor_buscado tabla_busqueda;[tipo])

Esta función se utiliza para buscar valores en listas que no están ordenadas alfabéticamente, como una lista de meses.

SIERROR()

SIERROR(valor; valr_si_error)

La función SIERROR() muestra un valor apropiado (en la secuencia (0) o nada ("")) en caso de error, en lugar de las fórmulas que indicarían #REF! o #NA!.

4. Acciones

a. Configurar el estado de la cuenta de resultados mensual

- Acceda a la hoja **enero**. Centrémonos primero en los "gastos operativos".
- En la celda **C2**, escriba la fórmula:
  =INDICE(lista_meses; VALOR(IZQUIERDA(B2;2)))

  En B2, hay una lista desplegable que permite elegir la pestaña de desglose correspondiente al mes: por ejemplo, para febrero elegirá **02DESGL**. La función INDICE extrae de la lista de meses, el mes correspondiente a la posición obtenida al convertir a numéricos los dos caracteres de la izquierda de los datos contenidos en B2.

El título de la tabla se hace móvil, varía según la elección de B2. Por efecto cascada, el título en Q4, que está vinculado a C2, también varía.

- En **F6**, escriba la fórmula:
  =BUSCARX(E6;NumeroCuenta;TituloCuenta;"")

  Esta función buscará el título del número en la columna de la izquierda (E6), en la zona de números de cuenta llamada **NumeroCuenta**. Hace corresponder el nombre de la cuenta denominada **TituloCuenta**. El tercer parámetro oculta el error cuando el número propuesto no existe (o cuando no hay ninguno).
- En **G6**, escriba la fórmula =REDONDEAR(BUSCARX(E6;I
  NDIRECTO($B$2&"!$B$2:$BA$2");INDIRECTO($B$2&"!$B$3:$BA$3");0); 0)

La función REDONDEAR permite eliminar los decimales. La función BUSCAR busca el número de cuenta "raíz" en las celdas B2 a BA2 y devuelve el valor correspondiente. La función INDIRECTO se utiliza para posicionar la búsqueda en la pestaña de desglose especificada en B2. Para enero, esta fórmula devolvería: 01DESGL!$B$3:$BA$3. El importe, en G6, frente a la cuenta 604000, no aparece porque no está en el desglose. Veremos cómo solucionar este problema un poco más adelante.

- Vuelva a copiar las fórmulas de **F6** a **G6** hasta **G30**.
- En el caso de los "ingresos de explotación", copie las fórmulas **F6** y **G6** en las celdas **K6** a **L30**.

Continuemos con la implementación del título que evolucionará en función del mes seleccionado en B2.

- En **S5**, escriba la fórmula: =SI($B$2="01DESGL";"Año N-1"; SIERROR(INDICE(lista_meses;COINCIDIR($B$2;lista_pestaña_desglose)-1);""))

  La función SI nos permite tratar el caso especial de enero: en este caso, se mostrará el título **Año N-1**, que desaparecerá cuando pasemos a febrero. De lo contrario, la función INDICE busca en la lista de meses y, gracias a la función COINCIDIR menos 1, devuelve el mes anterior. COINCIDIR busca la posición del desglose actual, 01DESGL, en la lista de desgloses.

Terminemos recuperando los datos de la columna R (de la fila actual) en la pestaña del mes.

- En **S6**, escriba la fórmula: =SI($S$5="Año N-1";"Vínculo se debe establecer"; SIERROR(INDIRECTO($S$5&"!R"&FILA());0))

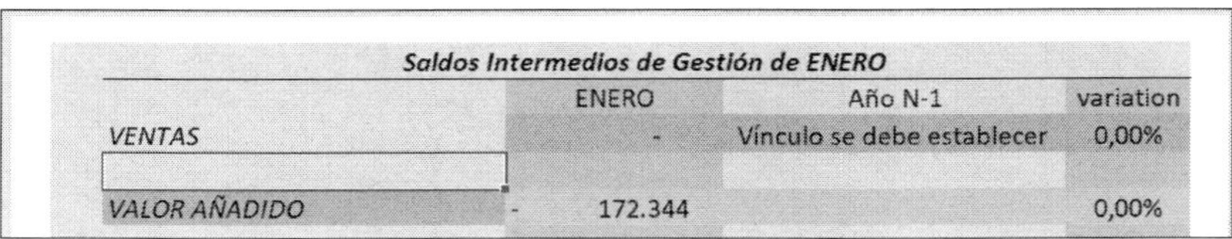

  La función SI se utiliza de nuevo para el mes de enero, pero esta vez indica que el "vínculo se debe establecer". Este texto se sustituirá por una función HIPERVINCULO() que apunta al archivo del año anterior.

- En **S8** y para el resto de líneas de los **SIG**, la fórmula es la misma: puede configurarla copiando solo la fórmula.

b. Configuración de los datos que faltan en el desglose

Falta la cuenta 604000 en el desglose. Vamos a integrarla y a configurar las funciones para buscar los valores en la pestaña del balance del mes en cuestión.

- Haga clic en la pestaña **01DESGL**.
- En **F2**, escriba **604000**.
- En la columna G, buscaremos el valor correspondiente al código especificado en la columna F, en la pestaña indicada en A1 (aquí 01BAL), en las celdas de F1 a F5000. Como resultado, obtendremos el valor de la cuenta columna de G1 a G5000.
- En **G4**, escriba
  =BUSCARX(F4;INDIRECTO($A$1&"!F1:F5000");
  INDIRECTO($A$1&"!G1:G5000");0)

  Esta vez, la búsqueda se realiza verticalmente en el rango transmitido por INDIRECTO: primero la pestaña (aquí 01BAL), luego el rango de F1 a F5000, porque la exportación posiciona los números de cuenta en orden ascendente en la columna F.
- Vuelva a copiar la fórmula en la línea 101 haciendo doble clic en el controlador de copiado.
- De **F5** a **F8**, introduzca los números de cuenta de **604001** a **604005**.
- En **F3**, escriba =SUMA(G4:G101)

Los resultados aparecen.

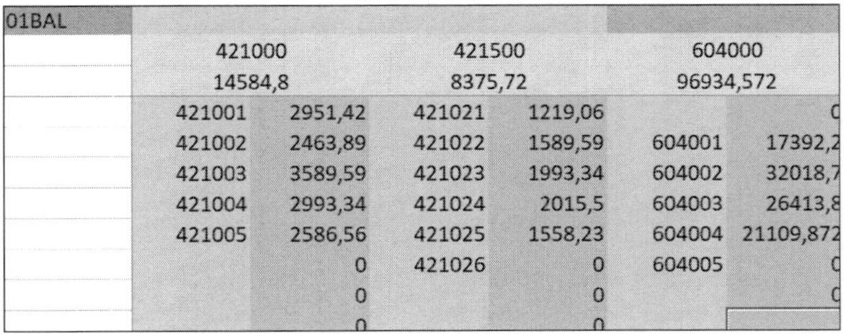

01BAL						
	421000		421500		604000	
	14584,8		8375,72		96934,572	
	421001	2951,42	421021	1219,06		0
	421002	2463,89	421022	1589,59	604001	17392,2
	421003	3589,59	421023	1993,34	604002	32018,7
	421004	2993,34	421024	2015,5	604003	26413,8
	421005	2586,56	421025	1558,23	604004	21109,872
		0	421026	0	604005	0
		0		0		0
		0		0		

- Vuelva a la hoja **enero**.

✎ En la pestaña **enero**, los importes ahora son visibles de G6 a G30:

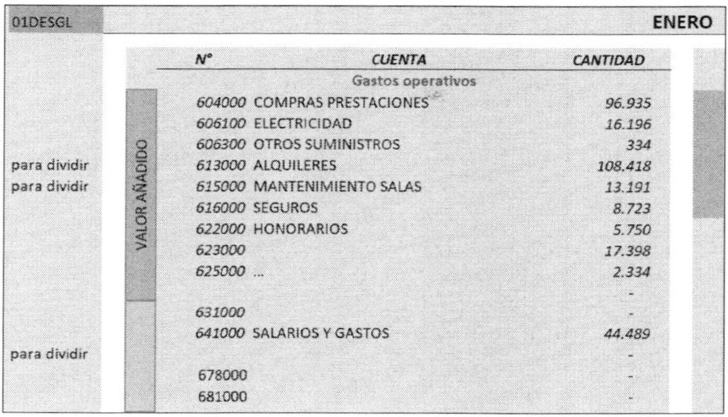

01DESGL		N°	CUENTA	CANTIDAD
			Gastos operativos	
	VALOR AÑADIDO	604000	COMPRAS PRESTACIONES	96.935
		606100	ELECTRICIDAD	16.196
		606300	OTROS SUMINISTROS	334
para dividir		613000	ALQUILERES	108.418
para dividir		615000	MANTENIMIENTO SALAS	13.191
		616000	SEGUROS	8.723
		622000	HONORARIOS	5.750
		623000		17.398
		625000	...	2.334
				-
		631000		-
		641000	SALARIOS Y GASTOS	44.489
para dividir				-
		678000		-
		681000		-

ENERO

c. Configuración de la segmentación analítica

Dividiremos las cuentas de gastos 613000, 615000 y 641000 en dos cuentas diferentes: una para el teatro y otra para el café-teatro. Del mismo modo, dividiremos en dos la cuenta de ingresos 706000.

Vamos a empezar transformando la pestaña 01DESGL para detallar la cuenta 613000 en dos cuentas: 613000 y 613100.

✎ Seleccione las columnas **L** y **M**, cópielas y, a continuación, haga clic con el botón derecho del ratón en la columna N. Haga clic en **Insertar celdas copiadas**.

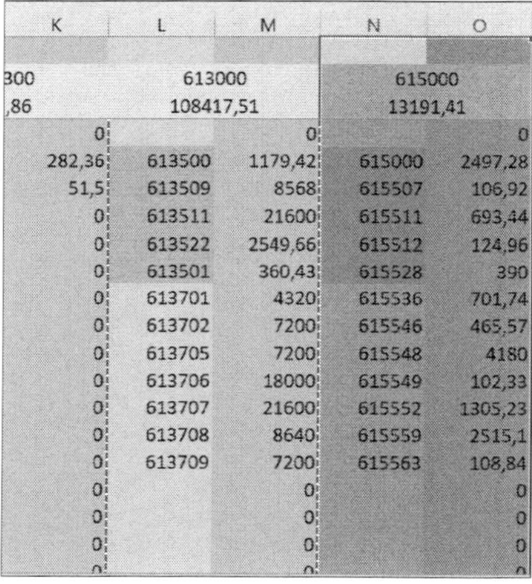

K	L	M	N	O
300	613000		615000	
,86	108417,51		13191,41	
0		0		0
282,36	613500	1179,42	615000	2497,28
51,5	613509	8568	615507	106,92
0	613511	21600	615511	693,44
0	613522	2549,66	615512	124,96
0	613501	360,43	615528	390
0	613701	4320	615536	701,74
0	613702	7200	615546	465,57
0	613705	7200	615548	4180
0	613706	18000	615549	102,33
0	613707	21600	615552	1305,23
0	613708	8640	615559	2515,1
0	613709	7200	615563	108,84
0		0		0
0		0		0
0		0		0
0		0		0

- En **N2**, escriba **613100** y, a continuación, borre las celdas de L10 a L16 (para eliminar de la suma de la cuenta 613000, las cuentas de 613701 a 613709) y de N5 a N9 (para eliminar de la suma de la cuenta 613100, las cuentas de 613500 a 613501).
- Haga lo mismo (copiar/insertar celdas copiadas) con las columnas **P** y **Q** en la columna **R**.
- En **R2**, escriba **615100** y, a continuación, borre las celdas de **P10** a **P16** y de **R5** a **R9**.

La tabla ha evolucionado de la siguiente manera:

K	L	M	N	O	P	Q	R	S
300	613000		613100		615000		615100	
,86	34257,51		74160		3812,6		9378,81	
0		0		0		0		0
282,36	613500	1179,42		0	615000	2497,28		0
51,5	613509	8568		0	615507	106,92		0
0	613511	21600		0	615511	693,44		0
0	613522	2549,66		0	615512	124,96		0
0	613501	360,43		0	615528	390		0
0		0	613701	4320		0	615536	701,74
0		0	613702	7200		0	615546	465,57
0		0	613705	7200		0	615548	4180
0		0	613706	18000		0	615549	102,33
0		0	613707	21600		0	615552	1305,23
0		0	613708	8640		0	615559	2515,1
0		0	613709	7200		0	615563	108,84
0		0		0		0		0

- Haga lo mismo (copiar/insertar celdas copiadas) con las columnas **AH** y **AI** en la columna **AJ**.
- En **AJ2**, escriba **641100** y, a continuación, borre las celdas **AH6** a **HA16**, **AH22** a **AH26** y **AJ17** a **AJ21**.
- Haga lo mismo (copiar/insertar celdas copiadas) con las columnas **AR** y **AS** en la columna **AT**.
- En **AT2**, escriba **706100** y, a continuación, borre las celdas de **AR5** a **AR8**, **AR11** y **AR14**, luego **AT9**, **AT10**, **AT12** y **AT13**.

Obtendrá el siguiente resultado:

A…	AG	AH	AI	AJ	AK	AL	AM	AN	AO	AP	AQ	AR	AS	AT	AU	AV
01BAL																
	000	641000		641100		681000		661000		670000		706000		706100		
		21877,2		22611,77		0		12,06		733,9		95459,7		482039,2		
	0		0		0		0		0		0		0		0	
	0		0		0		0	661104	12,06	671200	607,6		0	706001	77224,4	
	0		0	644000	2500		0	661105	0	671800	23,78		0	706002	66693,8	
	0		0	644001	1500		0		0	678800	102,52		0	706003	93062,8	
	0		0	644104	62,26		0		0		0		0	706004	90528,6	
	0		0	644151	964		0		0		0	706005	25866,5		0	
	0		0	644400	0		0		0		0	706006	69593,2		0	
	0		0	645100	2430,52		0		0		0		0	706007	73800	
	0		0	645250	44,98		0		0		0		0		0	
	0		0	645300	788,9		0		0		0		0		0	
	0		0	645400	685,31		0		0		0		0	706010	80729,6	
	0		0	645450	242,22		0		0		0		0		0	
	0		0	647500	830		0		0		0		0		0	
	0	641101	4427,13		0		0		0		0		0		0	
	0	641102	3695,835		0		0		0		0		0		0	
	0	641103	5384,385		0		0		0		0		0		0	
	0	641104	[illegible]		0		0		0		0		0		0	

Sigamos con el resumen mensual, practicando un "desglose online" en las cuentas de gastos: vamos a dividir la cuenta de ALQUILERES en dos partes (ALQUILERES Teatro: 613000 y ALQUILERES Café-Teatro: 613100). Del mismo modo, la cuenta de MANTENIMIENTO SALA pasará a ser MANTENIMIENTO Teatro: 615000 y MANTENIMIENTO Café-Teatro: 615100. La cuenta 641000 SUELDOS Y GASTOS se dividirá en dos partes (SUELDOS Y GASTOS Teatro: 641000 y SUELDOS Y GASTOS Café-Teatro: 641100). Por último, la cuenta de ingresos de PRESTACIONES ESPECTÁCULOS se dividirá en PRESTACIONES ESPECTÁCULOS Teatro: 706000 y PRESTACIONES ESPECTÁCULOS Café-Teatro: 706100.

- Haga clic en la pestaña **enero**, seleccione las celdas **C10** a **G10**, inserte las celdas desplazando las celdas existentes hacia abajo: haga clic con el botón derecho del ratón y elija **Insertar**, luego marque **Desplazar las celdas hacia abajo** y valide. Repita la operación con las celdas **C12** a **G12**.
- Para cancelar el desplazamiento visible en la parte inferior de la tabla, seleccione las celdas **C28** a **G29**, haga clic con el botón derecho del ratón y elija **Eliminar**, luego marque **Desplazar las celdas hacia arriba** y valide.
- Copie las fórmulas de las celdas **F6** y **G6** en la línea **30**.
- Introduzca en **E10**, **613100**, en **E12**, **615100**, en **E20**, **641100** y en **J9**, **706100**.

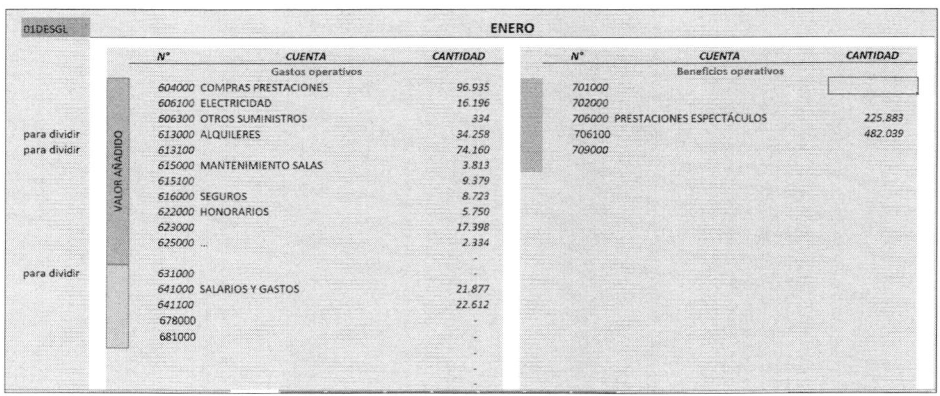

- Elimine las celdas B9 a B18, que contienen el texto "para dividir".

Ahora debe insertar los nombres de las nuevas cuentas en la pestaña de configuración.

- Haga clic en la pestaña de configuración, seleccione las celdas **H11** e **I11**, inserte las celdas desplazando las celdas existentes hacia abajo.

- Cambie la celda **I10** a **ALQUILERES Teatro**, escriba en **H11**, **613100**, y en **I11**, **ALQUILERES Café-Teatro**. Utilice estos pasos para dividir **MANTENIMIENTO SALA**, **UELDOS Y GASTOS** y las **PRESTACIONES ESPECTÁCULOS**, en una fila teatro y una fila de Café-Teatro, con los números de cuenta apropiados. Confirme con el siguiente modelo:

604000	COMPRAS PRESTACIONES
606100	ELECTRICIDAD
606300	OTROS SUMINISTROS
606400	OTROS SUMINISTROS
613000	ALQUILERES Teatro
613100	ALQUILERES Café-Teatro
615000	MANTENIMIENTO Teatro
615000	MANTENIMIENTO Café-Teatro
616000	SEGUROS
622000	HONORARIOS
625000	...
641000	SALARIOS Y GASTOS
706000	PRESTACIONES ESPECTÁCULOS

En la hoja de **enero**, el resultado es el siguiente:

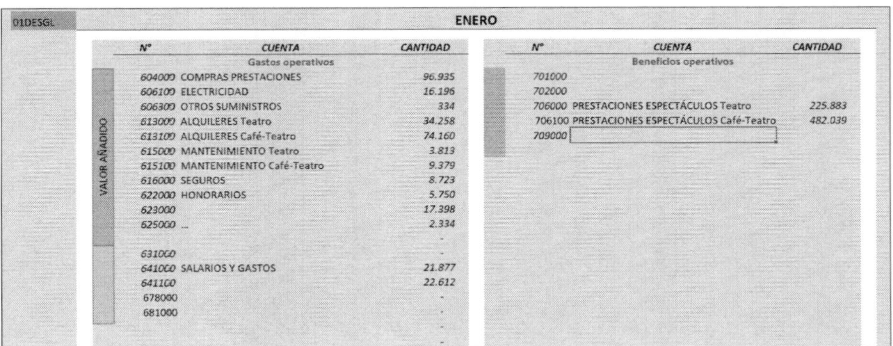

01DESGL — ENERO

Nº	CUENTA	CANTIDAD
	Gastos operativos	
604000	COMPRAS PRESTACIONES	96.935
606100	ELECTRICIDAD	16.196
606300	OTROS SUMINISTROS	334
613000	ALQUILERES Teatro	34.258
613100	ALQUILERES Café-Teatro	74.160
615000	MANTENIMIENTO Teatro	3.813
615100	MANTENIMIENTO Café-Teatro	9.379
616000	SEGUROS	8.723
622000	HONORARIOS	5.750
623000		17.398
625000	...	2.334
		-
631000		-
641000	SALARIOS Y GASTOS	21.877
641100		22.612
678000		-
681000		-
		-
		-

VALOR AÑADIDO

Nº	CUENTA	CANTIDAD
	Beneficios operativos	
701000		
702000		
706000	PRESTACIONES ESPECTÁCULOS Teatro	225.883
706100	PRESTACIONES ESPECTÁCULOS Café-Teatro	482.039
709000		

d. Configurar cuentas mensuales

- Duplique la pestaña **01DESGL** tres veces (haga clic en la pestaña, pulse en la tecla Ctrl y arrastre hacia la derecha) y cambie el nombre de la copia **02DESGL** por **03DESGL**. En cada una de las hojas, haga coincidir el desglose seleccionado en **A1** con el balance correcto (ejemplo: **03DESGL** con **03BAL**).

- Duplique la pestaña de **enero** tres veces y cambie el nombre de las copias por **febrero** y **marzo**. En cada una de las hojas, haga coincidir el mes seleccionado en B2 con el desglose correcto (ejemplo: **marzo** con **03DESGL**).

Si es necesario, nos tenemos que deshacer de los nombres inútiles resultantes de la duplicación de las pestañas (solo deberían quedar seis).

- En la pestaña **Fórmulas** - grupo **Nombres definidos**, haga clic en **Administrador de nombres** y conserve solo los siguientes nombres:

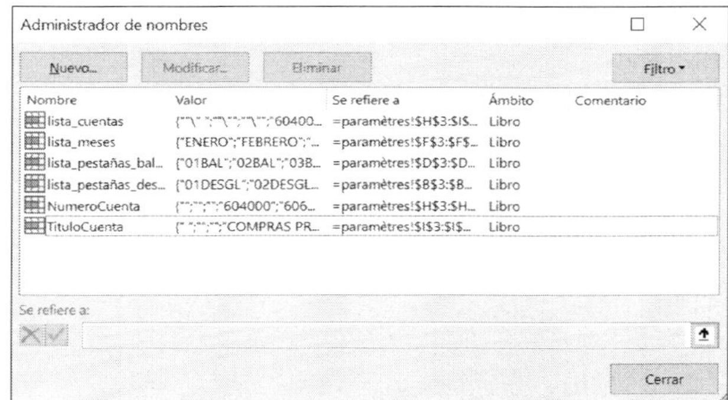

Nombre	Valor	Se refiere a	Ámbito	Comentario
lista_cuentas	{"\" ";"\"";"\"";"60400...	=paramètres!$H$3:I...	Libro	
lista_meses	{"ENERO";"FEBRERO";"...	=paramètres!$F$3:F...	Libro	
lista_pestañas_bal...	{"01BAL";"02BAL";"03B...	=paramètres!$D$3:$D...	Libro	
lista_pestañas_des...	{"01DESGL";"02DESGL...	=paramètres!$B$3:$B...	Libro	
NumeroCuenta	{"";"";"";"604000";"606...	=paramètres!$H$3:$H...	Libro	
TituloCuenta	{" ";"";"";"COMPRAS PR...	=paramètres!$I$3:I...	Libro	

Todas las cuentas funcionan y muestran los valores de las exportaciones contables. Si lo desea, puede hacer lo mismo para los meses de abril a junio.

El resultado en marzo es el siguiente:

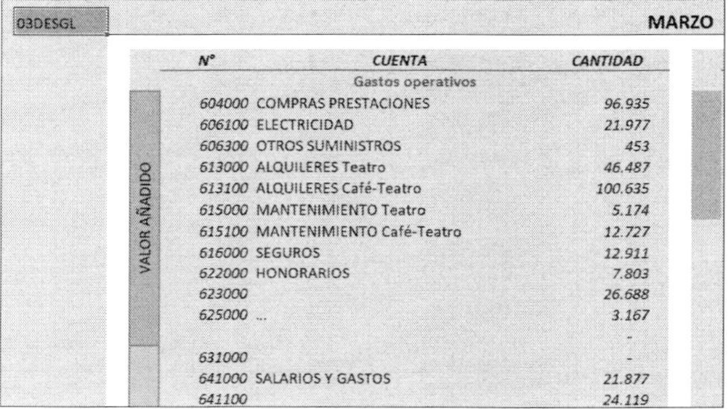

N°	CUENTA	CANTIDAD
	Gastos operativos	
604000	COMPRAS PRESTACIONES	96.935
606100	ELECTRICIDAD	21.977
606300	OTROS SUMINISTROS	453
613000	ALQUILERES Teatro	46.487
613100	ALQUILERES Café-Teatro	100.635
615000	MANTENIMIENTO Teatro	5.174
615100	MANTENIMIENTO Café-Teatro	12.727
616000	SEGUROS	12.911
622000	HONORARIOS	7.803
623000		26.688
625000	...	3.167
		-
631000		-
641000	SALARIOS Y GASTOS	21.877
641100		24.119

e. Realizar los cálculos en la cuenta de resultados acumulada

- Coloque las pestañas de los primeros tres meses entre las pestañas **inicio_acumulado** y **fin_acumulado**.

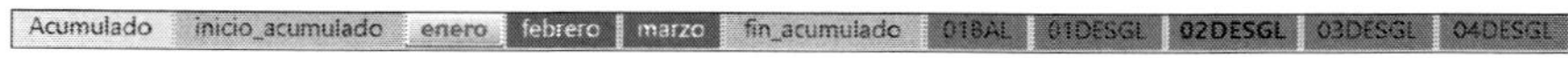

✎ Haga clic en la pestaña **Acumulado**: los resultados están en su lugar.

Lo único que queda por hacer en B2 es hacer coincidir el nombre del mes con los que están en el campo de cálculo "3D". Dado que tenemos el primer trimestre en el acumulado, el mes elegido en B2 debe ser marzo.

MARZO — Acumulado en MARZO

Nº	CUENTA	CANTIDAD	Nº	CUENTA	CANTIDAD
	Gastos operativos			Beneficios operativos	
604000	COMPRAS PRESTACIONES	290.805	701000		-
606100	ELECTRICIDAD	56.798	702000		-
606300	OTROS SUMINISTROS	1.171	706000	PRESTACIONES ESPECTÁCULOS Teatro	677.649
613000	ALQUILERES Teatro	120.141	706100	PRESTACIONES ESPECTÁCULOS Café-Teatro	1.446.117
613100	ALQUILERES Café-Teatro	260.079	709000		-
615000	MANTENIMIENTO Teatro	13.371			-

En el libro que acabamos de modificar, los nombres de las pestañas se han elegido para simplificar el procesamiento, los meses no llevan acentos o se sustituyen por un número de dos dígitos. Las palabras desglose y balance se acortan lo más posible y se ponen en mayúsculas.

En este ejemplo, se ha planificado el desglose de una cuenta de plan de cuentas para 98 subcuentas.

5. Posibles evoluciones

Cada mes, la elección de la organización analítica puede cambiar: lo único que tiene que hacer es añadir la cuenta "raíz" y las fórmulas de contabilidad asociadas en la pestaña "desglose del mes en cuestión".

D. Recuperación cíclica de datos (importación)

Para esta tercera parte del cuadro de mando contable, nos vamos a centrar en la importación de datos de contabilidad y repasaremos algunas de las características estudiadas en el capítulo Elaboración del cuadro de mando.

Hay dos métodos principales para recuperar los datos. El primero consiste en pegar los datos recuperados de la exportación en una hoja fija del libro, a menudo llamada "importación". Pero entonces, ¿cómo se conservan los meses anteriores? El segundo consiste en pegar los datos en una nueva pestaña cuyo nombre se ha previsto, correspondiente al mes actual (por ejemplo: ExpCntaEnero o SegmtSalarios202201, etc.; todas las opciones son posibles pero algunas son más sencillas que otras).

Los datos que procesaremos se corresponden con el primer trimestre de un año. Las fórmulas están en su lugar, nos centraremos principalmente en el proceso de pegado de los datos recuperados.

1. Objetivo

Todavía en el negocio del entretenimiento, nos enfocamos ahora en una parte de la empresa que alquila y vende equipos de sonido e iluminación.

Queremos crear un modelo de análisis mensual que contabilice el número de facturas y el importe asociado, para cada uno de los vendedores por un lado y, por otro lado, el importe de facturas por vendedor y por tipo de venta.

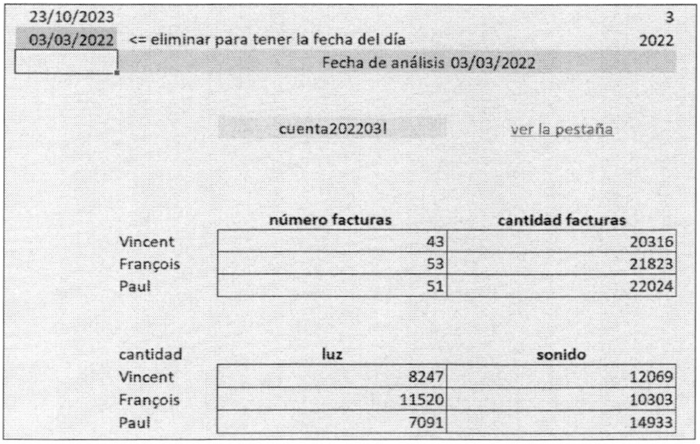

23/10/2023 3
03/03/2022 <= eliminar para tener la fecha del día 2022
Fecha de análisis 03/03/2022

cuenta202203! ver la pestaña

	número facturas	cantidad facturas
Vincent	43	20316
François	53	21823
Paul	51	22024

cantidad	luz	sonido
Vincent	8247	12069
François	11520	10303
Paul	7091	14933

Los formularios deben tener en cuenta la fecha especificada en B3 (o la fecha actual si no hay fecha especificada). Los datos, a través del nombre generado en D7, se extraen de la hoja del mes en cuestión (tan pronto como esté en su lugar).

Además, un vínculo de navegación en E7 debe proporcionar acceso directo a la hoja correspondiente.

El índice de contenidos debe permitir la navegación a las diferentes hojas de datos y a las pestañas de análisis. Debería estar listo a principios de año y los vínculos estarán activos tan pronto como las pestañas estén presentes. Los indicadores de color revelan la presencia (o ausencia) de pestañas.

	datos extraídos	pestaña presente	análisis	pestaña presente
1 enero	ver		ver	
2 febrero	ver		ver	
3 marzo	ver		ver	
4 abril	ver		ver	
5 mayo	ver		ver	
6 junio	ver		ver	
7 julio	ver		ver	
8 agosto	ver		ver	
9 septiembre	ver		ver	
10 octubre	ver		ver	
11 noviembre	ver		ver	
12 diciembre	ver		ver	

2. Los datos

Las hojas de importación correspondientes a los tres primeros meses del año existen (de **import cuenta enero** a **import cuenta marzo**). Las pestañas están en rojo.

Cada mes, los datos recuperados se pegan en una sola hoja **import cuenta**, que luego se duplica sin ningún vínculo a los datos de origen.

3. Fórmulas

✎ Abra el libro Cap 5, parte C.xlsx.

Los posibles nombres de pestañas, en nuestro ejemplo, son cuenta202201, cuentaenero y cuenta ener 22. La elección para la navegación, así como para el vínculo de datos, será el primer nombre posible cuenta202101. Esto hace que las fórmulas sean "más simples" y sobre todo, más escalables (con los años pero sin espacios innecesarios), esto no siempre es así en la realidad.

a. Fórmulas para comprobar la existencia de pestañas

✎ Haga clic en la pestaña **Índice de contenidos**.
En E13, la fórmula es =@INDIRECTO(“cuenta"&$J$5&TEXTO(B13;"00")&"!A1")
Esta fórmula recupera el valor en A1 de la pestaña del mes en cuestión, si existe. De lo contrario, devuelve un error.
De manera similar, en G13, la fórmula es =@INDIRECTO("'análisis "&C13&"'! A1")

Todas las celdas de E13 a E24 y de G13 a G24 se procesan utilizando un formato condicional.

✎ En la pestaña **Inicio** - grupo **Estilos**, haga clic en **Formato condicional** y, a continuación, haga clic en **Administrar reglas**.

✎ Elija **Mostrar reglas de formato para: Esta hoja.**

Va a descubrir que los errores están ocultos por un relleno rojo (con un color de fuente del mismo rojo) y la ausencia de error (el valor) está oculto por un relleno verde (con un color de fuente del mismo verde):

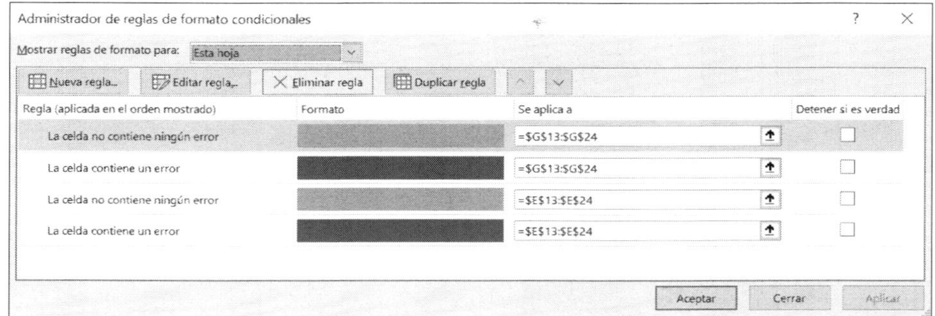

b. Las fórmulas CONTAR.SI y SUMA en las hojas de análisis mensuales

✎ Haga clic en la pestaña ANÁLISIS TIPO.

Los cálculos realizados en las celdas D12 a D14 muestran el número de facturas de los tres responsables. En las celdas E12 a E14 están las cantidades asociadas.

En D12, la fórmula es =CONTAR.SI(INDIRECTO($D$7&"C5:C500");$C12): la columna de búsqueda consiste en el nombre de la pestaña (en $D$7), concatenado con el rango de celdas C5 a C500 (dado que el texto es fijo, el $ es innecesario), el valor está en $C12.

En E12, la fórmula es =SUMAR.SI.CONJUNTO(INDIRECTO($D$7&"F5:F500"); INDIRECTO($D$7&"C5:C500");$C12)

Aquí utilizamos una función multicriterio para una búsqueda de un solo criterio, que ofrece la ventaja de poder transformarse fácilmente en caso de un cambio en el análisis, sin reorganizar las columnas. Por otro lado, la fórmula SUMA.SI es solo monocriterio y, por lo tanto, no es escalable. Los datos se resumen en la columna G. Esta fórmula es muy similar a la tabla que se muestra más adelante.

En D18, la fórmula es: =SUMAR.SI.CONJUNTO(INDIRECTO($D$7&"F5:F500"); INDIRECTO($D$7&"C5:C500");$C18;INDIRECTO($D$7&"E5:E500");D$17). La fórmula se ha complementado con un segundo criterio sobre la familia en la columna E.

c. Fórmulas de navegación del índice de contenidos

Apuntan a las pestañas de datos o análisis. Las fórmulas de vínculo están en su lugar para la columna datos extraídos, pero también para la columna análisis.

- Haga clic en la pestaña **Índice de contenidos**.
- Haga clic en **D13**, la fórmula es:
  =HIPERVINCULO("#"&"cuenta"&$J$5&TEXTO(B13;"00")&"!A1";"ver")

El objetivo de la parte central es concatenar los elementos para reconstruir el nombre de la pestaña: al sustituir J5 y B13 por su valor, obtenemos "#"&"cuenta"&"2022"&"01"&'!A1, que se corresponde con la celda A1 de la pestaña cuenta202201.

- En **F13**, la fórmula es =HIPERVINCULO("#'**análisis** "&C13&"'!A1";"ver"), que equivale al valor **enero** en C13, para apuntar a la celda A1 de la pestaña **análisis enero**.

Además, para evocar el procesamiento en varios nombres de hojas de cálculo, existen fórmulas en pestañas ficticias dirigidas a datos mensuales:

- En **D8**, la fórmula es:
  =HIPERVINCULO("#"&"cuenta"&J5&TEXTO(J4;"00")&"!A1")
- En D9: =HIPERVINCULO("#'cuenta"&INDICE($C$13:$C$24;$J$4)&"'!A1")
- En D10: =HIPERVINCULO("#'cuenta "&IZQUIERDA(INDICE ($C$13:$C$24;$J$4); 4)&" "&DERECHA($J$5; 2)&"'!A1")

Se puede ver que las tres fórmulas que sirven para el mismo propósito, no tienen un nivel de complejidad equivalente. En las tres fórmulas, la casilla que desencadena el trabajo es la casilla J2, que contiene la fecha del análisis (retomaremos esto más adelante), se transforma en un número de mes (en la celda J4) y un año (en la celda J5).

Le recomendamos que utilice nombres de pestañas con texto fijo, año en automático y mes en automático (con todas las letras, en minúsculas y acentuado). Tenga en cuenta que, por otro lado, la función HIPERVINCULO no distingue entre mayúsculas y minúsculas.

Cuando el libro de trabajo está completamente probado, la fecha del día (o el mes vinculado) debe indicar a los campos que se actualicen y los vínculos continúan. Durante la fase de construcción, es esencial poder recuperar el control de la fecha (aquí en C2) sin eliminar la función "=HOY()", así que en J2 coloque la fórmula =SI(C4="");C2;C4). Por lo tanto, la fecha del análisis será el día actual si la celda C4 está vacía o la fecha de C4, en caso contrario.

23/10/2023		**Fecha de análisis**	03/01/2022
			1
01/01/2022	<= eliminar para tener la fecha del día		
			2022

4. Acciones

- En la pestaña **Índice de contenidos**, elimine el contenido de la celda **C4**: los vínculos ya no funcionan (los valores de las celdas D8 a D10 han cambiado).
- Anule la última acción.

Simulemos la recuperación de datos en enero:

- Haga clic en la pestaña **import cuenta enero**, seleccione toda la tabla (Ctrl *) y luego cópiela.
- Haga clic en la celda **A1** de la pestaña **import cuenta** y pegue solo los valores.
- Haga clic en la pestaña PROCESAMIENTO TIPO.
- En **A1**, escriba =SI('**import cuenta**'!A1="";"";'**import cuenta**'! A1)
- Vuelva a copiar la fórmula a la derecha de la columna K y hacia abajo hasta la fila **500**.
- Ajuste el tamaño de las columnas. Aplique el formato de **fecha corta** a la columna B.

A	B	C	D	E	F	G	H	I	J	K
N° FACTURA	FECHA	NOMBRE	VENDEDOR	CÓDIGO LOTE	FAMILIA	CANTIDAD IV				
FA2022-0002	01/01/2022	aparato xxxx	François	0002MBKA	luz	134				
FA2022-0003	01/01/2022	aparato xxxx	Paul	0003MBKB	sonido	151				
FA2022-0004	01/01/2022	aparato xxxx	François	0004MBKC	luz	682				
FA2022-0005	02/01/2022	aparato xxxx	François	0005MBKD	sonido	150				
FA2022-0006	02/01/2022	aparato xxxx	Vincent	0006MBKE	sonido	559				
FA2022-0007	02/01/2022	aparato xxxx	François	0007MBKF	luz	110				
FA2022-0008	03/01/2022	aparato xxxx	Paul	0008MBKG	sonido	471				

Los triángulos indican incumplimiento del tratamiento (el hecho de que la fórmula se refiera a celdas vacías). Vamos a ocultarlos.

- Seleccione las celdas **H1** a **K500**.
- Haga clic con el botón derecho del ratón en el botón que muestra el signo de exclamación y elija **Omitir error**.

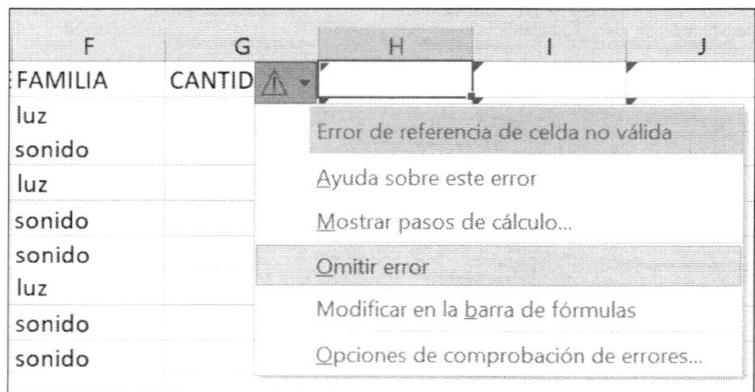

Tras la importación mensual, queremos mostrar primero la fecha y mostrar el nombre, mostrar el nombre del vendedor en mayúsculas y mostrar los últimos cuatro caracteres del código del lote.

- En C2, cambie la fórmula por =SI('import cuenta'!D2="";""; MAYUSC('import cuenta'!D2)), cópiela hasta la línea 500.
- En D2, cambie la fórmula por =SI('import cuenta'!E2="";""; DERECHA('import cuenta'!E2;4)), cópiela hasta la línea 500.
- Seleccione todos los datos y cópielos. Haga clic en la pestaña **cuenta202201** y después en la celda **A1**, pegue los valores y luego los formatos (tenga cuidado de no copiar las fórmulas).

A	B	C	D	E	F	G
N° FACTURA	FECHA	NOMBRE	VENDEDOR	CÓDIGO LOTE	FAMILIA	CANTIDAD I
FA[illegible]0002	01/01/2022	aparato xxxx	FRANÇOIS	MBKA	luz	134
FA2022-0003	01/01/2022	aparato xxxx	PAUL	MBKB	sonido	151
FA2022-0004	01/01/2022	aparato xxxx	FRANÇOIS	MBKC	luz	682
FA2022-0005	02/01/2022	aparato xxxx	FRANÇOIS	MBKD	sonido	150
FA2022-0006	02/01/2022	aparato xxxx	VINCENT	MBKE	sonido	559
FA2022-0007	02/01/2022	aparato xxxx	FRANÇOIS	MBKF	luz	110
FA2022-0008	03/01/2022	aparato xxxx	PAUL	MBKG	sonido	471

- Haga clic en la pestaña **ANÁLISIS TIPO**. En **B3**, indique una fecha incluida en el mes a analizar, en este caso entre el 1 de enero y el 31 de enero de 2022.
- Duplique la pestaña **ANÁLISIS TIPO** con el nombre **ANÁLISIS ENERO**; duplique la pestaña **cuenta202201** como **cuenta202202**, haga clic en A1, seleccione toda la tabla y, a continuación, elimine el contenido.
- Haga clic en la pestaña **import cuenta febrero**, seleccione toda la tabla (Ctrl *) y copie.
- Haga clic en **A1** en la pestaña **import cuenta**, pegue los valores.
- Haga clic en la pestaña **PROCESAMIENTO TIPO**: los datos de febrero están listos.

A	B	D	E	F	G
N° FACTURA	FECHA	VENDEDOR	CÓDIGO LOTE	FAMILIA	CANTIDAD IV
FA[illegible]0002	01/02/2022	FRANÇOIS	MBKA	sonido	554
FA2022-0003	02/02/2022	PAUL	MBKB	sonido	55
FA2022-0004	03/02/2022	FRANÇOIS	MBKC	luz	564
FA2022-0005	04/02/2022	FRANÇOIS	MBKD	sonido	290
FA2022-0006	02/02/2022	VINCENT	MBKE	sonido	406
FA2022-0007	03/02/2022	FRANÇOIS	MBKF	luz	110
FA2022-0008	04/02/2022	PAUL	MBKG	sonido	471

- Seleccione toda la tabla, copie los datos, haga clic en la pestaña **cuenta202202** y, en **A1**, pegue los valores.

Haga clic en la pestaña **ANÁLISIS TIPO**. En **B3**, especifique una fecha incluida en el mes de febrero de 2022. Los resultados se actualizan.

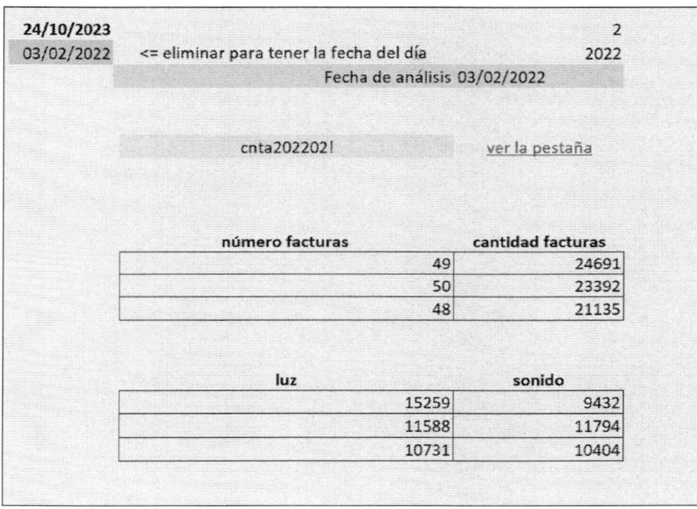

En resumen, pasamos desde el estado para el procesamiento de datos de enero:

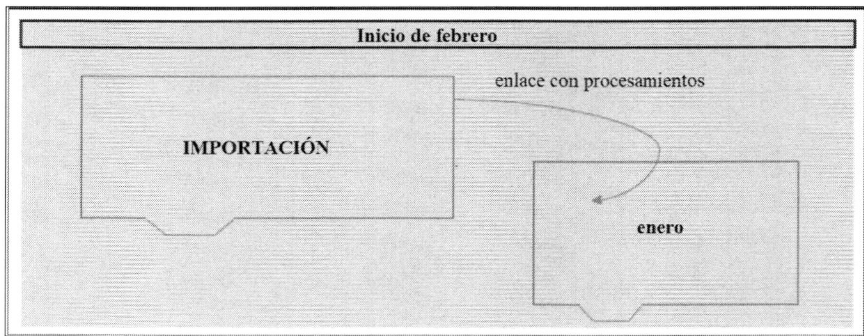

Al estado siguiente, para integrar los datos de febrero:

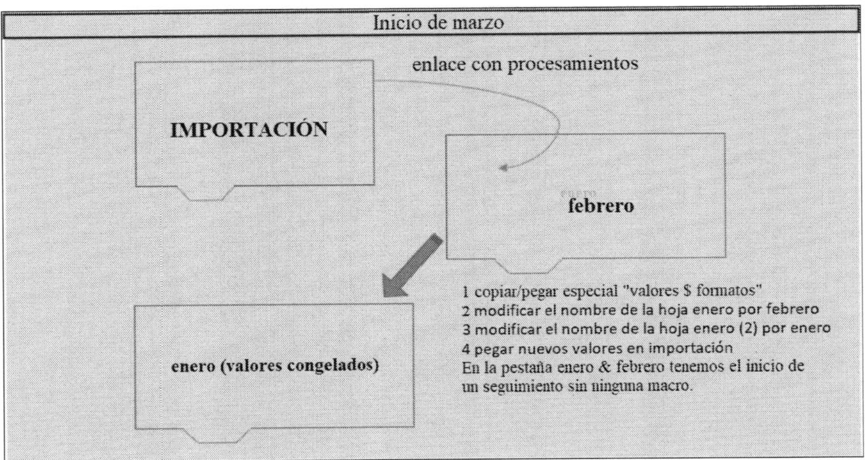

Lo mismo ocurre con el mes de marzo.

- Duplique la pestaña ANÁLISIS TIPO con el nombre ANÁLISIS FEBRERO, duplique la pestaña **cuenta202202** y modifique su nombre por **cuenta202203**. Haga clic en A1, seleccione toda la tabla y, a continuación, elimine el contenido.
- Haga clic en la pestaña import **cuenta marzo**, seleccione toda la tabla (Ctrl *) y copie los datos.
- Haga clic en la celda A1 de la pestaña import cuenta y pegue los valores.
- Haga clic en la pestaña PROCESAMIENTO TIPO: Los datos de marzo están en su lugar.

FECHA	N° FACTURA	VENDEDOR	CÓDIGO LOTE	FAMILIA	CANTIDAD SIN IVA
01/03/2022	FA2022-0302	PAUL	MBKA	luz	104
01/03/2022	FA2022-0303	FRANÇOIS	MBKB	luz	458
01/03/2022	FA2022-0304	FRANÇOIS	MBKC	sonido	565
01/03/2022	FA2022-0305	PAUL	MBKD	sonido	279
01/03/2022	FA2022-0306	FRANÇOIS	MBKE	luz	141

- Seleccione toda la tabla, copie los datos, haga clic en la pestaña **cuenta202203** y, en A1, pegue los valores.

- Haga clic en la pestaña ANÁLISIS TIPO. En B3, especifique una fecha incluida en el mes de marzo de 2022. El análisis se actualiza.

24/10/2023 3

03/03/2022 <= eliminar para tener la fecha del día 2022

Fecha de análisis 03/03/2022

cnta202203! ver la pestaña

número facturas	cantidad facturas
43	20316
53	21823
51	22024

luz	sonido
8247	12069
11520	10303
7091	14933

Y así sucesivamente, mes a mes...

- En el índice de contenido, puede utilizar los vínculos de la tabla anual para ir directamente a las hojas correspondientes (una celda verde indica que la hoja correspondiente está disponible) o introducir una fecha de análisis en C4 y utilizar los vínculos de las celdas D8, D9 y D10 para acceder a las hojas correspondientes (las hojas accesibles a través de los vínculos de las celdas D9 y D10 solo existen para el mes de enero).
- Guarde el libro y ciérrelo.

5. Posibles evoluciones

Por último, cabe destacar que sería posible conectar Excel a la base de datos resultado del sistema contable para alimentar la hoja de importación. Una vez más, el uso de Power Query resultará útil. Hablaremos de ello en profundidad en el capítulo sobre Power Query.

Capítulo 6
El cuadro de mando de seguimiento comercial

A. Presentación

1. Datos de origen

Usted es el director de una empresa que brinda servicios de mantenimiento e instalación de equipos eléctricos. Varios representantes técnicos-comerciales hacen presupuestos, y cada uno interviene en todas las áreas de actividad de la empresa.

En la hoja **Extracto** del libro **SeguimientoPresupuestos.xlsx**, se importan regularmente los datos relativos a las prestaciones y servicios. A continuación, se muestran las primeras filas de la base de datos:

A	B	C	D	E	F	G	H	I	J
PRESUPUESTO N°	FECHA	TIPO CLIENTE	COMERCIAL	TIPO INTERVENCIÓN	DESPLAZAMIENTO	CNT	UNIDADES	TOTAL PRESUPUESTO	PRESUPUESTO ACEPTADO
2022-0001	03/01/2022	PRO	KEVIN	ELECTRICIDAD	95,43	1.158,30 €	891,00 €	2.144,73 €	
2022-0002	03/01/2022	PRO	KEVIN	ALARMA	144,66	2.702,70 €	1.621,62 €	4.468,98 €	O
2022-0003	03/01/2022	PART	KEVIN	TELEFONÍA	126,21	772,20 €	- €	898,41 €	
2022-0004	03/01/2022	PART	LAURENT	ELECTRICIDAD	135,42	3.861,00 €	- €	3.996,42 €	O
2022-0005	03/01/2022	PART	KEVIN	ALARMA	83,1	1.930,50 €	178,20 €	2.191,80 €	O
2022-0006	03/01/2022	PART	LAURENT	ALARMA	86,19	3.861,00 €	1.692,90 €	5.640,09 €	O
2022-0007	03/01/2022	PRO	KEVIN	INFORMÁTICA	49,26	772,20 €	1.764,18 €	2.585,64 €	
2022-0008	03/01/2022	PART	LAURENT	ELECTRICIDAD	33,87	772,20 €	- €	806,07 €	O
2022-0009	03/01/2022	PRO	KEVIN	INFORMÁTICA	104,64	1.158,30 €	1.853,28 €	3.116,22 €	
2022-0010	03/01/2022	PART	KEVIN	INFORMÁTICA	129,27	1.544,40 €	1.247,40 €	2.921,07 €	O
2022-0011	03/01/2022	PART	KEVIN	ALARMA	116,97	2.316,60 €	1.211,76 €	3.645,33 €	O
2022-0012	03/01/2022	PART	KEVIN	ELECTRICIDAD	144,66	1.930,50 €	- €	2.075,16 €	
2022-0013	03/01/2022	PART	LAURENT	TELEFONÍA	40,02	1.158,30 €	- €	1.198,32 €	
2022-0014	03/01/2022	PRO	KEVIN	TELEFONÍA	21,54	2.316,60 €	- €	2.338,14 €	
2022-0015	03/01/2022	PRO	KEVIN	ALARMA	113,88	1.544,40 €	- €	1.658,28 €	O
2022-0016	03/01/2022	PART	KEVIN	ELECTRICIDAD	73,86	1.930,50 €	35,64 €	2.040,00 €	
2022-0017	03/01/2022	PRO	KEVIN	INFORMÁTICA	64,65	2.702,70 €	124,74 €	2.892,09 €	O
2022-0018	03/01/2022	PART	KEVIN	ELECTRICIDAD	18,48	1.544,40 €	- €	1.562,88 €	O
2022-0019	03/01/2022	PART	MARC	ALARMA	30,78	772,20 €	- €	802,98 €	
2022-0020	03/01/2022	PRO	FRANCK	ELECTRICIDAD	129,27	772,20 €	623,70 €	1.525,17 €	
2022-0021	04/01/2022	PRO	KEVIN	ELECTRICIDAD	67,71	772,20 €	944,46 €	1.784,37 €	O
[illegible]	[illegible]	[illegible]	[illegible]	[illegible]	[illegible]	[illegible]	[illegible]	[illegible]	[illegible]

Los datos de la hoja **Extracto** se introducen hasta la fila 1412. Consideraremos aquí que esta base de datos no puede exceder la fila 3000.

2. Presentación del objetivo a alcanzar

En tiempo real, quiere saber:

- el número de presupuestos realizados por cada comercial,
- el número de presupuestos aceptados por cada comercial,
- la tasa de finalización de presupuestos por comercial,
- el volumen de negocios realizado por tipo de intervención y por comercial,
- por cada comercial, la comparación entre la facturación alcanzada y el objetivo.

Los comerciales de la empresa:

COMERCIAL	OBJETIVO VOLUMEN DE NEGOCIOS
KEVIN	800 000 €
MARC	400 000 €
FRANCK	500 000 €
LAURENT	700 000 €

Las áreas de intervención de la empresa:

ELECTRICIDAD
INFORMÁTICA
TELEFONÍA
ALARMA

Si se alcanza el objetivo de facturación global de la empresa, debería aparecer un emoticono azul en C1.

SEGUIMIENTO COMERCIAL

COMERCIAL	NÚMERO PRESUPUESTOS REALIZADOS	NÚMERO PRESUPUESTOS ACEPTADOS	TASA ÉXITO
FRANCK	254	144	56,69%
KEVIN	449	302	67,26%
LAURENT	487	309	63,45%
MARC	221	97	43,89%

	MEJOR COMERCIAL
PRESUPUESTOS ACEPTADOS	KEVIN
OBJETIVO ALCANZADO	LAURENT

COMERCIAL		OBJETIVO CN	CN REALIZADO	ELECTRICIDAD	INFORMÁTICA	TELEFONÍA	ALARMA
FRANCK	88,71%	500.000,00	443.569,61	100.410,20	78.671,14	102.626,38	161.861,89
KEVIN	107,77%	800.000,00	862.135,81	144.702,33	155.727,36	171.692,34	390.013,78
LAURENT	128,29%	700.000,00	898.028,43	228.060,92	173.094,30	171.275,10	325.598,11
MARC	67,10%	400.000,00	268.406,33	42.503,90	72.581,85	62.686,57	90.634,01
			2.472.140,18	515.677,35	480.074,65	508.280,39	968.107,79

Para un comercial, los íconos de colores se deben insertar en función de la escala que se presenta a continuación.

Objetivo superado: Icono verde

Alcanzado entre el 80% y el 99,99% del objetivo: Icono amarillo

Alcanzado menos del 80 % del objetivo: Icono rojo

El área de actividad con el mayor volumen de negocios se debe mostrar sobre un fondo azul claro.

La hoja **CM** contiene las tablas sin datos en las que se insertarán las fórmulas:

SEGUIMIENTO COMERCIAL

COMERCIAL	NÚMERO PRESUPUESTOS REALIZADOS	NÚMERO PRESUPUESTOS ACEPTADOS	TASA ÉXITO
FRANCK			
KEVIN			
LAURENT			
MARC			

	MEJOR COMERCIAL
PRESUPUESTOS ACEPTADOS	
OBJETIVO ALCANZADO	

COMERCIAL	OBJETIVO CN	CN REALIZADO	ELECTRICIDAD	INFORMÁTICA	TELEFONÍA	ALARMA
FRANCK						
KEVIN						
LAURENT						
MARC						

B. Diseño del cuadro de mando

1. Trabajos preparatorios

Con el fin de mejorar la legibilidad de las fórmulas y facilitar su introducción, puede ser una buena idea nombrar los rangos de celdas que se utilizarán en los cálculos.

Como se mencionó anteriormente, la base de datos no debe superar la fila 3 000, por lo que los rangos que se van a nombrar se deben definir de la fila 2 a la fila 3 000.

- Colóquese en la hoja **Extracto** en el primer nombre (celda D2).
- En la pestaña **Fórmulas**, en el grupo **Nombres definidos**, pulse en **Administrador de nombres** o utilice el atajo de teclado Ctrl F3.
- En el cuadro de diálogo **Administrador de nombres**, haga clic en el botón **Nuevo**.

- Asigne al rango el nombre Comerciales y posteriormente, en la zona **Se refiere a**, complete la última línea del rango: =Extracto!$D$2:$D$3000

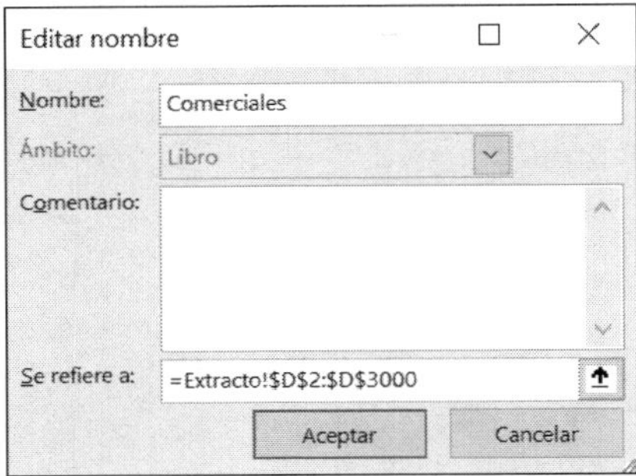

- Confirme pulsando en **Aceptar**.

  El nombre se ha añadido a la lista en el **Administrador de nombres**.

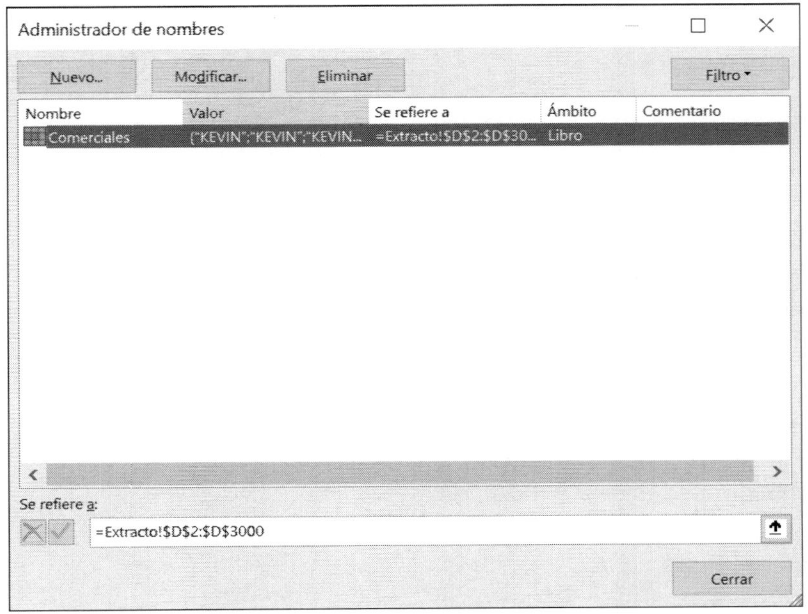

✎ Repita estas operaciones para crear el resto de rangos con nombre:

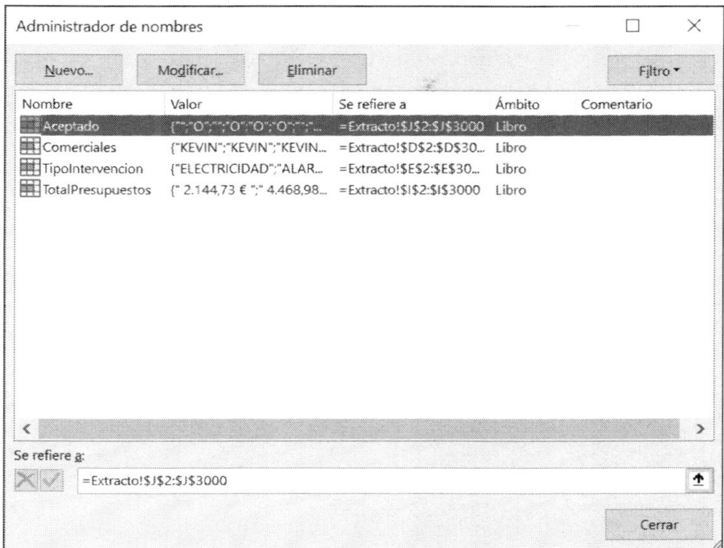

✎ Haga clic en **Cerrar** para finalizar.

2. Las fórmulas de cálculo de la hoja CM

NÚMERO DE PRESUPUESTOS REALIZADOS:

✎ Coloque el cursor en la celda **C4** de la hoja **CM**.

✎ Introduzca la fórmula: **=CONTAR.SI(Comerciales;A4)**

✎ A continuación, seleccione el rango C4 a C7 y copie hacia abajo (Ctrl D).

NÚMERO DE PRESUPUESTOS ACEPTADOS:

✎ Coloque el cursor en la celda **D4**.

✎ Introduzca la fórmula: **=CONTAR.SI.CONJUNTO(Comerciales;A4;Aceptado;"O")**

✎ A continuación, seleccione el rango **D4** a **D7** y copie hacia abajo (Ctrl D).

TASA DE MATERIALIZACIÓN DEL PRESUPUESTO:

✎ Coloque el cursor en la celda **F4**.

✎ Introduzca la fórmula: **=SI(C4=0;0;D4/C4)**

✎ A continuación, seleccione el rango **F4** a **F7** y copie hacia abajo (Ctrl D).

✎ Aplique a este rango el formato **Porcentaje** con un decimal.

Para ver las barras de progreso

- Seleccione el rango de **F4** a **F7**.
- Pestaña **Inicio**, grupo **Estilos - Formato condicional - Nueva regla**
- En **Seleccionar un tipo de regla**, asegúrese de que está seleccionada la opción **Aplicar formato a todas las celdas según sus valores**.
- Establezca las opciones de la regla:
  Estilo de formato: Barra de datos
  Mínimo: Número, Valor 0
  Máximo: Número, Valor 1
  Apariencia de la barra: Relleno sólido azul, Borde: Sin borde

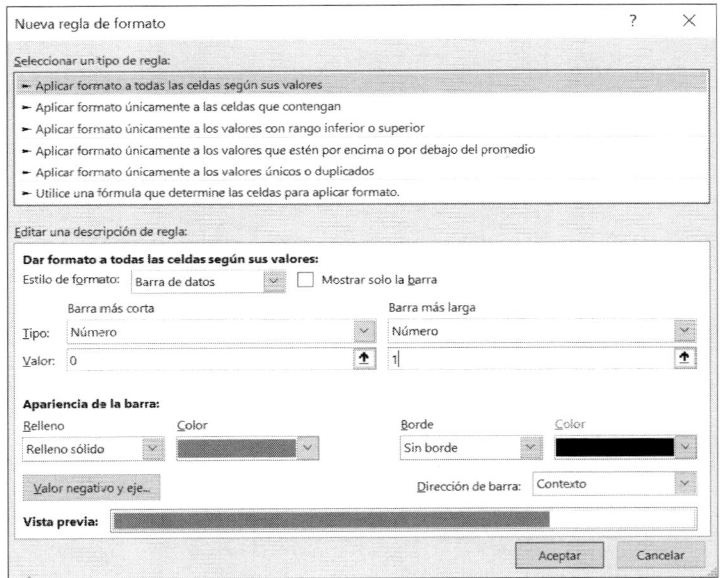

- Confirme pulsando en **Aceptar**.

Calcular la cifra de negocios realizada por el comercial Franck en el sector electricidad

- Coloque el cursor en la celda **H12**.
- Introduzca la fórmula:
  =SUMAR.SI.CONJUNTO(TotalPresupuestos;Comerciales;$A12;TipoIntervencion;H$11;Aceptado;"O")

- A continuación, seleccione el rango **H12** a **K15** y copie hacia abajo (Ctrl D) seguido de un nuevo copiado hacia la derecha (Ctrl R).
- Aplique a esta área el formato **Separador de miles.**
- Añada los totales a la columna G y la fila 16.
  G12: =SUMA(H12:K12) (copiar hacia abajo)
  G16: =SUMA(G12:G15) (copiar a la derecha)
- Introduzca los objetivos de cifras de negocio en las celdas **F12** a **F15**.

Su tabla debería tener el siguiente aspecto:

SEGUIMIENTO COMERCIAL

COMERCIAL	NÚMERO PRESUPUESTOS REALIZADOS	NÚMERO PRESUPUESTOS ACEPTADOS	TASA ÉXITO
FRANCK	254	144	56,69%
KEVIN	449	302	67,26%
LAURENT	487	309	63,45%
MARC	221	97	43,89%

	MEJOR COMERCIAL
PRESUPUESTOS ACEPTADOS	
OBJETIVO ALCANZADO	

COMERCIAL	OBJECTIVO CN	CN REALIZADO	ELECTRICIDAD	INFORMÁTICA	TELEFONÍA	ALARMA
FRANCK	500.000,00	443.569,61	100.410,20	78.671,14	102.626,38	161.861,89
KEVIN	800.000,00	862.135,81	144.702,33	155.727,36	171.692,34	390.013,78
LAURENT	700.000,00	898.028,43	228.060,92	173.094,30	171.275,10	325.598,11
MARC	400.000,00	268.406,33	42.503,90	72.581,85	62.686,57	90.634,01
		2.472.140,18	515.677,35	480.074,65	508.280,39	968.107,79

<u>Para calcular el porcentaje de cifra de negocios realizado con respecto al objetivo</u>

- Coloque el cursor en la celda **C12**.
- Introduzca la fórmula: =SI(F12=0;""; G12/F12)
- A continuación, seleccione el rango **C12** a **C15** y copie la fórmula hacia abajo (Ctrl D).
- Aplique a este rango el formato **Porcentaje** con un decimal.

3. Indicadores gráficos de comparación objetivo/realizado

Los pequeños iconos de colores nos permitirán visualizar rápidamente qué comerciales están teniendo dificultades para lograr su objetivo.

COMERCIAL	
FRANCK	88,71%
KEVIN	107,77%
LAURENT	128,29%
MARC	67,10%

Le recordamos los rangos que hay que tener en cuenta:

Objetivo superado: icono verde

Si se consigue entre el 80 % y el 99,99 % del objetivo: icono amarillo

Si se consigue menos del 80 % del objetivo: icono rojo

- Seleccione el rango **C12** a **C15**.
- Pestaña **Inicio**, grupo **Estilos** - **Formato condicional** - **Nueva regla**
- En el apartado **Seleccionar un tipo de regla**, asegúrese de que esté seleccionada la opción **Aplicar formato a todas las celdas según sus valores**.
- En **Estilo de formato**, seleccione **Conjuntos de iconos**.
- Icono verde: **Tipo: Número** - **Valor: 1**
  Icono amarillo: **Tipo: Número** - **Valor: 0.8**

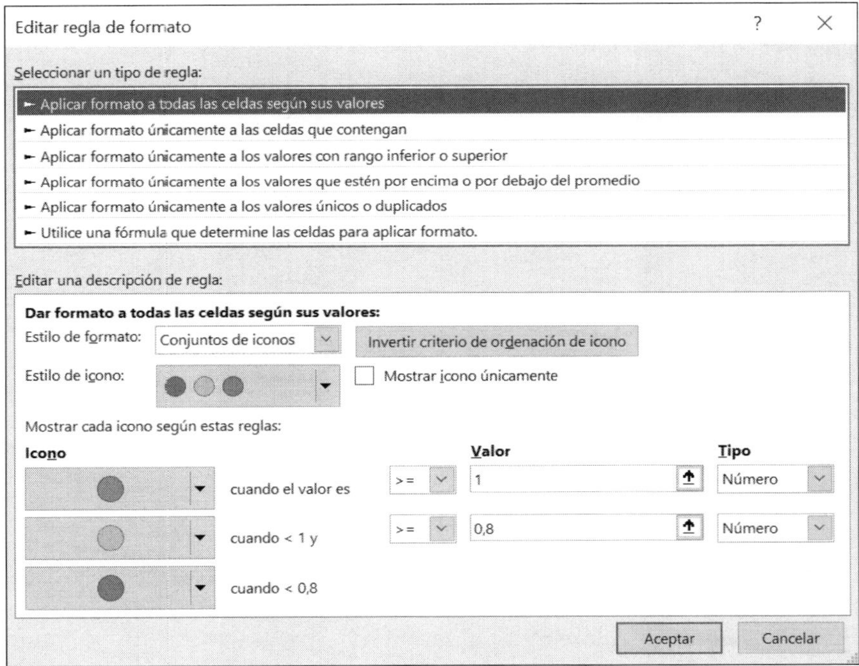

- Confirme pulsando **Aceptar**.

4. Insertar un smiley

- Coloque el cursor en la celda **C1**.
- Introduzca la fórmula: **=SI(G16>=SUMA(F12: F15);" J";"")**

  La J mayúscula corresponde al ☺ símbolo de la fuente Wingdings.
- Formatee esta celda con la fuente **Wingdings**, **azul** y tamaño de **28** pt.

5. Mostrar los nombres de los mejores comerciales

PRESUPUESTOS ACEPTADOS

Aquí queremos calcular la posición (n) del valor más alto de las tasas de finalización exitosa de los presupuestos entre todas las tasas de éxito. Una vez conocido este valor, lo único que tiene que hacer es recuperar el enésimo nombre de la lista de nombres.

- Coloque el cursor en la celda **J4**.
- Introduzca la fórmula:
  =INDICE($A$4:$A$7;COINCIDIR(MAX($F$4:$F$7);$F$4:$F$7; 0);1)

La función INDICE permite obtener en una matriz el valor situado en la intersección de un número de fila y un número de columna.

La función COINCIDIR se utiliza para calcular la posición de un elemento en una lista.

CONSECUCIÓN DEL OBJETIVO

El principio es idéntico al cálculo anterior.

- Coloque el cursor en la celda **J5**.
- Introduzca la fórmula:
  =INDICE($A$12:$A$15;COINCIDIR(MAX($C$12:$C$15);$C$12:$C$15; 0);1)

6. Identificación del área de intervención más importante

El dominio (fila 11), situado en la misma columna que la cifra de negocios más alta (fila 16), debe aparecer automáticamente sobre un fondo azul claro.

- Seleccione el rango de nombres de dominio (**H11** a **K11**).
- Pestaña **Inicio**, grupo **Estilos - Formato condicional - Nueva regla**
- En el apartado **Seleccionar un tipo de regla**, seleccione la opción **Utilice una fórmula que determine las celdas para aplicar formato**.
- Escriba la fórmula: =H$16=MAX($H$16:$K$16)

- A continuación, haga clic en el botón **Formato** y, en la pestaña **Relleno**, seleccione el color **azul claro**.

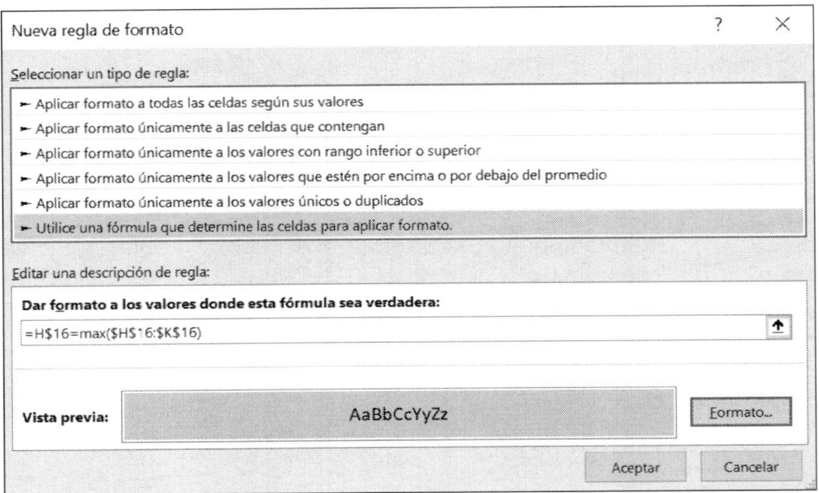

- Confirme pulsando **Aceptar**.

C. Conclusión

Un cuadro de mandos comercial puede adoptar muchas formas. Depende de usted construir su cuadro de mandos en función de los indicadores que desea monitorizar. No lo sobrecargue demasiado, céntrese en los puntos importantes que debe resaltar y no dude en usar el formato condicional para resaltar ciertos elementos.

El conjunto de valores mostrados debe ser el resultado de los cálculos obtenidos de sus extracciones.

A continuación, se muestra otro ejemplo de un cuadro de mando comercial.

Estadísticas relativas a una tienda

Los cuatro botones permiten modificar tablas y gráficos y también mostrar representaciones de datos seleccionados.

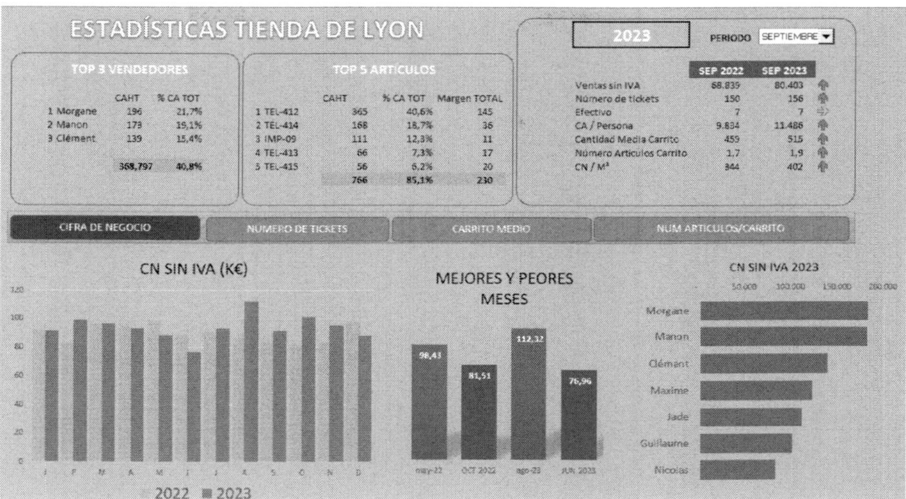

Capítulo 7
El cuadro de mando de la actividad Logística

A. Presentación

1. Objetivo

En este capítulo, crearemos un pequeño cuadro de mando relacionado con el transporte de mensajería urgente. Queremos vigilar de cerca a los repartidores temporales. Nuestro objetivo es realizar un seguimiento de las siguientes estadísticas en tiempo real:

Para cada repartidor:

- número de paquetes cargados,
- número de paquetes entregados,
- número de paquetes con destinatarios ausentes,
- número de paquetes rechazados,
- coste de los paquetes no entregados,
- número de paquetes entregados al mes por viaje.

Abra el libro SeguimientoRepartidoresTemporales.xlsx; los datos de las entregas de un año se encuentran en la hoja Datos del libro.

A	B	C	D	E	F	G
FECHA	CONDUCTOR	ZONA REPARTO	NUM PAQUETES CARGADOS	NUM PAQUETES ENTREGADOS	NUM PAQUETES RECHAZADOS	NUM PAQUETES SIN DESTINATARIO
03/01/2022	Kenny	Centro	65	56	7	2
05/01/2022	Thomas	Sector Norte	57	54	2	1
05/01/2022	Martin	Zona oeste	74	65	7	2
06/01/2022	Théo	Zona oeste	102	91	5	6
07/01/2022	Karine	Centro	53	42	6	5
10/01/2022	Karine	Centro	80	75	1	4
10/01/2022	Marc	Este	90	77	6	7
10/01/2022	Martin	Zona oeste	105	92	2	11
17/01/2022	Théo	Zona oeste	106	100	5	1
17/01/2022	Karine	Centro	94	82	7	5
18/01/2022	Mathieu	Sector Sur	107	93	5	9
24/01/2022	Karine	Centro	42	34	2	6
31/01/2022	Martin	Zona oeste	65	51	7	7
03/02/2022	Marc	Este	47	35	0	12
07/02/2022	Karine	Centro	71	61	9	1
07/02/2022	Martin	Zona oeste	103	92	9	2

2. Cuadro de mando

	A	B	C	D	E	F	G	H	I
2									
3	TASA PAQUETES NO ENTREGADOS		14,11%	10,35%					
4							Coste 1 paquete devuelto al almacén		4,55 €
5									
6		NUM PAQUETES CARGADOS	NUM PAQUETES ENTREGADOS	NUM PAQUETES RECHAZADOS	NUM PAQUETES SIN DESTINATARIO		NUM PAQUETES NO ENTREGADOS		
7	Thomas	2034	1743	100	191		1.324,05 €		
8	Mathieu	1992	1702	110	180		1.319,50 €		
9	Kenny	2082	1758	134	190		1.474,20 €		
10	Théo	2201	1900	105	196		1.369,55 €		
11	Karine	2884	2521	117	246		1.651,65 €		
12	Marc	2331	1973	148	210		1.628,90 €		
13	Martin	2349	2037	114	198		1.419,60 €		
14									
15									
16									
17									

	A	B	C	D	E	F	G	H	I	J	K	L
18	NUM PAQUETES CARGADOS		ENERO	FEBRERO	MARZO	ABRIL	MAYO	JUNIO	JULIO	AGOSTO	SEPTIEMBRE	OCTUBRE
19	Sector Norte		57	120	161	116	0	387	167	186	301	242
20	Sector Sur		107	73	64	143	263	271	74	230	0	233
21	Centro		334	567	54	290	465	487	263	405	598	666
22	Zona oeste		452	278	491	225	338	309	187	408	683	321
23	Este		90	47	264	352	429	65	115	338	118	221

Debe ser visible un indicador gráfico junto a la tasa de paquetes no entregados.

B. Uso de funciones de resumen multicriterios

1. Estadísticas de entrega

La hoja **Estadísticas** del libro contiene la estructura de las tablas, pero se deben añadir las fórmulas.

TASA PAQUETES NO ENTREGADOS

Coste 1 paquete devuelto al almacén | 4,55 €

	NUM PAQUETES CARGADOS	NUM PAQUETES ENTREGADOS	NUM PAQUETES RECHAZADOS	NUM PAQUETES SIN DESTINATARIO		NUM PAQUETES NO ENTREGADOS
Thomas						
Mathieu						
Kenny						
Théo						
Karine						
Marc						
Martin						

NUM PAQUETES CARGADOS		ENERO	FEBRERO	MARZO	ABRIL	MAYO	JUNIO	JULIO	AGOSTO	SEPTIEMBRE	OCTUBR
Sector Norte											
Sector Sur											
Centro											
Zona oeste											

Las estadísticas se deben obtener en tiempo real. En cuanto se añadan filas a la hoja de datos, estos se deben reflejar automáticamente en nuestros cuadros de mando.

La función de cálculo de Excel para realizar una suma de celdas cuando se comprueba un criterio es SUMAR.SI.

Como recordatorio, la sintaxis de esta función es: =SUMAR.SI(rango_criterio; criterio; rango_celdas_a_sumar).

Fórmulas a integrar:

B7 =SUMAR.SI(Datos!$B$2:$B$1000; Estadísticas!$A7;Datos!D$2:D$1000)

G7 =(D7+E7)*$I$4

C3 =SI(SUMA(B7:B13)=0;""; SUMA(D7:E13)/SUMA(B7:B13))

Acciones:

Seleccione el rango **B7** a **E13** y, a continuación, copie hacia abajo (Ctrl D) y hacia la derecha (Ctrl R).

Seleccione el rango **G7** a **G13** y copie hacia abajo (Ctrl D).

C. Insertar indicador gráfico

Para este ejemplo, tendremos en cuenta los siguientes requisitos:

- Tasa de paquetes no entregados hasta el 8%: Luz verde
- Tasa de pérdida mayor o igual al 8% e inferior al 15%: Luz amarilla
- Tasa de pérdida mayor o igual al 15%: Luz roja

Seleccione la celda D3. Escriba =C3.

En la pestaña **Inicio** - grupo **Estilos**, despliegue el menú **Formato condicional**.

Seleccione **Conjuntos de iconos** y, a continuación, haga clic en **3 semáforos (con marco)**.

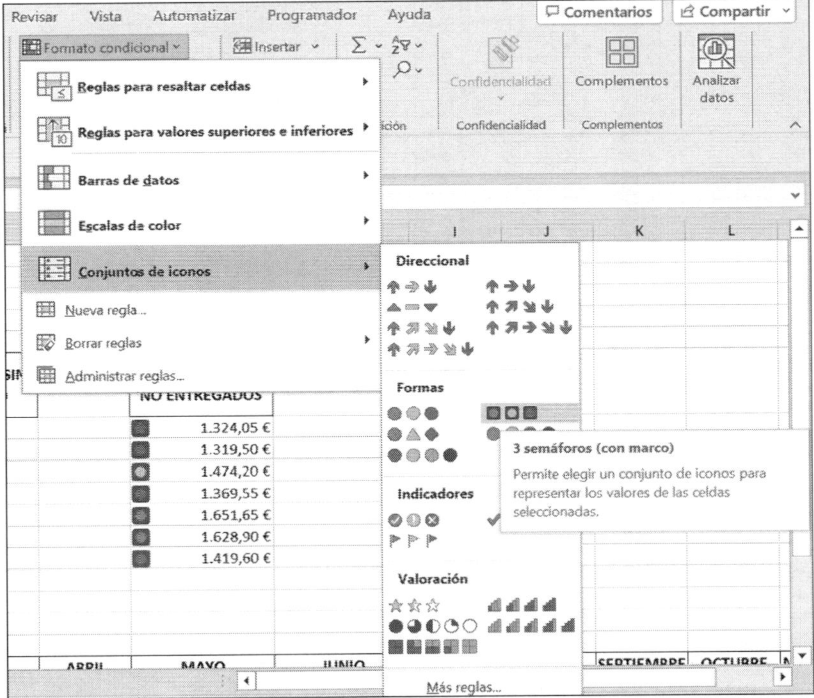

Ahora tenemos que modificar esta regla para que se ajuste a nuestras limitaciones.

En la pestaña **Inicio** - grupo **Estilos**, despliegue el menú **Formato condicional**.

Haga clic en **Administrar reglas**.

- En la ventana Administrador de reglas de formato condicionales, seleccione la regla y, a continuación, haga clic en **Editar regla**.

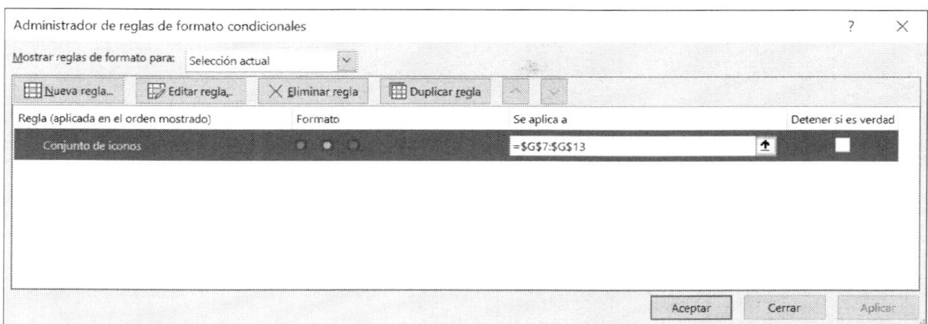

- Haga clic en **Invertir criterio de ordenación de icono**.
  Marque la opción **Mostrar icono únicamente**.
  Seleccione el tipo **Número para ambos criterios**.
  En la siguiente pantalla, introduzca los valores:

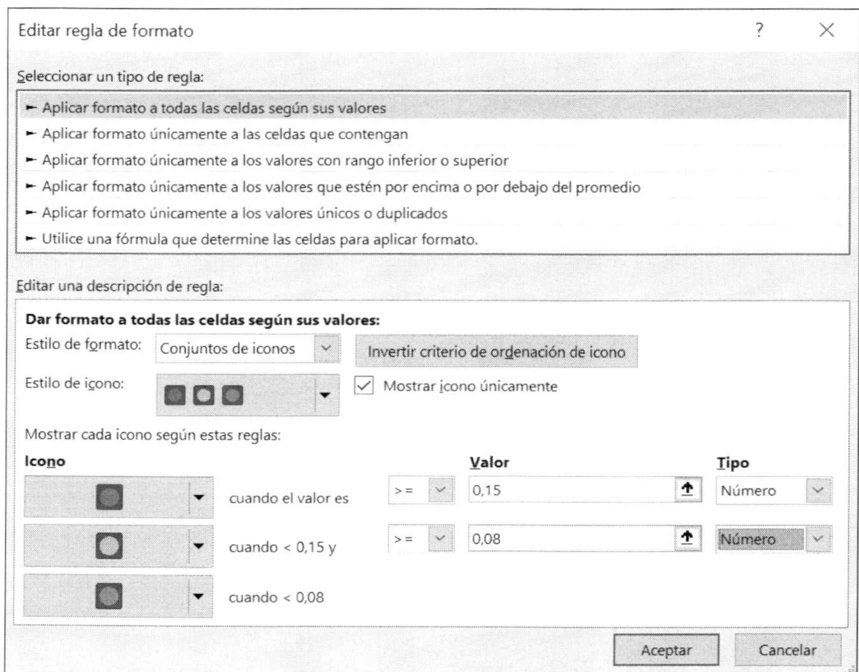

- Confirme pulsando dos veces en Aceptar.

1. Uso del cálculo matricial

a. Número de paquetes cargados mensualmente para cada viaje

La hoja **Estadísticas** del libro contiene la estructura de la tabla, pero se deben añadir las fórmulas.

NUM PAQUETES CARGADOS		ENERO	FEBRERO	MARZO	ABRIL	MAYO	JUNIO	JULIO	AGOSTO	SEPTIEMBR
Sector Norte										
Sector Sur										
Centro										
Zona oeste										
Este										

La tabla de resumen requiere que se realice un cálculo en función de los meses de las fechas de producción. Esta restricción requiere que agreguemos una columna a la hoja **Datos**, para calcular el mes para cada una de las fechas o que usemos el cálculo matricial, sin agregar una nueva columna.

El cálculo matricial permite (entre otras cosas) utilizar funciones con sumas condicionales.

Se integrarán dos funciones:

La función **MES**, que calcula el número de mes de una fecha. Su sintaxis es: =MES (Celda).

La función **COINCIDIR** permite obtener la posición de un elemento en un rango. Su sintaxis es **=COINCIDIR(Datos; Rango; 0)**

Fórmulas necesarias:

C4 {=SUMA((MES(Datos!$A$2:$A$1000)=COINCIDIR(Estadísticas!C$18;Estadísticas!$C$18:$N$18;0))*(Datos!$C$2:$C$1000=Estadísticas!$A19)*(Datos!$D$2:$D$1000))}

No es necesario escribir las llaves, pero la fórmula se confirma con el atajo de teclado [Ctrl] [Alt] P.

COINCIDIR(Estadísticas!C$18;Estadísticas!$C$18:$N$18;0)) devuelve la posición del nombre del mes del intervalo de 12 meses: 1 para ENERO, 2 para FEBRERO, y así, sucesivamente.

Acciones:

- Seleccione el rango **C19** a **N23** y, a continuación, copie la fórmula hacia abajo ([Ctrl] D) y hacia la derecha ([Ctrl] R).

2. Insertar minigráficos en la columna B

- Seleccione el rango **B19** a **B23**.
- Pestaña **Insertar** - grupo **Minigráficos** – **Líneas**

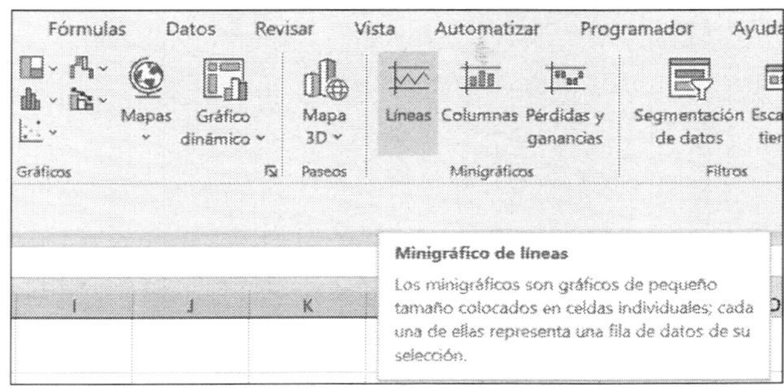

- Para el rango de datos, seleccione el rango de fórmulas **C19** a **N23**.

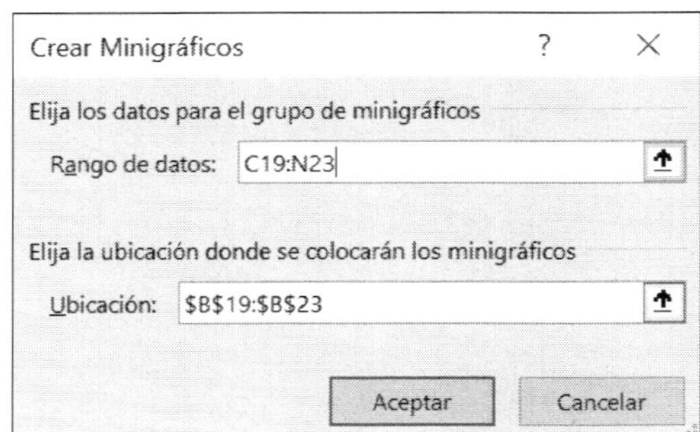

- Haga clic en **Aceptar** para finalizar.
- En la pestaña **Minigráfico** – grupo **Estilo**, seleccione la línea naranja.

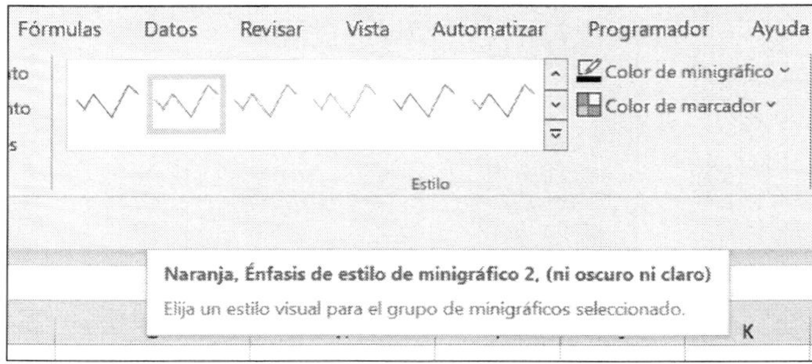

✎ En la pestaña **Minigráfico** – grupo **Mostrar**, marque la opción **Punto alto**.

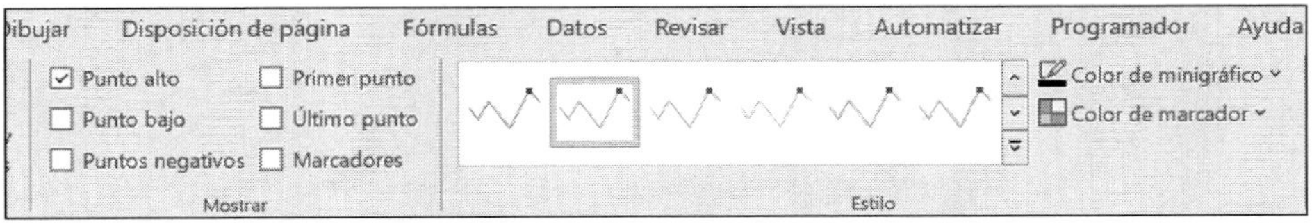

Capítulo 8

Tablas dinámicas

A. Introducción

Cuando necesita obtener información rápidamente, Excel le permite obtener tablas de resumen sin tener que diseñar fórmulas complejas. El método que se debe utilizar es crear tablas dinámicas.

Los datos de origen de una tabla dinámica deben tener siempre la misma estructura:

- Una fila representa un registro en la base de datos.
- Una columna representa un campo.
- La primera fila debe contener los títulos (nombres de campo). Para poder hacer referencias cruzadas a los datos, la base de datos debe contener al menos dos campos para cruzar, más un campo de datos numéricos.

Para evitar problemas al crear sus tablas dinámicas, siga estas indicaciones:

- No combine celdas en la fila de encabezado.
- No debe haber dos campos con el mismo nombre.
- Un nombre de campo no debe estar vacío.
- La base de datos no debe tener una fila o columna vacía.
- No introduzca filas de subtotales en la base de datos.
- En las columnas de valores numéricos, escriba un cero en las celdas vacías.

Los informes de tablas dinámicas se componen de cinco partes:

- Zona de filtrado
- Zona de valores
- Zona de etiqueta de fila
- Zona de etiquetas de columna
- Zona de totales

B. Crear una tabla dinámica sencilla

1. Los datos de origen

Vamos a crear la tabla estadística a partir del archivo **GestProduccion.xlsx**.

Los datos de la hoja **RVLProd** son los siguientes.

A	B	C	D	E	F	G	H	I	J	K
Fecha	LÍNEA	OPERADOR	Num total Unidades Producidas	Num Unidades defectuosas	Hora Inicio	Hora Fin	Tmp DE PARADA	Tipo DE PARADA	TIEMPO PRODUCCIÓN REAL	PRODUCTIVIDAD REAL (U/H)
03/01/2022	MAZAPÁN	VIRGINIE	255	27	8:00	11:49	0:11	FALLO MECÁNICO	3:38	62,6
03/01/2022	TURRÓN NEGRO	SYLVAIN	217	19	13:30	17:04	0:21	FALLO APROVISIONAMIENTO	3:12	61,7
03/01/2022	MAZAPÁN	MARC	427	23	13:30	17:14	0:20	FALLO ELÉCTRICO	3:24	118,8
05/01/2022	TURRÓN BLANCO	THIERRY	276	24	8:00	11:49	0:15	TEMPERATURA MUY BAJA	3:34	70,6
05/01/2022	MERMELADA ALBARICOQUE	CORALIE	202	28	13:29	17:01	0:25	FALLO MECÁNICO	3:06	56,0
05/01/2022	MAZAPÁN	JULIE	255	5	8:00	11:34	0:21	FALLO POR ATASCO	3:12	77,9
05/01/2022	MERMELADA ARÁNDANOS	JUSTINE	298	27	8:03	11:45	0:14	TEMPERATURA MUY BAJA	3:28	78,1
05/01/2022	MERMELADA ALBARICOQUE	MARC	196	12	13:30	17:18	0:28	TEMPERATURA MUY BAJA	3:19	55,3
06/01/2022	MERMELADA ALBARICOQUE	PHILIPPE	256	14	13:35	17:05	0:11	FALLO ELÉCTRICO	3:19	73,0
07/01/2022	MERMELADA ARÁNDANOS	JULIE	217	10	8:00	11:49	0:20	FALLO ELÉCTRICO	3:29	59,2
07/01/2022	TURRÓN NEGRO	PHILIPPE	398	17	13:35	17:19	0:12	FALLO ELÉCTRICO	3:31	107,9
07/01/2022	MERMELADA ARÁNDANOS	DAMIEN	239	18	8:02	11:39	0:17	FALLO APROVISIONAMIENTO	3:20	66,1
07/01/2022	MAZAPÁN	DAMIEN	217	12	8:00	11:44	0:14	FALLO ELÉCTRICO	3:29	58,6
07/01/2022	MAZAPÁN	PAULINE	339	26	13:34	17:04	0:28	FALLO MECÁNICO	3:01	103,6
07/01/2022	MERMELADA ALBARICOQUE	PAULINE	412	30	13:35	17:04	0:25	FALLO MECÁNICO	3:03	125,1
10/01/2022	TURRÓN BLANCO	VIRGINIE	368	15	8:00	11:44	0:20	FALLO POR ATASCO	3:24	103,8

La tabla muestra el registro anual de la producción de una pequeña confitería artesanal.

Este resumen anual debería permitirnos calcular diferentes elementos:

- Producción total de cada línea
- Producción total por operario
- Tiempo de inactividad total por tipo de fallo
- Productividad media por operario

2. Diseño de tabla dinámica

Nuestro primer objetivo es calcular la producción total de cada línea. En este caso, bastará con cruzar dos datos: la línea y el número de unidades producidas.

✎ Coloque el cursor en una celda del origen de datos, **A1** por ejemplo.

✎ En la pestaña **Insertar**– grupo **Tablas**, haga clic en **Tabla dinámica**:

Aparece la ventana **Tabla dinámica desde la tabla o el rango**:

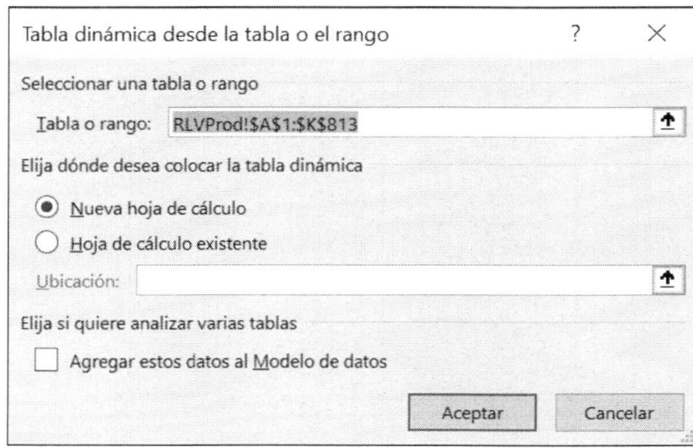

El rango de datos que se va a analizar se selecciona automáticamente y aparece rodeado por una línea discontinua en movimiento. La ubicación Nueva hoja de cálculo aparece seleccionada por defecto.

✎ Haga clic en **Aceptar** directamente.

Excel crea una nueva hoja de cálculo con la zona de informe a la izquierda.

El cuadro de diálogo **Campos de tabla dinámica** aparece en el lado derecho de la ventana.

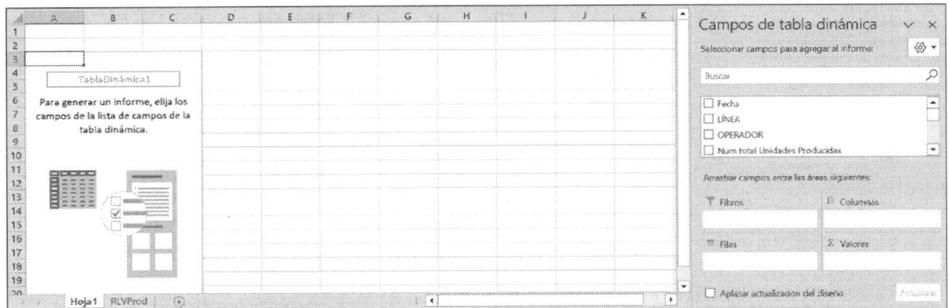

Arrastre el campo **LÍNEA** a la zona **Filas** y el campo **Num Total Unidades Producidas** a la zona $\sum$ **Valores**.

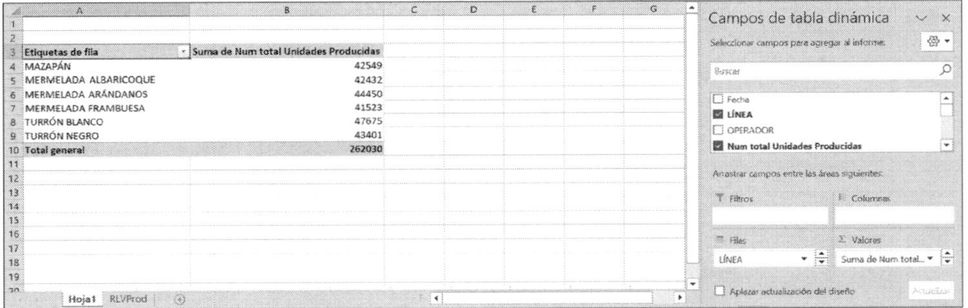

Por defecto, se ha asignado la función **SUMA** al campo **Num Total de Unidades Producidas**. La tabla dinámica se inserta instantáneamente en la hoja.

3. Formato de tabla dinámica

Excel ha creado automáticamente las etiquetas de nuestra tabla dinámica dinámica. Si lo desea, puede editarlas y aplicar el a los números el formato **Separador de miles sin decimales**.

LÍNEA	Total Unidades Producidas
MAZAPÁN	42549
MERMELADA ALBARICOQUE	42432
MERMELADA ARÁNDANOS	44450
MERMELADA FRAMBUESA	41523
TURRÓN BLANCO	47675
TURRÓN NEGRO	43401
Total general	**262030**

- Haga clic con el botón derecho del ratón en la tabla dinámica.
- Seleccione **Formato de número**, en la categoría **Número**, marque **Utilizar separador de miles** y establezca el número de decimales que desea mostrar.

Si no se tiene seleccionada la tabla dinámica, el cuadro de diálogo no aparece en pantalla. Para que vuelva a aparecer, simplemente haga clic en la tabla dinámica. Si el cuadro de diálogo se ha cerrado pulsando en la cruz que aparece en la parte superior derecha, haga clic con el botón derecho del ratón en la tabla dinámica y seleccione la opción ***Mostrar lista de campos****, para mostrarlo.*

4. Añadir el número total de unidades perdidas

Para comparar la producción total y la producción perdida, puede ser interesante insertar esta información adicional en nuestra tabla dinámica. Añadir esta estadística a la tabla es muy sencillo:

- Arrastre el campo **Num Unidades defectuosas** a la zona ∑ **Valores**.
- Edite el título de la nueva columna.

LÍNEA	Total Unidades Producidas	Total Perdidas
MAZAPÁN	42.549	2.445
MERMELADA ALBARICOQUE	42.432	2.390
MERMELADA ARÁNDANOS	44.450	2.335
MERMELADA FRAMBUESA	41.523	2.307
TURRÓN BLANCO	47.675	2.439
TURRÓN NEGRO	43.401	2.403
Total general	**262.030**	**14.319**

5. Insertar un campo calculado

Para cada línea, queremos saber la producción real (descontadas las pérdidas).

- Haga clic en la tabla dinámica.
- En la pestaña **Analizar tabla dinámica** - grupo **Cálculos**, despliegue **Campos, elementos y conjuntos** y, a continuación, haga clic en la opción **Campo calculado**.

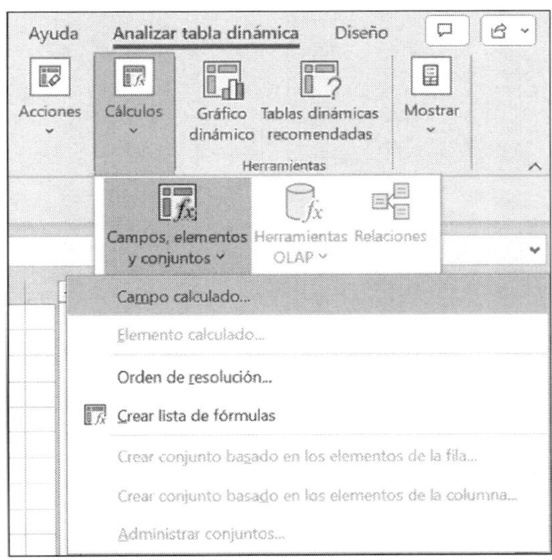

Excel abre el cuadro de diálogo **Insertar campo calculado**:

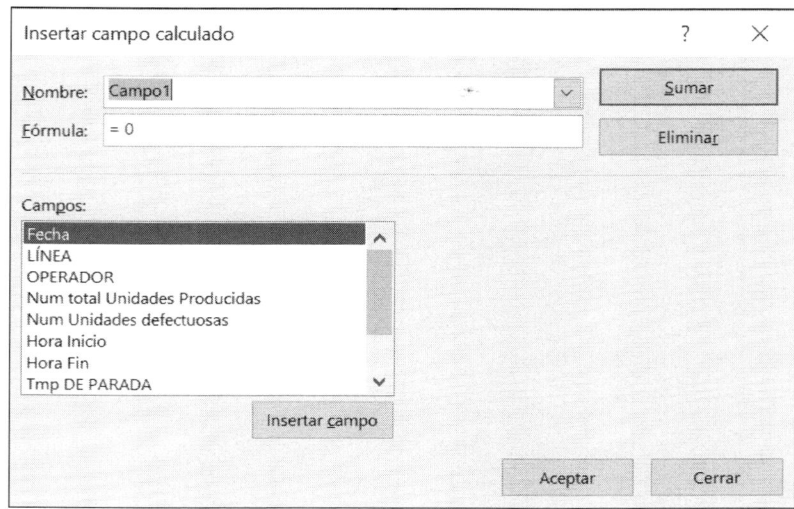

✎ Introduzca el **Nombre** del campo y, a continuación, la **Fórmula** de cálculo:

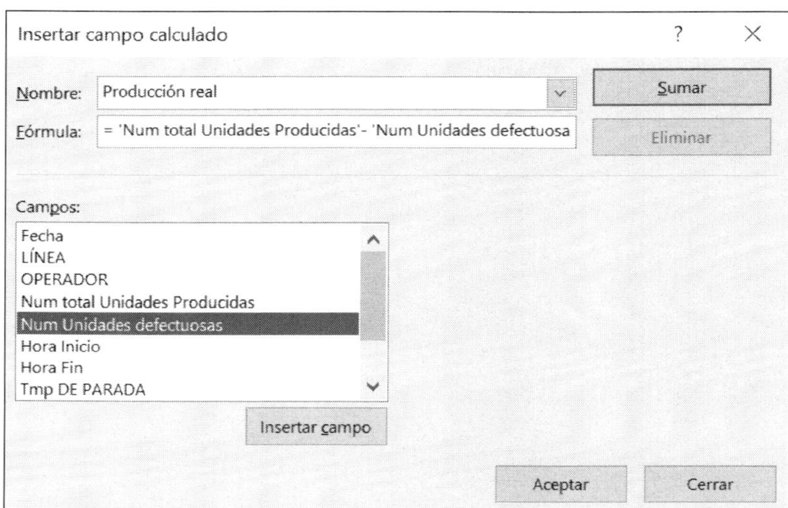

Para insertar los campos **Num Total Unidades Producidas** y **Num Unidades defectuosas** en la zona **Fórmula**, puede hacer doble clic en el nombre del campo en la lista de campos.

✎ Haga clic en el botón **Insertar campo** y confirme pulsando en **Aceptar**.

El campo calculado **Producción real** se ha añadido a la lista de campos, el panel incluye ahora estos nuevos datos en el campo ∑ **Valores**.

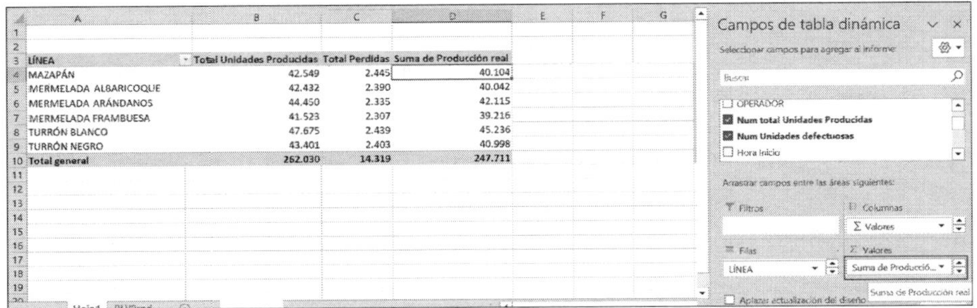

LÍNEA	Total Unidades Producidas	Total Perdidas	Suma de Producción real
MAZAPÁN	42.549	2.445	40.104
MERMELADA ALBARICOQUE	42.432	2.390	40.042
MERMELADA ARÁNDANOS	44.450	2.335	42.115
MERMELADA FRAMBUESA	41.523	2.307	39.216
TURRÓN BLANCO	47.675	2.439	45.236
TURRÓN NEGRO	43.401	2.403	40.998
Total general	262.030	14.319	247.711

Edite la etiqueta de la nueva columna.

LÍNEA	Total Unidades Producidas	Total Perdidas	Producción Real Total
MAZAPÁN	42.549	2.445	40.104
MERMELADA ALBARICOQUE	42.432	2.390	40.042
MERMELADA ARÁNDANOS	44.450	2.335	42.115
MERMELADA FRAMBUESA	41.523	2.307	39.216
TURRÓN BLANCO	47.675	2.439	45.236
TURRÓN NEGRO	43.401	2.403	40.998
Total general	**262.030**	**14.319**	**247.711**

Cuando realice este proceso y algunos de los campos calculados no coincidan con sus expectativas, será muy fácil eliminarlos o modificarlos.

6. Eliminar un campo calculado

- En la pestaña **Análisis Tabla dinámica** – grupo **Cálculos**, despliegue **Campos, elementos y conjuntos** y, a continuación, haga clic en la opción **Campo calculado**.
- En el cuadro de diálogo **Insertar campo calculado**, despliegue el menú **Nombre** y seleccione el campo que desee eliminar.
- Pulse en el botón **Eliminar** y confirme pulsando en **Aceptar**.

7. Editar un campo calculado

- En la pestaña **Análisis tabla dinámica** - grupo **Cálculos**, despliegue **Campos, elementos y conjuntos** y, a continuación, pulse en la opción **Campo calculado**.
- En el cuadro de diálogo **Insertar campo calculado**, despliegue el menú **Nombre** y seleccione el campo que desea editar
- Modifique la fórmula.
- Haga clic en el botón **Modificar** y después confirme pulsando en **Aceptar**.

Tenga siempre mucho cuidado al crear los campos calculados porque al calcular un campo obtenido mediante una fórmula en la tabla dinámica, Excel primero resume los campos utilizados en la fórmula y, a continuación, aplica la fórmula a los resultados del resumen.

8. Filtrar una tabla dinámica

Excel permite insertar uno o más filtros de informe en las tablas dinámicas. Cuando se aplica un filtro de informe, las estadísticas se calculan automáticamente en los datos filtrados.

En nuestro ejemplo, queremos poder ver solo las estadísticas de un operador.

- Haga clic en la tabla dinámica

Arrastre el campo **OPERADOR** hasta la zona **Filtros**.

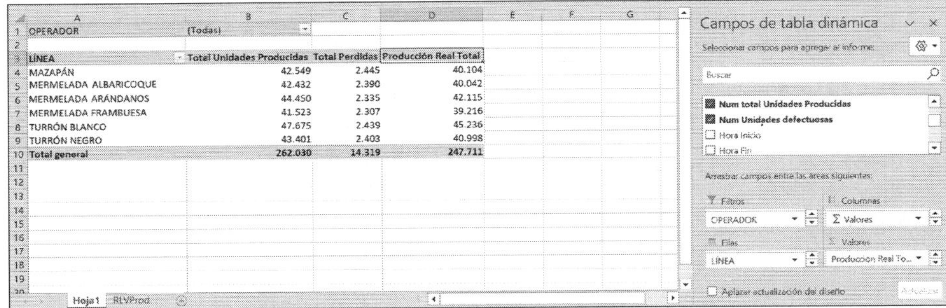

	A	B	C	D
1	OPERADOR	(Todas)		
2				
3	LÍNEA	Total Unidades Producidas	Total Perdidas	Producción Real Total
4	MAZAPÁN	42.549	2.445	40.104
5	MERMELADA ALBARICOQUE	42.432	2.390	40.042
6	MERMELADA ARÁNDANOS	44.450	2.335	42.115
7	MERMELADA FRAMBUESA	41.523	2.307	39.216
8	TURRÓN BLANCO	47.675	2.439	45.236
9	TURRÓN NEGRO	43.401	2.403	40.998
10	Total general	262.030	14.319	247.711

Seleccione **JUSTINE** en la celda **B2**. La tabla se actualiza automáticamente:

	A	B	C	D
1	OPERADOR	JUSTINE		
2				
3	**LÍNEA**	**Total Unidades Producidas**	**Total Perdidas**	**Producción Real Total**
4	MAZAPÁN	3.353	247	3.106
5	MERMELADA ALBARICOQUE	2.910	153	2.757
6	MERMELADA ARÁNDANOS	3.310	201	3.109
7	MERMELADA FRAMBUESA	5.276	334	4.942
8	TURRÓN BLANCO	5.231	268	4.963
9	TURRÓN NEGRO	5.118	246	4.872
10	**Total general**	**25.198**	**1.449**	**23.749**

C. Actualizar una tabla dinámica

1. Caso 1: El rango de origen tiene el mismo número de filas

Cuando se modifica un dato de una tabla de Excel que contiene fórmulas, estas se vuelven a calcular automáticamente. En una tabla dinámica, cuando cambian los datos de la base de datos, las tablas dinámicas creadas a partir de dicho origen no se actualizan automáticamente. Por lo tanto, necesitamos actualizar las tablas dinámicas si los datos de origen cambian.

Haga clic en la tabla dinámica.

En la pestaña **Analizar tabla dinámica** – grupo **Datos**, haga clic en **Actualizar** y, a continuación, en **Actualizar** (Alt F5) o **Actualizar todo** (Ctrl Alt F5) si tiene varias tablas dinámicas.

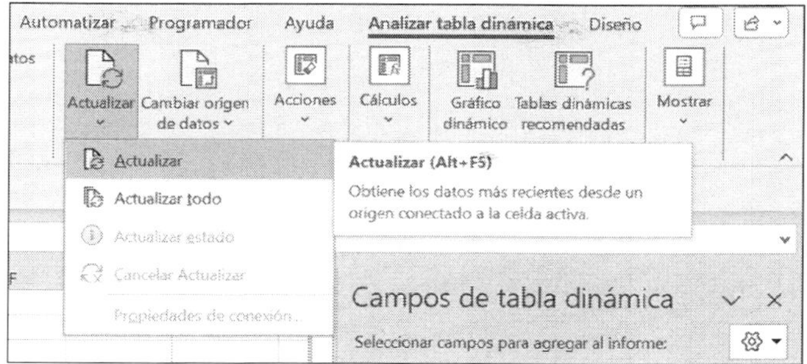

Si añade filas al final de la base de datos, no se reflejarán en la actualización.

2. Caso 2: Se ha cambiado el número de filas en el rango de origen

Por lo general, el rango de origen no está fijado. Si exporta los nuevos datos mensualmente, el número de filas en el rango de origen aumentará cada mes. Por lo tanto, el rango de origen se debe modificar manualmente.

- Haga clic en la tabla dinámica.
- **Analizar tabla dinámica** - grupo **Datos** - **Cambiar origen de datos**

  Excel muestra las coordenadas del rango de datos de origen tal y como estaban cuando se diseñó la tabla dinámica.

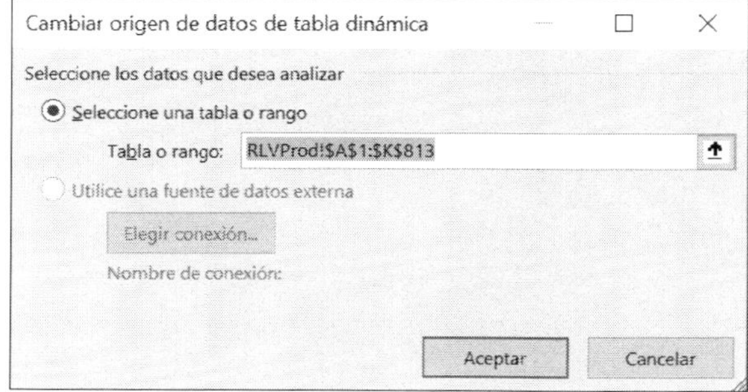

- Cambie el número de la última fila y, a continuación, confirme pulsando en **Aceptar**.

Sin embargo, esta técnica puede ser engorrosa cuando se deben modificar muchas tablas dinámicas frecuentemente, cuyos datos de origen cambian con el tiempo.

D. Crear una tabla dinámica utilizando datos horarios

1. Insertar tabla

Ahora queremos obtener el tiempo de producción real promedio para cada línea y para cada operario.

- Regrese a la hoja **RLVPRod** y coloque el cursor en una celda del origen.
- En la pestaña **Insertar** – grupo **Tablas**, haga clic en **Tabla dinámica**.
- Haga clic en **Aceptar** directamente.
- Arrastre el campo OPERADOR a la zona **Filas**, el campo LÍNEA a la zona **Columnas** y el campo TIEMPO PRODUCCIÓN REAL a la zona ∑ **Valores**.

Excel usó la función **Número** para resumir el campo TIEMPO PRODUCCIÓN REAL. Por lo tanto, es necesario modificar la función que se va a utilizar.

- Despliegue el menú del campo **Cuenta de** TIEMPO PRODUCCIÓN REAL y seleccione **Configuración de campo de valor**.

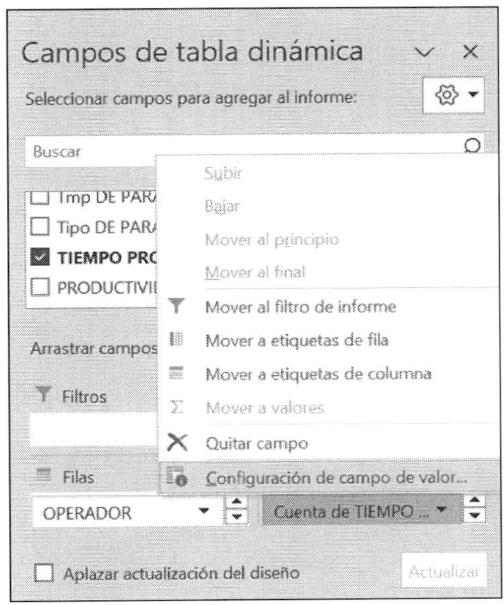

Seleccione la función **Promedio** y modifique el nombre del campo:

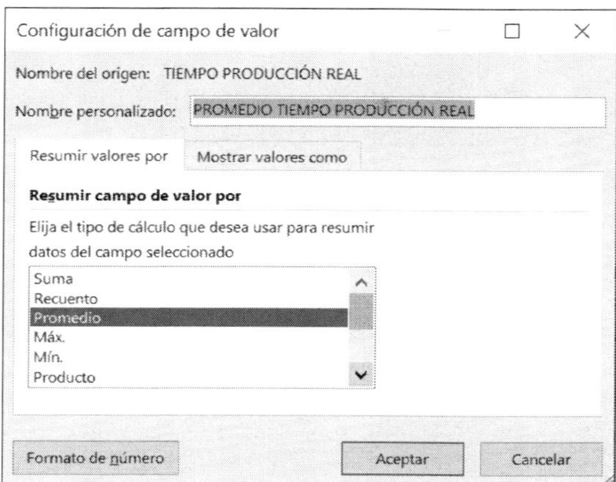

Luego haga clic en el botón **Formato de número**, en la categoría **Hora**, haga clic en el formato **13:30** y luego confirme pulsando en **Aceptar**.

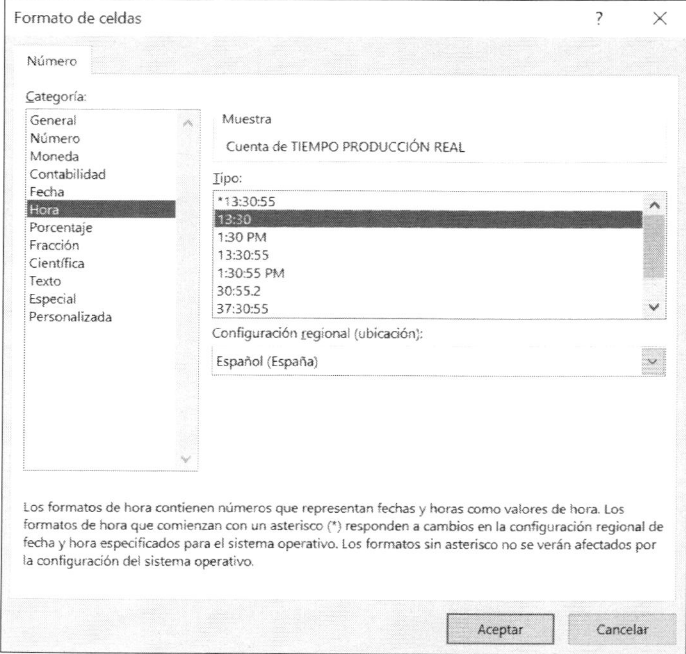

Vuelva a hacer clic en **Aceptar** para volver a la tabla dinámica.

2. Aplicar un formato condicional

- Vuelva a la primera tabla dinámica que creó.

Supongamos que queremos mostrar sobre un fondo naranja los nombres de las filas con una tasa de pérdida de más del 6%. El formato condicional se aplicará a la primera tabla dinámica. Deshaga el filtro aplicado a esta tabla seleccionando la opción Todo en B1.

- A continuación, seleccione las celdas **A4** a **A9** de la tabla dinámica.
- En la pestaña **Inicio** - grupo **Estilos**, haga clic en **Formato condicional** y, a continuación, haga clic en **Nueva regla**.
- Haga clic en el tipo **Utilice una fórmula que determine las celdas para aplicar formato** y, a continuación, escriba la fórmula como se muestra en la siguiente pantalla:

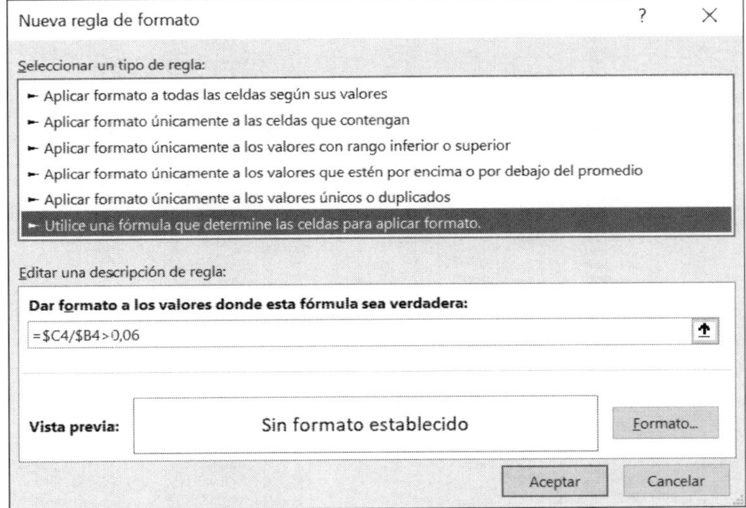

- Haga clic en el botón **Formato** y, a continuación, en la pestaña **Relleno**, seleccione el color **Naranja**.
- Confirme pulsando dos veces en **Aceptar**.

Actualmente, no aparecen celdas sobre un fondo naranja.

Seleccione el operador **CORALIE**. Deben aparecer dos líneas sobre un fondo naranja.

OPERADOR	CORALIE		
LÍNEA	**Total Unidades Producidas**	**Total Perdidas**	**Producción Real Total**
MAZAPÁN	4.447	234	4.213
MERMELADA ALBARICOQUE	5.198	341	4.857
MERMELADA ARÁNDANOS	4.162	271	3.891
MERMELADA FRAMBUESA	4.318	189	4.129
TURRÓN BLANCO	4.907	282	4.625
TURRÓN NEGRO	3.198	143	3.055
Total general	**26.230**	**1.460**	**24.770**

Para MARC:

OPERADOR	MARC		
LÍNEA	**Total Unidades Producidas**	**Total Perdidas**	**Producción Real Total**
MAZAPÁN	2.006	108	1.898
MERMELADA ALBARICOQUE	4.456	220	4.236
MERMELADA ARÁNDANOS	3.986	210	3.776
MERMELADA FRAMBUESA	4.653	218	4.435
TURRÓN BLANCO	6.457	346	6.111
TURRÓN NEGRO	4.857	313	4.544
Total general	**26.415**	**1.415**	**25.000**

E. Crear un cuadro de mando con varias tablas dinámicas

1. Objetivo

A partir del archivo **TD-CuadroMando.xlsx** vamos a construir un cuadro de mando para hacer seguimiento en tiempo real de nuestros beneficios y gastos.

A continuación, se muestran las primeras filas de la hoja de datos. Los apuntes contables de gastos y ventas aparecen en la misma lista.

FECHA	TIPO APUNTE	CUENTA TERCEROS	RAZÓN SOCIAL	TIPO CLIENTE	TIPO GASTO	CANTIDAD	CANTIDAD MANO DE OBRA	TOTAL
03/01/2022	GASTOS	FO-689	POINT 2000		GASTOS VARIOS	239,99		239,99
03/01/2022	GASTOS	DG-500	DGI		IMPUESTOS Y TASAS	1.098,00		1.098,00
04/01/2022	GASTOS	FO-0134	BATILEX		MERCHANDISING	752,68		752,68
05/01/2022	GASTOS	DO-3798	LOCAGEST 84		ABOGADO	1.350,00		1.350,00
06/01/2022	BENEFICIOS	CL-41-204	CLIM 300	EDIFICIO		3.987,90	4.506,33	8.494,23
08/01/2022	GASTOS	FO-0129	MARTEL SA		MERCHANDISING	853,12		853,12
11/01/2022	BENEFICIOS	CL-41-218	DEPCLIM	CLIENTES VARIOS		-	276,52	276,52
12/01/2022	GASTOS	DEP-630	DEP-COMERCIAL		MUDANZA	528,00		528,00
13/01/2022	GASTOS	FO-0133	BAT-AVELANGE		MERCHANDISING	476,16		476,16
15/01/2022	GASTOS	FO-0789	France TELECOM		TELÉFONO	345,60		345,60
16/01/2022	GASTOS	FO-0125	CLIM ELEC		MERCHANDISING	621,24		621,24
16/01/2022	GASTOS	FO-0126	France SERVICIOS		MERCHANDISING	648,52		648,52
17/01/2022	GASTOS	FO-147	EL GRAN SERVICIO		GASTOS VARIOS	221,45		221,45
18/01/2022	GASTOS	FO-0126	France SERVICIOS		MERCHANDISING	720,44		720,44
18/01/2022	GASTOS	FO-0126	France SERVICIOS		MERCHANDISING	711,76		711,76
19/01/2022	BENEFICIOS	CL-41-223	OPHLM 3000	EDIFICIO		260,40	299,46	559,86

Nuestro cuadro de mando debe permitirnos saber, para todo el año o para uno o varios meses:

- los gastos totales por apunte,
- la facturación por cliente,
- los 5 mejores clientes,
- el margen generado.

A continuación, se muestra un ejemplo:

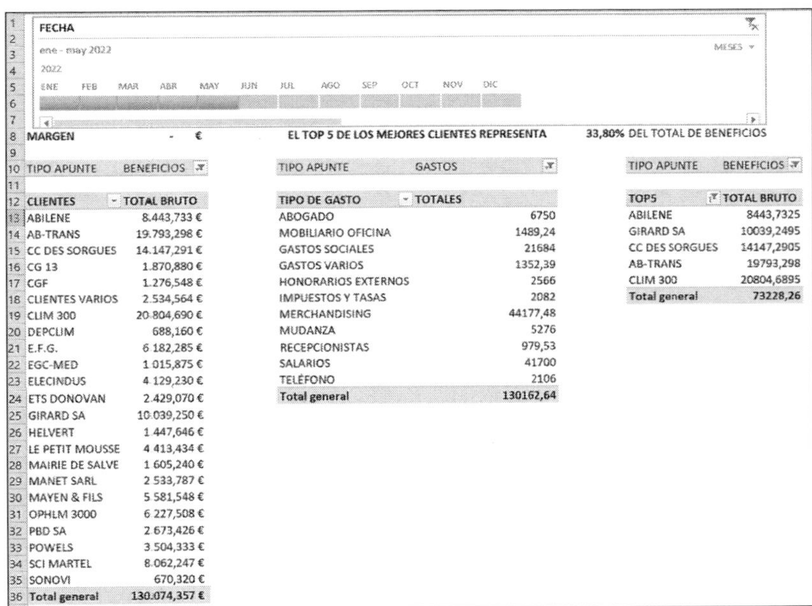

FECHA

ene - may 2022

MESES

2022

ENE FEB MAR ABR MAY JUN JUL AGO SEP OCT NOV DIC

MARGEN - €

EL TOP 5 DE LOS MEJORES CLIENTES REPRESENTA 33,80% DEL TOTAL DE BENEFICIOS

TIPO APUNTE BENEFICIOS

CLIENTES	TOTAL BRUTO
ABILENE	8.443,733 €
AB-TRANS	19.793,298 €
CC DES SORGUES	14.147,291 €
CG 13	1.870,880 €
CGF	1.276,548 €
CLIENTES VARIOS	2.534,564 €
CLIM 300	20.804,690 €
DEPCLIM	688,160 €
E.F.G.	6.182,285 €
EGC-MED	1.015,875 €
ELECINDUS	4.129,230 €
ETS DONOVAN	2.429,070 €
GIRARD SA	10.039,250 €
HELVERT	1.447,646 €
LE PETIT MOUSSE	4.413,434 €
MAIRIE DE SALVE	1.605,240 €
MANET SARL	2.533,787 €
MAYEN & FILS	5.581,548 €
OPHLM 3000	6.227,508 €
PBD SA	2.673,426 €
POWELS	3.504,333 €
SCI MARTEL	8.062,247 €
SONOVI	670,320 €
Total general	**130.074,357 €**

TIPO APUNTE GASTOS

TIPO DE GASTO	TOTALES
ABOGADO	6750
MOBILIARIO OFICINA	1489,24
GASTOS SOCIALES	21684
GASTOS VARIOS	1352,39
HONORARIOS EXTERNOS	2566
IMPUESTOS Y TASAS	2082
MERCHANDISING	44177,48
MUDANZA	5276
RECEPCIONISTAS	979,53
SALARIOS	41700
TELÉFONO	2106
Total general	**130162,64**

TIPO APUNTE BENEFICIOS

TOP5	TOTAL BRUTO
ABILENE	8443,7325
GIRARD SA	10039,2495
CC DES SORGUES	14147,2905
AB-TRANS	19793,298
CLIM 300	20804,6895
Total general	**73228,26**

2. Preparación

A lo largo del año, el número de filas de nuestra lista de apuntes contables va a aumentar. Por lo tanto, es esencial crear una serie de datos variables:

- En la pestaña **Fórmulas** – grupo **Nombres definidos**, haga clic en Administrador de nombres y, a continuación, haga clic en **Nuevo**.
- Escriba el nombre **APUNTES** y, a continuación, escriba la fórmula en el menú **Se refiere a**:

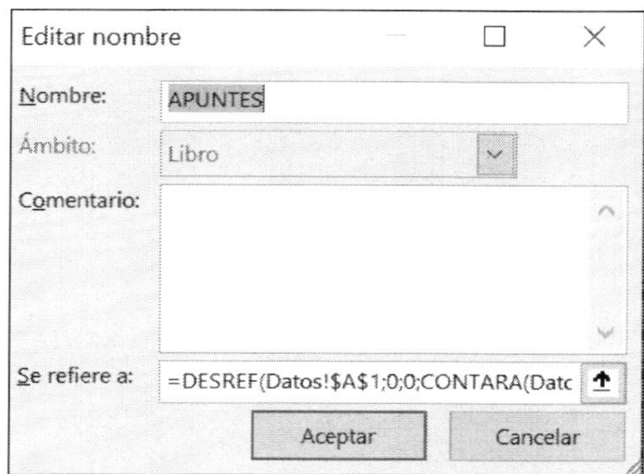

- Confirme pulsando en **Aceptar**.

3. Facturación por cliente

- Coloque el cursor en la celda **A12** de la hoja **CuadroMando**.
- Desactive la visualización de las líneas de cuadrícula (pestaña **Vista** – grupo **Mostrar**).
- En la pestaña **Insertar** – grupo **Tablas**, haga clic en **Tabla dinámica**.

✎ Introduzca los distintos datos consultando la siguiente pantalla:

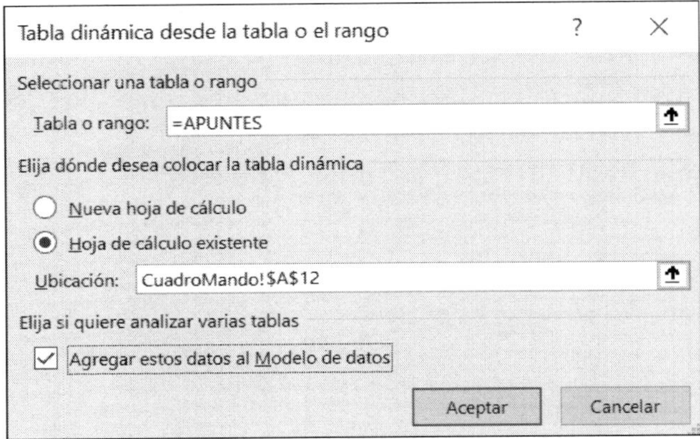

✎ Confirme pulsando en **Aceptar**.

✎ Arrastre los campos a las diferentes zonas y luego aplique el filtro **BENEFICIOS** de la lista de la celda **B10**.

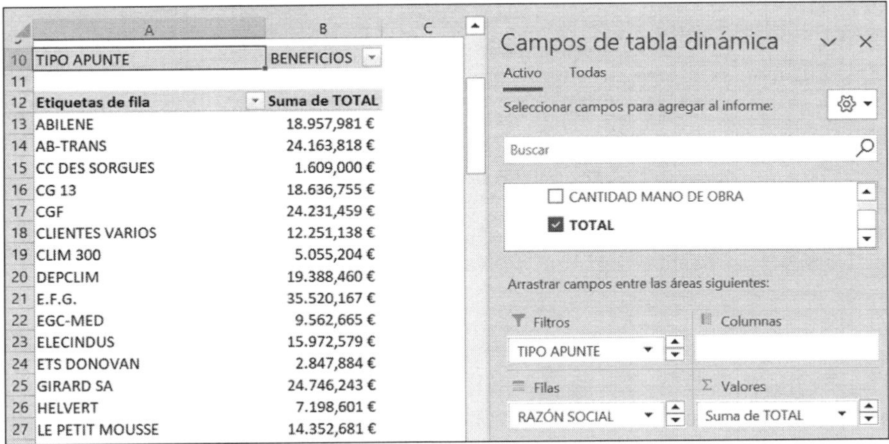

✎ Haga clic con el botón derecho del ratón en uno de los números y luego en **Formato de número - Contabilidad - Aceptar**.

✎ Edite las etiquetas de la tabla:

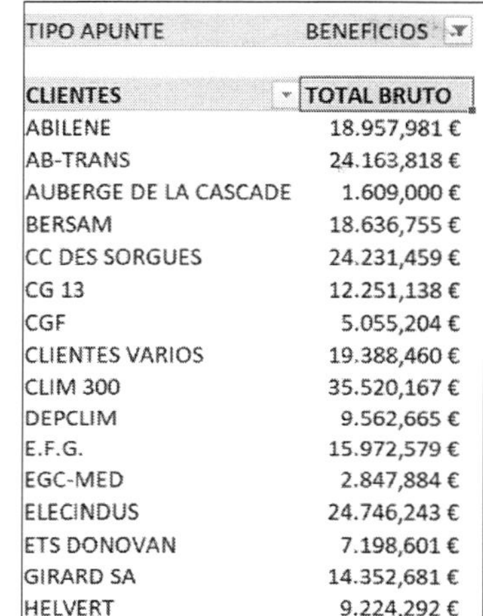

TIPO APUNTE	BENEFICIOS
CLIENTES	**TOTAL BRUTO**
ABILENE	18.957,981 €
AB-TRANS	24.163,818 €
AUBERGE DE LA CASCADE	1.609,000 €
BERSAM	18.636,755 €
CC DES SORGUES	24.231,459 €
CG 13	12.251,138 €
CGF	5.055,204 €
CLIENTES VARIOS	19.388,460 €
CLIM 300	35.520,167 €
DEPCLIM	9.562,665 €
E.F.G.	15.972,579 €
EGC-MED	2.847,884 €
ELECINDUS	24.746,243 €
ETS DONOVAN	7.198,601 €
GIRARD SA	14.352,681 €
HELVERT	9.224,292 €

4. Gastos por tipo

Proceda de la misma manera para crear la tabla de gastos a partir de **D12** y filtrarla por **GASTOS**.

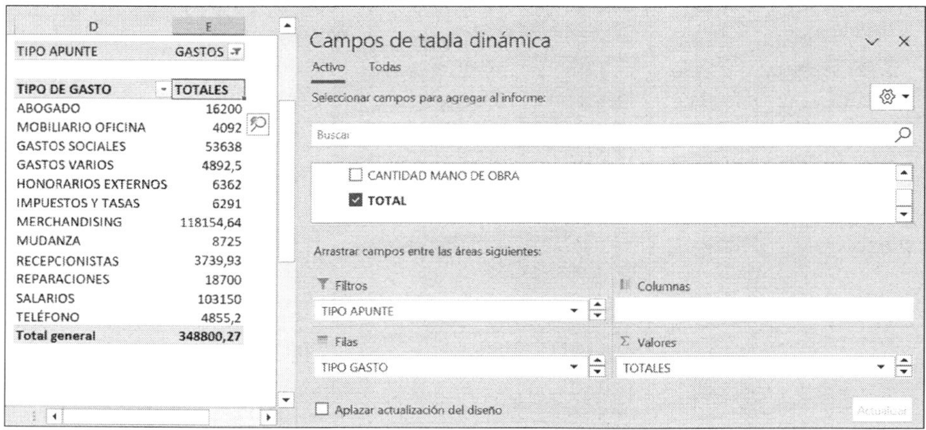

TIPO APUNTE	GASTOS
TIPO DE GASTO	**TOTALES**
ABOGADO	16200
MOBILIARIO OFICINA	4092
GASTOS SOCIALES	53638
GASTOS VARIOS	4892,5
HONORARIOS EXTERNOS	6362
IMPUESTOS Y TASAS	6291
MERCHANDISING	118154,64
MUDANZA	8725
RECEPCIONISTAS	3739,93
REPARACIONES	18700
SALARIOS	103150
TELÉFONO	4855,2
Total general	**348800,27**

5. Calcular márgenes

- En primer lugar, asegúrese de que Excel está configurado para usar las funciones de lectura de datos de la tabla dinámica: pestaña **Archivo - Opciones - Fórmulas**.

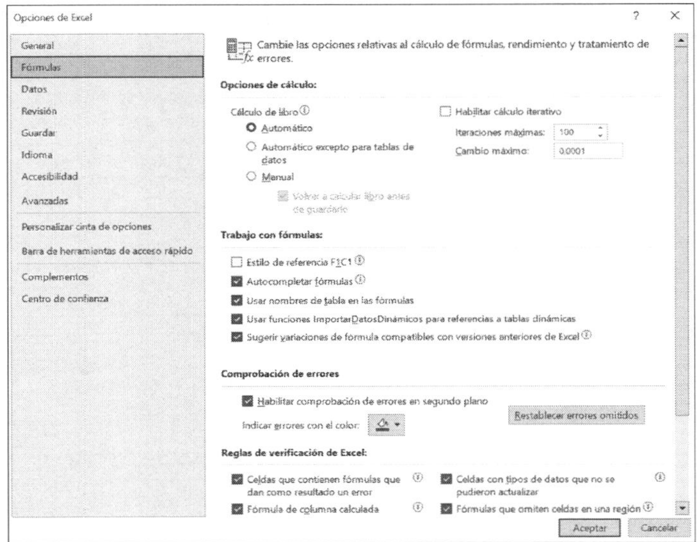

- Seleccione la celda **B8**.
- Introduzca la fórmula =**B43 - E25** para restar los ingresos totales de los gastos totales en las dos tablas dinámicas y, a continuación, escriba el título en A8.

  Excel ha introducido la fórmula: =IMPORTARDATOSDINAMICOS ("TOTAL";$A$12)-IMPORTARDATOSDINAMICOS("TOTAL";$D$12)

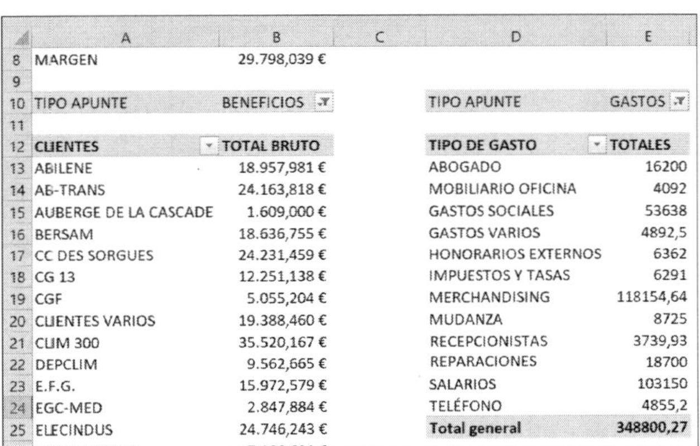

	A	B	C	D	E
8	MARGEN	29.798,039 €			
9					
10	TIPO APUNTE	BENEFICIOS		TIPO APUNTE	GASTOS
11					
12	**CLIENTES**	**TOTAL BRUTO**		**TIPO DE GASTO**	**TOTALES**
13	ABILENE	18.957,981 €		ABOGADO	16200
14	AB-TRANS	24.163,818 €		MOBILIARIO OFICINA	4092
15	AUBERGE DE LA CASCADE	1.609,000 €		GASTOS SOCIALES	53638
16	BERSAM	18.636,755 €		GASTOS VARIOS	4892,5
17	CC DES SORGUES	24.231,459 €		HONORARIOS EXTERNOS	6362
18	CG 13	12.251,138 €		IMPUESTOS Y TASAS	6291
19	CGF	5.055,204 €		MERCHANDISING	118154,64
20	CLIENTES VARIOS	19.388,460 €		MUDANZA	8725
21	CLIM 300	35.520,167 €		RECEPCIONISTAS	3739,93
22	DEPCLIM	9.562,665 €		REPARACIONES	18700
23	E.F.G.	15.972,579 €		SALARIOS	103150
24	EGC-MED	2.847,884 €		TELÉFONO	4855,2
25	ELECINDUS	24.746,243 €		**Total general**	**348800,27**

6. Los 5 mejores clientes

- Seleccione la celda **G12** e inserte una tabla dinámica idéntica a la que creó en **A12** o fíltrela por BENEFICIOS.
- Despliegue el menú de filtros, seleccione **Filtros de valor** y seleccione la opción **Diez mejores**.

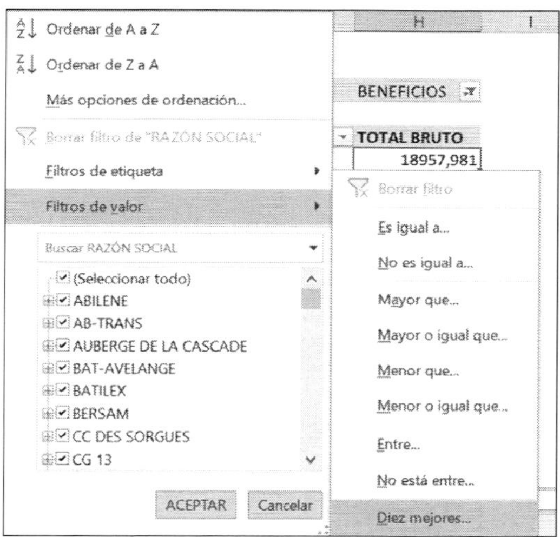

- Seleccione los primeros 5 elementos:

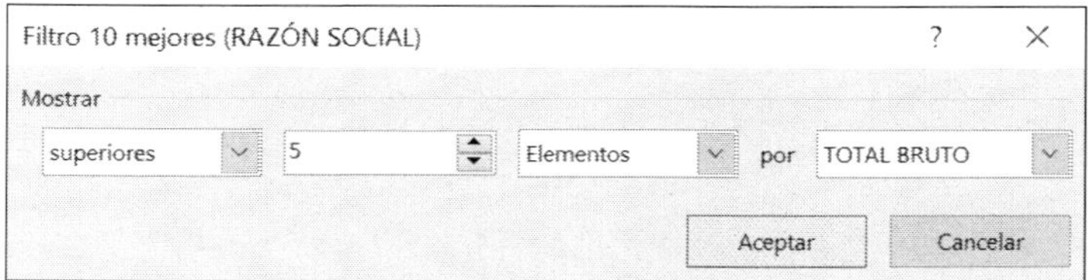

- Haga clic en **Aceptar** y edite el título.

- Para obtener la lista de clientes en orden descendente de beneficios, vuelva a desplegar la lista de filtros.

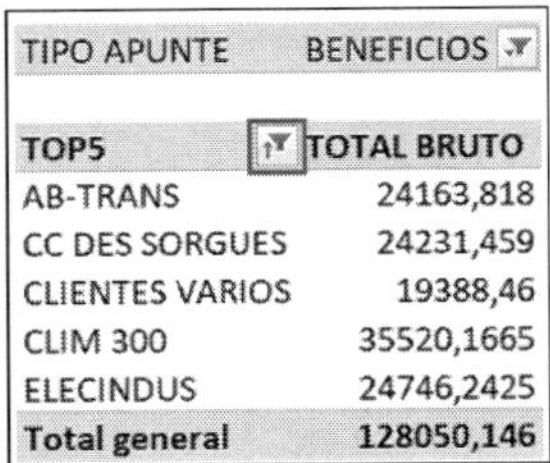

TIPO APUNTE	BENEFICIOS
TOP5	**TOTAL BRUTO**
AB-TRANS	24163,818
CC DES SORGUES	24231,459
CLIENTES VARIOS	19388,46
CLIM 300	35520,1665
ELECINDUS	24746,2425
Total general	**128050,146**

- Haga clic en **Más opciones de ordenación.**
- Establezca el criterio de clasificación descendente por **TOTAL BRUTO:**

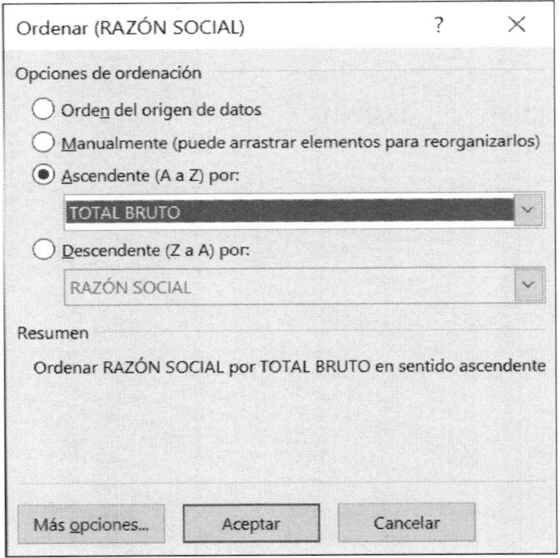

- Pulse en **Aceptar.**

7. Calcular la cifra de negocios de los cinco mayores clientes, en relación con la cifra de negocios total

- Seleccione la celda **F8** e introduzca la fórmula que permite dividir el total de la tabla **TOP 5** entre el total de la tabla de beneficios.

  La fórmula resultante es: =IMPORTARDATOSDINAMICOS("TOTAL";$G$12)/IMPORTARDATOSDINAMICOS("TOTAL";$A$12)
- Aplique al resultado de este cálculo el formato porcentaje.

- Edite las diferentes etiquetas:

MARGEN	29.798,039 €	EL TOP 5 DE LOS MEJORES CLIENTER REPRESENTA	33,80%	DEL TOTAL DE BENEFICIOS

TIPO APUNTE	BENEFICIOS
CLIENTES	**TOTAL BRUTO**
ABILENE	18.957,981 €
AB-TRANS	24.163,818 €
AUBERGE DE LA CASCADE	1.609,000 €
BERSAM	18.636,755 €
CC DES SORGUES	24.231,459 €
CG 13	12.251,138 €
CGF	5.055,204 €
CLIENTES VARIOS	19.388,460 €
CLIM 300	35.520,167 €
DEPCLIM	9.562,665 €
E.F.G.	15.972,579 €
EGC-MED	2.847,884 €
ELECINDUS	24.746,243 €
ETS DONOVAN	7.198,601 €

TIPO APUNTE	GASTOS
TIPO DE GASTO	**TOTALES**
ABOGADO	16200
MOBILIARIO OFICINA	4092
GASTOS SOCIALES	53638
GASTOS VARIOS	4892,5
HONORARIOS EXTERNOS	6362
IMPUESTOS Y TASAS	6291
MERCHANDISING	118154,64
MUDANZA	8725
RECEPTIONS	3739,93
REPARATION	18700
SALARIOS	103150
TELÉFONO	4855,2
Total general	**348800,27**

TIPO APUNTE	BENEFICIOS
TOP5	**TOTAL BRUTO**
CLIENTES VARIOS	19388,46
AB-TRANS	24163,818
CC DES SORGUES	24231,459
ELECINDUS	24746,2425
CLIM 300	35520,1665
Total general	**128050,146**

8. Insertar una línea de tiempo para filtrar las tablas dinámicas

- Seleccione una de las celdas de las tablas dinámicas.
- En la pestaña **Analizar tabla dinámica** – grupo **Filtrar**, haga clic en **Insertar escala de tiempo** y pulse en el campo **FECHA**.

- Confirme pulsando en **Aceptar**.
- Coloque la línea de tiempo en la parte superior de las tres tablas dinámicas y ajuste sus dimensiones.
- Haga clic con el botón derecho del ratón en la escala de tiempo y seleccione **Conexiones de informes**.

- Seleccione las casillas de verificación correspondientes a las otras dos tablas dinámicas para habilitar las conexiones en ellas.

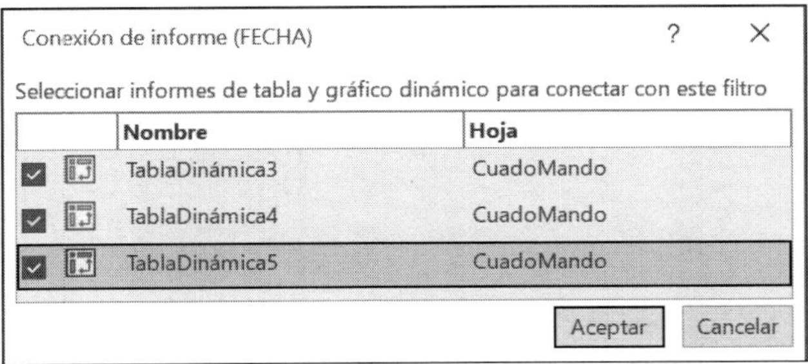

- Confirme pulsando en **Aceptar**.
- Una vez que la línea de tiempo esté en su lugar, puede filtrar por período de tiempo (años, trimestres, meses o días): haga clic en la flecha junto al intervalo de tiempo mostrado y, a continuación, seleccione el intervalo de tiempo que desee.

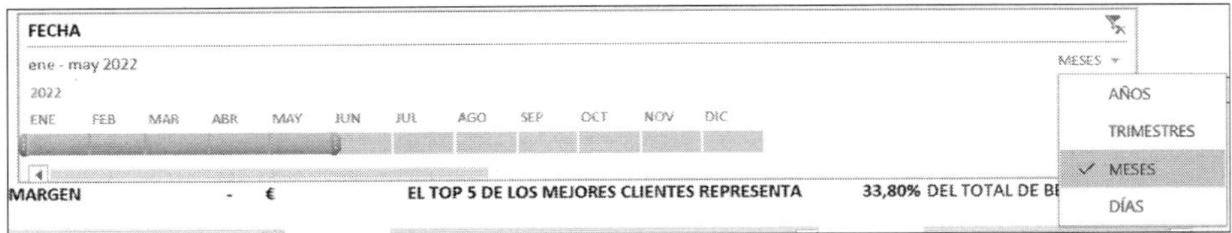

- Arrastre el control deslizante de los períodos de tiempo para seleccionar el período de tiempo que desee. Las tres tablas dinámicas se actualizarán automáticamente.

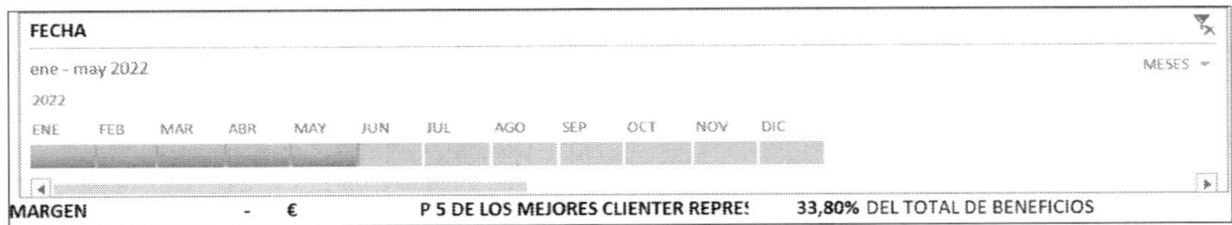

F. Conclusión

En este capítulo, nos ha parecido útil presentar un ejemplo de cómo usar tablas dinámicas en un cuadro de mando. Esta solución, que utiliza tablas dinámicas, tiene algunas ventajas pero también algunos inconvenientes que deberá tener en cuenta a la hora de utilizarla.

En primer lugar, destaca la posibilidad de utilizar algunas funcionalidades que serían más difíciles de implementar en un cuando de mando construido únicamente a partir de fórmulas.

- El uso de segmentos y líneas de tiempo permitirá filtrar la información de origen de las tablas dinámicas de forma sencilla y rápida.
- Un nuevo elemento de resumen introducido en el rango de origen se integrará automáticamente en una nueva fila de la tabla dinámica.
- Las agrupaciones por fechas son más fáciles de construir que con fórmulas.
- Al hacer doble clic en un valor de resumen, se creará una nueva hoja que mostrará los detalles de las entradas relacionadas con dicho valor.

También existen desventajas:

- Es necesario actualizar manualmente la tabla dinámica para que las nuevas filas añadidas al rango de origen se tengan en cuenta.
- A diferencia de las fórmulas, la actualización de los cálculos y resúmenes no se hace automáticamente cuando se cambian los datos o se agregan nuevos datos. Debe realizar una actualización manual o escribir un procedimiento de Visual Basic que automatice la actualización.
- Las opciones de presentación son limitadas en comparación con un cuadro de mando basado en fórmulas.

Por lo tanto, depende de usted decidir, en función de sus necesidades, qué método adoptar: tablas dinámicas o tablas de fórmulas. El dominio de ambas soluciones le permitirá diseñar cuadros de mando verdaderamente funcionales y, si lo desea, podrá combinar los dos métodos.

Capítulo 9

El cuadro de mando avanzado seguimiento de horas

A. Presentación

1. Datos de origen

Como propietario de una pequeña empresa de construcción de casas de madera, desea realizar un seguimiento de las horas trabajadas por sus empleados. En la empresa, trabajan tres categorías de personal: obreros tradicionales, carpinteros y, posiblemente, trabajadores temporales.

En la hoja **Horas** del libro **SeguimientoObras.xlsx**, su asistente registra las horas trabajadas por cada persona diariamente.

A	B	C	D	E	F	G
Fecha	N° Semana	Obra	UBICACIÓN	Código Empleado	NUM H TRABAJADAS	NUM H MAL TIEMPO
03/01/2022	1	LOS PINARES	OBRA	OU-32	7,5	
03/01/2022	1	LOS PINARES	TALLER	OU-28	7,5	
03/01/2022	1	DIVISIÓN MOLINO	TALLER	CH-06	7,5	
03/01/2022	1	DIVISIÓN MOLINO	OBRA	CH-02	7,5	
03/01/2022	1	DIVISIÓN MOLINO	TALLER	OU-33	7,5	
03/01/2022	1	DIVISIÓN MOLINO	TALLER	OU-30	7,5	
03/01/2022	1	DIVISIÓN MOLINO	TALLER	OU-31	4,0	
03/01/2022	1	LOS PINARES	OBRA	CH-04	7,5	
03/01/2022	1	DIVISIÓN MOLINO	TALLER	OU-32	7,5	
03/01/2022	1	LOS PINARES	TALLER	OU-29	7,5	
03/01/2022	1	DIVISIÓN MOLINO	TALLER	OU-33	7,0	
03/01/2022	1	LOS PINARES	TALLER	OU-32	7,0	
03/01/2022	1	DIVISIÓN MOLINO	OBRA	OU-31	7,0	
03/01/2022	1	LOS PINARES	TALLER	CH-04	7,0	
03/01/2022	1	DIVISIÓN MOLINO	OBRA	CH-02	7,0	
03/01/2022	1	DIVISIÓN MOLINO	OBRA	CH-06	7,0	
03/01/2022	1	DIVISIÓN MOLINO	OBRA	OU-30	7,0	
03/01/2022	1	LOS PINARES	TALLER	INT-02	7,0	
03/01/2022	1	DIVISIÓN MOLINO	TALLER	OU-32	7,0	
03/01/2022	1	LOS PINARES	TALLER	OU-29	7,0	
06/01/2022	1	DIVISIÓN MOLINO	OBRA	OU-30	7,5	
06/01/2022	1	DIVISIÓN MOLINO	OBRA	OU-32	7,5	

Desea saber en tiempo real:

- el número de horas trabajadas al mes en cada obra,
- el número de horas de trabajadas con mal tiempo al mes,
- el número de horas trabajadas por cada categoría de empleado.

2. Número de horas mensuales trabajadas en cada obra

La hoja **EstadMens** contiene tablas en las que se deben insertar las fórmulas.

B	C	D
	NUM HORAS ANUALES PREVISTAS	
ESTIMACIÓN	4.560,00	11.432,00
ADICIONAL		
TOTAL	4.560,00	11.432,00

B	C	D	F	G
	NÚMERO HORAS TRABAJADAS		NÚMERO HORAS MAL TIEMPO	
	LOS PINARES	DIVISIÓN MOLINO	LOS PINARES	DIVISIÓN MOLINO
Enero				
Febrero				
Marzo				
Abril				
Mayo				
Junio				
Julio				
Agosto				
Septiembre				
Octubre				
Noviembre				
Diciembre				

Cada día, el rango de datos de origen aumentará a medida que se agreguen nuevas filas. En este caso, es una buena idea utilizar rangos dinámicos para los cálculos, cuyos tamaños se corresponderán con el número exacto de filas introducidas. Esto evitará tener que seleccionar rangos mucho más grandes en las fórmulas, para garantizar que estas tengan en cuenta los datos que se hayan añadido.

Para definir un rango dinámico es necesario utilizar la función de cálculo DESREF y definir un rango con nombre.

La sintaxis de la función se detalla a continuación:

=DESREF(Referencia; Filas;Columnas;Alto;Ancho)

Referencia: La referencia en la que desea basar el desplazamiento. .

Filas: Es el número de filas, hacia arriba o hacia abajo, al que desea que haga referencia la celda superior izquierda.

Columnas: Es el número de columnas, hacia la derecha o izquierda, al que desea que haga referencia la celda superior izquierda del resultado.

Alto: Es el alto, en número de filas, que se desea que tenga la referencia devuelta.

Ancho: Es el ancho, en número de columnas, que se desea que tenga la referencia devuelta.

Cuando defina un nuevo nombre, no inserte espacios en él y evite dar un nombre que coincida con una referencia de celda. Por ejemplo, ENR2023 es la celda de la columna ENR y la fila 2023.

- En la pestaña **Fórmulas** – grupo **Nombres definidos**, haga clic en **Administrador de nombres** o utilice el atajo de teclado Ctrl F3.
- En el cuadro de diálogo **Administrador de nombres**, haga clic en el botón **Nuevo**.
- Escriba el nombre del rango y luego introduzca la fórmula en la zona **Se refiere a**: =DESREF(Horas!$A$2;;;CONTARA(Horas!$A$2:$A$10000);1)

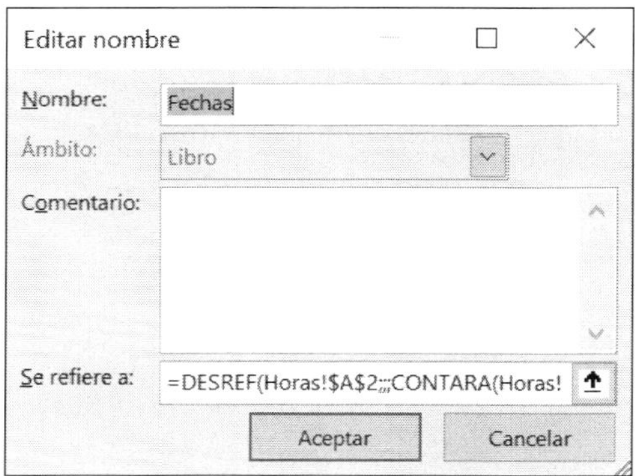

El rango está limitado a la fila 10 000, por lo que hemos considerado aquí que no habrá más de 9 999 filas este año. Si tenemos en cuenta 10 empleados que trabajan 250 días al año, vemos rápidamente que esto da como resultado 2 500 líneas, lo que nos deja un margen suficiente, incluso si se contratan nuevos empleados o trabajadores temporales.

Cuando defina un nuevo nombre, no inserte espacios en él y evite dar un nombre que coincida con una referencia de celda. Por ejemplo, ENR2023 es la celda de la columna ENR y la fila 2023.

- Confirme pulsando en Aceptar.
  El nombre se añadirá a la lista del **Administrador de nombres**.

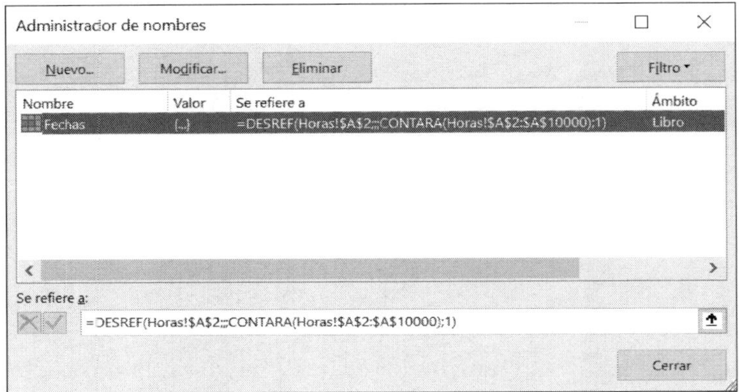

- Repita los pasos 2 a 4 para crear los otros rangos con nombre:

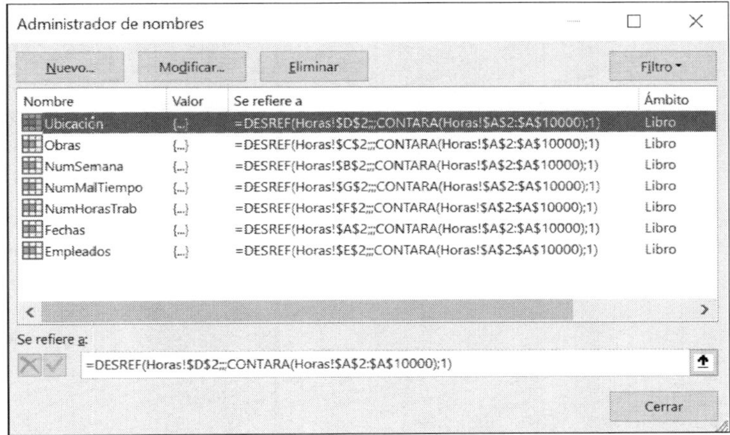

- Haga clic en **Cerrar** para terminar.

Una vez que hemos hecho este trabajo preparatorio, podemos insertar las diferentes fórmulas en las tablas.

Como no queremos insertar nuevas columnas en la hoja Horas, vamos a usar la función MES en las fórmulas, una función que se aplicará al rango llamado Fechas.

Número de horas trabajadas:

- Haga clic en la pestaña **EstadMens**.
- Seleccione la celda **C10**.
- Introduzca la fórmula:
  =SUMA((MES(Fechas)=COINCIDIR($B10;$B$10:$B$21; 0))*
  (Obras=C$9)*(NumHorasTrab))
- Dado que esta fórmula es una fórmula matricial, valídela con el atajo de teclado [Ctrl] [Mayús] [↵].
- A continuación, seleccione el rango **C10** a **D21** y copie hacia abajo ([Ctrl] D) y de nuevo a la derecha ([Ctrl] R).
- Aplique a esta zona el formato **Separador de miles**.
- Agregue los totales en la parte inferior de la tabla.

Sus primeros datos estadísticos deben ser los siguientes:

	NUM HORAS ANUALES PREVISTAS	
ESTIMACIÓN	4.560,00	11.432,00
ADICIONAL		
TOTAL	4.560,00	11.432,00

	NÚMERO HORAS TRABAJADAS		NÚMERO HORAS MAL TIEMPO	
	LOS PINARES	**DIVISIÓN MOLINO**	**LOS PINARES**	**DIVISIÓN MOLINO**
Enero	622,00	896,50		
Febrero	532,50	810,00		
Marzo	109,50	180,00		
Abril	79,50	135,00		
Mayo	689,00	1.350,00		
Junio	758,50	1.950,00		
Julio	-	-		
Agosto	-	-		
Septiembre	-	-		
Octubre	-	-		
Noviembre	-	-		
Diciembre	-	-		
	2.791,00	5.321,50		

Número de horas con mal tiempo:

- Copie la fórmula de la celda **C10** y péguela en la celda **F10**.
- En la fórmula, sustituya **NumHorasTrab** por **NumMalTiempo**: =SUMA((MES(Fechas)=COINCIDIR($B10;$B$10:$B$21; 0))*(Obras=C$9)*(NumMalTiempo))
- Valide el cambio pulsando en las teclas Ctrl Mayús ↵.
- A continuación, seleccione el rango **F10** a **G21** y copie hacia abajo (Ctrl D) y luego hacia la derecha (Ctrl R).
- Agregue los totales en la parte inferior de la tabla.

Debería obtener el siguiente resultado:

	NUM HORAS ANUALES PREVISTAS	
ESTIMACIÓN	4.560,00	11.432,00
ADICIONAL		
TOTAL	4.560,00	11.432,00

	NÚMERO HORAS TRABAJADAS		NÚMERO HORAS MAL TIEMPO	
	LOS PINARES	DIVISIÓN MOLINO	LOS PINARES	DIVISIÓN MOLINO
Enero	622,00	896,50	28,00	42,00
Febrero	532,50	810,00	56,00	84,00
Marzo	109,50	180,00	-	-
Abril	79,50	135,00	-	-
Mayo	689,00	1.350,00	30,00	45,00
Junio	758,50	1.950,00	30,00	75,00
Julio	-	-	-	-
Agosto	-	-	-	-
Septiembre	-	-	-	-
Octubre	-	-	-	-
Noviembre	-	-	-	-
Diciembre	-	-	-	-
	2.791,00	5.321,50	144,00	246,00

3. Indicadores de gráficos

Puede ser interesante añadir dos pequeños indicadores para visualizar de forma rápida y en tiempo real, la proporción de horas trabajadas respecto a las horas planificadas.

Vamos a insertar dos pequeñas barras de progreso en dos celdas, cada una relacionada con una obra. Las barras de progreso deben aparecer en rojo sobre un fondo azul. El porcentaje y la escala de barras mostrados será de 0 a 100%. Si el número de horas trabajadas excede las horas programadas, los nombres de las obras ubicadas en la fila 9, deben aparecer en rojo.

	NUM HORAS ANUALES PREVISTAS	
ESTIMACIÓN	4.560,00	11.432,00
ADICIONAL		
TOTAL	4.560,00	11.432,00
	61,21%	46,55%

	NÚMERO HORAS TRABAJADAS		NÚMERO HORAS MAL TIEMPO	
	LOS PINARES	DIVISIÓN MOLINO	LOS PINARES	DIVISIÓN MOLINO
Enero	622,00	896,50	28,00	42,00
Febrero	532,50	810,00	56,00	84,00
Marzo	109,50	180,00	-	-
Abril	79,50	135,00	-	-
Mayo	689,00	1.350,00	30,00	45,00
Junio	758,50	1.950,00	30,00	75,00
Julio	-	-	-	-
Agosto	-	-	-	-
Septiembre	-	-	-	-
Octubre	-	-	-	-
Noviembre	-	-	-	-
Diciembre	-	-	-	-
	2.791,00	5.321,50	144,00	246,00

La fórmula:

- En **C6**, introduzca la fórmula =SI(C4=0;0; C22/C4).
- Aplique un formato de **porcentaje** a la celda y un relleno **azul claro**.

Configuración de la barra de progreso:

- Haga clic en **C6**.
- Pestaña **Inicio** - grupo **Estilos** - **Formato condicional** - **Nueva regla**.
- Configure las opciones de la regla:
  Estilo de formato: **Barra de datos**
  Mínimo: **Número**, **Valor 0**
  Máximo: **Número**, **Valor 1**

Apariencia de la barra: Relleno sólido rojo, Borde sólido negro.

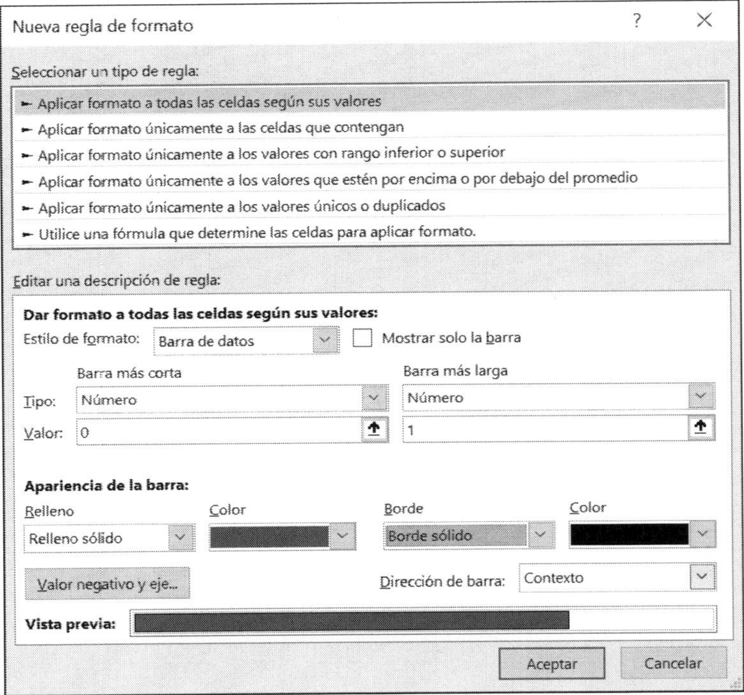

- Confirme pulsando en **Aceptar**.
- Copie la celda C6 y péguela en D6.

B. El cuadro de mando

1. Presentación

Nuestro objetivo es representar gráficamente:

- Las horas trabajadas acumuladas con respecto a las horas planificadas y debe ser posible seleccionar la obra representada, utilizando una lista desplegable.
- La distribución de horas entre las diferentes categorías de empleados.

El cuadro de mando también debe mostrar el número total de horas trabajadas, así como la tasa de horas trabajadas en comparación con las horas planificadas.

Por último, habrá que insertar dos "botones" para permitir la navegación entre las hojas del libro.

Consideraremos aquí que la empresa está cerrada en agosto, por lo que las horas estimadas se repartirán en 11 meses.

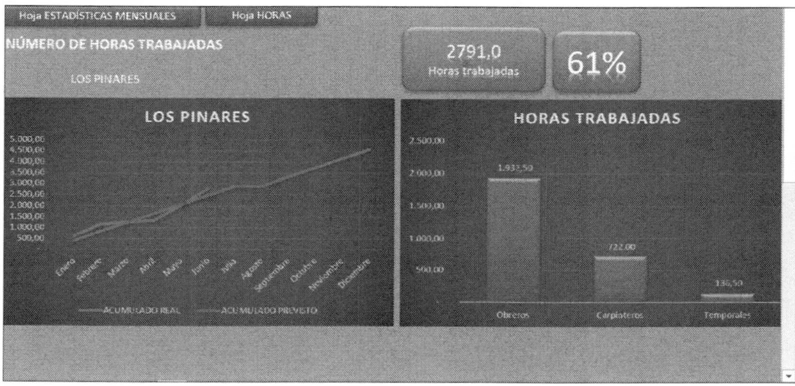

2. Tablas iniciales

Antes de diseñar los gráficos, será necesario preparar las tablas.

La hoja **CM** ya contiene la lista desplegable (pestaña **Datos - Validación de datos**) en **C5** y la estructura de las tablas de origen de los gráficos.

	HORAS TRABAJADAS	ACUMULADO REAL	HORAS PREVISTAS	ACUMULADO PREVISTO
Enero				
Febrero				
Marzo				
Abril				
Mayo				
Junio				
Julio				
Agosto				
Septiembre				
Octubre				
Noviembre				
Diciembre				

	HORAS TRABAJADAS
Obreros	
Carpinteros	
Temporales	

Las fórmulas:

La fórmula de la celda **E28** debe mostrar el total de horas planificadas para la obra seleccionada en C5.

- Haga clic en E28.
- Escriba la fórmula:
  =INDICE(EstadMens!$C$4:$D$4;1;COINCIDIR(CM!C5;EstadMens!$C$9:$D$9;0))
- Escriba **F28**: =SI(E28=0;0;C42/E28) **y formatee la celda como Porcentaje)**

HORAS TRABAJADAS:

C30 {=SUMA((MES(Fechas)=COINCIDIR($B30;$B$30:$B$41;0))*(Obras=C$5)*(NumHorasTrab))} (validar la fórmula con Ctrl Mayús ↵)

ACUMULADO REAL:

D30 =SI(C30=0; NOD(); SUMA($C$30:C30))

La función NOD() le permitirá evitar mostrar en el gráfico valores de meses que aún no han llegado.

HORAS PREVISTAS:

E30 =SI(B30<>"Agosto";$E$28/11;0)

ACUMULADO PREVISTO:

F30 =SUMA($E$30:E30)

- Copie estas últimas cuatro fórmulas hacia abajo (Ctrl D).

TOTAL DE HORAS TRABAJADAS:

C42 =SUMA(C30:C41)

TOTAL DE HORAS TRABAJADAS POR TIPO DE PERSONAL:

D46 {=SUMA((IZQUIERDA(Empleados;2)=IZQUIERDA(C46;2))*(Obras=$C$5)*(NumHorasTrab))}

(fórmula que debe ser validada mediante Ctrl Mayús ↵. Las llaves no deben escribirse, sino que Excel las inserta automáticamente en la fórmula).

- Copie la fórmula hacia abajo.

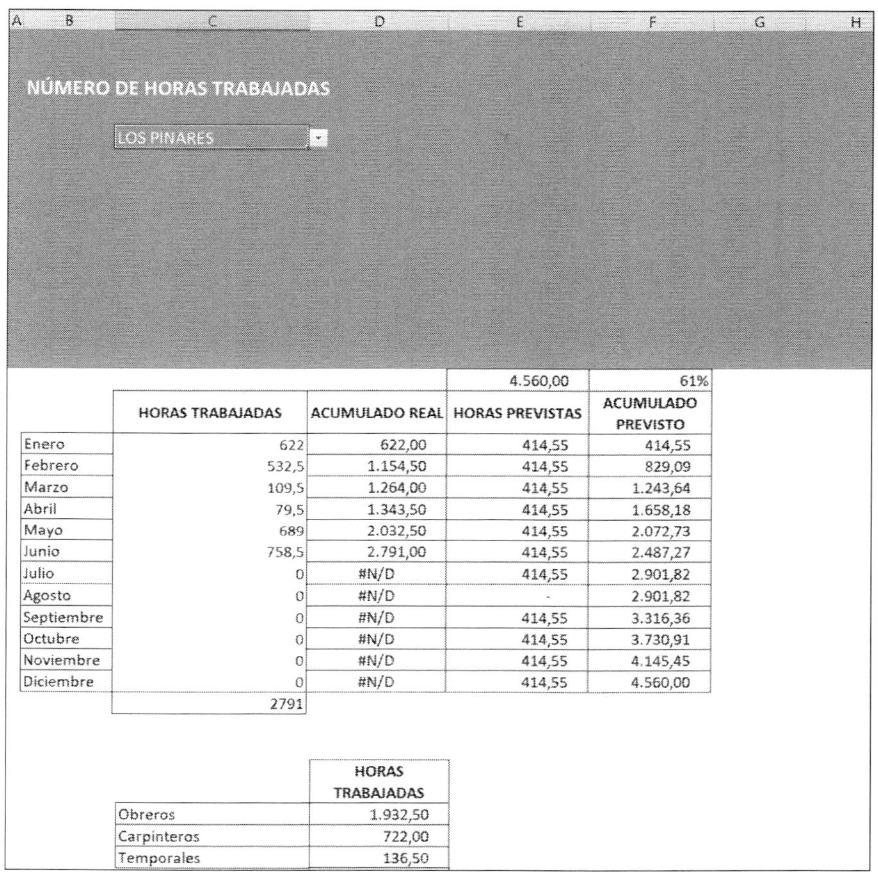

NÚMERO DE HORAS TRABAJADAS

LOS PINARES

	HORAS TRABAJADAS	ACUMULADO REAL	HORAS PREVISTAS	ACUMULADO PREVISTO
			4.560,00	61%
Enero	622	622,00	414,55	414,55
Febrero	532,5	1.154,50	414,55	829,09
Marzo	109,5	1.264,00	414,55	1.243,64
Abril	79,5	1.343,50	414,55	1.658,18
Mayo	689	2.032,50	414,55	2.072,73
Junio	758,5	2.791,00	414,55	2.487,27
Julio	0	#N/D	414,55	2.901,82
Agosto	0	#N/D	-	2.901,82
Septiembre	0	#N/D	414,55	3.316,36
Octubre	0	#N/D	414,55	3.730,91
Noviembre	0	#N/D	414,55	4.145,45
Diciembre	0	#N/D	414,55	4.560,00
	2791			

	HORAS TRABAJADAS
Obreros	1.932,50
Carpinteros	722,00
Temporales	136,50

3. Los gráficos

Fila comparativa de las horas

- Seleccione el rango **B29** a **B41**, mantenga pulsada la tecla [Ctrl] y, a continuación, seleccione los rangos **D29** a **D41** y **F29** a **F41**.
- En la pestaña **Insertar** – grupo **Gráficos**, despliegue la herramienta **Insertar gráfico de líneas o de áreas** y, en **Línea 2D**, haga clic en la opción **Líneas**.

Se insertará el gráfico:

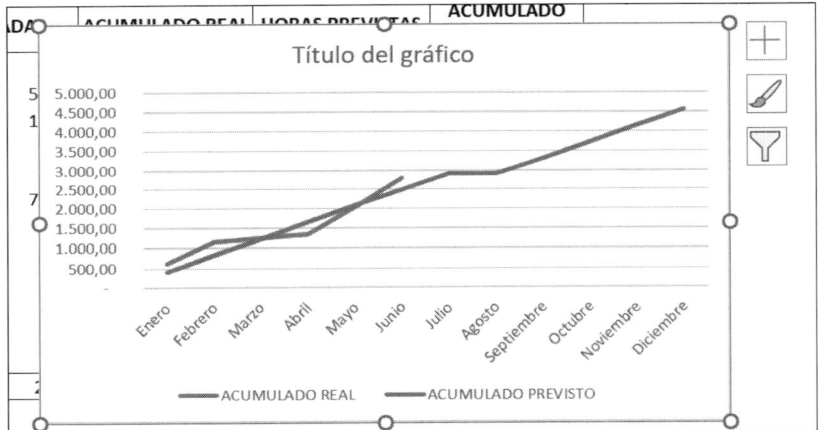

- Mueva el gráfico para colocarlo en la zona sombreada encima de las tablas.
- Haga clic en el título del gráfico para seleccionarlo.
- Escriba el signo =, haga clic en [Ctrl] [F5] y luego confirme pulsando en la tecla [Enter]. El nombre la obra ahora debería aparecer en el título.
- En la pestaña **Diseño de gráfico** - grupo **Estilos de gráfico**, haga clic en **Estilo 6**.

Histograma de horas por tipo de personal

- Seleccione el rango **C45** a **D48**.
- En la pestaña **Insertar** - grupo **Gráficos**, despliegue la herramienta **Insertar gráfico de columnas o de barras** y, en **Columnas 2D**, haga clic en la opción **Columnas agrupadas**.

Se insertará el gráfico:

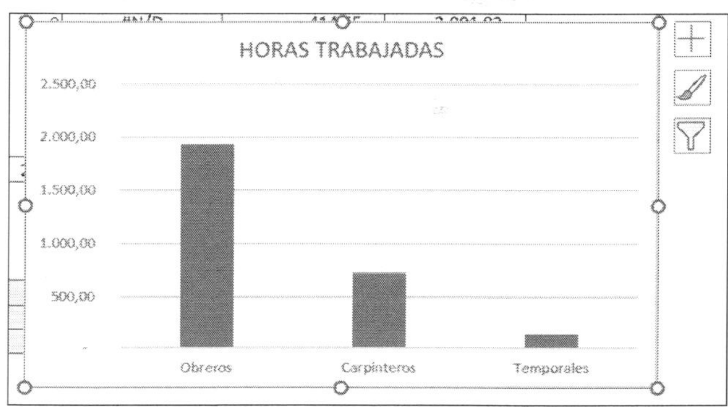

Aquí, la obra LOS PINARES siempre se seleccione en la celda C5.

- Mueva el gráfico para colocarlo en el área gris junto al primer gráfico.
- En la pestaña **Diseño de gráfico** - grupo **Estilos de gráfico**, haga clic en **Estilo 9**.
- Haga clic en el botón **Elementos de gráfico** y, a continuación, marque **Etiquetas de datos**.

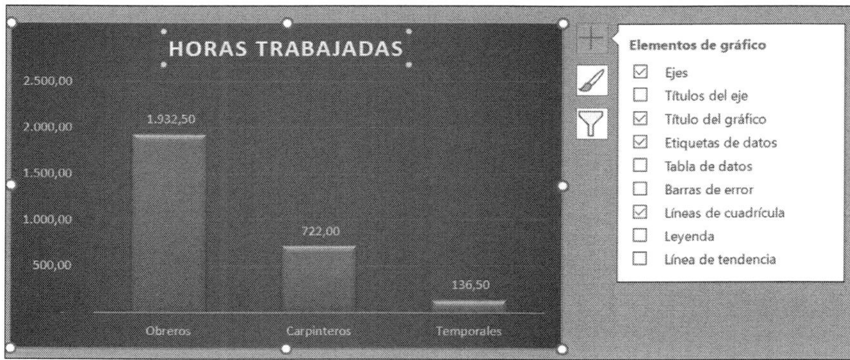

4. Visualización de horas y tasas

- En la pestaña **Insertar**, en el grupo **Ilustración**, despliegue el menú **Formas** y haga clic en la forma **Rectángulo de esquina redondeada**.
- Dibuje un rectángulo encima del segundo gráfico.
- En el grupo **Formato de forma - Estilos de forma**, despliegue el menú **Más** y seleccione **Efecto intenso - Aguamarina, Énfasis 5**.

- Mientras mantiene el rectángulo pulsado, haga clic en la barra de fórmulas, escriba la fórmula =C42 y confirme.
- En la pestaña **Inicio**, seleccione la fuente **Calibri** con el tamaño de **18** puntos, color de fuente **Blanco** y centrado horizontal y verticalmente. Ajuste el tamaño del rectángulo.
- Aplique a la celda **C42** el formato personalizado creado anteriormente **#0.0 "Horas trabajadas"**.
- Duplique esta forma.
- Modifique su fórmula: =F28.
- Aumente el tamaño de la fuente (32 pt) y luego aplique el color de fuente **Blanco**.

C. Hojas de navegación

1. Los botones de la hoja CM

- En la pestaña **Insertar** - grupo **Ilustraciones**, despliegue el menú **Formas** y haga clic en la forma **Rectángulo de esquina redondeada**.
- Dibuje un rectángulo en las filas 1 y 2.
- En el grupo **Formato de forma - Estilos de forma,** despliegue el menú **Más** y seleccione **Efecto intenso - Rojo, Énfasis 2**.
- Escriba el texto **ESTADÍSTICAS MENSUALES** y modifique su formato.
- Haga clic con el botón derecho del ratón en la forma y seleccione **Vínculo**.

  En el apartado **Vincular a**, seleccione **Lugar de este documento**, seleccione la hoja **EstadMens** y a continuación, haga clic en **Aceptar**.

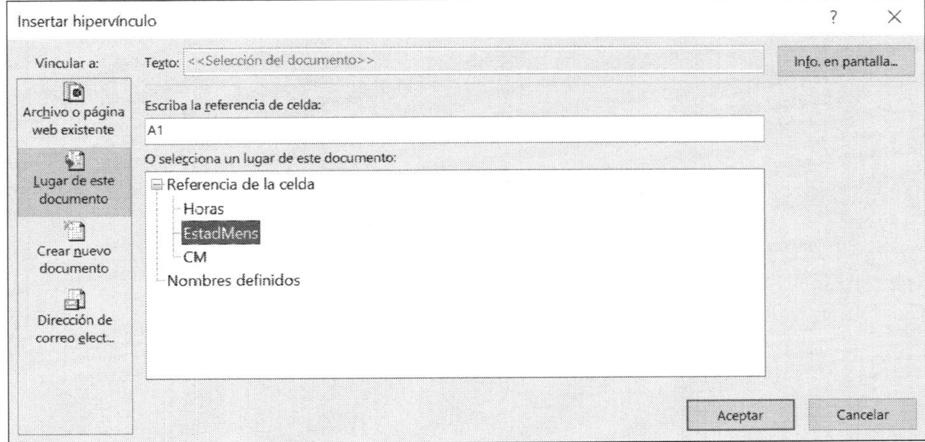

✎ Repita estos pasos para vincular el segundo botón a la hoja **Horas**.

2. El botón de la hoja EstadMens

Las hojas **EstadMens** y **Horas** deben contener un enlace a la hoja **CM** (Cuadro de Mando). Para no sobrecargar estas hojas, el enlace se presentará como una flecha hacia la izquierda.

✎ En la pestaña **Insertar** - grupo **Ilustraciones**, despliegue el menú **Formas** y, en **Flechas de bloque**, haga clic en la forma **Flecha: hacia la izquierda**.

✎ Dibuje una flecha pequeña en la celda **B1**.

✎ En el grupo **Formato de forma** - **Estilos de forma**, despliegue el menú **Más** y seleccione **Efecto intenso** - **Aguamarina, Énfasis 5**.

✎ Haga clic con el botón derecho del ratón en la flecha y seleccione **Vínculo**.
En el apartado **Vincular a**, seleccione **Lugar en este documento**, seleccione la hoja **CM** y, a continuación, haga clic en **Aceptar**.

✎ Por último, copie y pegue esta flecha en la hoja **Horas**.

Si lo desea, puede ocultar las líneas de cuadrícula de las hojas de cálculo: pestaña ***Vista*** *- grupo* ***Mostrar*** *- desmarque* ***Líneas de cuadrícula.***

Las primeras filas de la hoja **EstadMens**:

	NUM HORAS ANUALES PREVISTAS	
ESTIMACIÓN	4.560,00	11.432,00
ADICIONAL		
TOTAL	4.560,00	11.432,00
	61,21%	46,55%

	NÚMERO HORAS TRABAJADAS		NÚMERO HORAS MAL TIEMPO	
	LOS PINARES	DIVISIÓN MOLINO	LOS PINARES	DIVISIÓN MOLINO
Enero	622,00	896,50	28,00	42,00
Febrero	532,50	810,00	56,00	84,00
Marzo	109,50	180,00	-	-
Abril	79,50	135,00	-	-
Mayo	689,00	1.350,00	30,00	45,00
Junio	758,50	1.950,00	30,00	75,00
Julio	-	-	-	-
Agosto	-	-	-	-
Septiembre	-	-	-	-

Las primeras filas de la hoja **Horas**:

A	B	C	D	E	F	G
Fecha	N° Semana	Obra	UBICACIÓN	Código Empleado	NUM H TRABAJADAS	NUM H MAL TIEMPO
03/01/2022	1	LOS PINARES	OBRA	OU-32	7,5	
03/01/2022	1	LOS PINARES	TALLER	OU-28	7,5	
03/01/2022	1	DIVISIÓN MOLINO	TALLER	CH-06	7,5	
03/01/2022	1	DIVISIÓN MOLINO	OBRA	CH-02	7,5	
03/01/2022	1	DIVISIÓN MOLINO	TALLER	OU-33	7,5	
03/01/2022	1	DIVISIÓN MOLINO	TALLER	OU-30	7,5	
03/01/2022	1	DIVISIÓN MOLINO	TALLER	OU-31	4,0	
03/01/2022	1	LOS PINARES	OBRA	CH-04	7,5	

D. Protección de las tablas

1. Interés

Como se explica en el capítulo Definir el cuadro de mando, se pueden aplicar dos tipos de protección a las hojas de cálculo de Excel:

- Protección de elementos clave de las hojas de cálculo: títulos, fórmulas, gráficos, formato, etc., para evitar cambios no deseados.
- Protección con contraseña del libro para evitar que lo abran personas no autorizadas.

La creación de los cuadros de mando llevará tiempo. Este trabajo no se puede echar a perder por una mala utilización. De hecho, mientras no se haya implementado una protección, siempre es posible introducir datos en lugar de una fórmula o eliminar una fórmula.

La protección de las hojas de cálculo consiste en definir qué acciones puede realizar un usuario.

Inicialmente, todas las celdas de una hoja están bloqueadas. Sin embargo, esta protección solo está activa cuando la hoja está protegida. Antes de aplicar cualquier tipo de protección, todas las zonas de entrada de datos deben estar desbloqueadas.

Por lo tanto, se debe proceder de la siguiente manera:

- Desbloquear todos los rangos de entrada de datos.
- Proteger la hoja.

2. Proteger la hoja CM

- Acceda a la hoja **CM**.
- La única celda de esta hoja que se puede modificar es la celda que contiene la lista desplegable de sitios de construcción, por lo que debe seleccionar la celda **C5**.
- En la pestaña **Inicio** - grupo **Número**, abra el menú **Número**, en la pestaña **Proteger**, desmarque la opción **Bloqueada** y, a continuación, pulse en **Aceptar**.

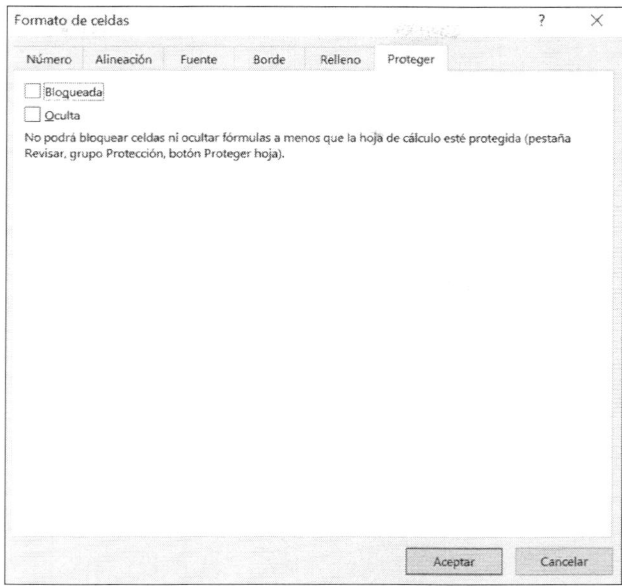

- En la pestaña **Revisar** - grupo **Proteger**, haga clic en **Proteger hoja**.
- Escriba una contraseña. En este ejemplo, se ha utilizado la contraseña PR-ENI:

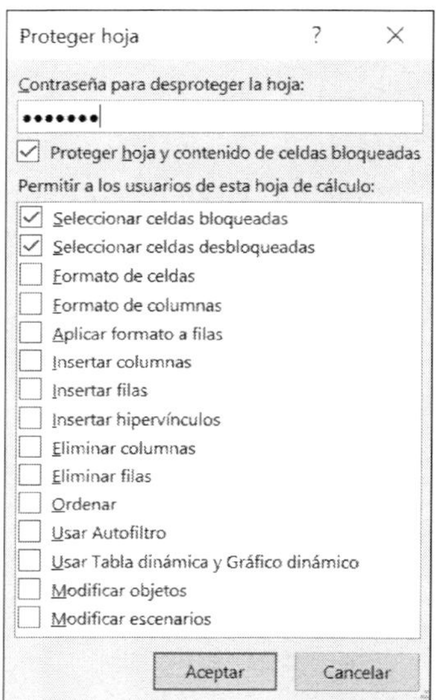

- Confirme pulsando en **Aceptar**.

- Confirme la contraseña:

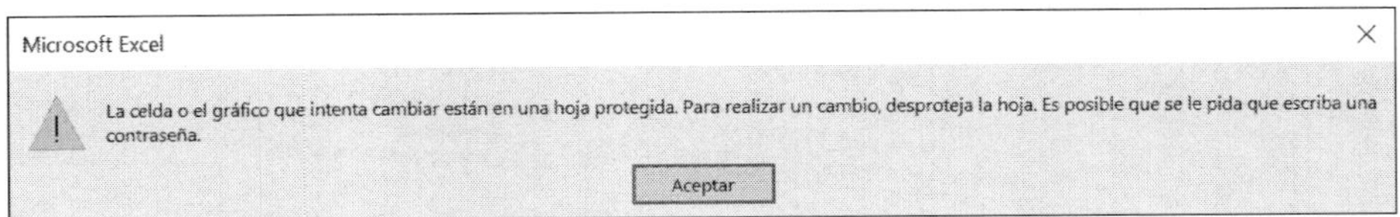

A partir de ahora, si intenta editar/eliminar un rango que no sea la celda **C5**, aparecerá el siguiente mensaje:

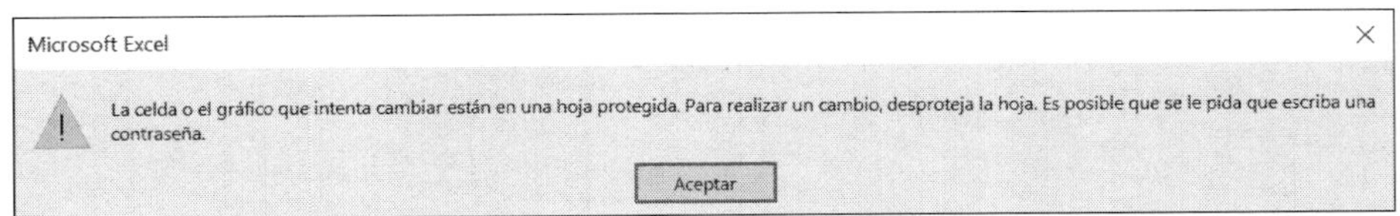

Para eliminar la protección y poder así modificar fórmulas, títulos, formatos, etc.:

- En la pestaña **Revisar** - grupo **Proteger**, haga clic en **Desproteger hoja**.

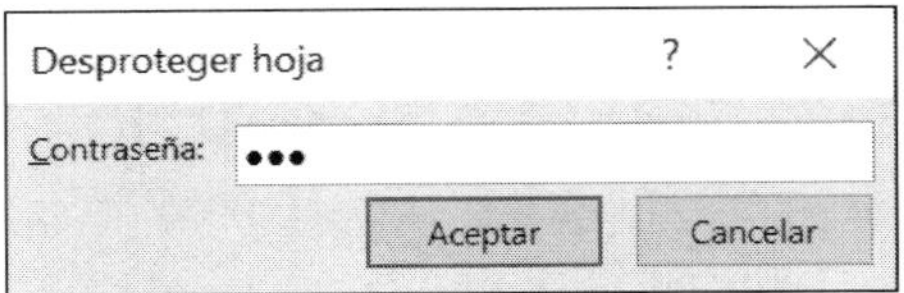

- Introduzca la contraseña y pulse en **Aceptar**.

3. Proteger la hoja EstadMens

- Acceda a la hoja **EstadMens**.
- Los rangos de entrada de esta hoja se limitan a las celdas **C2**, **C3**, **D2** y **D3**. Por lo tanto, seleccione el rango **C2** a **D3**.
  Repita los pasos de la sección anterior.

Capítulo 10

Optimizar la gestión y la impresión

A. Introducción

En este capítulo, nos vamos a centrar en la implementación de herramientas de control que permiten cambiar las formas de visualizar los cuadros de mando (como alternativa a las diversas listas desplegables ya mencionadas), utilizando botones de comando adaptados.

Concluiremos con una técnica que permite el diseño de hojas para su distribución en papel.

B. Gestionar usando controles de formulario

Vamos a empezar por permitir el acceso a la pestaña que contiene los controles de formulario, que también contiene las macros de las que hablaremos en el próximo capítulo.

- Abra un nuevo libro.
- Haga clic con el botón derecho del ratón en la cinta de opciones y a continuación en **Personalizar la cinta de opciones**.

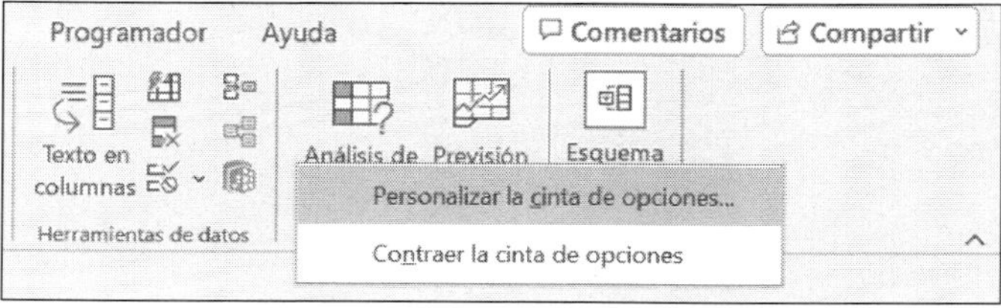

- En la lista **Pestañas principales**, marque **Programador** si es necesario.

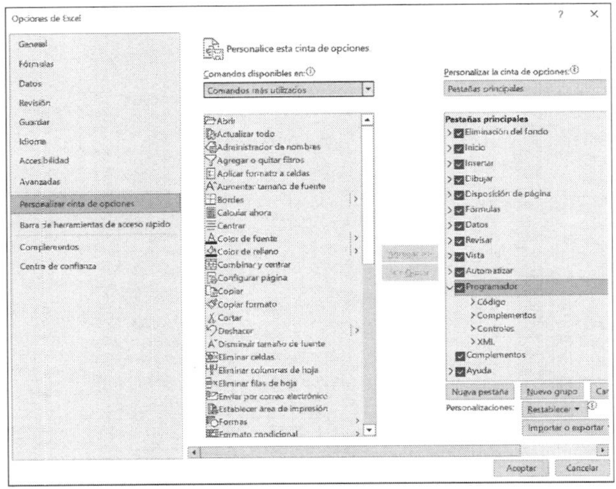

- Haga clic en **Aceptar**.

Aparecerá la pestaña **Programador**, junto con el grupo **Controles**, con el que vamos a trabajar.

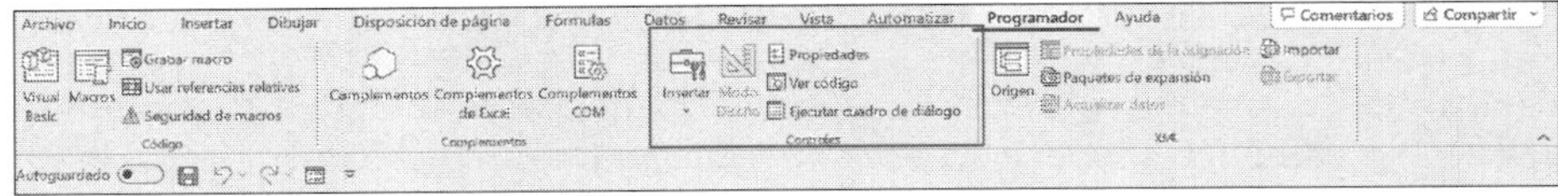

La lista **Insertar** contiene diferentes componentes para implementar. Se proponen 9 controles de formulario. Vamos a explicar siete de ellos. Los controles ActiveX permiten crear libros que funcionan en Internet a través de exploradores web, por lo que no hablaremos de ellos aquí.

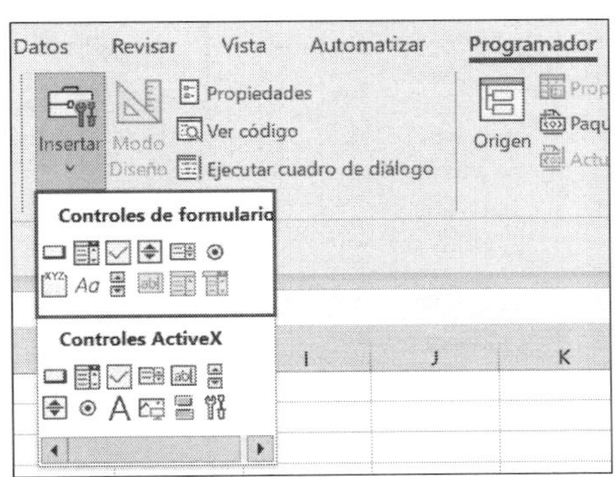

1. Los diferentes controles

Vamos a analizar los siete controles uno por uno.

a. Control de número

Centrémonos en el **Control de número** . Usaremos este control para modificar el valor de la casilla Q2 entre 10 y 50, usando un incremento de 2 unidades.

- Pestaña **Programador** - grupo **Controles** - **Insertar** - haga clic en **Control de número**
- En la hoja del libro, haga clic y arrastre para crear el control.
- En la pestaña **Formato de forma** – grupo **Tamaño**, puede definir un alto y un ancho precisos (en este ejemplo, 1 cm y 0,5 cm).

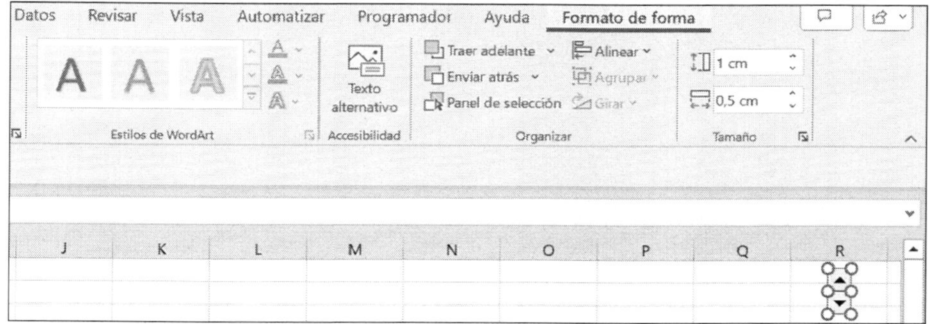

- Haga clic con el botón derecho de ratón en el control y, a continuación, en **Formato de control**.

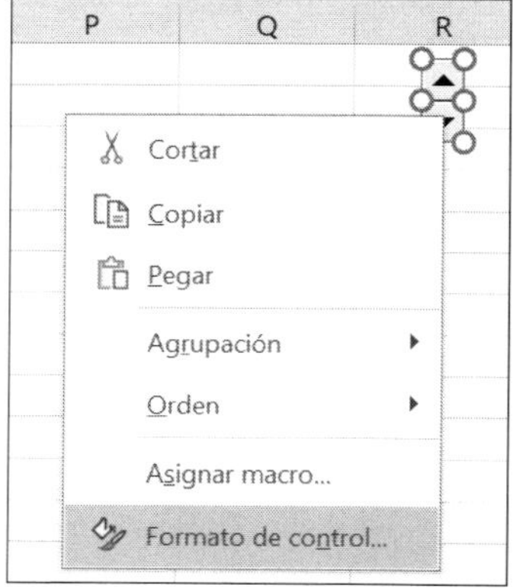

- En la pestaña **Control**, en la zona **Valor mínimo**, escriba **10**, en la zona **Valor máximo** escriba **50**, en la zona **Incremento** añada el valor **2** y en la zona **Vincular con la celda**, haga clic en **Q2**.

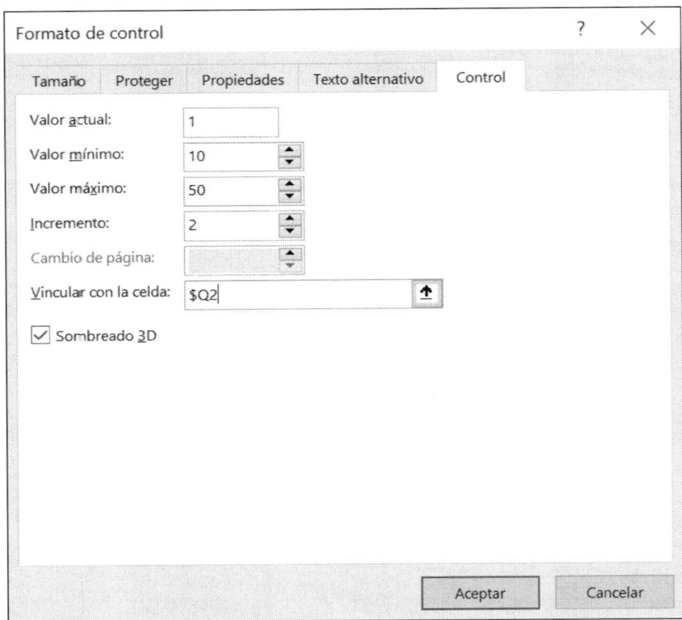

- Haga clic en **Aceptar**.
- Anule la selección del control de número, haciendo clic en la parte superior.

El valor de la celda **Q2** aumenta o disminuye de dos en dos unidades.

b. Barra de desplazamiento

Ahora queremos insertar un control de barra de desplazamiento (**0,5** cm de alto y **6,3** cm de ancho), controlando la celda **K2**, con valores entre **0** y **100**, un cambio de valor con incremento igual a **1** y un cambio de página de **20**.

- Pestaña **Programador** - grupo **Controles** - **Insertar** - haga clic en **Barra de desplazamiento**.
- Haga clic y arrastre para crear el control, ajuste sus dimensiones a **0,5** cm de alto y **6,3** cm de ancho.
- Haga clic en el control con el botón derecho del ratón, haga clic en **Formato de control**, introduzca el valor **20** en **Cambio de página** y, en la zona **Vincular con la celda**, haga clic en **K2**.

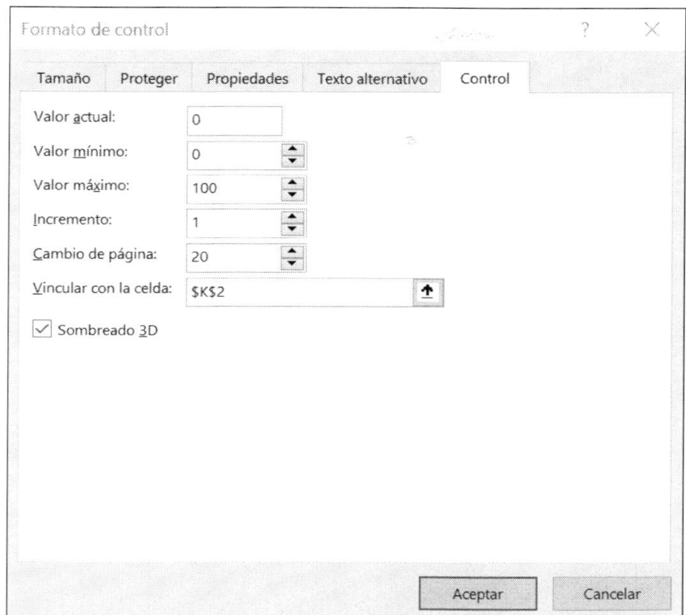

Se especifica $K$2 y los otros valores no predeterminados están en línea con nuestras expectativas.

- Haga clic en **Aceptar**.
- Anule la selección del control de barra de desplazamiento y haga clic en los extremos.

El valor de la celda K2 aumenta o disminuye en una unidad.

- Haga clic en las zonas de cambio de página .

El valor cambia de veinte en veinte.

c. Casilla de verificación

Ahora vamos a gestionar la casilla **H1**, de modo que tengamos un progreso del **110%** cuando la casilla está marcada y del 100% en caso contrario.

- Para empezar, escriba en **H1** la fórmula =SI(H2;110%;100%) y aplique el formato **Porcentaje**.

Continuemos, creando el control de casilla de verificación en **H2**.

- En la pestaña **Programador** - grupo **Controles** - **Insertar**, haga clic en **Casilla**.
- Haga clic y arrastre para crear el control, ajuste sus dimensiones a 1 cm de alto y 3 cm de ancho.

- Haga clic con el botón derecho del ratón en el control y, a continuación, en **Formato de control**. En la zona **Vincular a celda**, haga clic en **H2**.

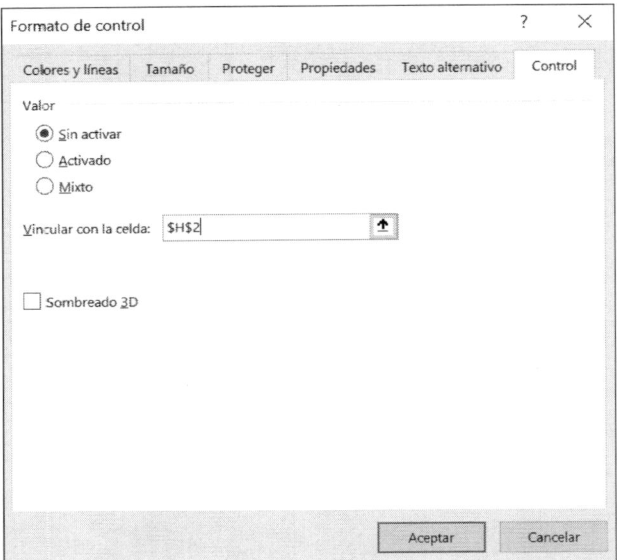

- Haga clic en **Aceptar**.

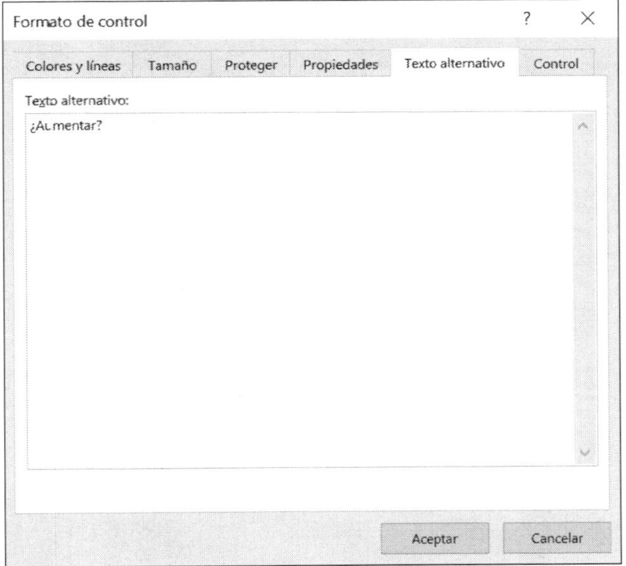

- Cambie el texto **Casilla** por **¿Aumentar?** y deseleccione el control.
- Márquelo.

La celda muestra el 110%.

- Desmarque.

El valor pasa al 100%.

d. Botón de opción

Se trata de mostrar el tipo de IVA en C1.

- Para empezar, escriba la fórmula =SI(C2 =3;21%;SI(C2=2;10%;4%)) y aplique el formato **Porcentaje**.

Vamos a insertar un botón de opción en C2.

- En la pestaña **Programador** - grupo **Controles** - **Insertar**, pulse en **Botón de opción**.
- Haga clic en la celda D3 para crear el control. Inserte dos botones de opción más.
- Edite el texto del primer botón de opción: escriba **IVA general**. Modifique el texto de los otros dos botones de opción por los textos **IVA reducido** e **IVA super reducido**.
- Haga clic con el botón derecho y, a continuación, haga clic en **Formato de control**. En la zona **Vincular con la celda**, haga clic en **C2**. Confirme.
- Seleccione los tres botones de opción y, a continuación, en la pestaña **Formato de forma** - grupo **Organizar**, haga clic en el icono **Alinear** y, a continuación, haga clic en **Alinear a la izquierda**. Anule la selección y haga clic en **IVA general**.

La celda **C1** muestra el valor **21%**:

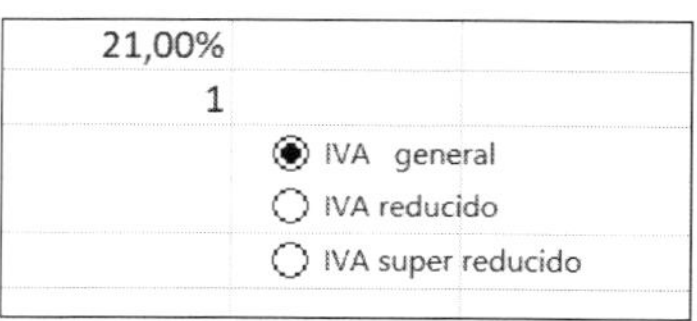

*Para independizar los grupos de botones de opción, debe enmarcarlos usando la herramienta **Cuadro de grupo**:*

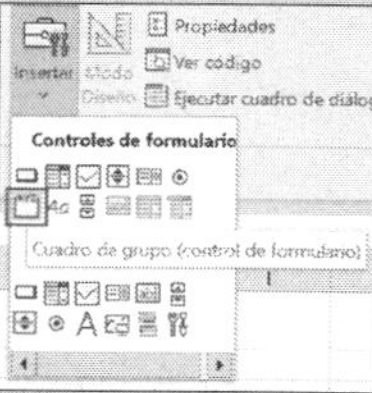

Veremos cómo hacerlo a continuación.

Vamos a insertar un nuevo botón de opción.

- En la pestaña **Programador** – grupo **Controles** - **Insertar**, haga clic en **Botón de opción**.
- Haga clic en **F3** para crear el control. Repita la operación en **F5** para insertar un segundo botón de opción. Anule la selección, haga clic en él: el botón de opción se activa desactivando el botón de opción anterior.

Para evitar esto, usemos un cuadro de grupo.

- En la pestaña del grupo **Programador** - grupo **Controles**, haga clic en **Insertar** y, a continuación, haga clic en **Cuadro de grupo**.
- Haga clic y arrastre para enmarcar los tres primeros botones de opción. El hecho de que se desborde el botón de opción cercano no es un problema. Sin embargo, todos los textos de los botones de opción del primer grupo deben estar enmarcados.

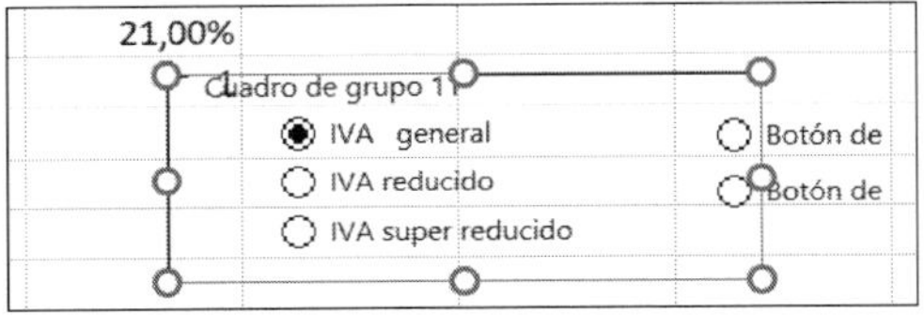

- Haga clic en la opción **IVA general**.

La opción está activada sin afectar a los dos botones de opción de la derecha, que ahora son independientes de este grupo de opciones.

e. Cuadro de lista

Hay dos controles de lista: el **Cuadro de lista** "simple" y el **Cuadro combinado** . El primero, generalmente, permite múltiples selecciones, pero usarlo no devuelve los valores a una celda, por lo que usaremos el segundo control.

Comencemos configurando la lista de opciones.

- En A20, introduzca enero. Utilice el controlador de relleno para crear los otros once meses del año.
- En la pestaña **Programador** - grupo **Controles** - **Insertar**, haga clic en **Cuadro combinado**. Haga clic en **A3** para insertar el control.
- Haga clic con el botón derecho del ratón en el control y, a continuación, en **Formato de control**. En la zona **Rango de entrada**, seleccione **$A$20:$A$31**, en la zona **Vincular con la celda**, haga clic en **A1**, y en la zona **Líneas de unión verticales**, especifique 12.

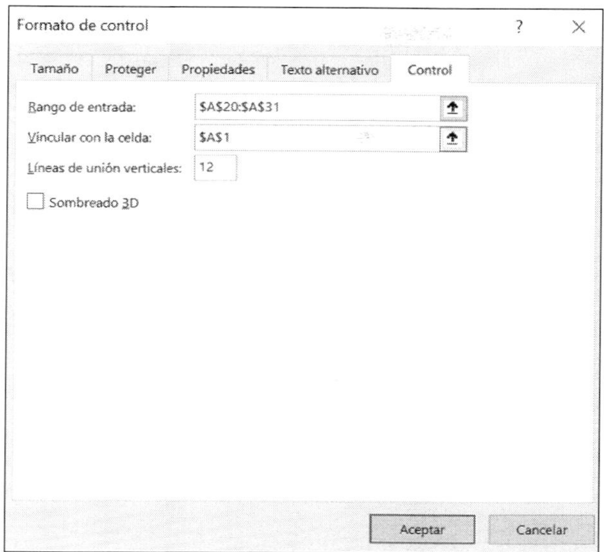

- Haga clic en **Aceptar**.
- Haga clic en la lista desplegable: al seleccionar un mes se muestra su posición en la lista de meses, aquí la selección del mes de febrero devuelve el valor **2** en la celda **A1**:

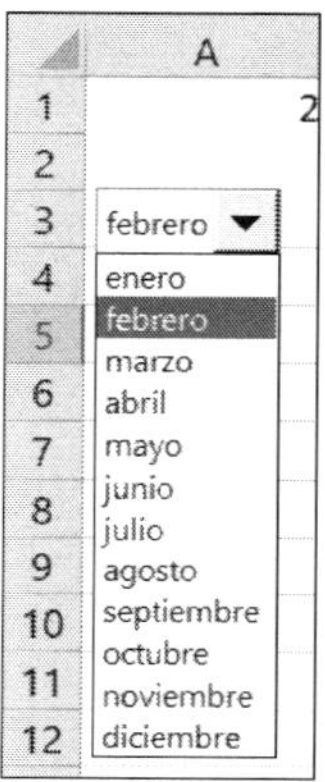

f. Botón

El control **Botón** se usa para desencadenar la llamada a una macro, que analizaremos en el siguiente capítulo. Es posible que prefiramos un botón realizado a partir de un objeto dibujado.

g. Etiqueta

El control **Etiqueta** se utiliza para insertar texto en primer plano, es decir, encima de las celdas. Es preferible utilizar una zona de texto (pestaña **Insertar** - grupo **Texto**).

- Guarde su archivo y ciérrelo.

2. Aplicación de los controles

a. Elegir un año usando un control de número

El botón más adecuado para elegir un año es el control de número.

- Abra el archivo **cap 10 pasta.xlsx** y acceda a la pestaña **Análisis**.
- Inserte un control de número en las celdas **E1** a **E3**.
- Haga clic con el botón derecho del ratón en el control y, a continuación, en **Formato de control**. En la zona **Valor mínimo**, escriba **2015**; en la zona **Valor máximo**, escriba **2030**. Mantenga el incremento en **1**. En la zona **Vincular con la celda**, haga clic en D2.

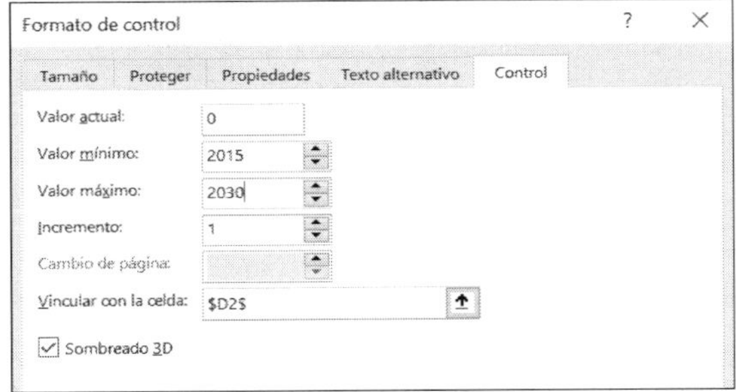

- Haga clic en **Aceptar**.
- Modifique los valores. Tan pronto como se llega a 2018, la tabla de la izquierda está operativa (con los indicadores).

Las fórmulas ya están en su lugar. En D6, por ejemplo, la fórmula es: =SIERROR(@INDIRECTO("'"&$D$2&"'!b"&$B6);"pestaña ausente"). El valor que se muestra en D6 se corresponde con el valor de la celda bx (x se corresponde con el número de línea que se muestra en B6) de la pestaña correspondiente al año que se muestra en **D2**.

También se espera que el gráfico evolucione, aunque actualmente está "congelado" en el mes de febrero.

b. Elegir un mes usando una lista desplegable

- Para cambiar los meses, usemos un **Cuadro combinado**.
- Inserte un control de formulario de tipo**Cuadro combinado** en las celdas I2 a J2.
- Haga clic con el botón derecho del ratón en el control, elija **Formato de control**. En la zona **Rango de entrada**, escriba =ListaMeses (el nombre ya está definido, corresponde a las celdas B2 a B13 de la pestaña de configuración). En la zona **Vincular con la celda**, haga clic en L2 y en la zona **Líneas de unión verticales**, indique 12.

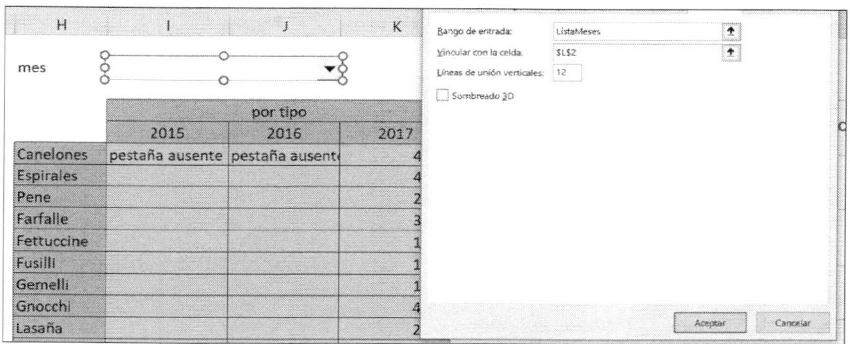

- Haga clic en **Aceptar**.
- Elija un mes: la tabla de la derecha y el gráfico se actualizan automáticamente.

c. Cambiar un porcentaje con un control de número

Los botones de comando siempre controlan un valor entero. Si desea utilizar valores ajustados a la décima o centésima, debe utilizar una casilla adicional, en la que colocará la fórmula necesaria.

Veamos un ejemplo de cómo controlar un cambio de porcentaje.

- Haga clic en la pestaña **Formulario**.
- Inserte un **Control de número** en las celdas D1 a D2.
- Haga clic con el botón derecho del ratón en el control, elija **Formato de control**. En la zona **Valor mínimo**, mantenga 0; en **Valor máximo**, escriba 100. Fije el incremento a 5 y en la zona **Vincular con la celda**, haga clic en E1.

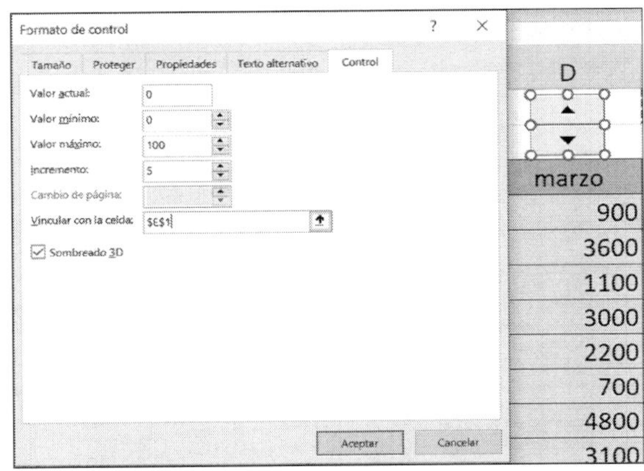

- Haga clic en **Aceptar**.
- Modifique los valores con el control de número.

La celda **C1** contiene la fórmula =1+E1/100, que permite obtener variaciones a la centésima.

En **B4**, la fórmula es =REDOND.MULT('2021'!C5*$C$1;100): muestra el valor redondeado del valor de la celda C5 de la pestaña **2021**, en función del valor de C1. Por ejemplo, si C1 es 120%, el valor en B4 sería 2458,4; redondeado a la centena más cercana, sería 3500.

d. Mostrar una lista de códigos postales y ciudades con un control de número

Ahora veamos cómo configurar el acceso simplificado a la información del código postal y la ciudad, utilizando un control de número.

- Acceda a la pestaña **Formulario**.
- Inserte un control de número en las celdas **F8** a **H8**.
- Haga clic con el botón derecho del ratón en el control, elija **Formato de control**. En la zona **Valor mínimo**, mantenga **0**; en **Valor máximo**, escriba **200**. Deje el incremento en **1** y el cambio de página en 10. En la zona **Vincular con la celda** haga clic en **I9**.

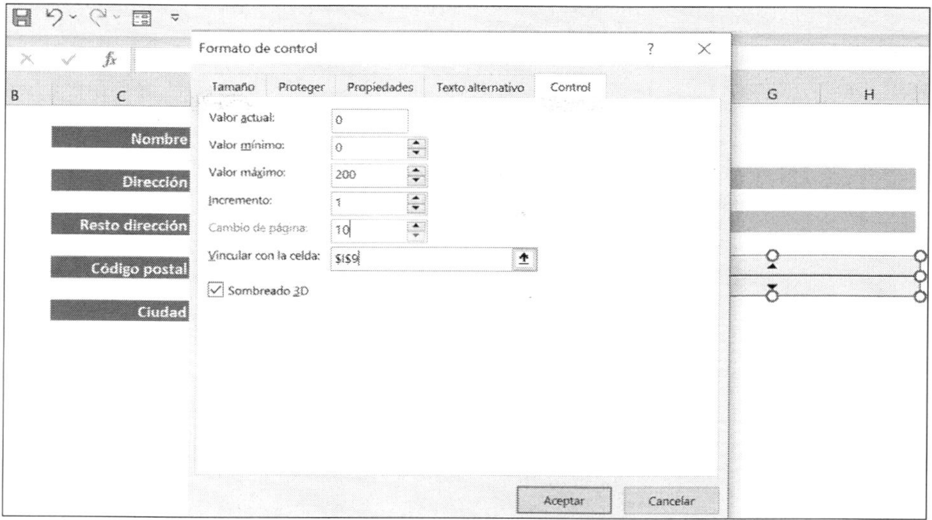

- Haga clic en **Aceptar**.
- Modifique los valores usando el control de número.

El código postal y la ciudad varían en función del valor de I9, gracias a la fórmula en **E8** =INDICE(cp;I9;1). El área llamada **cp** (celdas **E3** a **E154** en la pestaña de configuración) ya está en su lugar. La función INDICE permite el movimiento en la columna única (tercer parámetro a 1) desde el campo **cp** a la fila indicada en I9.

Para modificar el valor de la celda I9 fácilmente, es posible insertar un control de número a esta celda para incrementar de 1 en 1 con los mismos límites que el control de número y modificarlo posteriormente para aplicar un incremento de 5 unidades.

Ahora vamos a mejorar el formulario evitando los valores fuera de lista del control de número y ofreciendo al usuario la posibilidad de modificar la visualización de ciertas zonas (por ejemplo, los criterios para elegir la velocidad de entrega solo aparecerán cuando se solicite la entrega urgente, de lo contrario se ocultarán).

e. Error en el control de número

Para evitar exceder los valores posibles sin cambiar los valores mínimos y máximos, utilizaremos la fórmula SIERROR().

- Si es necesario, acceda a la pestaña **Formulario**.
- En E8, escriba =SIERROR(@INDICE(cp;I9;1);"**fuera de la lista**") y en **E10**: =SIERROR(@INDICE(ciudad; I9;1);"").

- Pulse en el control de número: tan pronto como el valor supere los 152, aparecerán mensajes de error.

f. Mostrar algunos controles del comando

Ahora vamos a añadir una zona para empresas que solo se mostrará cuando el usuario lo desee (usando una casilla de verificación).

- Inserte una casilla de verificación en la celda **H2** y asígnele el texto **¿Empresa?**
- Haga clic con el botón derecho del ratón en el control y, a continuación, en **Formato de control**. En la zona **Vincular con la celda** haga clic en **P2**. Confirme pulsando **Aceptar**.
- En la celda **K2**, escriba la fórmula =SI(P2;"Empresa";"").
- Aplique un formato condicional a la celda **M2** (combinada con N2): pestaña **Inicio** - grupo **Estilos** - haga clic en **Formato condicional** y, a continuación, en **Nueva regla**. Elija **Usar fórmula** para determinar a qué celdas se les dará formato. En la zona de entrada, escriba =$P$2., haga clic en el botón **Formato** y elija un relleno **Verde oscuro, Énfasis 5, más claro 60%**. Pulse en **Aceptar**.

Si selecciona la casilla de verificación **¿Empresa?**, aparecen el texto y el fondo azul. De lo contrario, no se muestran.

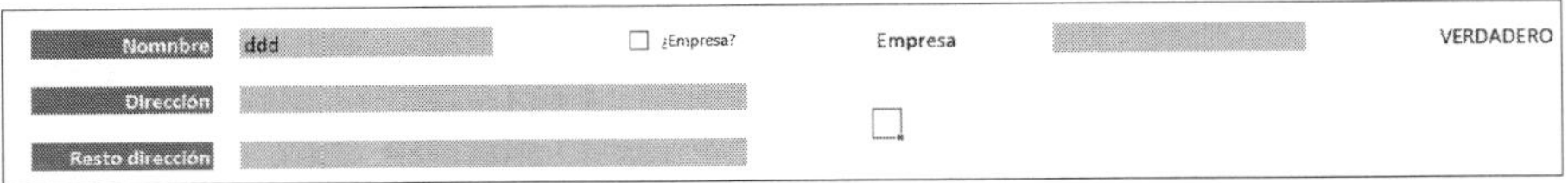

Insertar botones de opción para la entrega.

- En K4, escriba el texto **Tarifas**, y en **M4**, escriba la fórmula =SI(P7=1;10;SI(P9=1;50;20)).
  Aplique solo a la celda **M4** un formato de moneda y un relleno **verde oscuro, Énfasis 5, más claro 60 %**.
- Inserte un botón de opción en la celda **K6** con el texto **Entrega Normal**. Haga lo mismo en la celda **K8** con el texto **Entrega Urgente**. Vincule estas dos casillas a la celda $P$7.
- En **N8**, introduzca el texto '**-12 h** y en **N10** '**-24 h**.

El apóstrofe delante de -12 h y -24 h permite indicar a Excel que no se trata de datos numéricos sino de datos de texto.

- Para estas dos opciones, inserte botones de opción (sin texto) agrupados en un rectángulo sin relleno y vinculados a la celda **$P$9**:

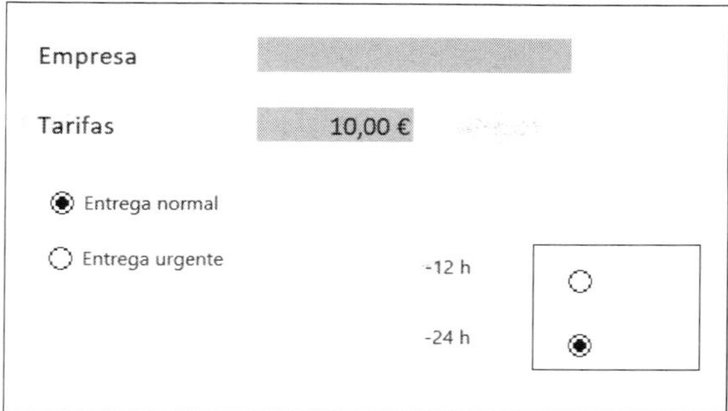

Queremos mejorar la visualización para que el detalle de la entrega urgente no sea visible cuando no esté seleccionado.

Dado que los controles de formulario están en primer plano en comparación con las celdas de Excel, vamos a usar un rectángulo (sin fondo ni borde) lleno de caracteres especiales (cuadrados) del mismo color de fuente que el color de fondo, que ocultará los detalles de la entrega urgente.

- En **P11**, escriba la fórmula =SI(P7<>2;" gggg";"")
- En la pestaña **Insertar** – grupo **Ilustraciones**, haga clic en **Formas** y, a continuación, en la forma **Rectángulo**. Dibuje un rectángulo que abarque las celdas **M6** a **O11**.

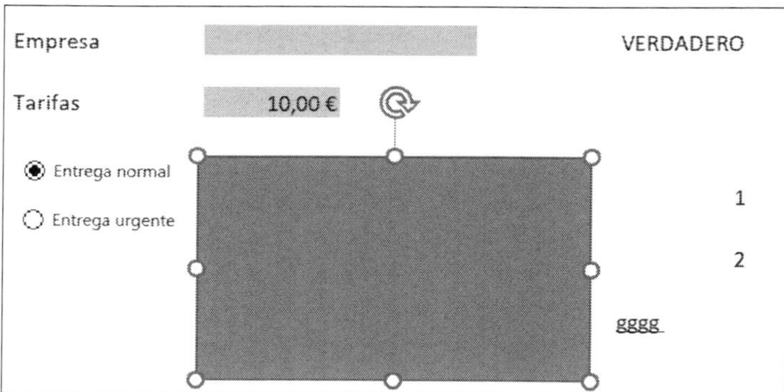

- En la barra de fórmulas, escriba **=$P$11** y confirme.
- En la pestaña **Formato de forma** – grupo **Estilos de forma**, elija **Sin relleno** y **Sin contorno**.
- En la pestaña **Inicio** - grupo **Fuente**, haga clic en **Color de fuente** y, a continuación, haga clic en **Blanco, Fondo1**.
- Aplique la fuente **Webdings** y el tamaño **120** para convertir los caracteres "g" en cuadrados. Deseleccione el rectángulo.

- Haga clic en **Entrega normal**: la zona de texto se llenará con cuatro "g" blancas de tamaño 120, que ocultan las opciones de entrega urgente, y se actualizará la tarifa en M4.

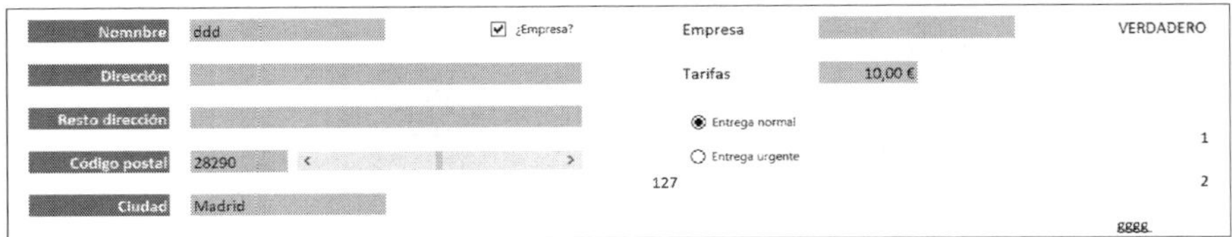

- Guarde el libro y ciérrelo.

C. Otros ejemplos de cómo usar controles de formulario

1. Seguimiento de las visitas a un sitio web

Utilizando los datos de Google Analytics, queremos realizar un seguimiento de los datos de tráfico de un sitio web durante cuatro semanas "consecutivas".

- Abra el archivo cap10 sitio.xlsx. Haga clic en la pestaña análisis: el promedio y dos gráficos ya están en su lugar. El libro contiene datos de la semana 36 a la 52. Vamos a usar la función INDIRECTO() para tomar datos de las semanas en cuestión, de la pestaña S36 a S39, por ejemplo.

Vamos a empezar configurando un control de número para modificar el número de semanas en la celda A1.

- Inserte un control de formulario de tipo **Control de número** en las celdas **A4** a **A5**.
- Haga clic con el botón derecho del ratón en el control, elija **Formato de control. En** la zona **Valor mínimo**, escriba **1**; en **Valor máximo**, **49**. Mantenga el valor para Incremento en **1** y en la zona **Vincular con la celda**, haga clic en **A1**. Confirme pulsando en **Aceptar**.
- Escriba **36** en **A1**.

Configuremos los títulos para que cambien en función del número de semanas que se muestra en A1.

- En **C3**, escriba ="S"&$A$1+C2, copie a la derecha en **F3**.

La fila 2 está oculta. Contiene los valores **1**, **2** y **3** en **D2**, **E2** y **F2**.

- En **C4**, escriba =SIERROR(INDIRECTO("'"&C$3&"'!c"&FILA());"")

Las tablas están colocadas en el mismo lugar en cada una de las hojas, los valores están en la columna C y cada día de la semana está siempre en la misma fila. Por ejemplo, el miércoles siempre está en la fila 6. Por lo tanto, la función INDIRECTO combina el título en $C$3 (nombre de la pestaña), el texto fijo "!c", y el número de fila (obtenido por la función FILA sin argumentos).

✎ Copie hasta **C10** y luego hasta **F10**.

La tabla de resumen es funcional, al igual que los gráficos.

✎ Muévase por las semanas con el control de número: las tablas y los gráficos se actualizan.

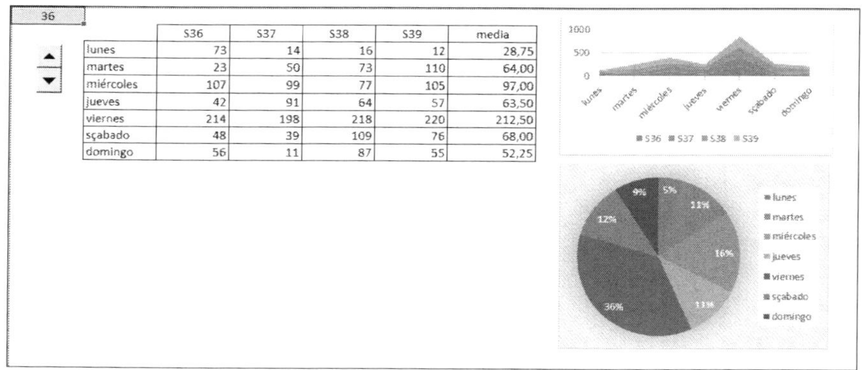

36

	S36	S37	S38	S39	media
lunes	73	14	16	12	28,75
martes	23	50	73	110	64,00
miércoles	107	99	77	105	97,00
jueves	42	91	64	57	63,50
viernes	214	198	218	220	212,50
sçabado	48	39	109	76	68,00
domingo	56	11	87	55	52,25

✎ Guarde el libro y ciérrelo.

2. Pirámide por franja de edad y por departamento

✎ Abra el archivo **cap_10_empleados.xlsx**.

La pestaña **LISTA** contiene los detalles (nombre, edad, antigüedad, etc.) de 96 empleados, la pestaña **Configuración** contiene una zona llamada **DEPARTAMENTO** y la lista de los departamentos de la empresa. Por último, la pestaña **Gráfico** contiene una tabla de agrupación por edades y un gráfico.

El gráfico de tipo barras se basa en tres rangos con nombre, controladas por el valor de I2, barra_F: =DESREF(gráfico!$E$6;0;0;gráfico!$I$2), barra_H: =DESREF(gráfico!$F$6;0;0;gráfico!$I$2) y título: =DESREF(gráfico!$D$6;0;0;gráfico!$I$2;1).

Dado que estos campos utilizan la función DESREF, no se puede acceder a ellos a través de la zona Nombre, sino solo desde la pestaña **Fórmulas** - grupo **Nombres definidos** - **Administrador de nombres**.

El área llamada **barra_F** comienza en E6 y tiene un alto especificado por el valor de la celda I2, el área llamada **barra_H** comienza en F6 y tiene el mismo "alto" (valor de I2) y, finalmente, el área llamada **título** comienza en D6 y también tiene el mismo "alto".

Vamos a ver cómo se usan.

- Haga clic en el gráfico.
- En la pestaña **Diseño de gráfico** - grupo **Datos**, haga clic en **Seleccionar datos**.

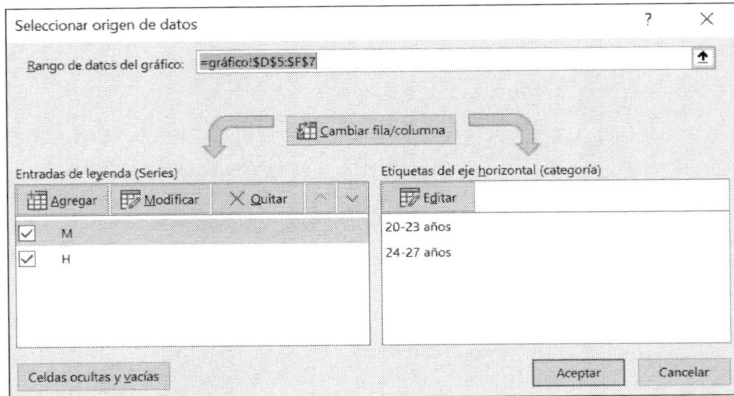

- En la zona **Entradas de leyenda (Series)**, haga clic en **Modificar**.

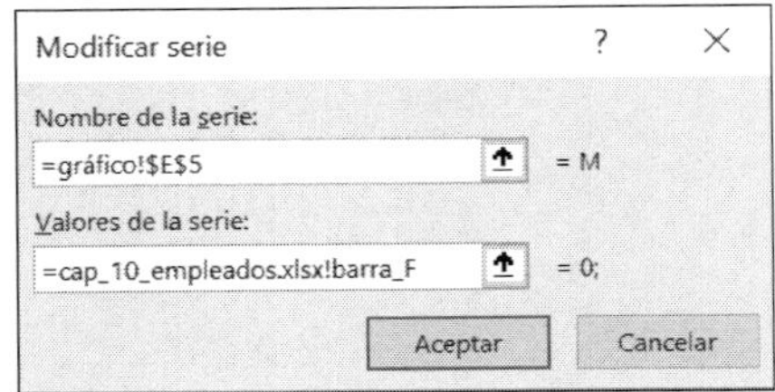

El valor de la serie se basa en la zona denominada **barra_F** del libro. El nombre de la serie se toma de la celda E5 de la hoja. Confirme pulsando en **Aceptar**.

No puede haber un espacio en el nombre utilizado para la zona.

- En el cuadro **Etiqueta del eje horizontal (categoría)**, haga clic en **Editar**.

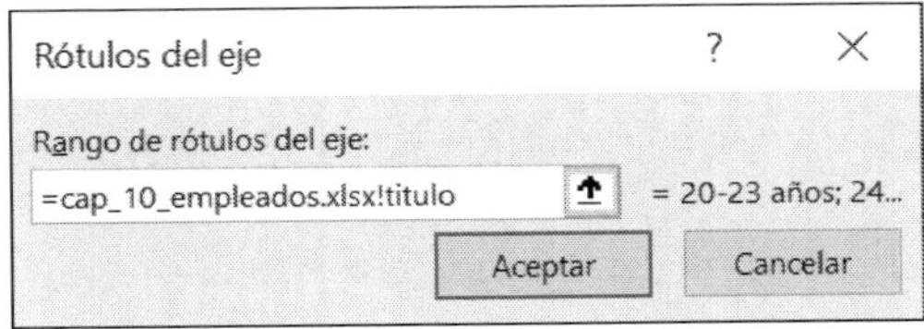

El rango de etiquetas de eje utiliza el campo denominado **Título del libro**.

- Pulse dos veces en **Aceptar**.

Vamos a insertar los controles de número que nos permitirán controlar el tamaño de la pirámide (en I2), la primera edad tratada (en B2) y el tamaño de las agrupaciones (en C2).

- Inserte un control de número en las celdas **C1** a **C2**.
- Haga clic con el botón derecho del ratón en el control, elija **Formato de control**. En la zona **Valor mínimo**, escriba 20; en **Valor máximo**, 60. Mantenga el valor de **Incremento** en 1 y en el cuadro **Vincular con la celda**, haga clic en B2. Confirme.
- Inserte un control de número en las celdas **E1** a **E2**.
- Haga clic con el botón derecho del ratón en el control, elija **Formato de control**, en la zona **Valor mínimo**, escriba 1; en **Valor máximo**, 20. Mantenga el valor de **Incremento** en 1 y en el cuadro **Vincular con la celda** haga clic en D2. Confirme pulsando en **Aceptar**.
- Inserte un control de número en las celdas I1 a I2.
- Haga clic con el botón derecho del ratón en el control y elija **Formato de control**. En la zona **Valor mínimo**, escriba 1; en **Valor máximo**, escriba 98. Mantenga el valor de **Incremento** en 1 y en el cuadro **Vincular con la celda**, haga clic en I2. Confirme pulsando en **Aceptar**.

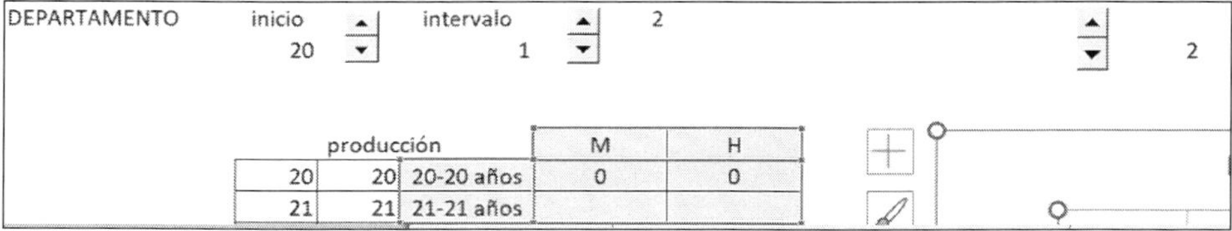

Vamos a crear la lista desplegable para la selección de departamentos.

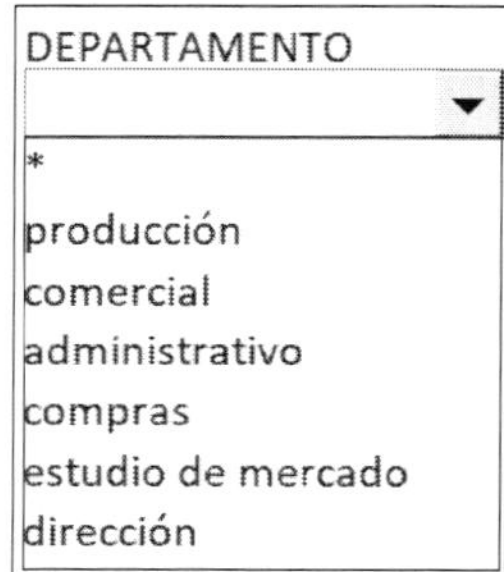

- Inserte un control **Combo Box** en la celda A2.
- Haga clic con el botón derecho del ratón en el control, elija **Formato de control**. En la zona **Rango de entrada**, escriba DEPARTAMENTO, (la conversión de minúsculas a mayúsculas se realizará automáticamente) en la zona **Vincular con la celda** haga clic en E1. Confirme pulsando en **Aceptar**.

- Modifique los valores para obtener **20** en **B2**, **4** en **D2** y **10** en **I2**, seleccione * de la lista de departamentos (representa todos los departamentos).
- Introduzcamos las fórmulas en las celdas **E7** a **E56** y **F7** a **F56**.

La fórmula en E6 =-CONTAR.SI.CONJUNTO(LISTA!$K$6:$K$106;">="&$B6;LISTA!$K$6:$K$106;"<="&$C6;LISTA!$I$6:$I$106;E$5;LISTA!$F$6:$F$106;$B$5) cuenta el número de mujeres en la celda B5 que tienen una edad superior o igual a B6 e inferior o igual a C6. El valor negativo se utiliza para colocar a las mujeres a la izquierda del eje de ordenadas. La fórmula es más o menos la misma para los hombres, pero con valores positivos.

- Copie la fórmula de la celda E6 a E7 y conviértela en =SI(B7<>"";-CONTAR.SI.CONJUNTO(LISTA!$K$6:$K$106;">="&$B7;LISTA!$K$6:$K$106"<="&$C7;LISTA!$I$6:$I$106;E$5;LISTA!$F$6:$F$106;$B$5);""), para evitar tener ceros cuando la columna B contiene valores vacíos.
- Cópielo en todas las filas pulsando dos veces seguidas en el controlador de relleno.
- Del mismo modo, copie la fórmula de la celda F6 en la F7 y modifíquela: =SI(B7<>"";CONTAR.SI.CONJUNTO(LISTA!$K$6:$K$106;">="&$B7;LISTA!$K$6:$K$106;"<="&$C7;LISTA!$I$6:$I$106;F$5;LISTA!$F$6:$F$106;$B$5);"").
- Cópielo en todas las filas pulsando dos veces seguidas en el controlador de relleno.
- Haga clic para modificar el inicio a 21, el incremento a 4 y el número de filas de I2 a 11. El gráfico está en su lugar.

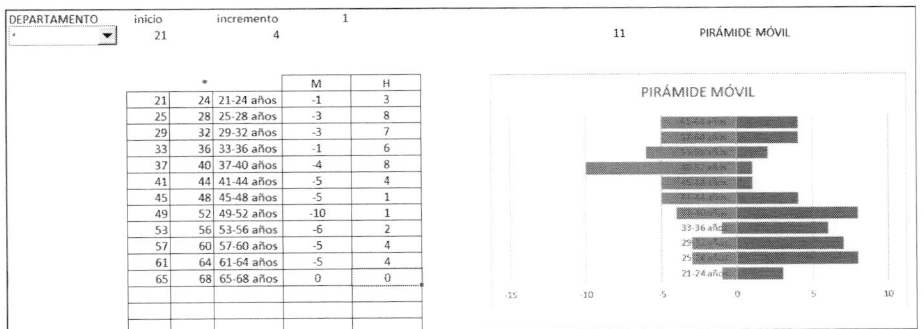

DEPARTAMENTO	inicio	incremento	1		
*	21	4		11	PIRÁMIDE MÓVIL

	*		M	H
21	24	21-24 años	-1	3
25	28	25-28 años	-3	8
29	32	29-32 años	-3	7
33	36	33-36 años	-1	6
37	40	37-40 años	-4	8
41	44	41-44 años	-5	4
45	48	45-48 años	-5	1
49	52	49-52 años	-10	1
53	56	53-56 años	-6	2
57	60	57-60 años	-5	4
61	64	61-64 años	-5	4
65	68	65-68 años	0	0

Dependiendo de cuándo realice este ejercicio, el resultado obtenido puede ser diferente.

- Haga clic para modificar el inicio a 20, el incremento a 5 y el número de filas en I2 a 9. Elija el departamento de producción: el gráfico cambia.

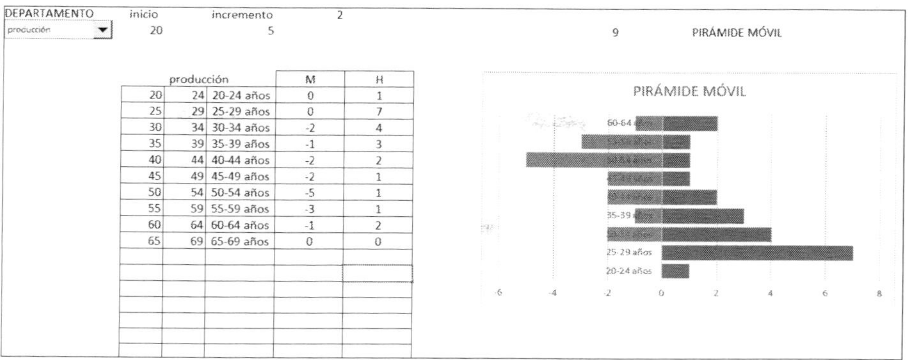

DEPARTAMENTO	inicio	incremento	2
producción	20	5	

9 PIRÁMIDE MÓVIL

		producción	M	H
20	24	20-24 años	0	1
25	29	25-29 años	0	7
30	34	30-34 años	-2	4
35	39	35-39 años	-1	3
40	44	40-44 años	-2	2
45	49	45-49 años	-2	1
50	54	50-54 años	-5	1
55	59	55-59 años	-3	1
60	64	60-64 años	-1	2
65	69	65-69 años	0	0

Guarde el libro y ciérrelo.

D. La impresión

¿Cómo convertir rápidamente un cuadro de mando concebido para verlo en pantalla en una versión imprimible en tamaño A4 o A3? Terminaremos este capítulo con una técnica sencilla.

El tablero contiene mucha información en cada una de las hojas, pero no es necesario imprimir toda la información. Por lo tanto, para prepararnos para la impresión rápida de algunos elementos, colocaremos en una hoja específica los datos tal como queremos imprimirlos, estableciendo un enlace con los datos de origen para que los valores estén actualizados.

Por ejemplo, esto implicará cambiar de este contenido que se muestra en la pantalla:

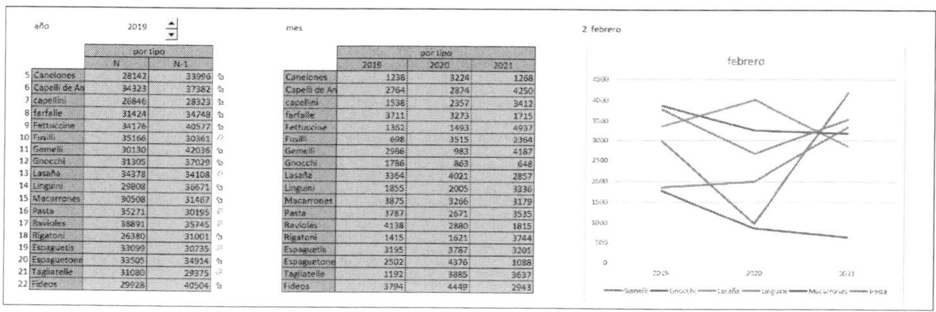

año 2019

		por tipo	
		N	N-1
5	Canelones	28142	33996
6	Capelli de An	34323	37382
7	capellini	26846	28323
8	farfalle	31424	34748
9	Fettuccine	34176	40577
10	Fusilli	35166	30361
11	Gemelli	30130	42036
12	Gnocchi	31305	37029
13	Lasaña	34378	34108
14	Linguini	29808	36671
15	Macarrones	30508	31467
16	Pasta	35271	30195
17	Ravioles	38891	35745
18	Rigatoni	26380	31001
19	Espaguetis	33099	30735
20	Espaguetone	33505	34914
21	Tagliatelle	31080	29375
22	Fideos	29928	40504

mes

	por tipo		
	2019	2020	2021
Canelones	1238	3224	1268
Capelli de An	2764	2874	4250
capellini	1538	2357	3412
farfalle	3711	3273	1715
Fettuccine	1362	1493	4937
Fusilli	698	3515	2364
Gemelli	2986	983	4187
Gnocchi	1786	863	648
Lasaña	3364	4021	2857
Linguini	1855	2005	3336
Macarrones	3875	3266	3179
Pasta	3787	2671	3535
Ravioles	4138	2880	1815
Rigatoni	1415	1621	3744
Espaguetis	3195	3787	3201
Espaguetone	2502	4376	1088
Tagliatelle	1192	3885	3637
Fideos	3794	4449	2943

A este, listo para imprimir:

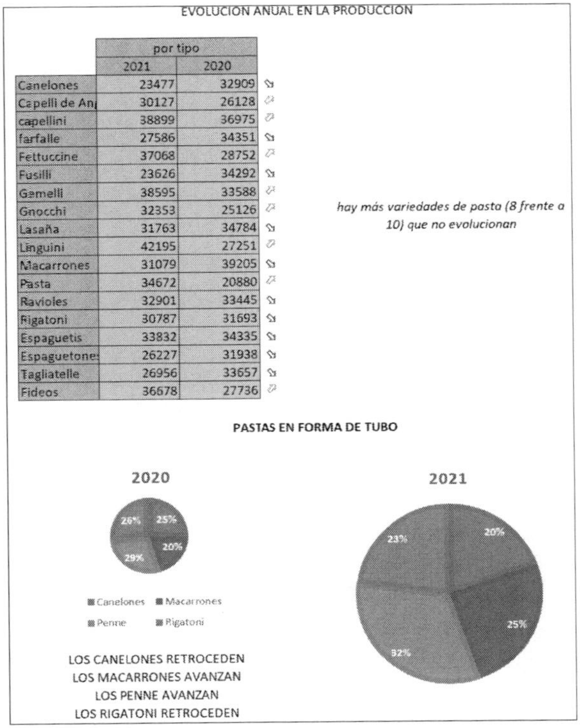

EVOLUCION ANUAL EN LA PRODUCCION

	por tipo	
	2021	2020
Canelones	23477	32909
Capelli de An	30127	26128
capellini	38899	36975
farfalle	27586	34351
Fettuccine	37068	28752
Fusilli	23626	34292
Gemelli	38595	33588
Gnocchi	32353	25126
Lasaña	31763	34784
Linguini	42195	27251
Macarrones	31079	39205
Pasta	34672	20880
Ravioles	32901	33445
Rigatoni	30787	31693
Espaguetis	33832	34335
Espaguetones	26227	31938
Tagliatelle	26956	33657
Fideos	36678	27736

hay más variedades de pasta (8 frente a 10) que no evolucionan

PASTAS EN FORMA DE TUBO

2020

26% 25% 20% 29%

■ Canelones ■ Macarrones
■ Penne ■ Rigatoni

LOS CANELONES RETROCEDEN
LOS MACARRONES AVANZAN
LOS PENNE AVANZAN
LOS RIGATONI RETROCEDEN

2021

23% 20% 25% 32%

- Abra el archivo **cap 10 pasta.xlsx**.
- En la pestaña **Análisis**, seleccione el año 2019 mediante el control de número.
- A continuación, haga clic en la pestaña **impr A4**.

En primer lugar, es importante que las celdas se rellenen con un color que no sea blanco, en este caso **Gris: 50%, Énfasis 3, más claro 80%**.

- Visualice la vista previa de impresión (pestaña **Archivo - Imprimir**).
- Cierre la pestaña **Archivo**: las filas punteadas entre las columnas **G** y **H** y entre las filas **50** y **51** representan saltos de página. Vamos a materializar la hoja A4.
- Seleccione las celdas **B2** a **J51**, aplique el color **Blanco**, establezca el área de impresión: pestaña **Disposición de página** - grupo **Configurar página** - haga clic en **Área de impresión** y, a continuación, en **Establecer área de impresión**.
- En la pestaña **Vista** – grupo **Mostrar**, desactive la opción **Líneas de cuadrícula**.
- Reduzca el ancho de las columnas B y J a 1 para que desaparezcan las filas punteadas (que indican saltos de página automáticos). Las columnas B y J se pueden utilizar para modificar los márgenes al imprimir.

- Seleccione las celdas **B3** a **J3**, combínelas e introduzca el texto **EVOLUCIÓN ANUAL EN LA PRODUCCIÓN**.
- Haga clic en la pestaña **Análisis**, seleccione las celdas **C4** a **F23** y cópielas.
- Haga clic en la pestaña **impr A4** y en C5. haga clic con el botón derecho del ratón y posteriormente en **Pegado especial** y luego haga clic en el botón **Pegar vínculos**.
- Haga clic con el botón derecho del ratón en la selección. Luego en **C5** haga **Pegado especial - Formato**.
- Elimine los ceros superfluos en las celdas **C5**, **C6**, **F5** y **F6**.
- En **D6**, modifique la fórmula: **=análisis!$D$2** yE6 =D6-1.
- En **G13**, escriba **=L11**. El texto de **L11** condicionado por los valores del año se traslada. En **L11**, la fórmula es =SI(M7>M9;"hay más variedades de pasta ("&M7&" frente a "&M9&") que evolucionan";SI(M7=M9;"hay más variedades que evolucionan que las que retroceden ("&M7&").";"hay más variades de pasta ("&M7&" frente a "&M9&") que retroceden")).
- En **N17**, escriba la fórmula **=análisis!D6** para vincular esta celda a la celda **D6** de la hoja análisis. Copie esta fórmula en **O17** y luego hasta **O20**.

El texto de la celda **L11**, que es un poco largo (pero explicativo), desbordará la celda G13, por lo que evitaremos esto:

- Seleccione las celdas **G13** a **I15**, combine y centre estas celdas y habilite la opción **Ajustar texto** (pestaña **Inicio** - grupo **Alineación**). Aplique el formato cursiva (pestaña **Inicio** - grupo **Fuente**).
- Seleccione las celdas **C26** a **I26**, combínelas y céntrelas, aplique el estilo negrita y, en la barra de fórmulas, escriba **=M15**
- Seleccione las celdas **M16** a **M20** y **O16** a **O20**.
- En la pestaña **Insertar** – grupo **Gráficos**, pulse en **Insertar gráfico circular o de anillos** en el área **Gráfico 2D**, elija **Circular**. A continuación, en la pestaña **Diseño de gráfico** - grupo **Estilos de gráfico**, pulse en **Estilo 8**.
- En el grupo **Formato - Tamaño**, aplique un alto de **5,2** cm y un ancho de **6,2** cm. En el grupo **Estilos de forma**, haga clic en **Contorno de forma** y, a continuación, en **Sin contorno**.
- Mueva la leyenda a la parte inferior, haga clic con el botón derecho del ratón y elija **Formato de leyenda**.
- En el cuadro **Posiciones de la leyenda**, marque **Inferior**.
- Duplique el gráfico arrastrando y duplicando: Pulse en el gráfico, pulse la tecla Ctrl mientras mantiene pulsado el botón del ratón y mueva el ratón.
- Coloque los gráficos debajo del encabezado de la fila **26**.

- Seleccione el gráfico de la derecha y, a continuación, mueva las zonas del gráfico de 2018 en la tabla de valores (selección naranja y azul) a las áreas de 2019 (columna N).
- Elimine la leyenda.
- Seleccione las celdas C39 a E39, pulse en F**usionar y centrar**, y en la barra de fórmulas escriba =MAYUSC(P17).
- Copie la fórmula en las tres celdas de abajo.
- Cambie el año en la pestaña **análisis** (en este caso, 2021), y compruebe que se actualiza la hoja que se va a imprimir o enviar por correo electrónico (ver capítulo Técnicas avanzadas de automatización).

La parte inferior de la hoja debería tener el siguiente aspecto:

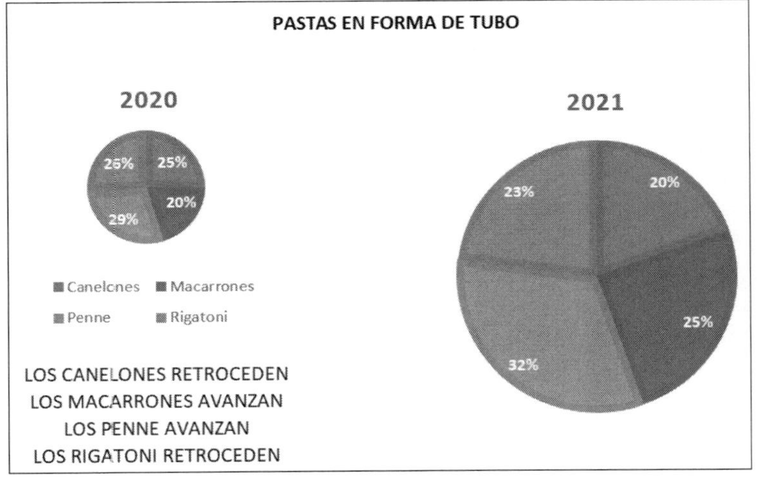

Jugando con los márgenes estrechos, incluso puede ganar más espacio.

La técnica básica es la misma para hacer un fondo de página en formato A3. Para ello, comience cambiando el tamaño del papel a A3, pestaña **Disposición de página** *- grupo* **Configurar página***, pulse en* **Tamaño***. Posteriormente, desde la vista previa de impresión, el proceso es el mismo, solo que la superficie es más grande.*

Capítulo 11
Power Query

A. Introducción

Power Query es una de las herramientas que le pueden ayudar a preparar sus datos. Este elemento, integrado en las últimas versiones de Excel, amplía las posibilidades de reprocesamiento de datos gracias al lenguaje M.

En este libro, presentamos un ejemplo de uso sencillo.

Nuestro objetivo en este libro es procesar los datos de origen de una empresa industrial que tiene 10 líneas de fabricación y produce solo un producto al día. Los registros de fabricación se proporcionan como etiquetas en formato PDF. Para simplificar el caso, estas etiquetas se presentan en un libro de Excel (**Transf PDF en Tab.xlsx**) en la hoja **Datos**.

Núm línea	**línea 1**
fecha	07/06/2021
naturaleza de producto	tubos
hora de inicio	8:00
hora de fin	18:00
producción de	Tub002
Cantidad	500
Num línea	**línea 3**
fecha	07/06/2021
naturaleza de producto	placas
hora de inicio	7:52
hora de fin	16:30
producción de	PLA002
Cantidad	800
Núm línea	**línea 5**
fecha	07/06/2021
naturaleza de producto	tubos
hora de inicio	7:32
hora de fin	11:32
producción de	Tub004
Cantidad	200

Nuestro objetivo es convertir estos datos en una tabla resumen que pueda ser utilizada directamente para nuestros análisis:

A	B	C	D	E	F	G	H
Núm línea	naturaleza de producto	producción de	Cantidad	fecha	hora inicio	hora fin	DuraciónProd
línea 1	tubos	Tub002	500	07/06/2021	8:00:00	18:00:00	10:00:00
línea 3	placas	PLA002	800	07/06/2021	7:52:00	16:30:00	8:38:00
línea 5	tubos	Tub004	200	07/06/2021	7:32:00	11:32:00	4:00:00
línea 6	barras	BAR005	500	07/06/2021	9:00:00	17:00:00	8:00:00
línea 1	tubos	Tub002	700	08/06/2021	8:00:00	18:00:00	10:00:00
línea 2	tubos	Tub002	1500	09/06/2021	8:00:00	18:00:00	10:00:00
línea 3	tubos	Tub002	2000	09/07/2021	8:00:00	16:00:00	8:00:00
línea 6	placas	Tub002	2372	20/07/2021	8:00:00	18:00:00	10:00:00
línea 3	barras	Tub002	2000	13/09/2021	12:00:00	14:00:00	2:00:00

B. Creación de la consulta

- En Excel, abra el libro **Transf PDF en Tab.xlsx**.
- En la hoja de datos, seleccione las celdas **B1** a **C72**.
- Convierta esta selección en una tabla.
- En la pestaña **Inicio** - grupo **Estilos**, haga clic en **Establecer como tabla** y, a continuación, seleccione el estilo **Blanco, Estilo de tabla claro 1**.
- Desmarque la opción **Mi tabla tiene encabezados** y, a continuación, confirme.
- Cambie el nombre de la tabla: pestaña **Diseño de tabla** - grupo **Propiedades**, escriba **SeguimientoDeProducción** en el cuadro **Nombre de la tabla**.

- En el pestaña **Datos** - grupo **Obtener y transformar datos**, haga clic en **De una tabla o rango**.

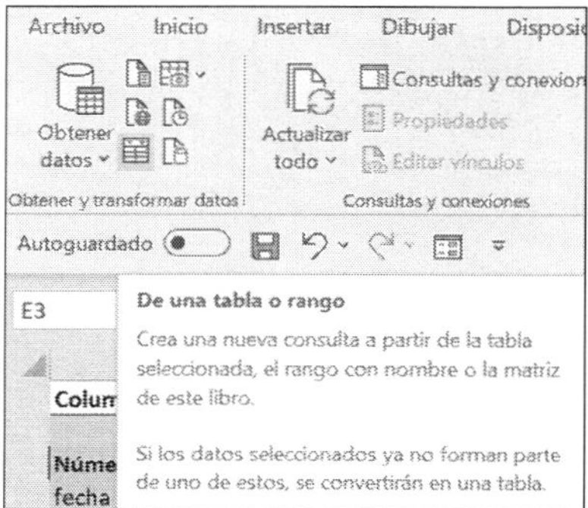

Se abrirá la ventana de Power Query.

- En los pasos aplicados en el panel **Configuración de la consulta**, quite **Tipo cambiado**.
- Despliegue el filtro de la **Columna 1** y seleccione **Quitar vacíos**.
- Inserte una columna de índice:

  En la pestaña **Agregar columna** – grupo **General**, haga clic en **Columna de índice** y, a continuación, haga clic en **Desde 0**.

- Dinamice una columna sin utilizar ninguna función de valor agregado:

  Haga clic en la pestaña **Columna1** – grupo **Transformar - Cualquier columna**, haga clic en **Columna dinámica**.

  En **Columna de valor**, seleccione **Columna 2**.

  En el área **Opciones avanzadas**, seleccione **No agregar**.

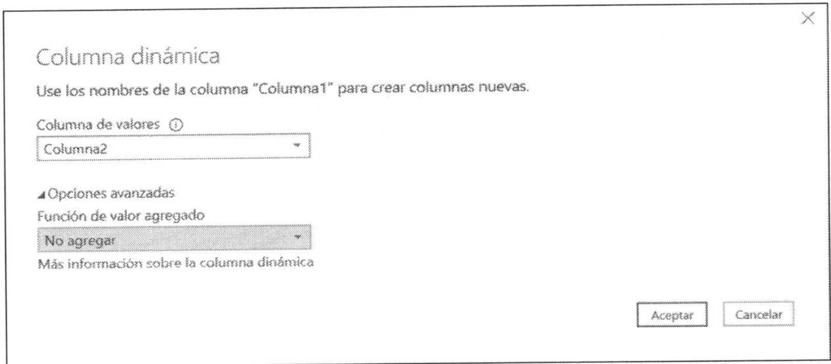

- Confirme pulsando en **Aceptar**.
- Seleccione las seis columnas, desde **Fecha** a **Cantidad**, pulsando en **Transformar** – grupo **Cualquier columna**, **Rellenar** y, a continuación, pulse en **Arriba**.

Obtendrá esta tabla:

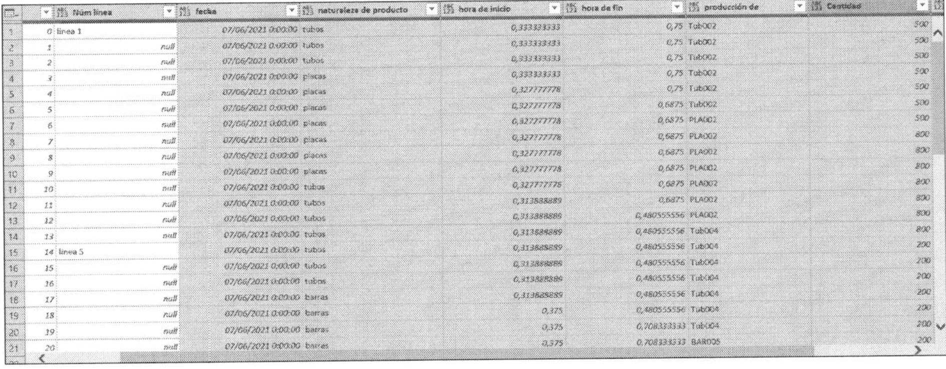

		Núm línea	fecha	naturaleza de producto	hora de inicio	hora de fin	producción de	Cantidad
1	0	línea 1	07/06/2021 0:00:00	tubos	0,333333333	0,75	Tub002	500
2	1	null	07/06/2021 0:00:00	tubos	0,333333333	0,75	Tub002	500
3	2	null	07/06/2021 0:00:00	tubos	0,333333333	0,75	Tub002	500
4	3	null	07/06/2021 0:00:00	placas	0,333333333	0,75	Tub002	500
5	4	null	07/06/2021 0:00:00	placas	0,327777778	0,75	Tub002	500
6	5	null	07/06/2021 0:00:00	placas	0,327777778	0,6875	Tub002	500
7	6	null	07/06/2021 0:00:00	placas	0,327777778	0,6875	PLA002	500
8	7	null	07/06/2021 0:00:00	placas	0,327777778	0,6875	PLA002	800
9	8	null	07/06/2021 0:00:00	placas	0,327777778	0,6875	PLA002	800
10	9	null	07/06/2021 0:00:00	placas	0,327777778	0,6875	PLA002	800
11	10	null	07/06/2021 0:00:00	tubos	0,327777778	0,6875	PLA002	800
12	11	null	07/06/2021 0:00:00	tubos	0,313888889	0,6875	PLA002	800
13	12	null	07/06/2021 0:00:00	tubos	0,313888886	0,480555556	PLA002	800
14	13	null	07/06/2021 0:00:00	tubos	0,313888889	0,480555556	Tub004	800
15	14	línea 5	07/06/2021 0:00:00	tubos	0,313888889	0,480555556	Tub004	200
16	15	null	07/06/2021 0:00:00	tubos	0,313888886	0,480555556	Tub004	200
17	16	null	07/06/2021 0:00:00	tubos	0,313888889	0,480555556	Tub004	200
18	17	null	07/06/2021 0:00:00	barras	0,313888889	0,480555556	Tub004	200
19	18	null	07/06/2021 0:00:00	barras	0,375	0,480555556	Tub004	200
20	19	null	07/06/2021 0:00:00	barras	0,375	0,708333333	Tub004	200
21	20	null	07/06/2021 0:00:00	barras	0,375	0,708333333	BAR005	200

- Elimine la columna **Índice**.

- En el filtro de la columna **Núm línea**, desmarque los valores nulos.

  Debe obtener 9 filas y 7 columnas.

	Núm línea	fecha	naturaleza de producto	hora inicio	hora fin	producción de	Cantidad
1	línea 1	07/06/2021 0:00:00	tubos	0,333333333	0,75	Tub002	500
2	línea 3	07/06/2021 0:00:00	placas	0,327777778	0,6875	PLA002	800
3	línea 5	07/06/2021 0:00:00	tubos	0,313888889	0,480555556	Tub004	200
4	línea 6	07/06/2021 0:00:00	barras	0,375	0,708333333	BAR005	500
5	línea 1	08/06/2021 0:00:00	tubos	0,333333333	0,75	Tub002	700
6	línea 2	09/06/2021 0:00:00	tubos	0,333333333	0,75	Tub002	1500
7	línea 3	09/07/2021 0:00:00	tubos	0,333333333	0,666666667	Tub002	2000
8	línea 6	20/07/2021 0:00:00	placas	0,333333333	0,75	Tub002	2372
9	línea 3	13/09/2021 0:00:00	barras	0,5	0,583333333	Tub002	2000

- Seleccione la columna de fecha en la pestaña **Inicio** - grupo **Transformar**, haga clic en **Tipo de datos** y seleccione **Fecha**.
- Seleccione las columnas hora de inicio y hora de fin, en la pestaña **Inicio** - grupo **Transformar**, haga clic en **Tipo de datos** y seleccione **Hora**.
- Coloque la columna fecha tras la columna **Cantidad**.
- Coloque las columnas **hora de inicio** y **hora de fin** tras la columna **fecha**.
- Añada una columna para calcular las duraciones:

  En la pestaña **Agregar columna** – grupo **General**, haga clic en **Columna personalizada**.

  Rellene los campos de la ventana **Columna personalizada** como se muestra en la siguiente captura de pantalla. Para introducir la fórmula, puede hacer doble clic en los nombres de las columnas de la lista **Columnas disponibles**:

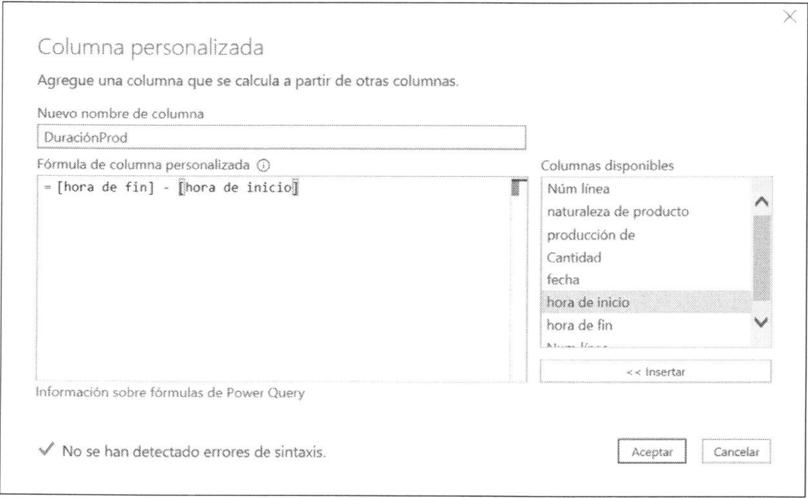

Los pasos aplicados deben ser los siguientes:

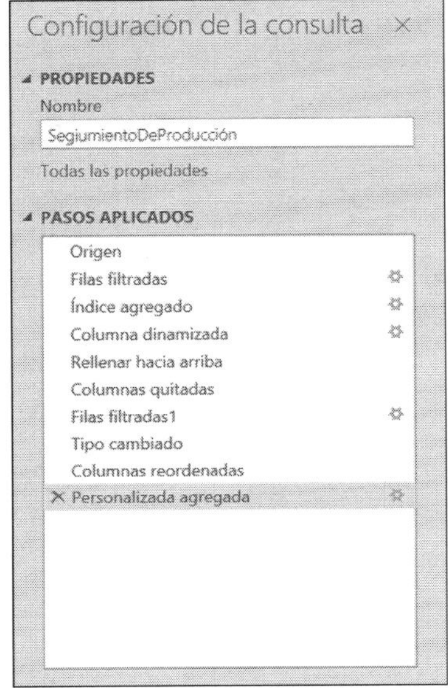

✎ Para terminar y actualizar el libro de Excel:

En la pestaña **Inicio** – grupo **Cerrar**, haga clic en **Cerrar y cargar**, y seleccione **Cerrar y cargar**.

Se crea una nueva hoja que tiene el nombre de la tabla (ahora el nombre de la consulta).

✎ Seleccione la columna H y aplíquele un formato de hora.

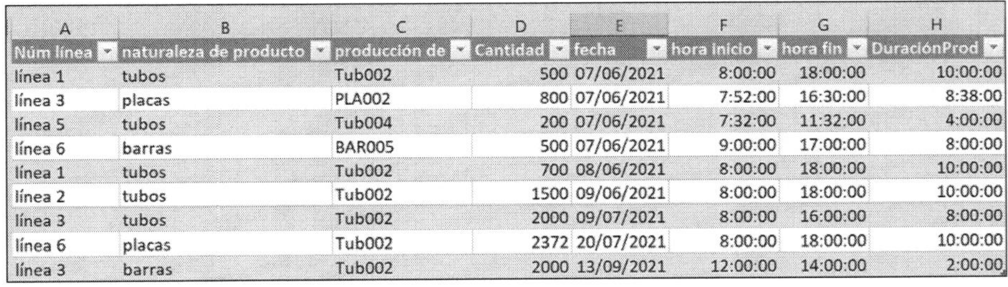

A	B	C	D	E	F	G	H
Núm línea	naturaleza de producto	producción de	Cantidad	fecha	hora inicio	hora fin	DuraciónProd
línea 1	tubos	Tub002	500	07/06/2021	8:00:00	18:00:00	10:00:00
línea 3	placas	PLA002	800	07/06/2021	7:52:00	16:30:00	8:38:00
línea 5	tubos	Tub004	200	07/06/2021	7:32:00	11:32:00	4:00:00
línea 6	barras	BAR005	500	07/06/2021	9:00:00	17:00:00	8:00:00
línea 1	tubos	Tub002	700	08/06/2021	8:00:00	18:00:00	10:00:00
línea 2	tubos	Tub002	1500	09/06/2021	8:00:00	18:00:00	10:00:00
línea 3	tubos	Tub002	2000	09/07/2021	8:00:00	16:00:00	8:00:00
línea 6	placas	Tub002	2372	20/07/2021	8:00:00	18:00:00	10:00:00
línea 3	barras	Tub002	2000	13/09/2021	12:00:00	14:00:00	2:00:00

Si se agregan nuevas etiquetas a la tabla inicial, haga clic con el botón derecho del ratón en la consulta en el panel **Consultas y conexiones** y seleccione **Modificar**. Las nuevas etiquetas se agregarán automáticamente a la tabla.

Si usa Power Query a menudo, le recomendamos cambiar el nombre de los pasos a medida que vaya avanzando, utilizando nombres sencillos.

C. Acceder al código M

Si necesita reproducir estos pasos para un nuevo conjunto de etiquetas de producción, simplemente copie el código escrito en lenguaje M de los diferentes pasos. Para ello:

- Abra Power Query: pestaña **Datos** - grupo **Recuperar y transformar datos**, haga clic en **De tabla o rango**.
- Abra el editor: en la pestaña **Inicio** - grupo **Consulta**, haga clic en **Editor avanzado**.
- Copie y pegue el código en un nuevo libro con la misma estructura.

Código de ejemplo:

```
let
    Origen = Excel.CurrentWorkbook(){[Name="InformeFinalProducción"]}[Content],
    #"Filas filtradas"= Table.SelectRows(Origen, each ([Columna2] <> null)),
    #"Índice agregado" = Table.AddIndexColumn(#"Filas filtradas", "Índice",
0, 1,  Int64.Type),
    #"Columna dinamizada" = Table.Pivot(#"Índice agregado",
List.Distinct(#"Índice agregado"[Columna1]), "Columna1", "Columna2"),
    #"Rellenar hacia arriba" = Table.FillUp(#"Columna dinamizada",{"fecha",
"naturaleza de producto", "hora de inicio", "hora de fin", "producción de",
"Cantidad"}),
    #"Filas filtradas" = Table.SelectRows(#"Rellenar hacia arriba", each ([Núm línea]
<> null)),
    #"Columnas quitadas"= Table.RemoveColumns(#"Filas filtradas",{"Índice"}),
    #"Tipo cambiado" = Table.TransformColumnTypes
(#"Columnas quitadas",{{"fecha", type date}, {"hora de inicio ", type time},
{"hora de fin ", type time}}),
    #"Columnas reordenadas" = Table.ReorderColumns(#"Tipo cambiado",
{"Núm línea ", "naturaleza de producto", "producción de", "Cantidad", "fecha",
"hora de inicio", "hora de fin"}),
    #"Personalizada agregada" = Table.AddColumn(#"Columnas reordenadas",
"Personalizado", each [hora de fin]-[hora de inicio]),
    #"Columnas renombradas" = Table.RenameColumns(#"Personalizada agregada",
{{"Personalizado", "DuraciónProd"}}),
    #"Tipo cambiado" = Table.TransformColumnTypes(#"Columnas renombradas",
{{"DuraciónProd", type duration}})
in
#"Tipo cambiado"
```

Capítulo 12
Técnicas avanzadas de automatización

A. Introducción

En este último capítulo, veremos la automatización de la recopilación, procesamiento y visualización de datos. Nos basaremos en las macros de comandos de Excel y el lenguaje VBA (*Visual Basic for Applications*) asociado.

Por lo tanto, comenzaremos descubriendo la implementación de macros usando el grabador, aplicaremos su uso a la adición de datos de un formulario a una base de datos completa, como se explicó en la sección La entrada de datos - Uso de un formulario de entrada del capítulo Los datos.

Continuaremos descubriendo el lenguaje mediante la creación de macros de organización, como la recuperación de la lista de archivos presentes en un directorio, la lista de los nombres de las pestañas presentes en un libro de trabajo y la lista de los nombres utilizados en un libro de trabajo.

Automatizaremos la conversión de datos supuestamente recuperados de software de terceros que no respetan los formatos de fecha habituales, así como la conversión de datos fusionados erróneamente en una celda (nombre y apellidos).

Nos ocuparemos de la clasificación sistematizada en un rango variable de datos y terminaremos con una macro de envío de una hoja de un libro de trabajo por correo electrónico, tan pronto como un indicador supere un umbral previsto.

B. Usar macros

Anteriormente en este libro, hemos habilitado el acceso a la pestaña **Programador**, que aún debería estar operativa. Ahora nos centraremos en el grupo **Código**.

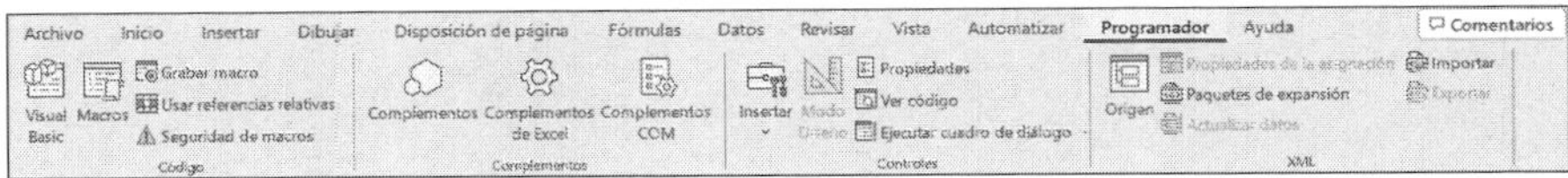

Contiene los siguientes botones:

Grabar una macro (que se convierte en macro entre el inicio y el final de la grabación).

Mostrar las macros: para llamar a una macro, siempre y cuando no esté vinculada a un botón.

Visual Basic (el atajo de teclado es Alt F11): la ventana del editor de VBA está compuesto por las siguientes secciones.

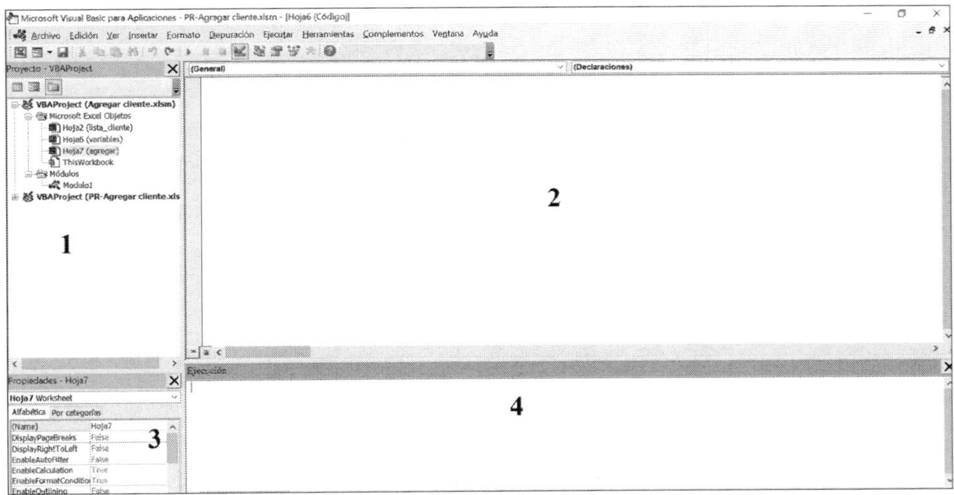

En 1, el área Explorador de proyectos (visible por Ctrl R, si se ha cerrado por error), el libro, las hojas y los módulos que pueden contener código.

En 2, el área del código, que se puede editar pulsando dos veces seguidas en la zona 1 o después de elegir el objeto con un solo clic.

En 3, en la ventana **Propiedades**, las propiedades del objeto seleccionado en 1.

En 4, la ventana **Ejecución**.

En la barra de herramientas Estándar se encuentran los botones clásicos Cortar, Copiar, Pegar, Buscar, Cancelar, Repetir, complementados por los botones Ejecutar, Detener y Restablecer.

C. Macros imprescindibles para el panel de control

1. Historización

- Abra el libro llamado **Agregar cliente.xlsm**, pestaña **Agregar**.
- Copie los datos de las celdas **O9** a **O35**.
- Péguelos en **D9**.

  Los datos presentes en el rango **D9** a **D35** no cambian. Lo único que falta por hacer es transferirlos a la pestaña **lista_cliente**. Hay un "búfer" en la pestaña **Agregar** en las celdas de Y97 a An101, al que se puede acceder mediante la flecha en L3. Esta zona muestra los valores de las celdas D9 a D35, en el sentido y el orden de la tabla en la pestaña **lista_cliente**.
- En la pestaña **Programador** - grupo **Código**, haga clic en **Grabar macro**. En la ventana que aparece, escriba **Agregar** en el cuadro **Nombre de la macro**. Lo almacenaremos en este libro porque no necesitaremos usarlo en otro libro (está en formato .xlsm, el formato de libro de Excel que tiene en cuenta las macros).

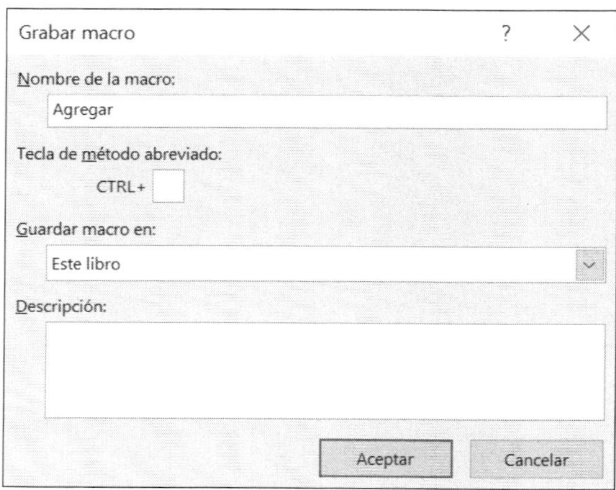

✎ Confirme pulsando en **Aceptar**.

No haga acciones innecesarias como desplazarse hacia abajo o hacia la derecha porque todo lo que haga ahora será grabado y convertido en código VBA.

✎ Haga clic en la pestaña **lista_cliente**, seleccione la fila 9, inserte una fila y marque el mismo formato que se muestra a continuación.

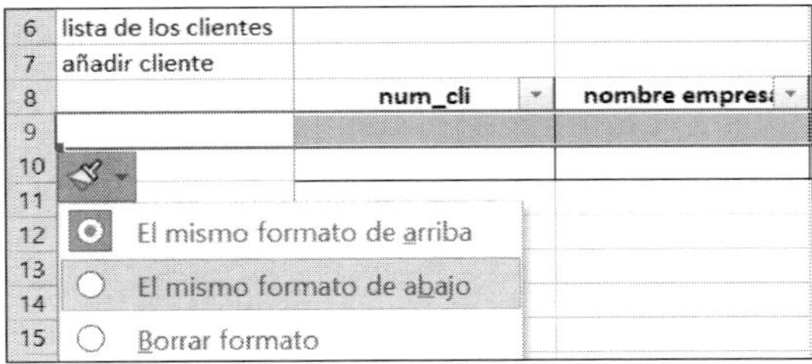

✎ Haga clic en la pestaña **Agregar**, seleccione las celdas **Y100** a **AM100**, y pulse en Copiar.

✎ Haga clic en la pestaña **lista_cliente**, en B9, haga **Pegar** - **Pegar especial** - **Valores**.

✎ Pulse en la tecla esc para desactivar la función de copia.

✎ Regrese a la pestaña **Agregar**, seleccione la celda D9.

Detengamos la macro aquí:

✎ En la pestaña **Programador** - grupo **Código**, haga clic en **Detener grabación**.

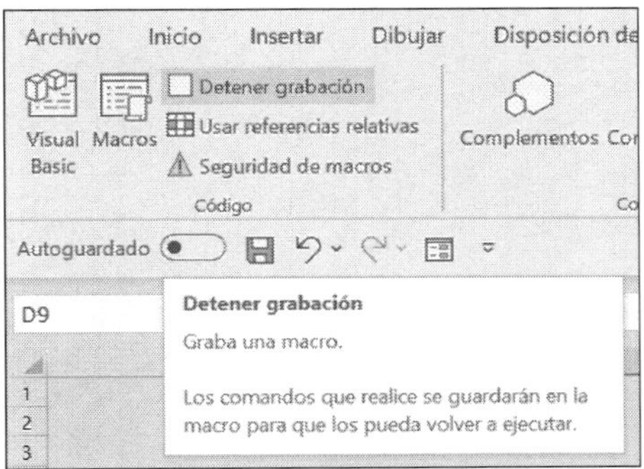

El botón para detener la grabación también está presente en la barra de tareas.

Vamos a crear una macro desde cero.

✎ En la pestaña **Programador** - grupo **Código**, haga clic en **Grabar macro**. En la ventana que aparece, escriba **RAZ** en el cuadro **Nombre de macro** y confirme.

✎ Seleccione las celdas **D9** a **D35**, borre el contenido. A continuación, vuelva a hacer clic en D9.

✎ Haga clic en **Detener grabación**.

Vamos a comprobar el código generado.

✎ Abra el editor de VBA con [Alt] [F11] y, a continuación, haga doble clic en **Módulo 1**. En el cuadro de código, aparece el siguiente código:

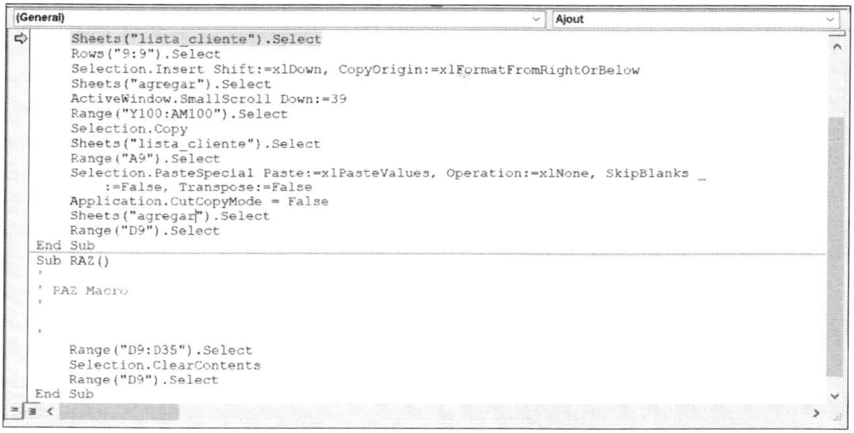

(General) | Ajout

```
    Sheets("lista_cliente").Select
    Rows("9:9").Select
    Selection.Insert Shift:=xlDown, CopyOrigin:=xlFormatFromRightOrBelow
    Sheets("agregar").Select
    ActiveWindow.SmallScroll Down:=39
    Range("Y100:AM100").Select
    Selection.Copy
    Sheets("lista_cliente").Select
    Range("A9").Select
    Selection.PasteSpecial Paste:=xlPasteValues, Operation:=xlNone, SkipBlanks _
        :=False, Transpose:=False
    Application.CutCopyMode = False
    Sheets("agregar").Select
    Range("D9").Select
End Sub
Sub RAZ()
'
' RAZ Macro
'

'
    Range("D9:D35").Select
    Selection.ClearContents
    Range("D9").Select
End Sub
```

Contiene cada una de las acciones realizadas paso a paso, traducidas a código ejecutable. La transcripción es bastante fácil para los anglófonos: **Sheets("lista_cliente").Select** significa seleccionar la hoja lista_cliente, **Range("B9").Select** significa seleccionar la celda B9, **Selection.ClearContents** significa borrar el contenido de la selección, por ejemplo.

Ahora vamos a asignar las dos macros a los botones provistos para este propósito.

- Cierre el editor de VBA. Una vez en el libro, haga clic con el botón derecho del ratón en el botón del triángulo verde y haga clic en **Asignar macro**:

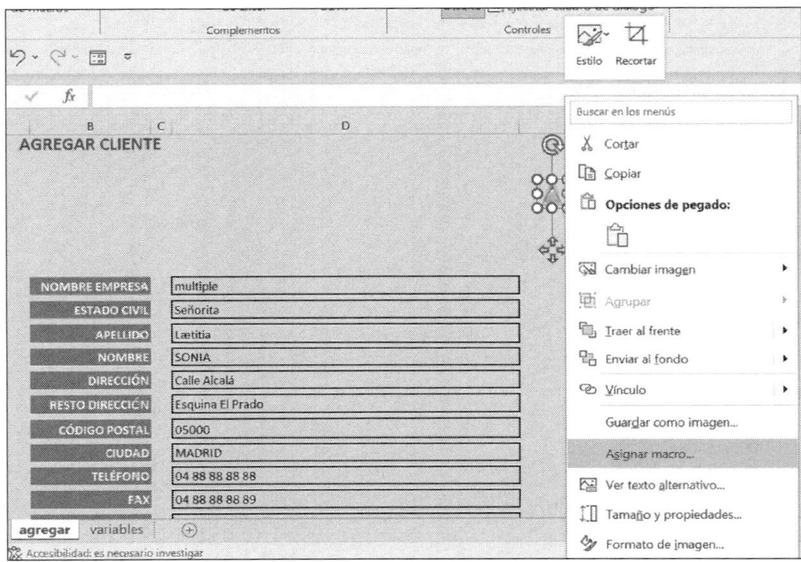

- En la ventana **Asignar macro**, haga clic en **Agregar** y, a continuación, en **Aceptar**.

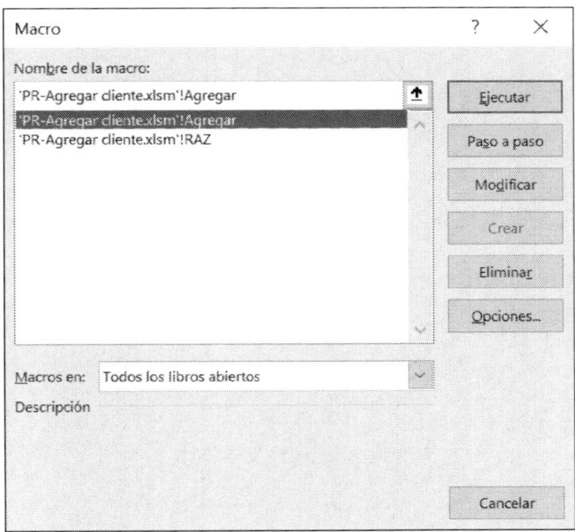

- Haga lo mismo con el botón del triángulo rojo para asignarle la macro RAZ.

Ahora puede usar la macro para insertar tantos clientes nuevos como desee, el número se incrementará automáticamente. En caso de error de entrada de datos, es posible eliminarlos rápidamente utilizando el botón del triángulo rojo. Si se encuentra un error después de añadirlo a la lista de clientes, simplemente elimine la fila. Puede crear una macro que elimine los datos de la fila 9 cuando sean incorrectos.

✎ Guarde el libro y ciérrelo.

Elegimos insertar los nuevos datos entre la fila 8 y 9, para no tener que buscar la posición del último elemento de la tabla que está en constante movimiento. Esto da como resultado una presentación desde lo más reciente hasta lo más antiguo. Si no le gusta este orden, deberá añadir una acción de ordenación de salida a la macro.

2. Lista de pestañas del libro

A menudo, cuando abre un libro para procesarlo como parte de la implementación de indicadores, tiene que desplazarse por todas las pestañas del libro para ver qué contienen realmente. Además, como vimos en el capítulo Construir el cuadro de mando, puede ser útil un resumen o índice de contenidos. Aquí vamos a crear una macro que le permita recuperar la lista de pestañas del libro de trabajo, que luego se puede transformar fácilmente en una tabla de contenido.

✎ Cree un nuevo libro.

✎ En la pestaña **Programador** - grupo **Código**, haga clic en **Grabar macro**.

✎ En la lista **Guardar macro en**, elija **Libro de macros personal**.

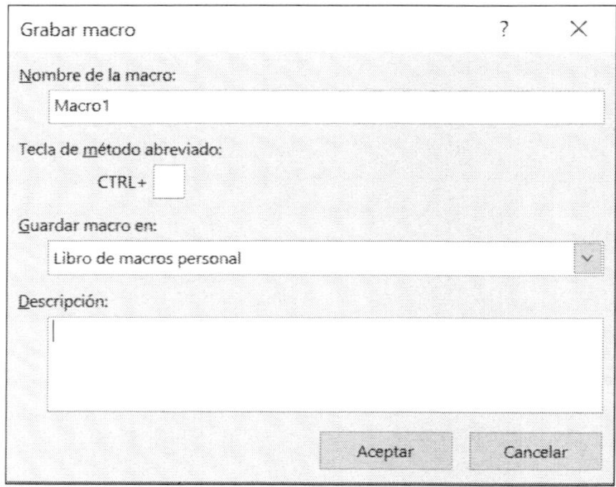

✎ Confirme pulsando en **Aceptar**.

No vamos a guardar la macro, solo queremos acceder al libro de macros personales (PERSONAL. XLSB). El libro se abre automáticamente cuando se inicia Excel: todas las macros que contiene se pueden usar en cualquier libro abierto.

- Detenga la grabación y, a continuación, vaya al Editor de VBA (Alt F11). Despliegue el proyecto VBAProject (**PERSONAL. XLSB**) y luego haga clic en **Módulo1** y pulse en **7**. Aparecerá la siguiente ventana.

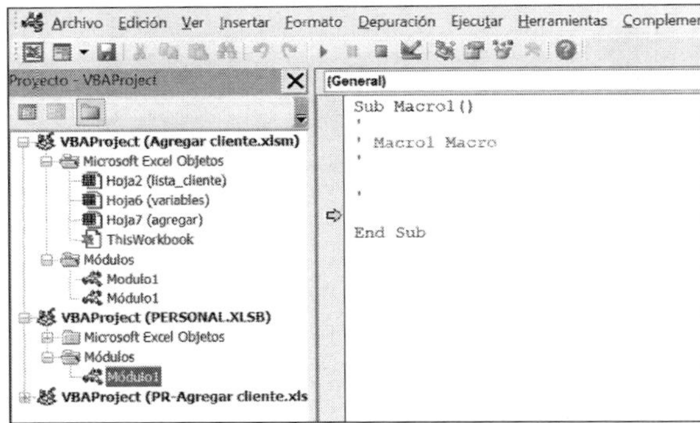

- Seleccione todo el código y elimínelo.
- Abra el archivo **Sub ListaHoja.txt** mediante la aplicación Bloc de notas de Windows.

```
Sub ListaHoja()
'---------------------------------------------------
' Detiene momentáneamente los mensajes de Excel
'---------------------------------------------------
Application.ScreenUpdating = False
Application.DisplayAlerts = False
'---------------------------------------------------
' añade la hoja ListaPestanias en primer lugar
' y elimina la que existe
'---------------------------------------------------
If Sheets(1).Name = "ListaPestañas" Then Sheets("ListaPestañas").Delete
   Sheets.Add After:=ActiveSheet
   ActiveSheet.Name = "ListaPestañas"
   Sheets("ListaPestañas").Move Before:=Sheets(1)
'---------------------------------------------------
' fondo de la hoja ListaPestañas
'---------------------------------------------------
Cells.Select
   With Selection.Interior
       .Pattern = xlSolid
       .PatternColorIndex = xlAutomatic
       .ThemeColor = xlThemeColorDark2
       .TintAndShade = -9.99786370433668E-02
       .PatternTintAndShade = 0
```

```
    End With
'--------------------------------------------------
' título de la hoja ListaPestañas
'--------------------------------------------------
Range("B2:H2").Select
    ActiveCell.FormulaR1C1 = "lista de las pestañas del libro"
    Range("B2:H2").Select
    Range("C2").Activate
    With Selection
        .HorizontalAlignment = xlCenter
        .VerticalAlignment = xlBottom
        .WrapText = False
        .Orientation = 0
        .AddIndent = False
        .IndentLevel = 0
        .ShrinkToFit = False
        .ReadingOrder = xlContext
        .MergeCells = False
    End With
    Selection.Merge
    Selection.Borders(xlDiagonalDown).LineStyle = xlNone
    Selection.Borders(xlDiagonalUp).LineStyle = xlNone
    With Selection.Borders(xlEdgeLeft)
        .LineStyle = xlContinuous
        .ColorIndex = 0
        .TintAndShade = 0
        .Weight = xlMedium
    End With
    With Selection.Borders(xlEdgeTop)
        .LineStyle = xlContinuous
        .ColorIndex = 0
        .TintAndShade = 0
        .Weight = xlMedium
    End With
    With Selection.Borders(xlEdgeBottom)
        .LineStyle = xlContinuous
        .ColorIndex = 0
        .TintAndShade = 0
        .Weight = xlMedium
    End With
    With Selection.Borders(xlEdgeRight)
        .LineStyle = xlContinuous
        .ColorIndex = 0
        .TintAndShade = 0
        .Weight = xlMedium
    End With
    Selection.Borders(xlInsideVertical).LineStyle = xlNone
    Selection.Borders(xlInsideHorizontal).LineStyle = xlNone
'--------------------------------------------------
```

```
' añade como columna B del nombre de las hojas
' y en C del hipervínculo
'--------------------------------------------------
   Numsheets = Sheets.Count
   For i = 1 To Numsheets
       Range("B" & i + 2).Select
       ActiveCell.Value = Sheets(i).Name
       Range("C" & i + 2).Select
      ActiveCell.FormulaR1C1 = "=HYPERLINK(""#'""&RC[-1]&""'!a1"",""ver la
zona"")"
   Next i
   Columns("B:D").EntireColumn.AutoFit
'--------------------------------------------------
' reactiva los mensajes de Excel
'--------------------------------------------------
   Application.ScreenUpdating = True
   Application.DisplayAlerts = True
End Sub
```

El archivo contiene el código que vamos a usar. Seleccione todo el código y cópielo.

Vuelve al editor de VBA y pegue el código.

Tomemos el tiempo necesario para hablar un poco más en detalle sobre el código, incluso si está documentado (los comentarios van precedidos de un apóstrofe).

El código comienza deteniendo los cuadros de diálogo de Excel mientras se ejecuta la macro, para evitar el retraso visual y mejorar los tiempos de respuesta.

```
Application.ScreenUpdating = True entonces False
```

Termina con la reactivación de estos diálogos:

```
Application.DisplayAlerts = True entonces False
```

Las siguientes instrucciones permiten crear la hoja **ListaPestañas**, colocarla en primera posición, eliminándola primero si ya existe:

```
If Sheets(1).Name = "ListaPestañas" Then Sheets("ListaPestañas").Delete
   Sheets.Add After:=ActiveSheet
   ActiveSheet.Name = " ListaPestañas"
   Sheets("ListaPestañas").Move Before:=Sheets(1)
```

Los siguientes dos bloques se utilizan para seleccionar la hoja y establecer un color de fondo gris, después se añade el título en B2 que se fusiona hasta la celda H2.

Este código ocupa mucho espacio, pero no es complicado de hacer porque se obtiene mediante la grabadora de macros.

Finalmente, el código termina contando el número de hojas y un bucle (For... Next) que instala el nombre de las hojas a partir de B3 y los hipervínculos a partir de C3 (preste atención al número de " y ' en la fórmula HYPERLINK() que, por cierto, ha sido traducida). La última fila ajusta automáticamente el ancho de las columnas B a D :

```
 Numsheets = Sheets.Count
For i = 1 To Numsheets
    Range("B" & i + 2).Select
    ActiveCell.Value = Sheets(i).Name
    Range("C" & i + 2).Select
    ActiveCell.FormulaR1C1 = "=HYPERLINK(""#'""&RC[-1]&""'!a1"",""ver la zona"")"
Next i
Columns("B:D").EntireColumn.AutoFit
```

Para poder usar esta macro fácilmente, agregaremos una herramienta de llamada a la barra de herramientas **Acceso directo**.

- Cree un libro en blanco.
- En la pestaña **Archivo**, pulse en **Opciones**.
- Elija **Barra de herramientas de acceso directo** y, a continuación, en la lista desplegable de categorías, elija **Macros**.
- Seleccione **ListaHojas** y, a continuación, pulse en **Agregar**.

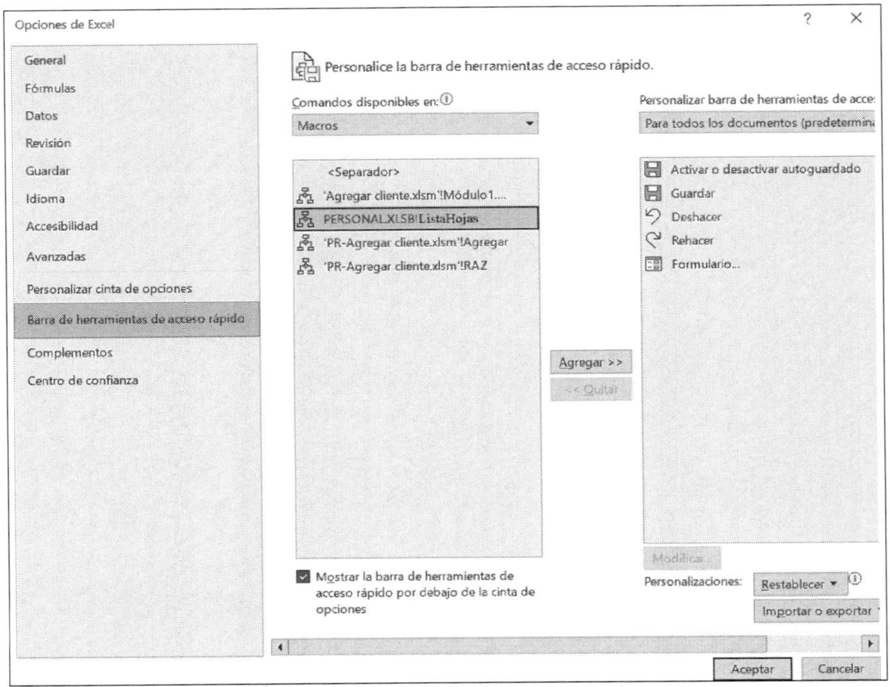

- Con el botón **Modificar** puede cambiar el icono. Confirme pulsando en **Aceptar**.
- Inserte nuevas hojas, cámbieles el nombre y, a continuación, pulse en el icono de la macro instalada anteriormente utilizando la barra de herramientas de acceso directo.

Primero se inserta la hoja ListaPestañas, que contiene la lista de hojas del libro de trabajo y en la columna C los enlaces para poder acceder.

3. Lista de nombres en un libro

Del mismo modo, algunas veces es complicado pasar por la pestaña Fórmulas - grupo Nombres definidos - icono Administrador de nombres, para obtener todos los nombres presentes en el libro. Vamos a crear una macro que simplifique esto.

- Abra el archivo **Sub ExtraccionNombres.txt** con el Bloc de notas, seleccione todo el código y cópielo.
- Cambie al editor de VBA, haga doble clic en **Módulo1** y pegue el código debajo de la primera macro, es decir, después del texto **End Sub**.

Tomemos de nuevo un tiempo para desglosar el código.

El código es idéntico al principio y al final de la macro anterior en lo que respecta a los diálogos, la creación de hojas, el color de fondo y el título. La parte que varía es la prevista para 100 nombres.

```
     Range("B4").Select
    Selection.ListNames
    For i = 1 To 100
        Range("B" & i + 3).Select
        If ActiveCell.Value = "" Then GoTo fin
        Range("D" & i + 3).Select
        ActiveCell.FormulaR1C1
= "=HYPERLINK(""#""&RC[-2],""ver la zona"")"
    Next i
fin:
    Columns("B:D").EntireColumn.AutoFit
```

- Se implementa en **B4** la lista de campos con nombre (llamada a la función de Excel Selection.ListNames.
- Un bucle para 100 valores posibles que inserta un hipervínculo en **D4** si **B4** no está vacío.
- En la primera celda Bi encontrada, el bucle se detiene (llamada a una etiqueta fin: por la función GoTo).
- El último comando ejecutado es el ajuste automático de las columnas B a D.

Añada una herramienta a la barra de herramientas **Acceso directo** para esta nueva macro, de la misma manera que antes.

- Vuelva a abrir el libro de vínculos internos en libro.xlsx que utilizamos en el capítulo Construir el cuadro de mando.
- Pruebe su macro con el icono que acaba de crear: en el libro de trabajo se inserta la hoja **ZonasConNombre**, que contiene la lista de nombres y los vínculos adaptados.
- Guarde el libro y ciérrelo.

*La protección de ambas macros se basa en el hecho de que la hoja **ListaPesatanias** o **ZonasConNombre** es la primera, lo que hace que sea incompatible implementar ambas macros en el mismo libro, a menos que se mueva adecuadamene antes de llamar a la macro.*

4. Listar los archivos de la carpeta activa

Para facilitar la navegación entre los diferentes archivos de la misma carpeta, puede ser interesante enumerar todos los archivos presentes en esta carpeta mediante un pequeño procedimiento. Un hipervínculo debe estar asociado a cada archivo para permitir que el documento deseado se abra directamente.

Por lo general, esta lista se debe colocar en una hoja específica del libro del cuadro de mando. Aquí consideraremos que su cuadro de mando personal está creado, es funcional y está abierto.

- Inserte una nueva hoja en el libro de trabajo.
- Cámbiele el nombre por **ListaArchivos**.
- Pulse en Alt F11 para activar el editor de VBA.
- Si aún no tiene un procedimiento en este libro, inserte un módulo. De lo contrario, colóquese en un módulo y escriba las pocas líneas del procedimiento (también puede copiar el código del archivo **Sub ListaArchivos.txt**):

```
Sub ListaConVinculos()
Dim Ruta As String, Archivo As String, ArchivoCompleto As String
i = 4 'Para iniciar la lista en la línea 4
'Definición del directorio activo que contiene los archivos
Ruta = ThisWorkbook.Path
Archivo = Dir(Ruta & "\*.*")
'Establece el título
   Range("A1").Select
   ActiveCell.FormulaR1C1 = "LISTA DE LOS ARCHIVOS DEL DIRECTORIO
ACTIVO"
   Selection.Font.Bold = True
'Realización de un bucle por todos los archivos de la carpeta
' con inscripción del nombre del archivo en una celda

' y asociación de un vínculo
   Do While Len(Archivo) > 0
       ArchivoCompleto = Ruta & "\" & Archivo
       Range("A" & i).Select
       ActiveCell.Value = Archivo
       ActiveSheet.Hyperlinks.Add Anchor:=Selection, Address:=Ar-
chivoCompleto, TextToDisplay:=Archivo
       Archivo = Dir()
       i = i + 1
   Loop
' Ajuste de la longitud de la columna A
   Columns("A:A").EntireColumn.AutoFit
End Sub
```

Una vez ejecutada la macro, se crea automáticamente la lista de archivos:

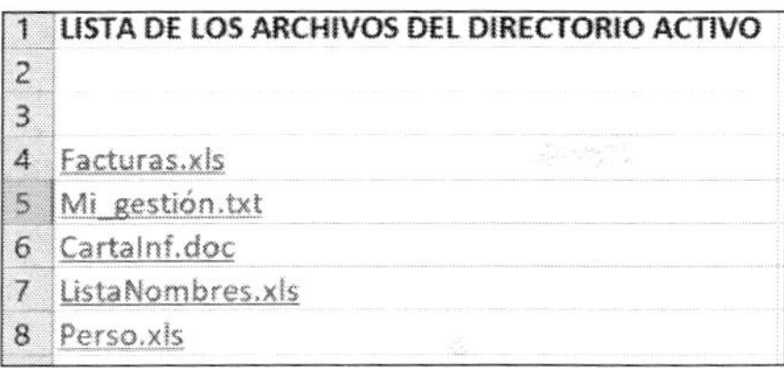

1	LISTA DE LOS ARCHIVOS DEL DIRECTORIO ACTIVO
2	
3	
4	Facturas.xls
5	Mi_gestión.txt
6	CartaInf.doc
7	ListaNombres.xls
8	Perso.xls

Si cree que esta macro puede ser útil en otros libros de trabajo, no dude en crearla en su libro de macros personal. Este se creó anteriormente, pero está oculto de forma predeterminada.

- En la pestaña **Vista** - grupo **Ventana**, haga clic en **Mostrar**.

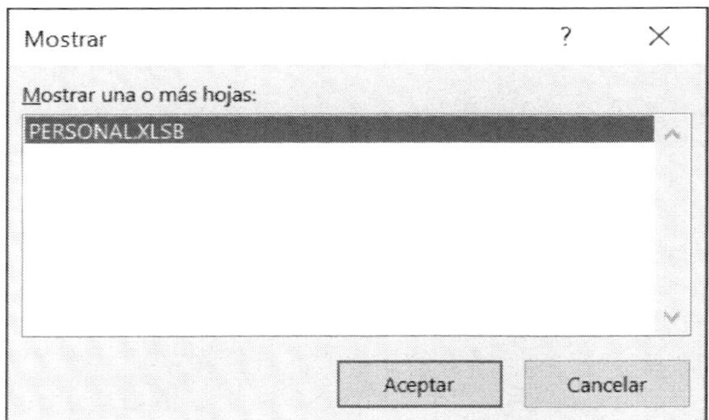

- Con el libro **PERSONAL.XLSB** seleccionado, haga clic en el botón **Aceptar** directamente.
- Presione Alt F11 para habilitar el editor de VBA.
- Escriba el procedimiento siguiendo cualquiera de los métodos vistos anteriormente en el **Módulo1**.
- Salga del editor de VBA.
- Por último, añada una herramienta a la barra de herramientas de Acceso directo para este nuevo procedimiento.

D. Las macros de reprocesamiento

1. En las fechas

Supongamos que ha importado datos de su aplicación de gestión. Las fechas de esta lista tienen el formato AAAAMMDD y Excel no puede procesarlas directamente como fechas.

Vamos a crear una función personalizada para transformar estas fechas en DD/MM/AAAA. Esta característica puede ser útil en otros casos, por lo que se debe colocar en su libro de macros personales.

- Abra el libro **CorreccionFechas.xlsm.**
- Abra el editor Visual Basic VBA en el módulo **GestionFechas** (también puede copiar código del archivo **Sub Fechas.txt**):

```
Function TDate(VDate As String) As Variant
   If Len(VDate) <> 0 Then
       TDate = CDate(Right(VDate, 2) & "/" & Mid(VDate, 5, 2) & "/" & Left(VDate, 4))
       Else
           TDate = ""
   End If
End Function
```

Una vez creada la función, se puede utilizar directamente en los cálculos:

- Escriba en B2 **=tdate (A2).**

	A	B
1	**FECHAS IMPORTADAS**	**FECHAS CORREGIDAS**
2	20220301	01/03/2022
3	20220305	05/03/2022
4	20220309	09/03/2022
5	20220313	13/03/2022
6	20220317	17/03/2022
7	20220422	22/04/2022
8	20220426	26/04/2022
9	20220430	30/04/2022
10	20220506	06/05/2022
11	20220510	10/05/2022
12	20220514	14/05/2022

2. Sobre los nombres/apellidos

Entre las importaciones realizadas, algunas veces tendrá que corregir cierta información. En el siguiente ejemplo, los nombres y apellidos de nuestros empleados se han introducido en la misma columna. Además, no se respetaron las reglas de entrada para letras minúsculas/mayúsculas.

Excel tiene una función de relleno instantáneo que ayuda a automatizar estas tareas. Sin embargo, esta característica no siempre devuelve los resultados esperados, especialmente para los nombres compuestos y el cumplimiento de ciertas reglas relacionadas con las minúsculas/mayúsculas.

	A	B	C
1	**EMPLEADOS**	**NOMBRE**	**APELLIDO**
2	ESTELLE CORTET		
3	CORALIE AUREL		
4	MARC BANET		
5	rémi DENIS		
6	FLORENCE Belzunce		
7	KEVIN debouter		
8	JEAN CHARDON		
9	Jean-marc DENES		
10	FABRICE DENISSET		
11	PASCAL Davant		
12	STEPHAN double		
13	jean-françois DOUCET		
14	Pascal Gamonet		
15	SANDRA VIRET		
16	aurélie YANG		
17	thierry MARCELIN		

Vamos a escribir una pequeña macro que va a separar el nombre y el apellido.

- Abra el libro **SepararApellidoNombre.xlsm**.
- Pulse en Alt F11 para habilitar el editor de VBA.
- Introduzca el siguiente procedimiento en el módulo o utilice el archivo **Sub Apellido-Nombre.txt**:

```
Sub SeparaApellidoNombre()
Dim i As Integer, Texto As String, PosicionEspacio As Integer, Posi-
cionInicio As Integer
' Determina el número de filas
NumFilas = Application.CountA(Columns(1))
' Bucle para cada fila de la tabla
' a partir de la fila 2
   For i = 2 To NumFilas
       Texto = Range("A" & i).Value
       PosicionInicio = 1
       PosicionEspacio = InStr(PosicionInicio, Texto, " ")
```

```
        PosicionInicio = x + 1
' escritura del nombre en la columna B
        Range("B" & i).Value = WorksheetFunction.Proper(Left(Texto, Po-
sicionEspacio - 1))
' escritura del apellido en la columna C
        Range("C" & i).Value = UCase(Right(Texto, Len(Texto) -
PosicionEspacio))
    Next i
End Sub
```

- Salga del editor de VBA.
- Añada una herramienta a la barra de herramientas de acceso directo para este nuevo procedimiento.
- Ejecute la macro.

Los datos están bien corregidos:

	A	B	C
1	**EMPLEADOS**	**NOMBRE**	**APELLIDO**
2	ESTELLE CORTET	Estelle	CORTET
3	CORALIE AUREL	Coralie	AUREL
4	MARC BANET	Marc	BANET
5	rémi DENIS	Rémi	DENIS
6	FLORENCE Belzunce	Florence	BELZUNCE
7	KEVIN debouter	Kevin	DEBOUTER
8	JEAN CHARDON	Jean	CHARDON
9	Jean-marc DENES	Jean-Marc	DENES
10	FABRICE DENISSET	Fabrice	DENISSET
11	PASCAL Davant	Pascal	DAVANT
12	STEPHAN double	Stephan	DOUBLE
13	jean-françois DOUCET	Jean-François	DOUCET
14	Pascal Gamonet	Pascal	GAMONET
15	SANDRA VIRET	Sandra	VIRET
16	aurélie YANG	Aurélie	YANG
17	thierry MARCELIN	Thierry	MARCELIN

E. Clasificar sus datos

Al procesar datos, a menudo tendrá que clasificarlos. Puede ser interesante utilizar una macro para hacer clasificaciones rápidamente.

Para simplificar futuras clasificaciones, nuestro objetivo realizar únicamente las siguientes acciones:

- Hacer clic en la columna que se desea ordenar.
- Ejecutar un atajo de teclado (por ejemplo, Ctrl Mayús J).

Por lo tanto, nuestra macro tendrá que seleccionar el rango, identificar la columna a ordenar y luego ordenar los datos.

- Abra el libro **ListEmpleados.xlsx**.
- Abra el editor de VBA.
- Acceda al libro de macros personal: en la pestaña **Proyecto**, despliega VBAProject (**PERSONAL. XLSB**) y pulse dos veces seguidas en el módulo.
- Inserte el siguiente código en un módulo del libro de macros personales (ubicado en el archivo **Sub Ordenacion.txt**).

```
Sub ordCol()
Dim NumCol As Integer, RangoActivo As Range
Set RangoActivo = ActiveCell.CurrentRegion
NumCol = ActiveCell.Column
With ThisWorkbook.ActiveSheet.Sort
    .SortFields.Clear
    .SetRange RangoActivo
    .Header = xlYes
    .MatchCase = False
    .SortFields.Add Key:=Cells(, NumCol), SortOn:=xlSortOnValues, Order:=xlAscending
    .Orientation = xlTopToBottom
    .Apply
End With
End Sub
```

- Salga del editor de VBA y guarde el libro de macros personales.

  Si el libro de macros personales no está visible, vaya a la pestaña **Vista** - grupo **Ventana**, haga clic en **Mostrar** y, a continuación, haga clic en **Mostrar el libro:** PERSONAL. XLSB. A continuación, guarde el libro de trabajo con el atajo de teclado Ctrl G.

El último paso es asignar un método abreviado de teclado a la macro de ordenación.

- En la pestaña **Programador** - grupo **Código**, haga clic en **Macros**.

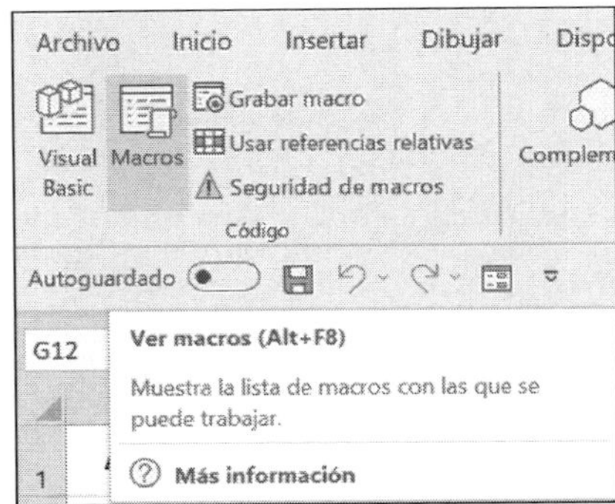

- Seleccione **PERSONAL. XLSB** en la lista desplegable **Macros en.**
- Seleccione la macro **OrdCol** y haga clic en el botón **Opciones.**
- Use el teclado para pulsar en las teclas Ctrl Mayús J y luego en **Aceptar**. Tenga cuidado de no utilizar un método abreviado de teclado existente.

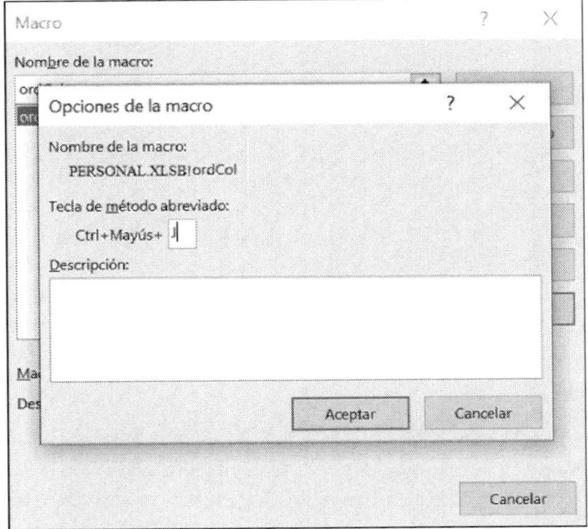

- Haga clic en **Aceptar** y, a continuación, haga clic en **Cancelar** para cerrar la ventana **Nombre de la Macro.**
- Ahora vuelva al libro **ListaEmpleados.xlsx**, haga clic en cualquier celda de la lista y luego pulse en Ctrl Mayús J: la columna en la que se colocó el cursor ahora está ordenada en orden ascendente.

F. Enviar una hoja del cuadro de mando con Outlook

A veces puede ser interesante enviar automáticamente una hoja representativa de su cuadro de mando por correo electrónico a un destinatario específico, en función del valor de un indicador en particular.

- Abra el libro **MiniTab.xlsm**.

  Es probable que la hoja que va a enviar tenga fórmulas que dependan de otras hojas o incluso de otros libros de trabajo. Si esta hoja de cálculo se envía de manera aislada, las fórmulas ya no funcionarán. Por lo tanto, será necesario enviar esta hoja con los resultados de los cálculos y no las fórmulas.

  Aquí, consideraremos que si nuestro indicador de tasa de entrega, ubicado en la celda **B1** de nuestra hoja de tablero, supera el 10%, será necesario enviar una alerta por correo electrónico al destinatario especificado previamente.

  Para que este envío se pueda automatizar, debe estar asociado a un evento que se active en función del valor de nuestra celda de referencia (**B1**). Outlook debe estar abierto y configurado correctamente.

- Haga clic con el botón derecho del ratón en la pestaña **CuadMando** que contiene el valor de referencia.
- En el menú emergente que aparece, seleccione la opción **Ver código**.
- Escriba el siguiente código directamente en el módulo o use el archivo **Sub Envio-Mel.txt** :

```
Private Sub Worksheet_Change(ByVal Target As Range)
Dim Destinatario As String, Objeto As String
Destinatario = "nombre.apellido@url.com"
Objeto = "Atención tasa de entrega> 10%"

If Range("B1").Value > 0.1 Then
Application.ScreenUpdating = False

ThisWorkbook.ActiveSheet.Cells.Copy
Workbooks.Add

'Pegado especial Valores y formato de los nombres
Selection.PasteSpecial Paste:=xlPasteValuesAndNumberFormats, Operation:=xlNone,
SkipBlanks:=False, Transpose:=False
'Pegado especial Formatos
Selection.PasteSpecial Paste:=xlPasteFormats, Operation:=xlNone, SkipBlanks:=False,
Transpose:=False
'Pegado especial Longitud de columnas
Selection.PasteSpecial Paste:=xlPasteColumnWidths, Operation:=xlNone
SkipBlanks:=False, Transpose:=False

'Envío del libro por email
ActiveWorkbook.SendMail Destinatario, Objeto, AccuseReception = False
' Cierre del libro enviado
ActiveWorkbook.Close False
Application.ScreenUpdating = True
End If
End Sub
```

- Puede reemplazar Destinatario = "nombre.apellido@url.com" con su propia dirección de prueba.
- Una vez introducido el código, pulse en Alt Q para volver al cuadro de mando.
- Guarde el libro y pruebe el envío modificando el contenido de la celda **B1**, introduciendo un valor > 10%.

Tan pronto como se haya alcanzado el umbral mínimo, se enviará el correo electrónico. Aparecerá un mensaje de advertencia.

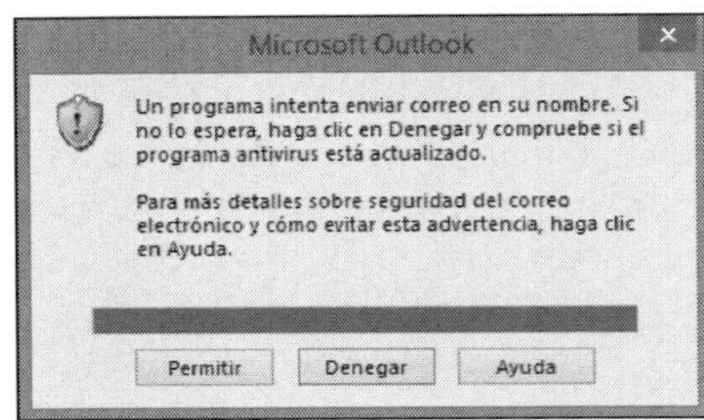

- Haga clic en **Permitir** para enviar el mensaje.

G. En conclusión

Para terminar este libro, estos son los últimos consejos que puede aplicar a sus cuadros de mando:

- No introduzca datos innecesarios.
- Evite la información redundante
- No mezcle el contenido de las celdas.
- Coloque cálculos resumidos en la parte superior de sus listas de datos.
- Utilice los vínculos entre las hojas y las carpetas.
- Use los nombres de las celdas.
- Aplique formato condicional pero sin sobrecargar las tablas con varios colores.
- Y, por supuesto, revise siempre sus cálculos.

C

D

F

G

H

I

M

MACROS

N

NAVAGACIÓN

P

POWER QUERY

T

TABLA DINÁMICA

eni